사주
통변술

손중산 著

사주
통변술

손중산 著

四柱通變術

"아무리 사주이론에 능통해도
통변에 능통하지 못하면
입이 열리지 않고 유명무실하다"

들어가며

    음(陰)과 양(陽)은 인간을 비롯한 천지만유(天地萬有)를 창조한 조물주(造物主)이다.

    陰은 형체(形体)가 있는 물체(物体)요 육체인데 반해서, 陽은 형체가 없는 기체(氣体)요 정신이다.

    육체(肉体)와 정신(精神)은 인체를 형성하고 유지하는 기본조건으로 불가분의 하나이듯, 물체와 기체는 우주 내에 존재하면서 천지만유를 형성하는 기본으로 불가분의 하나이다.

    오행(五行)은 陰과 陽의 변화작용에 의해서 나타나는 다섯 개의 원소(元素)인 木, 火, 土, 金. 水가 순서대로 발전하는 만유의 운동법칙이다.

    그것은 陰과 陽에 의해서 봄에는 만물이 발생하고, 여름에는 성장하며, 가을에는 성숙해서 거두고, 겨울에는 갈무리하는 운기(運氣)의 진행과정을 말한다.

그러므로 陰陽五行의 운동법칙이란 우주의 변화법칙(變化法則)이요, 만유의 생멸법칙(生滅法則)이므로 우주 내에 존재하는 모든 생물체들은 이 변화법칙을 벗어날 수 없다.

인간 역시 소우주(小宇宙)이므로 음양오행의 변화원리에 순응하며 살아가고 있다.

그러나 고전파(古典派) 명리학자들은 五行을 단순하게 木은 나무요, 火는 불이며, 土는 흙이요, 金은 쇠이며, 水는 물이라고 풀이하고 통용하고 있다.

이는 만물이 형(形)과 질(質)의 두 가지가 공존하고 있음을 모르고 형(形)만을 강조하고 있기 때문이다.

지구가 태양을 중심으로 일주(一周)하는 가운데 춘하추동(春夏秋冬)의 사계절이 바뀌듯이, 木은 단순한 나무가 아니고 처음으로 발생(發生)하는 과정(過程)과 형상(形象)이요, 火는 불이 아니라 성장(成長)하는 과정과 형상이며, 土는 잉태(孕胎)하는 과정과 형상이요, 金은 쇳덩이가 아닌 성숙(成熟)하는 과정과 형상이며, 水는 단순한 물이 아니라 갈무리하는 과정과 형상이다.

이러한 과정과 형상은 모두 천지운기(天地運氣)의 기상학(氣象學)적인 자연원리에 바탕을 두고 있다.

그러므로 역학(易學)은 결코 미신(迷信)이 아니고 형이상학(形而上學)이요, 자연과학(自然科學)이며, 기철학(氣哲學)으로서 생태계(生態界)의 변화원리를 모르고서는 도저히 달성할 수 없는 보다 고차원적인 학문(學問)이다.

역학(易學)은 단지 陰陽五行의 변화법칙이므로, 변화하는 길흉(吉凶)과 운세변화를 판단하는 원리가 바로 통변(通變)의 이치이다.

흉성(凶星)도 통변에 따라 길성(吉星)으로 변하고, 길성도 통변에 따라 흉성으로 변한다. 따라서 통변을 모르고서는 도저히 사주를 간명(看命)할 수 없다.

사주는 이론(理論)보다 통변(通變)이 중요하다. 아무리 사주이론에 능통하고, 달관했다고 하더라도 사주를 놓고 통변에 능통하지 못하면 입이 열리지 않고, 유명무실(有名無實)한 허수아비에 지나지 않는다.

옛날부터 통변에 관한 해설이 다양하게 전해져 왔지만, 이를 바르고, 쉽게 설명한 책은 드물다.

거의가 문자 그대로 고전(古典)을 직역(直譯)했거나 혹은 오역(誤譯)이 허다하여 무슨 뜻인지 종잡을 수 없는 것이 태반이었다.

논어(論語)를 읽고도 論語를 모른다는 말이 있듯이, 易學을 수십 년간 공부하고도 통변을 모르는 것이 현실이다.

著者는 30여 년간 역학(易學)에 정진(精進)하면서, 누구보다 통변에 대한 고충을 뼈저리게 느끼고 오래전부터 통변의 광야(曠野)를 속 시원하게 공부하고 싶은 일념이 간절하였다.

이에 주요 고전의 핵심적인 이론과 선인(先人)들의 노작(勞作)을 인용 혹은 보충하여 체계(体系)를 세우고, 다년간에 걸쳐 탐구한 경험적 학리(學理)를 바탕으로 본서를 편술하게 되었다.

본서의 내용은 주로 십신통변(十神通變)의 활용법과 통변의 작용에 따라 변화하는 길흉(吉凶)을 질서 있게 이해할 수 있도록 노력하였다.

　통변(通變)은 오직 십신(十神)의 생극제화(生剋制化)의 법칙에 따라 변화하므로 과거의 격국(格局)과 용신(用神) 위주의 통변이나, 신살(神殺) 위주의 통변이 아니라 오직 陰陽五行의 변화원리를 기본으로 공부하는 것이 훨씬 더 정확하게 사주를 간명할 수 있는 방법이다.

　끝으로 과거에 실존(實存)했거나, 혹은 현존(現存)하는 유명인사(有名人士)들의 사주를 실제 간명함으로써 후학(後學)들이 역학을 공부하는데 도움이 되기를 소망하며, 현업(現業)에 종사하시는 분들에게도 사주 감정에 실수가 없을 것이라 자부하는 바이다.

甲午年 立夏節
孫 中 山 識

차례

들어가며 ―――――――――――――――――――― 4
차례 ――――――――――――――――――――― 9

제一편. 기본이론(基本理論)/19

제1장. 무극(無極)과 태극(太極)/21
1. 무극(無極) ――――――――――――――――― 22
2. 태극(太極) ――――――――――――――――― 23

제2장. 음(陰)과 양(陽)/27

제3장. 오행/33
1. 木氣의 성정(性情) ―――――――――――――― 35
2. 火氣의 성정(性情) ―――――――――――――― 37
3. 土氣의 성정(性情) ―――――――――――――― 39
4. 金氣의 성정(性情) ―――――――――――――― 42
5. 水氣의 성정(性情) ―――――――――――――― 43
6. 五行과 사계절론(四季節論) ―――――――――― 45
7. 節氣와 五行의 왕쇠강약(旺衰强弱) ―――――― 46

제4장. 십간(十干)/49
1. 甲乙 (木) ――――――――――――――――― 52
2. 丙丁 (火) ――――――――――――――――― 53
3. 戊己 (土) ――――――――――――――――― 53
4. 庚申 (金) ――――――――――――――――― 54
5. 壬癸 (水) ――――――――――――――――― 54
6. 十干의 성정(性情) ―――――――――――――― 55

제5장. 십이지(十二支)/59
1. 방위(方位) ────────────────── 60
2. 절기(節氣) ────────────────── 61
3. 시각(時刻) ────────────────── 62
4. 야자시설(夜子時說) ──────────── 65

제6장. 지장간(支藏干)/67

제7장. 공망론(空亡論)/71

제8장. 상생(相生)과 상극(相剋)/77
1. 상생원리(相生原理) ───────────── 78
2. 상극원리(相剋原理) ───────────── 80
3. 상모원리(相侮原理) ───────────── 82
4. 모자멸자(母子滅子) ───────────── 82

제9장. 합충형(合冲刑) 간법(看法)/85
1. 천간합(天干合) ──────────────── 86
2. 지지합(地支合) ──────────────── 90
3. 삼합국(三合局)과 방국(方局) ──────── 92
4. 천간충(天干冲) ──────────────── 94
5. 지지충(地支冲) ──────────────── 95
6. 삼형살(三刑殺) ──────────────── 95
7. 地支冲의 통변(通變) ──────────── 97
8. 행운(行運)에서 만나는 合과 冲 ────── 98

제10장. 사주구성법(四柱構成法)/101
1. 년주구성(年柱構成) ───────────── 102
2. 월주구성(月柱構成) ───────────── 103

3. 일주구성(日柱構成) ―――――――――――― 104
4. 시주구성(時柱構成) ―――――――――――― 105
5. 근묘화실(根苗花實) ―――――――――――― 105

제11장. 행운법(行運法)/107
1. 대운정법(大運定法) ―――――――――――― 108
2. 순행운(順行運)과 역행운(逆行運) ――――― 110
3. 대운수(大運數) ―――――――――――――― 112
4. 소운(小運) ――――――――――――――― 114

제12장. 간명요결(看命要訣)/117
1. 통근론(通根論) ―――――――――――――― 118
2. 통관론(通關論) ―――――――――――――― 119
3. 조후론(調候論) ―――――――――――――― 120
4. 병약론(病藥論) ―――――――――――――― 121
5. 중화론(中和論) ―――――――――――――― 122
6. 개두론(蓋頭論) ―――――――――――――― 123
7. 절각론(截脚論) ―――――――――――――― 123
8. 동정론(動靜論) ―――――――――――――― 124

제13장. 신강(身强) 신약(身弱)/125
1. 득령(得令)과 실령(失令) ――――――――― 127
2. 득세(得勢)와 실세(失勢) ――――――――― 128

제14장. 격국(格局)과 용신(用神)/131

제15장. 신살류(神殺類)/135
1. 神殺의 통변법(通變法) ―――――――――― 136
2. 神殺의 발동시기(發動時期) ―――――――― 149

제16장. 희신(喜神) 선택법/153
1. 억부희신(抑扶喜神) ―――――――――――――― 157
2. 조후희신(調候喜神) ―――――――――――――― 160
3. 통관희신(通關喜神) ―――――――――――――― 164
4. 병약희신(病藥喜神) ―――――――――――――― 166
5. 전왕희신(專旺喜神) ―――――――――――――― 169
6. 종격희신(從格喜神) ―――――――――――――― 173

제17장. 十神의 희신(喜神)과 기신(忌神)/179
1. 比肩과 劫財 ――――――――――――――――― 180
2. 食神과 傷官 ――――――――――――――――― 182
3. 正財와 偏財 ――――――――――――――――― 184
4. 正官과 偏官 ――――――――――――――――― 186
5. 正印과 偏印 ――――――――――――――――― 188
6. 십신과다론(十神過多論) ――――――――――――― 189

제二편. 통변편(通變編)/193

제1장. 十二運星의 통변(通變)/195
1. 십이운성의 원리(原理) ------------------------------ 196
2. 十二運星의 활용법(活用法) ------------------------- 200
3. 十二運星의 각 특성(特性) --------------------------- 201

제2장. 六親의 通變/213
1. 六親의 이해(理解) ---------------------------------- 215
2. 六親의 궁위(宮位) ---------------------------------- 216
3. 六親의 생극원리(生剋原理) ------------------------- 217
4. 父母의 吉凶 --- 219
5. 兄弟의 吉凶 --- 220
6. 妻의 吉凶 --- 221
7. 夫의 吉凶 --- 224
8. 子女의 吉凶 --- 227

제3장. 十神의 통변법(通變法)/229
1. 비견통변(比肩通變) --------------------------------- 231
2. 겁재통변(劫財通變) --------------------------------- 245
3. 식신통변(食神通變) --------------------------------- 257
4. 상관통변(傷官通變) --------------------------------- 269
5. 재성통변(財星通變) --------------------------------- 280
6. 편재통변(偏財通變) --------------------------------- 287
7. 정재통변(正財通變) --------------------------------- 292
8. 편관통변(偏官通變) --------------------------------- 301
9. 정관통변(正官通變) --------------------------------- 314
10. 편인통변(偏印通變) -------------------------------- 335
11. 정인통변(正印通變) -------------------------------- 343

제4장. 일간(日干) 통변(通變)/357

제三편. 응용편(應用編)/393

제1장. 남녀궁합법/395
1. 宮合法의 原則 ─────────────── 396
2. 절대 만나서는 안 되는 宮合 ────────── 401
3. 男命의 結婚時期 ─────────────── 403
4. 女命의 結婚時期 ─────────────── 403

제2장. 직업선택법/405
1. 時干으로 보는 직업선택법 ───────── 408
2. 喜神으로 보는 직업선택법 ───────── 410

제3장. 부귀빈천(富貴貧賤)의 命/413
1. 부귀명(富貴命) ────────────── 414
2. 빈천명(貧賤命) ────────────── 416

제4장. 수명의 장단/419
1. 장수사주(長壽四柱) ─────────── 420
2. 단명사주(短命四柱) ─────────── 422
3. 사망시기(死亡時期) ─────────── 425

제5장. 당면문제 판단법/429
1. 매매운(賣買運) ─────────────── 430
2. 시험 합격운(試驗 合格運) ─────────── 430
3. 취직시험 합격운(就職試驗 合格運) ───── 431
4. 승진운(昇進運) ─────────────── 432
5. 관재구설운(官災口舌運) ────────── 432
6. 이사운(移徙運) ─────────────── 433
7. 해외 나가는 운 ─────────────── 434

제6장. 행운간명법/435
1. 대운(大運) 看法 ――――――――――――――― 438
2. 세운(歲運) 看法 ――――――――――――――― 444
3. 월운(月運) 看法 ――――――――――――――― 449
4. 소운(小運) 看法 ――――――――――――――― 451

제7장. 운명의 격동기/453
1. 天地同 ――――――――――――――――――― 455
2. 天地冲 ――――――――――――――――――― 456
3. 天地合 ――――――――――――――――――― 457

제四편. 四柱看命編/459

제1장. 간명 순서/463

제2장. 일년 신수 간명법/473
1. 일년 신수(一年身數) 판단법 ──────────── 474
2. 十神別 一年 身數 ─────────────────── 477

제3장. 간명실례/485
1. 이승만(李承晩) 初代 大統領 명조(命造) ────── 486
2. 이기붕(李起鵬) 前, 國會議長 命造 ────────── 489
3. 박정희(朴正熙) 前, 大統領 命造 ─────────── 493
4. 최규하(崔圭夏) 前, 大統領 命造 ─────────── 497
5. 장 면(張 勉) 前, 副統領 命造 ──────────── 499
6. 김영삼(金泳三) 前, 大統領 命造 ─────────── 502
7. 김대중(金大中) 前, 大統領 命造 ─────────── 506
8. 전두환(全斗煥) 前, 大統領 命造 ─────────── 509
9. 노태우(盧泰愚) 前, 大統領 命造 ─────────── 512
10. 노무현(盧武鉉) 前, 大統領 命造 ────────── 515
11. 이명박(李明博) 前, 大統領 命造 ────────── 518
12. 이병철(李秉喆) 三星그룹 창업자 ─────────── 520
13. 정주영(鄭周永) 現代그룹 창업자 ─────────── 524
14. 조중훈(趙重勳) 韓進그룹 창업자 ─────────── 527
15. 신격호(辛格浩) 롯데그룹 창업자 ─────────── 529
16. 김성곤(金成坤) 双龍그룹 창업자 ─────────── 532
17. 김우중(金宇中) 大宇그룹 창업자 ─────────── 535
18. 김인득(金仁得) 碧山(벽산)그룹 창업자 ─────── 537
19. 장학엽(張學燁) 眞露(진로)소주 창업자 ─────── 539
20. 구인회(具仁會) LG그룹 창업자 ───────────── 542

21. 1958年 11月 12日 辰時生 (男命) ---------- 544
22. 1937年 5月 19日 午時生 (男命) ---------- 549
23. 1962年 10月 20日 巳時生 (男命) ---------- 551
24. 1962年 5月 29日 午時生 (男命) ---------- 554
25. 1967年 9月 16日 午時生 (男命) ---------- 557
26. 1930年 2月 18日 卯時生 (男命) ---------- 559
27. 1919年 11月 30日 丑時生 (男命) ---------- 562
28. 1912年 11月 14日 寅時生 (男命) ---------- 565
29. 윤보선(尹潽善) 前, 大統領 命造 ---------- 568
30. 신익희(申翼熙) 前, 국회의장 命造 ---------- 570
31. 김일성(金日成) 北韓 지배자 命造 ---------- 572
32. 유창순(劉彰順) 前, 국무총리 命造 ---------- 574
33. 문선명(文鮮明) 통일교 교주 命造 ---------- 576
34. 박태준(朴泰俊) 포항제철 회장 命造 ---------- 578
35. 육영수(陸英修) 女史 ---------- 581
36. 박순천(朴順天) 前, 신민당 당수 (女命) ---------- 584
37. 마리아 女史 (이기붕 처) ---------- 587
38. 김활란(金活蘭) 전, 이화여대 총장 (女命) ---------- 589
39. 김 모(金 某) 전, 이화여대 총장 (女命) ---------- 591
40. 장영신(張英信) 애경 회장 (女命) ---------- 593
41. 金 모, 영화배우 (女命) ---------- 595
42. 張 모, 女命 ---------- 597
43. 金 모, 女命 ---------- 599
44. 陳 모, 女命 ---------- 601
45. 재혼사주(再婚四柱) (女命) ---------- 603
46. 이혼사주(離婚四柱) (女命) ---------- 605
47. 자녀가출(子女家出) (女命) ---------- 607
48. 金 모 (女命) ---------- 609
49. 朴 모 (女命) ---------- 611

50. 沈 모 (女命) ---------------------- 613
51. 裵 모 (女命) ---------------------- 615
52. 李 모 (女命) ---------------------- 617
53. 朴 모 (女命) ---------------------- 619
54. 崔丁化 (女命) --------------------- 621
55. 손 카타리나 (女命) ---------------- 623
參 考 文 獻 ------------------------- 625

제1편
기본 이론

제一편 기본이론(基本理論)
1. 무극(無極)과 태극(太極)
2. 음(陰)과 양(陽)
3. 오행(五行)
4. 십간(十干)
5. 십이지(十二支)
6. 지장간(支藏干)
7. 공망론(空亡論)
8. 상생(相生)과 상극(相剋)
9. 합충형(合冲刑) 간법(看法)
10. 사주구성법(四柱構成法)
11. 행운법(行運法)
12. 간명요결(看命要訣)
13. 신강(身强) 신약(身弱)
14. 격국(格局)과 용신(用神)
15. 신살류(神殺類)
16. 희신(喜神) 선택법
17. 십신(十神)의 喜神과 忌神

제1장. 무극(無極)과 태극(太極)

제1장
무극과 태극

제1장. 無極과 太極

1. 무극(無極)

　우주(宇宙)가 생성되기 이전에는 아무 것도 없는 완전한 허공상태였다. 뿌연 연기 같기도 하고 안개 같기도 한 진공상태이었던 것이다. 이 때를 무극시대(無極時代)라고 한다.
　태양도 없고, 달도 없는 암흑시대(暗黑時代)여서 인간은 물론 아무런 생명체도 없는 허무(虛無)의 세계였다. 이는 인간을 비롯한 모든 생물이 생성되기 이전의 세계를 의미한다.
　이런 상태가 수억만 년 계속되다가 약 100억 년 전에 빅뱅이라는 대폭발로 인하여 태양계가 형성된 것이다.
　그 후 태양계에서 지구가 떨어져 나온 것은 약 46억 년 전 이라고 한다. 그로부터 다시 약 36억 년이 지나서야 비로소 지구에서 생명이 꿈틀거리기 시작한 것이다.
　인간이 이 세상에 태어난 것은 약 600만 년 전이라고 한다. 최초의 인간은 과연 어떻게 태어났을까?
　한 가지 분명한 것은 인간 역시 무(無)에서 태어난 無의 소생(所生)이라는 것이다.
　이것은 1859년에 발표된 종(種)의 기원(紀元) 즉 ≪다윈의 진화론(進化論)≫이 대두되면서 알려진 사실이다.
　그 이전에는 우주 안에 존재하는 모든 삼라만상은 물론이고 인간도 하느님이 창조했다고 하는 소위 창조론(創造論)이 약 2,000년 동안 지배되어 왔다. 그래서 교회가 발달하게 된 것이다.

　무극(無極)은 비록 아무것도 없는 허공의 세계이지만, 그것은 지구를 비롯한 우주만유를 창조하고 생성한 뿌리이다.

　무극은 우주가 생성되기 이전의 무(無)의 세계에서 유(有)로 진화시킨 씨앗으로서 우주는 바로 그의 뜻에 따라 만들어진 무극의 작품이요, 구상화(具象畵)이다. 그리고 무극의 대표작은 대자연이라 할 수 있다.

　이러한 형상을 상(象)이라 하는데, 그 象이라는 개념은 형체가 없는 무형(無形)을 뜻한다. 즉 상(象)이란 눈으로 관측할 수 없는 상태를 말하는 것이다.

　그러나 유무(有無)의 개념은 절대적인 것은 아니다.

　왜냐하면 유형(有形)은 언젠가는 무형(無形)으로 소멸 될 운명이요, 또 無形의 상(象)도 언젠가는 有形으로 변하여 다시 소생하기 때문이다.

　다만 우리의 눈으로 관측할 수 없는 무(無)를 상(象)이라고 인식하고, 유(有)를 형(形)이라고 하는 것이다.

　이와 같이 상(象)이 우주(宇宙)의 본체(本體)인 것이다.

2. 태극(太極)

　太極은 음(陰)과 양(陽)으로 구성된다. 無極이 太極으로 변화하는 과정에서 陰과 陽이 탄생된 것이다.

　이러한 陰陽작용은 태극이 이루어 진 다음에 생긴 것이 아니라 無極이 太極으로 변화하는 과정에서 가벼운 것은

陽이 되고, 무겁고 탁한 것은 陰이 된 것이다.

陰을 상징하는 것은 물(水)이요, 陽을 상징하는 것은 불(火)이다. 태양계(太陽系)가 형성되고 나서 제일 먼저 생긴 것은 물(水)이다.

중국의 음양대가(陰陽大家)인 노자(老子)는 천일생수(天一生水), 지이생화(地二生火), 삼생만물(三生萬物)이라고 해서 우주가 생성되면서 제일 먼저 생긴 것은 물(水)이라고 했다.

그러므로 물(水)은 곧 유(有)의 기본이며, 형상(形象)의 모체(母体)인 것이다.

따라서 동양철학(東洋哲學)을 음양철학(陰陽哲學)이라고 일컫는 것은 물인 음(陰)의 형체가 먼저 생긴 후에 양(陽)인 기(氣)와 상(象)이 생성되었으므로 순서대로 표기한 것이라 사료된다.

그래서 五行의 생성과정(生成過程)은 水, 火, 木, 金, 土가 순서대로 형성된 것이라 하겠다.

서양철학의 창시자라고 존경받는 그리스의 철학자인 탈레스(Thales)가 물이 우주의 시작이요, 본체라고 본 것은 대단한 발견이라 할 것이다.

불은 붉고 위로 치솟는데 반해서, 물은 검으며 아래로 흐른다. 불을 대표하는 것은 밝은 태양이다.

태양은 동방(東方)에서 떠오르고, 남방(南方)에서 충천(沖天)하며, 서방(西方)에서 저물고, 북방(北方)에서 갈무리 된다.

물을 대표하는 것은 어두운 밤이다. 밤은 西方에서 시작해서 北方에서 무르익고, 해가 뜨는 東方에서 끝이 난다.

낮과 밤으로 형성된 것이 태극(太極)이다. 낮은 陽이요, 밤은 陰이다. 陽은 남성이요, 陰은 여성이다. 남성을 대표하는 것이 아버지요, 여성을 대표하는 것이 어머니다.

즉 아버지와 어머니로 구성된 것이 바로 太極이다.

인간은 아버지와 어머니에 의해서 태어난다. 아버지와 어머니 없이는 잉태(孕胎)될 수 없다.

인간은 생명체인 동시에 만물을 대표하는 영장(靈長)이다. 인간은 陰과 陽에 의해서 탄생된 소생이듯이, 우주만유 역시 하나같이 陰과 陽으로 구성된 태극의 소생이다.

태극은 우주 내에 존재하는 삼라만상과 중생을 잉태하고 생성하는 어버이이자 창조자인 조물주(造物主)이다.

무극(無極)은 아무것도 없는 無의 세계인데 반해서, 太極은 생명을 잉태하고 생성하는 한 쌍의 부부이다.

만일 無極이 없다면 太極은 탄생할 수 없었듯이 태극이 없었다면 우주만유는 탄생할 수 없었을 것이다.

이러한 자연법칙이 우주의 변화법칙이며, 인간과 만물에 적용되는 법칙이요 만고불변의 진리(眞理)인 것이다.

그래서 우리 인간을 소우주(小宇宙) 내지는 소천지(小天地)라고 말하는 것이다.

동양철학을 연구하려면 먼저 우주의 변화원리를 연구하여야 한다. 왜냐하면 이것은 역학(易學)을 연구하는 지상목표이기 때문이다.

제2장. 음(陰)과 양(陽)

제2장
음과 양

제2장. 陰과 陽

우주에 존재하는 삼라만상이 끊임없이 변화하고 있는 것은 陰과 陽의 운동과 작용에 의해서 일어나는 현상이다.

陰과 陽의 이질적(異質的)인 두 운기(運氣)가 서로 생극(生剋)하면서 모순과 대립의 과정을 거듭하며 일어나는 현상이다.

陰은 땅이요, 陽은 하늘이다. 陰은 물(水)이요, 陽은 불(火)이다. 땅은 네모지고, 하늘은 둥글며, 물은 차고 어두우며, 불은 뜨겁고 밝다. 땅은 낮고 작으며, 하늘은 높고 크다.

태초(太初)에 조물주가 천지(天地)를 개벽시키면서 제일 먼저 창조한 것은 물이다. 그 물은 빗물로서 지구상에 뿌리게 하였으니, 이것이 중국의 위대한 음양대가(陰陽大家)인 노자(老子)가 말한 천일생수(天一生水)이다.

그 다음에 지이생화(地二生火), 삼생만물(三生萬物) 순으로 생성되었다고 주장하였다.

老子는 말하기를 無는 有를 생하고, 有는 一을 생하며, 一은 二를 생하고, 二는 三을 생하며, 三은 만물(萬物)을 생한다고 하였다.

여기에서 지적한 無는 우주의 아버지요, 정자(精子)인 무극(無極)을 말하고, 有는 우주의 어머니 자궁이요, 난자(卵子)인 태극(太極)을 말한다.

하늘과 땅, 아버지와 어머니, 정자와 난자, 물과 흙의 결합에서 창조되고 탄생된 것이 바로 만물이라고 주장하였다.

그는 음양대가(陰陽大家)로서 우주와 만물의 창조과정을 상수이론(象數理論)으로 논리정연하게 음양의 진수(眞髓)를 밝힌 것이다.

즉 주역(周易)상으로 一은 水요, 二는 火이며, 三이 木이요, 四가 金이며, 五가 土라고 표현한다.

이 다섯 가지 중에서 생명을 가진 것은 오직 木뿐이다. 그 木은 단순한 나무가 아니라 생명을 가진 동물과 식물 등, 우주상에 존재하는 모든 생명체와 만물을 총칭하는 생물(生物)의 대명사로서 인간을 비롯한 중생은 하나 같이 木에 속한다.

따라서 천수(天水)란 단순한 하늘의 물이 아니라, 하늘의 정기(精氣)를 말하며, 지화(地火)는 단순한 불이 아니라, 天水를 통해서 생명을 부화(孵化)시킨 창조의 작용으로 일어나는 조화(造化)의 화(化)자를 뜻한다.

하늘의 물과 땅의 부화(孵化)로서 잉태된 생명을 만물(萬物)이라 한다. 이를 삼생만물(三生萬物)이라 하는 것이다.

三이란 숫자는 天水의 숫자인 一과, 地火의 숫자인 二를 합친 숫자로서, 이는 하늘과 땅, 그리고 물과 흙이 결합해서 비로소 만물의 생명이 창조됨을 의미한다.

땅은 형체가 있는 물질(物質)이요 물체인데 반해서, 하늘은 형체가 없는 대기(大氣)로 가득 찬 기체(氣体)이다.

땅은 정지상태로 고정된데 반해서, 하늘은 항상 움직이고 유동적이다.

陰은 여성이요, 陽은 남성이다. 여성은 온화하고 피동적

(被動的)인데 반해서 남성은 씩씩하고 능동적(能動的)이다.

여성과 남성은 남남이다. 그렇지만 아내와 남편은 다르다. 아내 없는 남편은 있을 수 없듯이, 남편 없는 아내는 있을 수 없다.

陰은 陽에서 발생하고, 陽은 陰에서 발생한다. 이것이 음생양(陰生陽), 양생음(陽生陰)의 관계이다.

또한 陰은 陽에 의지하고, 陽은 陰에 의지한다. 陰과 陽은 상생하고 공존하며 상부상조한다.

陰과 陽은 마치 수레의 두 바퀴와 같다. 수레는 한쪽 바퀴만으로는 움직일 수 없다. 양쪽의 바퀴가 모두 있어야만 움직일 수 있다.

인간을 비롯한 만유(萬有)는 하나 같이 陰과 陽에 의해서 창조되고 탄생한다.

陰은 우주의 아내요, 陽은 우주의 남편이다. 아내는 만유(萬有)의 어머니요, 남편은 萬有의 아버지다.

우주(宇宙)와 만유(萬有)는 陰과 陽의 소생으로서 그 조상은 太極이고, 그 뿌리는 無極이다.

뿌리가 없는 나무가 있을 수 없듯이 無極이 없는 太極은 있을 수 없고, 태극이 없는 陰과 陽은 있을 수 없으며, 陰과 陽이 없는 생명은 있을 수 없다.

그래서 동양에서는 생활 일반으로부터 각종 학문에 이르기 까지 陰陽五行의 원리를 적용해 왔다.

따라서 음양학(陰陽學)은 기상학(氣象學)이요, 자연과학(自然科學)이며, 형이상학(形而上學)으로서 철학, 의학, 과학, 법률, 정치, 사회학에까지 공헌한 바 크다.

<u>陰과 陽의 相對的 配置</u>

陽	火	日	天	男	父	象	氣	無形	精神	大	强	動	晝	高	南
陰	水	月	地	女	母	形	体	有形	肉体	小	弱	靜	夜	底	北

제3장. 오행

제3장
오행

제3장. 五行

　五行이란 두 가지 이질적(異質的)인 陰陽의 이합집산(離合集散)과 변화작용에 의하여 탄생 된 다섯 가지의 운동법칙을 말한다.

　즉 陰陽이 다시 발전하면서 나타 난 형상으로 우주의 변화원리는 사실상 陰陽의 운동 작용으로서 이것을 구체적으로 분화(分化)시킨 것이다.

　그러므로 음(陰)과 양(陽)은 五行의 근간(根幹)이요, 오행(五行)은 陰陽의 운동 작용에 의해서 얻어진 지엽(枝葉)인 것이다.

　五行이란 우주에 존재하는 만물을 木, 火, 土, 金, 水 등의 다섯 가지로 분류한 것이다. 즉 陰陽五行의 운동법칙을 다섯 가지로 표현한 것을 말한다.

　陰陽五行의 운동법칙이란 우주의 변화법칙이요, 만물의 생멸법칙(生滅法則)이므로, 우주 내에 존재하는 만물의 변화과정은 陰陽五行의 운동법칙을 벗어 날수 없다.

　木, 火, 土, 金, 水는 단순한 나무, 불, 흙, 쇠, 물과 같은 형체(形体)만을 뜻하는 것이 아니다. 그렇다고 이것을 전혀 배제하는 것도 아니다.

　다시 말하면 五行은 형체(形体)와 기질(氣質)의 양면성을 공유하고 있으므로, 五行은 오상(五象)뿐만 아니라 오기(五氣)로 인식되는 것이다. 따라서 五行은 木氣, 火氣, 土氣, 金氣, 水氣로 이해해야 한다.

木氣는 시작과 발생(發生)을 의미하고, 火氣는 성장과 발산(發散)을, 土氣는 잉태(孕胎)를, 金氣는 과실(果實)이 무르익는 성숙(成熟)을, 水氣는 거두고 갈무리하는 수렴(收斂)을 의미한다.

따라서 五行운동은 陽의 운동인 木火에서 분산(分散)되고, 陰의 운동인 金水에서 종합되는 것이다.

五行의 변화와 작용은 사주를 연구하는데 있어서 가장 핵심적인 요소가 되므로 五行의 이치를 정확하게 이해하는 것이 급선무이다.

1. 木氣의 성정(性情)

木은 아무 것도 없는 지상(地上)에 그 무엇인가 뾰족하게 나타나고, 발생하는 모습을 상징하는 상형문자(象形文字)이다. 나타나고 있는 것은 생명의 형체이며 물체이다.

木은 이제 막 싹이 터서 자라나는 어린 나무이고, 생명이다. 마치 물이 솟아오르는, 용출(湧出)하는 모습과 같다.

영어의 "spring"이라는 단어는 봄을 뜻하며, 또한 용심줄(침대나 의자의 스프링)을 뜻한다.

천수(泉水)가 용출(湧出)하는 모습 등을 표현하는 것으로, 木의 기능을 잘 나타내는 말이다.

즉 木이란 분발하는 모습이므로 용력(勇力)과 용출(湧出)하는 모습은 木氣의 성질에 대한 상징인 것이다.

木은 마치 지상(地上)에 한 가닥이 뾰족하게 나타나고,

그 아래 지하에 세 가닥의 뿌리를 내리고 있는 것과 같은 상형문자(象形文字)이다.

그 한 일자는 지평선(地平線)을 의미한다. 그 지평선 위에 그 무엇이 바야흐로 솟아나고 있는 형상과 과정이 木氣이다.

五行은 木火土金水가 순서대로 발전하는 모습인데, 그 내용을 자세히 살펴보면 木火土金水는 물(水)에서 시작된 운동인 것이다.

따라서 木은 水의 첫 단계의 운동으로서 水의 계속적인 운동의 결과가 五行이라 할 수 있다.

인간을 비롯한 만유(萬有)는 하나같이 땅에서 태어나서 땅으로 사라진다. 땅 없이는 한 순간도 살 수 없는 것이 생명체이다.

생명은 陰인 수기(水氣)와 陽인 화기(火氣)에 의해서 창조되는 陰陽의 소생이요, 조화(造化)이다.

물이 없는 땅에서는 생물이 발생할 수도 존재할 수도 없듯이, 태양의 열기(熱氣)가 없이는 만물은 자라날 수 없다.

따라서 "땅"과 "물"과 "불"은 생명의 삼대요건(三代要件)이며, 필수조건이다.

물은 생명의 물질(物質)이요, 불은 생명의 기질(氣質)이다. 물질은 물체(物体)를 말하고, 기질은 기체(氣体)를 형성한다.

木은 글자대로 풀이하면 나무이지만 참 뜻은 만유(萬有)가 지상에 처음으로 나타나는 발생과 시작을 뜻하는 대명

사이다.

  우주와 만유가 탄생하고 성장하며, 성숙해서 거두고 갈무리되는 운동과 변화의 법칙인 五行은 木에서 비롯된다.

  木은 이제 막 싹이 터서 점점 자라나는 어린 나무이고 생명이다.

  그래서 木으로 태어난 사람은 천진난만하고 애정이 풍부하며, 푸른 하늘처럼 희망에 부풀어 있으며 착하고 순박하다.

  또한 木은 어질 "仁"의 대명사이다. 방위(方位)는 동방이므로 동방목(東方木)으로도 통한다. 계절은 봄이다.

  木은 착하고 어질기 때문에 동양(東洋)에서 군주정치(君主政治)가 발달했던 것도 우연이 아니며, 木의 특성인 굴종(屈從)과 순종(順從)하는 어진 백성이 있었기에 가능했다고 본다.

  일간(日干)이 木 五行에 해당하는 사람의 성격은 천진난만하고, 인정이 많으며, 꿈은 많지만, 행동과 실천이 따르지 않아 만사에 시작은 잘하나 끝을 맺지 못하고, 중도하차하는 경우가 많다.

2. 火氣의 성정(性情)

  아침의 태양은 빛과 열이 따스한데 반해서, 정오(正午)의 태양은 빛과 열이 부시고 뜨겁다. 따스한 빛과 열이 부시고 뜨거운 것은 태양의 열이 성장하고 변화한 것을 의미한다.

  그 성장과 변화를 상징하는 五行이 곧 화기(火氣)이다.

즉 발산작용이 화기(火氣)의 특성이다.

봄의 운기(運氣)가 사라지고, 분열(分裂)과 장무(長茂)라는 새로운 질서가 시작되는 것이다.

火는 글자대로 표현하면 불 즉 화(火)가 되지만, 五行상 火의 참 뜻은 변화(變化)할 화(化)이다.

크게 자라나서 어른이 되는 성장과 변화를 의미한다. 이와 같은 상태를 자연계에서 관찰하여 보면 꽃이 피는 계절이다. 봄에 태어 난 만물은 여름이 되면 무럭무럭 성장해서 무성하게 번창한다.

만물이 성장해서 번창하는 계절은 여름이고, 방위는 南方이며 인간이 성장해서 成年이 되는 것은 청년시절이다.

남방과 여름과 청년은 木에서 발생한 태양과 만물과 인간의 성장과 변화를 상징하므로 이를 火라고 한다.

火는 남방의 불이나, 여름의 불이 아니고, 태양이 남방에서 성장하고, 만물이 여름에 성장함을 의미하는 五行의 뜻이요, 상징이다.

해가 중천하면 뜨거운 열을 발생하듯이 여름이 되면 천지운기가 무덥고 뜨겁다. 아침과 봄은 따스한데 반해서 정오(正午)와 여름은 뜨겁다. 木은 따스한 생기(生氣)인데 반해서 火는 뜨거운 열기(熱氣)인 것이다.

만물은 木의 생기(生氣)에서 발생하듯이, 火의 열기에 의해서 성장한다.

그 열기는 변화하는 화기(化氣)로서 태양과 만물은 하나같이 火의 五行인 火氣에 의해서 성장하고 변화한다.

아침과 봄이 되면 우주에 木의 생기가 가득 차고 넘침으로서 태양과 만물이 발생하듯이, 낮과 여름이면 우주에 火의 열기가 가득 차고 넘침으로써 태양과 만물이 왕성하게 성장하는 것이다.

日干이 火 五行으로 태어난 사람의 성격은 성급(性急)하고, 정열적이며, 결단력이 있고, 능동적이다.

또한 진취적이고 용감하며, 적극적인 성격이다. 그리고 총명하고 예의가 바르며, 종교에 대한 관심이 깊다.

3. 土氣의 성정(性情)

土는 글자대로 풀이하면 흙이요, 땅을 말한다. 五行은 만물이 발생하고 성장하며, 거두고 갈무리하는 운동과 변화의 법칙이다. 그러나 흙은 生과 死가 없듯이 운동과 변화가 없다.

그럼에도 불구하고 土가 五行의 중심이요, 핵심의 위치에 있는 것은 무슨 까닭인가?

土는 플러스(+)와 마이너스(-)로 형성된다. 즉 (+)는 陽이요, (-)는 陰이다. 陰과 陽이 하나로 뭉친 것이 土이다.

이는 하늘과 땅, 남성과 여성, 불(火)과 물(水)이 한 쌍의 부부로 화합한 것이다.

木은 어린 소년(少年)이요, 火는 성장한 어른이며, 성년(成年)이다. 인간은 성년이 되면 저마다 짝을 찾아서 결혼을 하게 된다.

결혼하기 전에는 남성과 여성으로 남남이지만, 결혼을 하면 남편과 아내로서 한 쌍의 부부가 된다.

그 아내와 남편. 어머니와 아버지로 이루어진 한 쌍의 부부를 상징하는 五行이 바로 土이다.

만유(萬有)는 陰과 陽인 부부의 소생이듯이, 우주의 어버이인 土에 의해서 태어나는 土의 소생이다.

그러나 "土" 자체로는 힘을 발휘할 수 없다. 무엇인가에 의해 만들어 져야 한다. 토지위에 사과나무를 심으면 과수원이 되고, 집을 지으면 집터가 되듯이, 土는 수동적이고 피동적이다.

土는 성장하고 왕성한 陰과 陽이 하나가 되어서 인간을 비롯한 만유를 잉태하고 탄생시키며, 양육하고 성숙시키며 마침내 거두고 갈무리한다.

초목(草木)은 흙에서 태어나서 흙을 먹고 살다가 흙으로 돌아간다.

인간과 동물 역시 마찬가지다. 흙을 떠나서는 한 순간도 살 수 없듯이 흙의 기운을 먹고 살다가 흙에 묻히고 흙으로 사라져 간다.

土는 陰과 陽의 결합으로 형성됨으로서 陰과 陽이 갈라지거나 어느 한 쪽을 잃으면 자연 소멸한다.

陰은 물이요, 陽은 태양이다. 물과 태양이 화합해서 상부상조하고 의지하며 공존하는 것이다.

물이 없으면 土는 가물고 초토(焦土)가 되듯이, 태양이 없으면 土는 얼고 동토(凍土)가 된다. 초토와 동토는 생명이 없는 죽은 사토(死土)로서 잉태와 탄생과 양육이 불가능하다.

　같은 땅이지만 북극과 남극은 물은 많지만 태양이 무기력함으로서 초목이 자랄 수 없고 생존할 수도 없다.

　또한 열대지방의 사막은 태양의 열기는 왕성하나 물이 없으므로 초목이 자랄 수도 없고, 생존할 수도 없다.

　土는 동서남북에 가득 차 있듯이, 생명의 어버이는 지구상에 가득 차 있다. 물이 있고 태양이 있는 곳에는 어디서나 생명이 부화(孵化)하고 탄생하며 존재한다.

　日干이 土로 태어난 사람의 성격은 신용은 있으나, 주체성이 없고, 수동적이며, 남에게 의지하려는 부화뇌동(附和雷同)을 잘 하며, 독립심이 부족하다.

　土는 사계절 즉 봄, 여름, 가을, 겨울의 교운기(交運氣)인 3月(辰月), 6月(未月), 9月(戌月), 12月(丑月)에 골고루 배속되며, 방위(方位)로는 중앙(中央)에 위치하는데, 이 방위가 동서남북의 주체가 되며, "+"자의 중심 교차점(交叉點)이 土의 방위(方位)가 되는 것이다.

　土를 사계절(四季節)에 배속하면 긴 여름(長夏)에 해당되는데, 長夏란 6월의 폭서(暴暑)의 계절을 말한다.

　土를 성분(性分)상으로 분류하면 조토(燥土)와 습토(濕土)로 구별할 수 있다.

　즉 戌未土는 조토(燥土)가 되고, 辰丑土는 습토(濕土)가 된다. 戌未 土는 火氣의 성질이 있고, 辰丑의 土는 水氣의 성질이 있으므로 이것을 완벽하게 이해하지 못하면 사주

감정할 때 큰 실수를 범하게 된다.

역술가들이 土氣의 성분(性分)을 잘 이해하지 못하여 사주 감정에 크게 실수 하는 것을 많이 보고 있다.

4. 金氣의 성정(性情)

金은 글자대로 풀이하면 쇠가 되고, 금이 된다. 쇠나 금은 만물이 발생하고 성장하며, 운동하고 변화하는 五行과는 전혀 무관하다.

아침에 솟아 오른 태양은 저녁이면 西方으로 기울고 저물어 간다. 아침의 해는 발생과 시작을 상징하는 데 반해서, 저녁의 해는 거두고 갈무리하는 수렴(收斂)과 종말을 상징한다.

봄철에 발생한 만물은 여름동안 성장해서 가을이면 성숙함과 동시에 거두어들인다.

그 성숙(成熟)과 거두는 수렴(收斂)을 상징하는 五行이 바로 금기(金氣)의 작용이다.

봄이면 지상에 생기가 넘침으로서 만물이 생기를 얻고 발생하듯이 가을이면 익어가는 숙기(熟氣)와 거두는 수기(收氣)로 서리와 함께 만물이 성숙하고 거두어지는 것이다.

거두어진 오곡백과(五穀百果)는 인간을 먹이고 살찌우는 빵이 되는 동시에 시장에서 사고파는 상품으로서 돈을 마련할 수 있다.

돈은 경제의 기본단위요 자본이다. 金은 성숙(成熟)된 열매요, 빵인 동시에 돈과 경제(經濟)를 상징하는 대명사이다.

가을에 서리(霜)가 내리면 고춧잎을 비롯해서 모든 식물의 잎이 시들고 떨어짐과 동시에 광합성(光合性)이 중단된다.

광합성이 단절되면 오곡백과(五穀百果)는 더 이상의 성장을 멈추고 서둘러 결실을 맺는다.

그래서 金은 성숙한 열매요, 빵인 동시에 돈과 경제를 상징한다. 계절로는 가을이 되고, 방위는 西方에 위치한다.

日干이 金으로 태어난 사람의 성격은 의리는 있으나 냉정하고 차가우며, 실리적이며, 경제적인 두뇌를 가지고 있다. 西方人이 여기에 해당한다.

5. 水氣의 성정(性情)

水는 글자대로 풀이하면 물이다. 물은 생물이 살아가는데 필수적이지만, 겨울이면 태양의 빛과 열이 무기력함으로서 땅이 얼고 한기(寒氣)가 몰아친다.

벌레들은 추위를 피해서 땅 속에 숨어 버리고, 오곡백과(五穀百果)는 얼지 않도록 저장실에 갈무리된다.

만물이 지하로 갈무리 되는 것을 五行상 水氣라고 한다. 水는 北方과 겨울과 밤을 상징함으로서 北方 水요, 동수(冬水)라고 한다.

겨울은 영원한 것이 아니다. 때가 되면 겨울은 물러가고 지상에는 따스한 봄이 돌아온다.

지구가 태양을 중심으로 돌고 돌듯이 춘하추동의 절기는

쉬지 않고 운행한다.

　우주의 변화를 五行의 변화라고 하는 것은 곧 물이 변화하는 과정을 의미하는 것이고 실제로 변화하는 본체는 물인 것이다.

　물이 어떻게 자기를 발전시켜서 봄, 여름, 가을, 겨울을 만들어 내었는가를 살펴보면 물이 가진 응고성(凝固性)과 자율성(自律性)과 중화성(中和性)으로서 만물을 생성하는 기본 존재이므로 물이 우주의 본체라고 하는 것이다.

　위에서 말하는 응고작용이라는 것은 곧 생의 원동력이란 것을 알 수 있다. 그러므로 이것은 물의 활동이 바로 변화작용을 일으키는 만물의 활동원인임을 알 수 있다.

　이제 이것을 인생에 비유하면 노년기(老年期)에 해당하고, 사계절에 배속하면 겨울이요, 방위로는 北方에 해당한다.

　日干이 水로 태어난 사람의 성격은 지혜가 비범하고 총명하며, 권모술수가 대단하다. 그래서인지 정치인 중에 겨울 태생이 많다.

　예를 들면 대원군(大院君), 박정희(朴正熙), 김영삼(金泳三), 김대중(金大中) 전두환(全斗煥) 전 대통령, 정일권(丁一權) 전, 국무총리, 닉슨 전, 미국 대통령 등은 모두 겨울 태생이다.

　지금까지 설명한 木火土金水의 五行은 곧 五氣를 말한다. 五氣란 木氣, 火氣, 土氣, 金氣, 水氣를 총칭한다.

　氣는 우주의 에너지로서 천기(天氣)와 지기(地氣)로 나누어진다. 天氣는 우리가 호흡하고 있는 공기를 말하며, 地氣

는 땅에서 자란 음식물을 통해서 地氣를 섭치하고 있다.
 지상에 존재하는 모든 사람과 생물은 氣가 충만하면 건강하고 잘 자라지만, 氣가 약하거나 부족하면 병이 들고 시들며, 氣가 없으면 모든 생물은 죽는다.
 氣를 움직이는 것은 오직 태양과 달(月)이다. 지구가 태양을 일주(一周)하면서 생기는 변화가 춘하추동, 사계절이다.
 그래서 봄에 태어난 사람의 氣와, 여름에 태어난 사람의 氣, 그리고 가을에 태어난 사람의 氣와 겨울에 태어난 사람의 氣는 확연하게 다르다.
 태어난 계절에 따라 사람의 성격(性格)과 운명(運命)과 체질(體質)이 각각 다른 것은 五行 즉 五氣의 변화작용이라는 사실을 명심해야 한다.

6. 五行과 사계절론(四季節論)

 우주 내에 존재하는 모든 생물체는 계절의 변화에 따라 자연계의 영향을 받지 않을 수 없는 것이다.
 계절은 입춘(立春)을 기준해서 인월(寅月)이 되고, 새 해가 시작되는 것이다. 二月은 경칩(驚蟄), 三月은 청명(淸明)으로 春節이요, 巳午未月은 夏節이며, 申酉戌月은 秋節이요, 亥子丑月은 冬節이다.
 춘하추동(春夏秋冬)의 각 계절을 확실하게 실감하는 것은 3月(辰月)에 가서 봄을 느끼고, 6月(未月)에 여름을 느끼며, 9月(戌月)에 가을을 느끼고, 12月(丑月)에 가서 겨울을 느낀다.

7. 節氣와 五行의 왕쇠강약(旺衰强弱)

(1) 木

木은 봄철인 寅卯辰月에 가장 왕(旺)하고, 巳午未月은 여름의 계절이라 木이 火에게 생기를 설기(泄氣)당하여 약(弱)하며, 申酉戌月은 金의 계절이라 木은 가장 쇠(衰)하다.

그리고 亥子丑月은 동절이라 태양의 조사(照射)가 필요한 계절이나, 그래도 水生木하는 공으로 木이 강(强)해진다.

(2) 火

火는 巳午未月인 여름에 가장 旺하고, 申酉戌月은 서늘하면서 만물의 결실을 뜻하므로 火氣가 약(弱)하며, 亥子丑月은 천지만물이 동결되는 계절이므로 火氣가 가장 쇠약하다.

그러나 寅卯辰月은 봄의 생기(生氣)가 火를 생하므로 다시 강해진다.

(3) 土

土는 辰未戌丑月에 가장 旺하다. 辰月은 봄의 계절이라 한기(寒氣)가 서서히 물러가고 더운 하절(夏節)이 시작되는 사이에 있으므로 木生火하여 초목의 뿌리를 내리게 하는 습토(濕土)이다.

未月은 여름의 계절로서 더위는 점차 약해지고 서늘한

가을이 오는 때이나 아직은 뜨거운 조토(燥土)이다. 특히 대서절(大暑節)에는 土氣가 가장 왕성한 때이다.

戌月은 가을의 계절로서 만물이 결실을 맺는 때이므로 水氣의 습토(濕土)보다 火氣의 조토(燥土)가 필요한 때이다.

丑月은 겨울의 계절인바 만물을 수장(收藏)하는 한기(寒氣)가 필요하므로 습토(濕土)가 필요한 때이다.

따라서 寅卯月에는 木剋土를 당하여 土가 가장 쇠약하고, 巳午月에는 火生土하여 가장 왕성하며, 申酉月에는 土生金하여 설기를 당하여 弱하고, 亥子月에는 土剋水하므로 土氣가 쇠약하다.

(4) 金

金은 申酉戌月에 가장 旺하고, 辰戌丑未月에 土生金하여 强하며, 亥子丑月에는 金生水로 설기 당하여 약하고, 寅卯辰月에는 金剋木으로 金氣가 弱해지며, 巳午未月에는 火剋金을 당하여 가장 쇠약하다.

(5) 水

水는 亥子丑月에 가장 旺하고, 申酉月에 金生水하므로 强하며, 寅卯月에는 水生木으로 木氣에 설기 당하여 弱하며, 巳午未月에는 水剋火로 극설(剋泄)하므로 역시 弱하고, 戌未月에는 土剋水하므로 가장 쇠약하다.

그러나 辰丑月에는 습토(濕土)가 水氣로서 오히려 생조하므로 강하다.

이러한 계절의 변화에 따라 五行의 왕쇠강약(旺衰强弱)이 결정되므로 우주 내에 존재하는 모든 생태계를 연구하는데 기본적인 원리이며 척도이다.

제4장. 십간(十干)

제4장
십간

제4장. 十干

　五行을 다시 陰과 陽으로 나누면 열 개가 된다. 그 열 개로 나누어진 五行을 문자로 구체화시킨 것을 십간(十干)이라 한다.
　十干은 천간(天干)에 위치하므로 십천간(十天干)이라 하는데, 줄여서 십간(十干)이라 칭한다.
　즉 甲, 乙, 丙, 丁, 戊, 己, 庚, 辛, 壬, 癸의 열 개를 十干이라 한다.
　十干을 五行별로 구분하면 甲乙(木), 丙丁(火), 戊己(土), 庚辛(金), 壬癸(水)로 나뉜다.

　　　　　甲, 丙, 戊, 庚, 壬 … 陽干
　　　　　乙, 丁, 己, 辛, 癸 … 陰干

　木은 발생(發生)과 시작(始作)을 뜻하고, 火는 성장(成長)과 발산(發散), 그리고 土는 잉태(孕胎)를 뜻하고, 金은 성숙(成熟), 水는 거두고 갈무리하는 수장(收藏)을 뜻한다.
　양(陽)은 기(氣)요, 음(陰)은 체(体)이므로 十干의 성정(性情)도 陽과 陰에 따라 그 기능이 다르다.
　甲은 생기(生氣)요, 乙은 甲의 생기에 의해서 발생한 생물(生物)이다.
　丙은 성기(成氣)요, 丁은 성물(成物)이다.
　戊는 태기(胎氣)요, 己는 태물(胎物)이다.

庚은 숙기(熟氣)요, 辛은 숙물(熟物)이다.

壬은 냉기(冷氣)요, 癸는 냉물(冷物)이다.

기(氣)는 우주의 에너지로서 쉴 새 없이 움직이고 변화하지만, 체(体)는 정지된 상태로 변하지 않는다.

氣를 움직이는 것은 태양과 달이다. 지구가 태양을 중심으로 한 바퀴 순환하면 365일이 걸리는 데, 이 기간 중에 춘하추동의 사계절이 변하는 것이다.

이 十干과 十二支는 중국 고대 임금인 황제(黃帝)가 당시 소란했던 세상을 평정하고 제사를 지낼 때, 하늘로부터 받은 계시(啓示)라고 전하여 온다.

五行을 알면 우주와 만물을 이해할 수 있듯이, 五行에서 파생된 十干을 알면 보다 정확하게 우주와 만물의 생태계(生態界)를 한 눈으로 분석하고 관찰하며 이해할 수 있다.

땅은 묵묵히 있지만, 하늘은 쉴 새 없이 움직이고 변하므로 우주의 변화를 알려면 十干의 작용을 알아야 사람의 운명도 알 수 있다.

이러한 변화와 작용을 알 수 있는 것이 十干이다. 十干이 四柱를 좌우한다고 해도 과언이 아니다.

역학은 생태계를 연구하는 학문이므로 기후변화에 따라 생멸소장(生滅所長)하는 이치를 알고, 자연계와 더불어 인간에게도 적용하게 된 것이다.

그러므로 역학은 결코 미신이 아니며, 생태계에 존재하는 만유는 기후변화에 따라 변화하는 이치를 연구하는 자연과학(自然科學)이요 기후학(氣候學)이며, 기철학(氣哲學), 형이상학(形而上學)이라 할 수 있다.

1. 甲乙 [木]

우주만유는 조물주인 陰과 陽으로부터 창조되었듯이, 五行 또한 陰과 陽으로 형성된 것이다.

陽은 기(氣)요, 陰은 체(体)이니 木은 氣를 상징하는 양목(陽木)인 甲木과, 木의 体를 상징하는 음목(陰木)인 乙木으로 형성된다.

만물을 생성시키는 氣를 생기(生氣)라고 하고, 그 생기에서 발생한 형체를 생물(生物)이라 한다.

만물의 생기를 상징하는 생기의 씨앗이 甲이요, 甲의 생기와 씨앗에서 발생한 생물의 얼굴이자 집대성(集大成)이 乙이다.

乙은 글자 모양대로 생물이 지상으로 뾰족이 나타나고, 용솟음치듯이 굽어져 자라나는 모습과 같다.

甲은 乙을 탄생시키는 생기요, 乙은 甲의 생기에 의해서 탄생된 생물이다.

또한 甲木은 陽이므로 큰 나무 즉 거목(巨木)을 뜻하고, 乙木은 陰이므로 화초(花草)나 능굴 나무에 비유한다.

2. 丙丁 [火]

땅 위에서 발생한 乙木을 추위에 상하지 않게 따사로이 보살피고 무럭무럭 자라게 하려면 火의 원동력인 태양의 빛과 열이 필요하다.

그 뜨거운 성장의 운기(運氣)를 丙火라고 하며, 丙의 운기(運氣)에 의해서 확산되어 성장한 꽃의 형상이 丁火이다.

丙은 태양의 빛과 열을 상징한다. 丁은 성장을 촉진하는 열기에 의해서 힘차고 무성하게 자라난 꽃과 만물을 상징한다.

木은 어린 소년으로서 미성년자인데 반해서, 火는 성장된 청년이요, 장정(壯丁)이다.

丙火는 陽이므로 태양을 뜻하고, 丁火는 陰이므로 인조화(人造火)인 촛불, 난로 불, 용광로(鎔鑛爐)에 비유된다.

3. 戊己 [土]

土는 陰과 陽이 하나가 되어 제2의 생명을 잉태하고 부화(孵化)하는 태기(胎氣)요, 태아(胎兒)이다.

태기는 아버지의 정자(精子)에 의해서 나타난다. 아버지의 정자를 받아서 생명을 잉태하고, 부화하는 것은 어머니의 자궁이요, 난자(卵子)이다.

戊는 생명을 잉태하는 태기(胎氣)요, 己는 잉태해서 부화되는 태아(胎兒)이다. 또한 戊土는 陽이므로 태산(泰山)의 흙이요, 己土는 陰이므로 농토나 분토(盆土)를 의미한다.

4. 庚辛 (金)

오곡백과는 여름철에 戊己土에서 열매가 발생하고 성장한다. 사람의 태아는 열 달이 되면 만삭(滿朔)의 몸이 되듯이, 태아와 모든 열매는 일정기간 성장하면 성숙(成熟)하므로 모체(母体)에서 분만이 되고 분리된다.

그 자라난 열매를 완전히 성숙시키는 결실의 작용과 물체가 庚辛金이다.

庚金은 성숙시키는 운기(運氣)요, 辛金은 그 운기에 의해서 알차게 성숙한 오곡백과요, 열매이다.

金은 성숙과 더불어 거두는 것이다. 庚金은 익히는 숙기(熟氣)인 동시에 거두는 수기(收氣)이듯이 거두어진 열매들은 하나같이 수물(收物)이다. 辛金은 빵이자, 돈이며 경제이자 부(富)를 상징한다.

또한 庚金은 陽이므로 원광(原鑛) 혹은 쇳덩어리 자체를 말하므로 도끼나 작두에 비유된다.

辛金은 원철(原鐵)을 제련(製鍊)하여 그릇을 만들어 놓은 상태이다. 즉 칼, 낫, 송곳, 액세서리, 진주, 반지 등 귀금속이 여기에 해당된다.

5. 壬癸 (水)

가을에 거두어들인 오곡은 겨울에 저장을 잘 해야 한다. 곡물을 변하지 않게 잘 저장하려면 싹이 트지 않도록 냉장을 잘 해야 한다. 냉장은 한기(寒氣)만이 가능하다.

그 무서운 한기(寒氣)가 壬水요, 그 한기에 의해서 잘 저장된 냉물(冷物)이 곧 癸水이다.

壬水는 해수(海水)에 비유되고, 癸水는 이슬비나 빗물이다.

6. 十干의 성정(性情)

(1). 甲木

甲木은 陽木으로 태양의 광합성(光合成)으로 쑥쑥 자란 거목(巨木)이요 대림목(大林木)을 말한다.

甲木은 큰 나무이므로 火를 생하는 힘이 강하다.

(2). 乙木

陰木으로서 유약(柔弱)한 화초(花草) 나무요, 분목(盆木)으로서 火를 생하는 힘이 甲木에 비해 약하다.

(3). 丙火

陽火인 丙火는 太陽火로서 그 화기(火氣)가 맹열(猛熱)하고 강하다.

(4). 丁火

陰火로서 쇠약한 불길을 나타내므로 사람이 만든 인조화(人造火)를 말한다. 즉 촛불이나 난로 불, 전기 등 쉽게 꺼지는 약한 불을 말한다.

(5). 戊土
戊土는 陽土로서 태산(泰山) 흙을 말한다. 그러므로 戊土는 水를 두려워 하지 않는다.

(6). 己土
己土는 陰土로서 전답(田畓)이나 농토(農土)를 뜻한다. 따라서 戊土와는 달리 水를 겁낸다.

水가 많아 홍수(洪水)가 되면 농토가 떠내려가게 되므로 己土는 水를 제일 많이 겁낸다.

반대로 기토탁임(己土濁壬)이란 말도 있는데, 己土가 壬水를 흐리게 하고 탁(濁)하게 하므로 壬水도 己土를 싫어한다.

(7). 庚金
庚金은 陽金으로서 대단히 강한 강철과 원철(原鐵)자체를 말한다. 즉 제련(製鍊)된 쇠가 아니라 쇳덩이 자체를 말한다.

그러므로 庚金은 火氣가 필요한데, 丙火는 쓸모없고, 丁火로서 제련(製鍊)해야 성기(成器)가 되고 기물(器物)이 된다.

(8). 辛金
辛金은 陰金으로서 기물(器物)을 말한다. 즉 庚金의 쇠를 녹여서 그릇을 만든 상태이다.

기물이란 반지, 목거리, 귀고리, 액세서리, 그릇 등을 말한다.

辛金이 가장 두려워하는 것은 火이다. 辛金이 火를 만나면 다시 쇳덩이로 변하기 때문에 火를 미워한다.

(9). 壬水

壬水는 陽水로서 대단히 많은 물을 나타내는 대강수(大江水) 또는 해수(海水) 즉 바다 물을 말한다.

전술한바와 같이 壬水는 己土인 전답과 농토를 망치게 하므로 己土가 壬水를 만나면 가장 두려워하는 존재이다.

만일 남녀간의 궁합을 볼 때, 壬水日干이 己土日干을 만나게 되면 반드시 부부해로가 어렵다.

이유는 남녀 불문하고 己土가 壬水를 만나면 언제 홍수가 밀려올지 몰라서 전전긍긍하게 되고 겁을 낸다,

(10). 癸水

癸水는 陰水로서 이슬비나 빗물에 비유되므로 적은 물을 뜻한다. 따라서 癸水는 壬水보다 그 세력이 약하다.

日干이 癸水로 태어난 사람은 인덕이 없다.

그 이유는 癸水는 빗물에 비유되는데 비가 오래 동안 오지 않을 때는 비를 무척 기다리고 심지어 기우제(祈雨祭)까지 지내면서 비를 기다리지만, 비가 계속 내려 홍수를 이루면 비가 너무 많이 내린다고 원망하게 되므로 좋은 일하고 욕먹는 격이다.

제5장. 십이지(十二支)

제5장
십이지

제5장. 十二支

　十二支는 子, 丑, 寅, 卯, 辰, 巳, 午, 未, 申, 酉, 戌, 亥 등 열두 개의 地支로 이루어진다.

　天干과 地支를 서로 배합한 것을 간지(干支)라 한다. 天干은 하늘을 뜻하므로 위에 있고, 地支는 아래에 위치하므로 地支라 한다.

　十干은 만물이 발생하고 성장하며, 화합하여 잉태하고, 성숙해서 거두며 갈무리하는 과정과 모습을 나타내는데 반하여 十二支는 바위(方位)와 절기(節氣)와 시각(時刻)을 나타낸다.

　地支는 땅의 원리를 본 뜬 것이다. 우선 동서남북의 방위를 십이등분(十二等分)해서 나타내고, 춘하추동의 사 계절을 십이등분으로 구분하며, 아침과 밤의 시각을 십이등분으로 세분화 한 것이다.

1. 방위(方位)

　子는 正北方이고, 午는 正南方이며, 卯는 正東方이고, 酉는 正西方이다.

　正東, 正南, 正西, 正北은 각각 양쪽으로 15도, 15도씩 배정하므로 각각 30도가 되어 동서남북을 합하면 120도가 된다.

　또한 간방(間方)은 각각 60도가 배정되므로 사간방(四間方)을 합치면 도합 240도가 된다. 이렇게 해서 총합이 360도의 원을 이루게 된다.

즉 子와 卯의 사이를 東北間이라고 하고, 卯와 午의 사이를 東南間이라 하며, 午와 酉의 사이를 西南間이라 하고, 酉와 子의 사이를 西北間이라 한다.

나침판은 子午를 중심축(中心軸)으로 한다. 이는 正北方과 正南方을 표시하는 것이다.

중국에서는 일찍부터 十二支의 방위를 팔괘(八卦)로 표시했다.

즉 子는 감방(坎方)이라 하고, 午는 이방(離方), 卯는 진방(震方), 酉는 태방(兌方)이라 한다.

그리고 동북간을 간(艮)이라하고, 동남간을 손(巽)이라 하며, 서남간을 곤(坤)이라 하고, 서북간을 건(乾)이라고 한다.

따라서 寅卯辰 방위를 총칭하여 東方이라 하고, 巳午未 방위를 南方이라 하며, 申酉戌 방위를 西方이라 하고, 亥子丑 방위를 北方이라 한다.

2. 절기(節氣)

寅卯辰月은 봄의 절기(節氣)이고, 巳午未月은 여름의 절기이며, 申酉戌月은 가을의 절기이고, 亥子丑月은 겨울의 절기이다.

절기의 시작은 正月로부터 시작되는데, 正月은 입춘(立春)을 기준하여 정한다.

다시 말하면 寅月부터 正月이 되고, 立春이 되어야 비로소 새 해가 시작되며, 세군(歲君)이 바뀌는 것이다.

따라서 만일 음력 12월에 立春이 들어오면 태세(太歲)가 바뀌고 월건(月建)역시 寅月이 되며, 반대로 음력 1월이 지나도 立春이 들어오지 않으면 태세가 바뀌지 않는다.

寅月은 맹춘(孟春), 卯月은 중춘(仲春), 辰月은 계춘(季春)이라 하고, 巳月은 맹하(孟夏), 午月은 중하(仲夏), 未月은 계하(季夏) 또는 만하(晩夏)라고 한다.

또 申月은 맹추(孟秋), 酉月은 중추(仲秋), 戌月은 계추(季秋) 또는 만추(晩秋)라 한다.

亥月은 맹동(孟冬), 子月은 중동(仲冬). 丑月은 계동(季冬) 또는 만동(晩冬)이라 표현하기도 한다.

十二支는 열두 달로 나뉘어 지고, 열두 달은 사계절로 구성되며, 사계절은 일년을 마련한다.

3. 시각(時刻)

하루는 열 두 시각(時刻)으로 나뉘어 진다. 하루의 시작은 子時에서 시작되어 亥時에서 끝난다(시간(時間)은 하루가 24時間이다).

      子時는 밤 11시 30분에서 오전 01시 30분까지
      丑時는 01시 30분에서 03시 30분까지
      寅時는 03시 30분에서 05시 30분까지
      卯時는 05시 30분에서 07시 30분까지
      辰時는 오전 7시 30분에서 9시 30분까지

巳時는 오전 9시 30분에서 11시 30분까지
午時는 오전 11시 30분에서 오후 1시 30분까지
未時는 오후 1시 30분에서 3시 30분까지
申時는 오후 3시 30분에서 5시 30분까지
酉時는 오후 5시 30분에서 7시 30분까지
戌時는 오후 7시 30분에서 9시 30분까지
亥時는 밤 9시 30분에서 11시 30분까지이다.

현재 일반인들이 통용하고 있는 子時는 오후 11시부터 오전 1시까지로 알고 있으나, 이는 크게 잘 못된 것이다.

당초 대한제국(大韓帝國)은 1908년 4월에 우리나라 표준자오선(標準子午線)을 127도 30분으로 정하였으나, 일제 강점기인 1912년 1월 1일 조선총독부가 일방적으로 일본에서 통용되는 표준자오선인 135도선으로 강제로 변경시켰다.

동경(東經) 135도선은 우리 영토 밖인 울릉도에서 멀리 떨어진 동쪽해상 약 350km 지점을 통과하고 있어 한국의 표준시는 실제시간인 태양시보다 약 30분정도 빠르게 되어 있다.

우리나라 내에서도 지역에 따라 표준자오선이 다르기 때문에 표준시간이 다른 법인데, 하물며 일본의 시간을 그대로 적용하고 있으니 한심하다.

서울은 동경 127도에 위치하므로 밤 11시34분에서 01시 34분까지를 子時로 보아야 한다.

대전은 밤 11시 30분에서 01시 30분까지

대구는 오후 11시 26분에서 01시 26분까지
부산은 오후 11시 24분에서 01시 24분까지를 子時로 본다.

이렇게 각 지역마다 표준자오선의 차이로 子時의 시간대가 각각 다르다는 것을 명심하기 바란다.

生時로서 자녀궁을 보고, 말년과 사회활동의 향방(向方)을 알 수 있으며, 더욱이 日時가 상충(相冲)하거나, 상형(相刑)하면 부부해로가 어렵고, 배우자궁이 고독하다.

이렇듯 生時가 매우 중요한데, 시중의 역학자 약 80%이상이 아직도 子時를 밤 11시부터 01시로 착각하고 있으며 큰 오류를 범하고 있는 것이다.

불과 몇 분차이로 처와 자식과 운명의 길흉이 뒤 바뀌므로 하루속히 시정되어야할 과제이다.

통상적으로 생활일반에서 통용하고 있는 하루는 24시간이다. 이것을 十二支에 대입시키면 한 시각은 두 시간씩 배정된다.

그럼 24시간을 십이지로 나타내려면 어떻게 하는가? 먼저 초(初)와 정(正)으로 구분한다.

즉 밤 11시 30분에서 12시 30분 사이는 초자시(初子時)라 하고, 밤 12시 30분에서 01시 30분 사이는 정자시(正子時), 또는 자정(子正)이라 한다.

또, 한 시간은 60분인데, 十二支로 표현하면 15분을 일각(一刻)이라 한다. 그러므로 한 시간은 사각(四刻)이 된다.

그리고 일각(一刻)이 15분인데, 15분전은 어떻게 표현하는가?

　一刻이 되기 전까지는 각(刻)의 시초(始初)라 해서 초각(初刻)이라 한다.

4. 야자시설(夜子時說)

　고전 명리학자들은 子時를 둘로 나누어서 밤 11시부터 12까지는 야자시(夜子時)라 하고, 밤 12시부터 오전 1시 사이를 명자시(明子時)라고 주장하였다.

　그러나 이 학설은 전혀 근거가 없는 속설로서 인위적으로 조작된 것이므로 믿지 말 것을 당부하는 바이다.

　왜냐하면 일반인이 인식하고 있는 밤 12시는 자정(子正)이라 하여 하루를 마감하는 시간으로 인식한데서 비롯된다.

　그러나 이 야자시설은 학술적으로도 모순이고, 또한 명리학 고전(古典) 어디에도 없는 것을 중세(中世)에 와서 각자의 편견으로 야자시(夜子時)니, 명자시(明子時)니 하면서 사주감정에 큰 오류를 범하고 있다.

　子時는 밤 11시 30분부터 01시 30분 사이를 말한다. 그러므로 밤 11시 30분부터 일진(日辰)이 바뀌면서 하루가 시작되는 것이다.

　夜子時와 明子時는 원래 기문서(奇門書)와 택일법(擇日法)에서 인용하여 사용하였으나 사주 명리학의 이론에는 정면으로 배치된다.

　夜子時說을 주장하는 사람들은 사주의 주인공이 甲子日,

밤 11시에서 12시 사이에 태어났다면, 夜子時生이라 하여 甲子日, 甲子時로 四柱를 구성한다. 즉 태어난 당일의 일진(日辰)을 그대로 쓴다.

그리고 위 사주의 주인공이 만일 甲子日, 밤 12시부터 01시 사이에 태어났다면 명자시(明子時)가 되므로 비로소 甲子日이 아니고, 다음날 일진(日辰)인 乙丑日, 丙子時가 된다는 주장을 하고 있는 것이다.

이것은 五行의 순환법칙에도 어긋나고, 모든 시법(始法)에도 배치된다.

매년(每年)의 시작은 子年에서 시작되고, 매월(每月)의 시작은 寅月에서 시작하며, 하루의 시작은 子時로부터 시작된다.

子時는 밤 11시 30분부터 시작되므로 이 때부터 다음날 일진(日辰)으로 바뀌는 것이다. 즉 甲子日 밤 11시 30분이 되면, 이 때부터 日柱가 乙丑日로 바뀌고, 時柱는 丙子時가 되는 것이다.

제6장. 지장간(支藏干)

제6장
지장간

제6장. 支藏干

지장간이란 十二支 안에 숨어 있는 十干을 말한다.

天干은 하늘을 상징하고, 地支는 땅을 상징하며, 지장간(支藏干)은 인원(人元)이라 한다. 그래서 天地人을 합쳐 삼원(三元)이라 호칭한다.

陰陽五行은 천지운기(天地運氣)에서 발생하는 변화에 따라 절기와 운기가 형성된다.

운기는 초기(初氣)의 운기와 중기(中氣)의 운기 그리고 말기(末氣)의 운기로 나누어진다.

입춘(立春)이 들면서 처음 나타나는 운기가 初氣이며, 다음에 나타나는 운기가 中氣이며, 마지막으로 나타나는 운기가 末氣이다.

운기 중에서도 가장 왕성한 운기가 말기이다. 이 말기를 정기(正氣)라고 한다. 이 정기는 힘이 왕성하고 넘침으로서 남는 날이 다음 달의 초기로 이월(移越)하게 된다.

이월된 초기가 여기(餘氣)에 해당한다. 특히 辰戌丑未는 土가 正氣로서 왕성하므로 다음 달의 초기를 형성한다. 이는 지난달의 正氣가 이월된 여분(餘分)의 운기로서 여기(餘氣)라고 한다.

寅中의 지장간에는 戊丙甲의 土火木의 성정(性情)이 들어 있고, 巳中에는 戊庚丙의 土金火의 氣가 들어 있다.

寅月은 丑月의 연장으로서 丑土의 여기(餘氣)가 다음달 寅月로 이월(移越)한 것이 되므로 초기에는 戊土가 7일간

머물고, 그 다음으로 丙火가 7일을 담당하며, 마지막 16일은 甲木이 관장하는 것이다. 이는 한달, 30일간을 운기의 强弱에 따라 나누어서 관리하는 형태이다.

따라서 寅의 경우, 초기의 戊土를 여기(餘氣)라 하고, 다음의 丙火를 중기(中氣)라 하며, 마지막 甲木을 정기(正氣) 또는 본기(本氣)라 한다.

이것을 지장간이라 하는데 특히 月支中에 있는 지장간이 제일 중요하지만 年支, 日支, 時支 중에 있는 지장간도 무시할 수 없다.

十二支 중에서 子와 午, 卯와 酉는 여기(餘氣)와 정기(正氣)만 있을 뿐, 中氣는 없다.

지장간의 五行은 天干의 뿌리로서, 天干에 같은 五行이 나타날 때에 비로소 작용을 한다.

寅中의 지장간에 있는 丙火는 火의 뿌리로서, 天干에 丙丁火가 나타날 때에 火의 힘을 제공하는 작용을 할 수 있듯이, 丑中의 癸水는 水의 뿌리로서 天干에 水가 나타나면 자동적으로 작용을 할 수 있다.

天干에 나타난 五行은 쉴 새 없이 작용을 하고 힘을 소모하며, 干合과 干冲의 작용으로 변화가 무상한데 반해서, 지장간에 숨어 있는 天干은 소모되거나 손상을 당하지 않고 도둑맞을 염려가 없다.

지장간의 여기(餘氣)와 중기(中氣)는 그 힘이 약하지만, 말기인 정기(正氣)는 가장 왕성하다. 그러나 지장간에 있는 五行을 적용할 때는 餘氣, 中氣, 末氣의 강약(强弱)을 구별하지 않는다.

지장간 조견표(支藏干 早見表)

	寅	卯	辰	巳	午	未	申	酉	戌	亥	子	丑
餘氣	戊	甲	乙	戊	丙	丁	戊	庚	辛	戊	壬	癸
中氣	丙		癸	庚	己	乙	壬		丁	甲		辛
正氣	甲	乙	戊	丙	丁	己	庚	辛	戊	壬	癸	己

제7장 공망론

제7장. 空亡論

十干, 十二支로 구성된 干支는 모두 60개 이다. 이를 六十甲子라 칭한다.

十干, 十二支를 순별(旬別)로 같이 배열하면 두 개가 남는다.

즉 甲子에서 癸酉까지의 甲子旬 중에는 戌亥가 空亡이 되는데, 戌亥는 天干이 부족하므로 짝을 만나지 못해 빈자리가 되므로 이것을 공망(空亡)이라 한다.

空亡을 일명 천중살(天中殺)이라고 하는데, 공(空)치고 망(亡)하며, 허탕 친다는 뜻이다.

空亡은 일상생활과도 직결된다. 가령 寅卯가 空亡이면 東方에서는 무엇을 해도 헛수고하게 되고 공치기 쉽다.

그러므로 空亡의 방위로 이사하거나 활동무대를 선택하는 것은 피하는 것이 상책이다.

또한 가장 중요한 것은 본인의 空亡에 해당하는 해(年)와, 달(月)과, 날(日)에는 결혼, 이사, 개업, 사업변동 등은 절대 피해야 한다.

그 동안 많은 사람들의 사주를 간명한 결과 空亡에 해당하는 해와 달에 결혼하거나 이사, 개업을 한 사람은 예외 없이 불행한 것을 보았다.

空亡이 합(合)을 하면 해공(解空)이 되므로 피해가 없으며, 또 흉성(凶星)이 空亡이 되면 凶이 변해서 吉로 변한다.

四柱 내에 空亡이 있는데 大運에서 다시 空亡이 들어오

면 空亡으로 보지 않는다. 이유는 行運에서 만나는 空亡은 인정하지 않기 때문이다.

(1) 年支空亡
年支에 空亡이 들면 부조(父祖)의 유산(遺産)이 없고 또한 직업변동이 많으며, 주거변동으로 인한 이사와 직장변동이 자주 일어난다.

(2) 月支空亡
부모형제의 덕이 없고, 본인은 고향을 떠나 살게 되며, 고독한 생활을 한다.

(3) 日支空亡
배우자 덕이 없고, 심한 경우 부부이별하며, 본인 역시 발전이 없다.

(4) 時支空亡
남녀 불문하고 자식의 덕이 없고, 본인의 말년운도 좋지 않으며, 老年에 고독하게 지낸다.

(5) 比劫의 空亡
比劫이 空亡이 되면 형제자매가 있어도 힘이 되지 못하고, 형제간에 우애가 없으며, 형제가 잘 사는 사람이 적다.

(6) 食神의 空亡

신체가 허약하고 재물 복이 없으며, 식복도 없다. 여자는 자녀와의 인연이 적고, 남녀 불문하고 크게 발전하는 사람이 드물다.

(7) 傷官의 空亡

여자는 자식과의 인연이 희박하고, 남녀 불문하고 잘 생긴 사람이 적다.

(8) 正官의 空亡

남자는 자녀와의 인연이 적고, 자식이 있어도 어리석거나 무능하며, 여자는 남편 덕이 없고, 남편이 하급관리인 경우가 많다. 또한 인덕도 없고, 명리(名利)에도 관심이 없다.

(9) 偏官의 空亡

남녀 공히 직급(職級)이 낮고, 주거변동과 신변의 변동이 많고, 여자인 경우, 만혼사주(晚婚四柱)이며, 일찍 결혼하면 실패하기 쉽다.

(10) 財星의 空亡

재물 복이 없고, 처와 이별하거나 처덕이 없다. 또한 재물에 대한 욕심이 없다.

(11) 印星의 空亡

부모와 형제 덕이 없고, 시험운도 없으며. 부부해로가 어렵다.

(12) 화개살(華蓋殺) 空亡

종교에 인연이 있어 승도(僧徒)나 목사, 신부, 수녀의 팔자이다.

(13) 과숙살(寡宿殺) 空亡

과숙살은 여자에게 해당되는 살로서, 부부해로가 어렵고, 유소시(幼少時)에 질병으로 고생한다.

76. 손중산의 사주통변

제8장. 상생(相生)과 상극(相剋)

제8장
상생과 상극

제8장. 相生과 相剋

1. 상생원리(相生原理)

相生原理란 木生火, 火生土, 土生金, 金生水 水生木의 관계를 말한다.

즉 木은 水를 발판으로 발생하고, 火는 木을 발판으로 발생하며, 土는 火를 발판으로 발생하고, 金은 土를 발판으로 발생하며, 水는 金을 발판으로 발생한다는 원리이다.

五行의 相生原理는 하도(河圖)에서 유래된 것인데, 河圖는 五行이 운동하는 법칙을 제시한 것으로 이것을 최초로 연구한 것은 복희(伏羲)라고 한다.

복희는 河圖에서 방위와 상생에 대한 중요성을 알게 되었다.

즉 木은 東方의 기(氣)에 의하여 생하고, 火는 南方의 氣에 의하여 생하며, 土는 中央의 氣에 의해서 생하고, 金은 西方의 氣에 의해서 생하며, 水는 北方의 氣에 의하여 생한다는 것을 알게 되었다.

따라서 봄은 동방목(東方木)으로서 木의 기(氣)를 발하고, 여름은 남방화(南方火)로서 火의 氣를 발하고, 장하(長夏)는 중앙 土로서 土의 氣를 생하고, 가을은 서방금(西方金)인데 金의 氣를 생하고, 겨울은 북방수(北方水)인데 水의 氣를 생하는 일을 하는 것이다.

그러므로 복희는 춘하추동(春夏秋冬)의 사계절이 木火金水에서 생하는 것임을 이 하도(河圖)의 기상도(氣象圖)에서 발견한 것이다.

다시 말하면 五行의 상생원리는 오직 계절의 변화원리로서 이해해야 한다.

봄이 지나면 여름이 오고, 여름이 지나면 가을이 오고, 가을이 지나면 겨울이 오며, 겨울이 지나가면 다시 봄이 돌아온다는 계절의 변화원리로서 봄이 여름으로 변하니 木生火요, 土는 장하(長夏)에 해당하므로 여름의 뜨거운 未月이 되면 火生土가 된다.

장하(長夏)가 지나면 가을이 되니 土生金이요, 가을이 지나면 겨울이 오므로 金生水가 된다.

겨울이 지나고 다시 봄이 오면 水生木으로 변하므로 계절의 순리적이고, 점진적인 변화의 원리를 말하는 것이다.

자연과 계절의 변화는 천지운기(天地運氣)의 기상학적(氣象學的) 자연원리로서 영원히 불변인 것이다.

상생(相生)은 글자 그대로 서로 의지하고, 사랑하며, 상부상조하는 다정한 관계를 말한다.

이것은 모두 陰과 陽의 운동작용으로서 東方과 南方에서는 木과 火가 생장(生長)하고 분열(分裂)하는 과정이고, 西方과 北方에서는 金과 水가 성숙(成熟)하고 수장(收藏)하는 과정이다.

生하는 것도 東南方에서는 陽을 생하지만, 西北方에서는 陰을 생하는 고로 陰陽의 경쟁을 면할 수 없는 것이다.

그러므로 이러한 경쟁과 투쟁을 土가 중앙에 위치하여 조화시키는 역할을 하므로 평화를 유지하고, 생생불멸(生生

不滅)하는 生을 얻게 된다.

2. 상극원리(相剋原理)

상극원리는 상생원리의 반대되는 개념이지만, 오히려 생(生)을 견고(堅固)하게 만드는 작용을 한다.

相生原理는 木生火, 火生土, 土生金, 金生水, 水生木의 순행법칙(順行法則)이지만, 相剋原理는 그와는 반대로 水剋火, 火剋金, 金剋木, 木剋土, 土剋水의 상극법칙인데, 이것은 모순과 대립의 작용을 하면서도 다시 만물을 생성(生成)하는 과정인 것이다.

그러므로 相剋原理는 서로 극하는 대립관계가 아니고, 오히려 만물을 생성하려는 목적으로 대립하는 관계이므로 필요극(必要剋)이요, 필요악(必要惡)이라 할 수 있다.

이것은 대립을 위한 대립이 아니고, 오히려 새로운 발전과 통합을 위한 대립인 것이다.

相生作用은 북방수(北方水)에서 시작하여 좌회전(左回轉)하면서 생하는데 반해서, 相剋作用은 北方水에서 시작하여 우회전(右回轉)하는 것이다. 水에서 우회전하게 되면 水火金木土의 순으로 운동하게 되는 것이다.

따라서 상극관계는 자연의 질서와 순리를 무시하고, 충돌하고 대결하는 적대관계(敵對關係)이지만, 만물을 생성하기 위한 노력이요 필요한 과정이며 동작인 것이다.

우주 내의 삼라만상은 하나 같이 상극이라는 모순과 대

립 속에서 생성된 것이다. 따라서 대립을 위한 대립이 아니고, 발전과 생성을 위한 모순적인 대립인 것이다.

이것은 자연계에만 국한된 것이 아니고, 인사전반에 있어서도 이와 같은 원리가 적용되는데, 필요악(必要惡)은 선(善)을 보호하기 위한 노력인 것이다.

相剋作用의 변화하는 모습을 보면, 木이 木으로서의 형체를 갖추기 위하여 金의 극을 받아야 하고, 火의 형체를 갖추려면 水의 극을 받아야 하며, 土가 자기의 형체를 갖추려면 木剋土해야 하고, 金이 자기의 형체를 갖추려면 火剋金의 단계를 거쳐야 하며, 水가 자기의 형체를 만들려면 土剋水의 힘을 받아야 하는 것과 같다.

이것을 좀 더 자세히 설명하면 木이 자기의 형태를 갖추려면 金의 극(剋)을 받아야 하고, 火가 자기의 모습을 만들려면 水의 극을 받아야 하며, 土가 자기의 모습을 만들려면 木의 극을 받아야 하고, 金이 자기의 형태를 갖추려면 火의 극을 받아야 하며, 水가 자기의 모습을 만들려면 土의 극을 받아야 한다.

이와 같이 만물의 생성원리를 따져보면 상극의 작용이 꼭 필요하고, 만물이 생성하는데 없어서는 안 될 필요조건인 것이다.

3. 상모원리(相侮原理)

五行의 상극관계는 강자(强者)가 약자(弱者)를 억압하는 관계로서 水는 火를 극(剋)하고, 火는 金을 극하며, 金은 木을 극하고, 木은 土를 극하며, 土는 水를 극하는 관계로서 약육강식(弱肉强食)의 논리가 성립된다.

그러나 우주의 변화원리는 반드시 상극원리만 통용되는 것이 아니다. 즉 五行은 상모(相侮)관계도 인정하여야 한다.

즉 상모관계란 약자가 반대로 강자를 이기고, 능멸(凌蔑)하는 경우로서, 이 우주 내에 얼마든지 일어나고 있는 형상이다.

예를 들면 水剋火하던 水가 火에게 도리어 망신을 당하여 화극수(火剋水)를 당하는 수모(受侮)를 당하게 되고, 火剋金이 金剋火가 되며, 金剋木이 木剋金이 되며, 木剋土가 土剋木이 되고, 土剋水가 水剋土가 되는 과정을 모두 五行의 상모작용이라 한다.

4. 모자멸자(母子滅子)

五行의 相生原理는 母가 子를 생하는 관계로서 어머니의 힘을 받은 자식은 더욱 튼튼해지는데 반해서, 모자멸자(母子滅子)는 오히려 어머니가 자식을 곤란케 하고 피해를 주는 것이다.

예를 들면 水는 木을 생하는 관계로서 母가 子를 생부(生扶)하지만, 水가 너무 많으면 오히려 木이 부목(浮木)이 되어 강물에 떠내려가거나, 물이 많아 나무의 뿌리가 썩는 형국이 된다.

그러므로 사주 내에 五行이 과다(過多)한 것은 반드시 피해를 입는 五行이 있다는 것을 명심하기 바란다.

사주 내에 財星이 많으면 오히려 재물 복이 없고 가난한 것을 짐작할 수 있고, 또 命中에 官星이 많으면 반드시 관운(官運)이 없다. 여기에서 많다는 것은 3개 이상 있는 것을 말한다.

女命에 食神과 傷官은 子女가 되는데, 命中에 食傷이 많으면 자녀 복이 없거나 자녀 두기가 어렵다.

이와 같이 많은 것은 없는 것과 같다고 해석해야 한다. 즉 多는 無와 같다는 뜻이다.

제9장. 합충형(合冲刑) 간법(看法)

제9장
합충형 간법

제9장. 합중형 간법

1. 천간합(天干合)

합(合)이란 陰과 陽의 관계로서 서로 화합하고, 의지하며 상부상조하는 다정하고 유정한 관계를 말한다. 마치 男女관계와 같다.

따라서 天干合이란 양간(陽干)과 음간(陰干)이 서로 만나 다른 五行으로 변화한 것을 말한다. 이는 정오행(正五行)끼리 만나 다른 오행으로 변화한 五行이므로 화오행(化五行)이라 한다.

양간(陽干)이 여섯 번째의 음간(陰干)과 합하므로 육합(六合)이라고도 한다.

예를 들면 陽干인 甲木이 여섯 번째의 陰干인 己土를 만나 土 五行으로 변화하고, 乙木은 여섯 번째의 庚金과 만나 金 五行으로 변화하며, 丙火는 辛金을 만나 水 五行으로 변화하고, 丁火는 壬水를 만나 木 五行으로 변화하며, 戊土가 癸水를 만나 火 五行으로 변화한다.

합은 반드시 陰과 陽, 陽과 陰이 만나서 결합하는 남녀관계로서 다정하고, 상부상조하는 유정한 관계를 말한다. 이를 정리하면 다음과 같다.

甲己合化 … (土)
乙庚合化 … (金)
丙辛合化 … (水)

丁壬合化 … (木)
戊癸合化 … (火)

<u>다음의 경우에는 天干合이 성립되지 않는다.</u>
(1) 天干끼리 합이 성립되는데, 天干의 뿌리가 地支에 있으면 天干合이 성립되지 않는다.

(예)
甲 丙 癸 戊
午 申 亥 戌

이 사주는 年干의 戊土와 月干의 癸水가 天干合을 하려고 하는데, 月支에 亥水가 있으면 癸水의 뿌리가 제왕지(帝旺地)에 앉아 있으므로 天干合이 성립되지 않는다. 왜냐하면 癸水는 地支에 왕성한 자기의 뿌리가 있기 때문에 합을 원치 않는다.

(2) 天干合은 地支合보다 그 세력이 대단히 미약하므로 天干에서 조금의 상충(相冲)이 있어도 天干合이 성립되지 않는다.

(예)
甲 甲 戊 癸
戌 申 午 丑

이 사주는 天干에서 戊癸가 天干合을 하려고 하는데, 日干의 甲木이 月干의 戊土를 충극(沖剋)하므로 天干合이 성립되지 않는다.

(3) 天干合이 성립되고 있는데, 天干의 뿌리가 地支에서도 地支끼리 支合이 성립되면, 天干合이 성립되지 않는다.
　왜냐하면 地支合은 오히려 건록, 제왕보다 강력하기 때문에 天干合이 되지 않는다.

　(예)
　乙 辛 己 甲
　未 酉 巳 寅

이 사주는 甲己가 天干合이 되는데, 己土의 제왕지인 巳와 酉가 支合을 이루므로 天干合이 성립되지 않는다.

(4) 天干合은 서로 근접(近接)하고 있어야 성립되고, 멀리 떨어져 있으면 天干合이 성립되지 않는다. 이유는 중간에 끼여 있는 五行이 天干合을 방해하기 때문이다.

　(예)
　甲 乙 辛 庚
　申 卯 巳 寅

이 사주는 年干의 庚金과 乙日干이 天干合을 하려고 하나, 月干의 辛金이 중간에서 합을 방해하므로 天干合이 성립되지 않는다.

(5) 天干合이 성립되는데, 天干의 뿌리가 멀리 떨어져 있으면 天干을 강하게 도와주지 못하므로 天干合이 성립된다.

(예)
戊 丙 戊 癸
子 申 午 卯

위 사주는 天干에서 戊癸가 天干合이 성립되는데, 年干에 있는 癸水의 뿌리인 時支 子水가 있어도 거리가 멀리 떨어져 있으므로 天干合을 방해하지 못한다.

(6) 天干에서 쟁합(爭合)이 되면 天干合이 성립되지 않는다.
아래의 예와 같이 甲木日干이 月干과 時干의 양쪽에 己土가 있으면 쟁합이 되어 완전한 합이 성립되지 않는다. 서로 합을 하려고 다투기 때문이다.

(예)
己 甲 己 癸
巳 子 未 巳

(7) 투합(鬪合)은 쟁합(爭合)과는 달리, 같은 五行끼리 붙어 있으면서 天干合을 하는 경우, 天干合이 성립되지 않는다.

(예)
戊 癸 癸 己
午 未 酉 未

月干과 日干에 있는 癸水가 時干에 있는 戊土와 서로 합을 다투므로 天干合이 성립되지 않는다.

2. 지지합(地支合)

十二支 가운데 陰과 陽이 만나는 것을 지지합(地支合) 또는 지합(支合)이라 한다.

十二地支중 子, 寅, 辰, 午, 申, 戌은 양(陽)이고, 丑, 卯, 巳, 未, 酉, 亥는 음(陰)이다.

합은 반드시 陰과 陽, 陽과 陰의 합이므로 다정하고, 조화로운 관계이다.

즉 子와 丑이 만나 (土)가 되고, 寅과 亥가 만나 (木)이 되며, 卯와 戌은 (火), 辰과 酉는 (金), 巳와 申은 (水), 午와 未는 (火)로 五行이 바뀐다.

天干合은 그 영향력이 빨리 나타나고, 地支合은 그 합의 영향력이 좀 늦게 나타난다.

다음의 경우에는 地支合이 성립되지 않는다.

(1) 地支合은 2개의 五行이 합이 된 것이므로 三合이나, 方局보다 약한 합이라 相冲이나, 三刑이 되면 地支合이 성립되지 않는다.

(예)
癸 辛 丙 己
巳 亥 寅 未

이 사주는 月支에 寅木이 있고, 日支에 亥水가 있어 寅亥합이 성립되는데, 時支에 巳火가 巳亥冲하므로 支合이 성립되지 않는다.

(2) 地支에 巳申合이 되는 경우, 巳申申이나 申巳巳 등의 합은 투합(鬪合)이 되어 서로 합을 하려고 다투게 되므로 온전한 支合이 성립되지 않는다.

(3) 사주 내에서 支合이 성립되어도 大運이나, 歲運 또는 月運에서 相冲이 되거나, 三刑이 되면 支合이 파괴되므로 그 行運 중에는 성립되지 않는다.

3. 삼합국(三合局)과 방국(方局)

(1) 삼합국(三合局)

丙은 寅에서 장생(長生)이 되고, 午에서 제왕(帝旺)이 되며, 戌에서 묘(墓)가 된다.

火의 장생(長生), 제왕(帝旺), 묘(墓)가 하나로 합쳐서 거대한 火의 세력을 형성하는 것을 삼합(三合) 또는 삼합화국(三合火局)이라고 한다.

三合은 이해타산(利害打算)으로 만난 집단이다. 나라가 형성되려면 먼저 군왕(君王)이 있어야 하고, 백성(百姓)이 있어야 하며 또한 영토(領土)가 있어야 한다.

군왕은 한 나라의 통치자로서 나라를 세우고 소유하며 지배하고 다스린다.

군왕의 자리는 강해야 하므로 제왕의 자리가 군왕의 자리이다.

三合은 地支의 세 글자가 합심협력해서 하나의 나라를 형성하는 것과 같다.

亥卯未 三合木局
寅午戌 三合火局
巳酉丑 三合金局
申子辰 三合水局

三合의 세 글자 중에 두 글자가 만나도 반합(半合)이 성립된다. 그러나 三合보다는 당연히 약한 합이다.

즉 亥卯, 卯未는 木局 半合이요, 寅午, 午戌은 火局 半合이며, 巳酉, 酉丑은 金局 半合이요, 申子, 子辰은 水局 半合이다.

地支 중에서 3자가 모여 三合이 되면, 강력한 연합세력을 형성하게 된다. 즉 각기 다른 五行이 이해관계로 단합하여 큰 세력을 형성한 것이다.

三合은 양간(陽干)으로 본다. 즉 亥卯未 木局이 되면 甲木이 주(主)가 되고. 寅午戌 火局이 되면 丙火가 主가 되며. 巳酉丑 金局이 되면 庚金이 主가 되고, 申子辰 水局이 되면 壬水가 主가 된다.

(2) 방국(方局)

寅卯辰은 東方이요, 巳午未는 南方이며, 申酉戌은 西方이요, 亥子丑은 北方이다.

方局은 같은 五行끼리 구성되므로 강력한 세력을 형성한다. 三合은 각기 다른 五行이 이해관계로 뭉치고 단합된 것인데 반해서, 方局은 같은 五行끼리 만난 것으로 마치 같은 씨족(氏族)끼리 형통을 위주로 만나 생사를 같이 하는 집단으로서 이해관계로 인한 이합집산은 하지 않는다.

그러므로 方局은 三合보다 그 세력이 절대적이고, 강력하다.

4. 천간충(天干沖)

합(合)은 陰과 陽, 陽과 陰이 만나는데 반하여, 충(沖)은 陰과 陰, 陽과 陽이 만나는 관계로서 냉정하고 무정한 관계이다.

陰은 여자요, 陽은 남자인데 여자와 여자, 남자와 남자가 서로 만나는 격으로 서로 경쟁하고, 반목하며, 투쟁하는 관계이므로 무정한 관계이다.

天干에 있는 양간(陽干)이 일곱 번째의 양간(陽干)을 만나거나, 음간(陰干)이 일곱 번째의 음간(陰干)을 만나면 서로 충돌하고 상극관계가 된다. 이를 칠충(七沖)이라도 한다.

예를 들면 甲木이 일곱 번째의 庚金을 만나면 천간충(天干沖)이 되는데, 五行상 木이 金을 만나면 金이 木을 극파(剋破)하게 된다.

따라서 甲木과 庚金은 상극관계로서 충파(沖破)되므로, 이것을 충(沖), 또는 칠살(七殺)이라고 한다.

이상과 같이 天干沖은 甲庚沖, 乙辛沖, 丙壬沖, 丁癸沖은 天干 충칠살(沖七殺)이라 하고, 戊甲, 己乙, 庚丙, 辛丁, 壬戊, 癸己 등은 天干 극칠살(剋七殺)이라 한다.

충(沖)이란 글자 그대로 충돌한다는 뜻으로 살(殺)중에서도 가장 흉한 살로 질병, 이별, 수술, 고독, 손재, 송사, 관재구설 등 불행이 따르는 흉살(凶殺)이다.

5. 지지충(地支冲)

十二支 중에 있는 地支가 일곱 번째의 地支와 만나면 상충(相冲)이 된다. 地支의 冲은 여섯 개이므로 六冲이라고도 하고, 일곱 번째의 地支와 상충하므로 地支七殺이라고도 한다.

    子午 冲
    丑未 冲
    寅申 冲
    卯酉 冲
    辰戌 冲
    巳亥 冲

地支에서 陰과 陰, 陽과 陽이 만나므로 여자와 여자, 남자와 남자가 만난 격으로 서로 대립하고 반목하며 무정한 관계이다.

地支冲은 天干冲보다 약 3배 이상 강한 것으로 그 강도가 대단히 강하게 작용한다고 보아야 한다.

天干은 나무의 가지에 해당하나, 地支는 나무의 뿌리에 해당하므로 地支冲이 더 강하게 나타난다.

6. 삼형살(三刑殺)

三刑은 相冲보다 더 강력한 작용을 한다. 이유는 상충은 두 개의 五行이 충돌하지만, 삼형은 세 개의 五行이 충돌하므로 그 힘이 강력하다.

寅巳申, 丑戌未는 三刑이 되고, 子卯는 相刑이라 하며, 辰辰, 午午, 酉酉, 亥亥는 自刑이라 한다.

        寅巳申, 丑戌未 … 三刑
        子卯 ……………… 相刑
        辰辰, 午午, 酉酉, 亥亥 … 自刑

寅巳申과 丑戌未는 寅巳, 巳申, 혹은 戌未, 丑戌 등의 두 글자만 만나도 형살이 성립된다.

戌未刑은 여기(餘氣)끼리 충돌이 되므로 그 충격이 약하지만, 丑戌刑은 중기(中氣)끼리 충돌하므로 그 충격이 戌未보다 더 강력하다.

三刑殺은 남을 묶지 않으면 내가 묶이는 형상이므로 신강사주일 때는 사법관, 변호사, 의사, 군인, 경찰 등의 직업에 종사하는 사람이 많다.

그러나 신약사주일 경우에는 뜻밖의 재난을 당하게 된다.

사주 내에 삼형이 있으면 잔인하고, 냉혹한 성격이며, 따라서 배신과 불화를 겪고, 관재구설, 시비가 따르고, 교통사고를 당하는 등의 최악의 경우도 나타난다.

7. 地支冲의 통변(通變)

(1) 年支와 月支와의 冲
부조(父祖)의 업(業)을 계승하지 못하고, 고향을 떠나 객지생활을 하게 되며, 조부와 아버지는 각각 따로 살게 된다.

(2) 月支와 日支와의 冲
부모 형제와 헤어져 살게 되고, 고부(姑婦)간의 불화로 인한 부부간에 갈등과 시비가 끊이지 않는다.

(3) 日支와 時支와의 冲
처자(妻子)와의 인연이 박(薄)하고, 부부이별하거나 사별하는 경우가 많다. 또한 時柱에 기신(忌神)이 있고, 말년 大運이 흉운(凶運)이면 말년이 고독하고 불행한 생활을 하게 된다.

(4) 사주 내의 地支에 모두 辰戌丑未 네 개가 모두 구비되어 있으면 오히려 귀명(貴命)으로 본다.

(5) 空亡을 冲하면 凶이 吉로 변하여 재화(災禍)가 일어나지 않는다.

8. 행운(行運)에서 만나는 合과 冲

(1) 사주 내에서 天干合, 天干冲 또는 地支合, 地支冲 등이 성립되었는데, 大運이나 歲運에서 다시 合이나 冲이 들어오면 대단히 불리하다.

(2) 사주 내에 있는 왕신(旺神)을 大運이나 歲運에서 相冲하거나 三刑을 하게 되면 반드시 해당 十神이 대흉(大凶)을 당하게 된다.
그러나 사주 내에 있는 다른 五行이 合을 하여 해충(解冲)하면 大凶을 면할 수 있다.
왕신(旺神)이란 사주 내에 있는 강력한 집단체 즉 三合이나, 方局 등을 말하고, 月支에 있는 五行도 강력한 힘을 가지고 있으므로 왕신이 된다.

(3) 왕신을 사주 내에서 冲하면 왕자충익발(旺者冲益發)이라고 하여 大凶한데, 이 때 天干合이나 地支合이 되어 해충하면 大凶을 모면할 수 있다.

(4) 사주 내에서 왕신을 刑冲하고 있는데, 다시 大運이나, 歲運에서 재차 刑冲하게 되면 大凶하고, 해당 十神이 십중구사(十中九死)하게 된다.

(5) 歲運이 月支를 冲하는 해
이사나 이동수가 있고, 직장인은 직장 변동수가 있다. 여자는 친정살이에 불만이 쌓여 결혼을 결심하게 되며, 남녀 불문하고 부모형제간에 불화가 생기고, 심한 경우 가출하게 된다.

(6) 歲運이 日支를 冲하는 해
부부간에 불화가 생기고 사소한 일로 시비와 갈등이 생기며, 심한 경우 이혼하거나 별거하게 된다. 본인은 건강조심하고, 교통사고를 조심해야 한다.

(7) 歲運이 時支를 冲하는 해
남녀불문하고 자녀문제로 고심하는 일이 생기며, 자식과 부모 간에 불화가 생겨 자식이 가출하는 사태가 발생한다.

제10장 사주 구성법

제10장. 四柱構成法

四柱는 년주(年柱), 월주(月柱), 일주(日柱), 시주(時柱)의 네 기둥으로 구성된다.

年柱는 세군(歲君)을 위주로 하고, 月柱는 절기(節氣)를 기준으로 하며, 日柱는 자시(子時)를 기준으로 정하고, 時柱는 태어난 시각(時刻)을 위주로 한다. 시각(時刻)은 시간(時間)과는 다른 개념으로 일각(一刻)을 2시간으로 계산한다.

1. 년주구성 (年柱構成)

年柱는 입춘(立春)을 기준하여 정한다. 통상적으로 새해가 시작되는 음력 1월 1일부터 12월 말일을 1년간으로 인식하고 있으나, 사주를 구성할 때는 세군(歲君)이 들어오는 立春에서 시작하여 다음 해 立春 전일까지를 1년으로 본다.

따라서 年柱를 정하는 것은 음력 1월 1일, 설날을 기준으로 하는 것이 아니라 오직 立春日을 기준하여 결정되는 것이다.

대개 立春은 양력 2월4일인데, 때로는 양력 2월 5일에 立春日이 되는 경우도 있다.

만일 立春 당일에 출생하였다면 입춘 절입일(立春 節入日)이 시작되는 시각(時刻)을 기준하여 결정된다.

예를 들면 2013년, 계사년(癸巳年)의 立春 節入日은 음력 12월 24일이고, 양력은 2월 4일 01시 13분이 된다.

그러므로 01시 13분 이후 출생한 사람의 年柱는 癸巳年이 되나, 만일 01시 13분 이전에 출생한 사람의 年柱는 壬辰年이 되는 것이다.

2. 월주구성(月柱構成)

태어 난 달의 간지(干支)를 월주(月柱)라고 한다. 월주는 절기(節氣)를 위주로 해서 세운다. 월주의 干支를 월건(月建)이라고도 한다.

立春의 月支는 寅이다. 寅은 正月에 해당하는데, 음력 12월이라 해도 立春이 들어오면 그 때부터 寅月이 된다.

따라서 음력 1월은 寅月인데, 寅月에서 시작되는 月支는 2월 卯, 3월 辰, 4월 巳, 5월 午, 6월 未, 7월 申, 8월 酉, 9월 戌, 10월 亥, 11월 子, 12월 丑이 된다.

月支는 항상 고정되고 불변이지만, 月干은 해 마다 바뀐다. 같은 1월이라도 甲年이나 己年에는 丙寅月이 되고, 乙年이나 庚年에는 戊寅月이 된다. 또 丙年이나 辛年에는 庚寅月이 되고, 丁年이나 壬年에는 壬寅月이 되며, 戊年이나 癸年에는 甲寅月이 된다.

甲과 己는 干合이 되어 土가 되는데, 土를 生하는 丙火가 月干에 위치하게 된다. 또 乙과 庚은 干合이 되어 金이 되는데, 金을 생하는 戊土가 寅月의 月干이 되는 이치이다.

그 외의 月干도 모두 이와 같은 원리에서 나온 것이다.

월건표 (月建表)

	1월	2월	3월	4월	5월	6월	7월	8월	9월	10월	11월	12월
甲己年	丙寅	丁卯	戊辰	己巳	庚午	辛未	壬申	癸酉	甲戌	乙亥	丙子	丁丑
乙庚年	戊寅	己卯	庚辰	辛巳	壬午	癸未	甲申	乙酉	丙戌	丁亥	戊子	己丑
丙辛年	庚寅	辛卯	壬辰	癸巳	甲午	乙未	丙申	丁酉	戊戌	己亥	庚子	辛丑
丁壬年	壬寅	癸卯	甲辰	乙巳	丙午	丁未	戊申	己酉	庚戌	辛亥	壬子	癸丑
戊癸年	甲寅	乙卯	丙辰	丁巳	戊午	己未	庚申	辛酉	壬戌	癸亥	甲子	乙丑

3. 일주구성(日柱構成)

生日의 干支는 출생한 날의 일진(日辰)을 위주로 정한다. 예를 들어 출생한 날의 일진이 甲子日이면 甲子가 일주(日柱)가 되고, 乙丑日에 생하면 乙丑이 日柱가 되는 것이므로 만세력(萬歲曆)에서 쉽게 찾을 수 있다.

그러나 하루의 시작은 子時에서 시작하여 亥時에서 끝난다. 子時는 밤 11시 30분부터 01시 30분까지이므로 하루의 시작은 밤 11시 30분이 되면 日柱가 바뀌게 된다.

가령 그날의 일진(日辰)이 甲子日이면 그 날 밤 11시 30분이 되면 바로 그 다음 날의 日辰인 乙丑日이 되는 것이다.

4. 시주구성 (時柱構成)

生時의 干支는 출생한 날의 시각(時刻)을 위주로 정한다. 子時生은 子가 時支가 되고, 丑時生은 丑이 時支가 된다. 時支는 변함이 없지만, 時干은 수시로 바뀐다.

예를 들어 甲日이나 己日에는 子時가 甲子時로부터 시작되지만, 乙日이나 庚日에는 丙子時가 된다. 또 丙日이나 辛日에는 戊子時가 되며, 丁日이나 壬日에는 庚子時가 되고, 戊日이나 癸日에는 壬子時가 된다.

甲과 己가 合이 되어 土 五行이 되는데, 土를 극하는 甲이 時干이 된다. 乙과 庚이 合이 되면 金 五行이 되는데, 金을 극하는 火가 時干이 되며, 丙이 辛이 合이 되면 水가 되는데, 水를 극하는 土가 時干이 되는 이치이다.

5. 근묘화실 (根苗花實)

사주 상의 年柱는 조상(祖上)과 초년 운세를 보고, 月柱는 부모와 형제의 운세를 보며, 日柱는 자신과 배우자의 운세를 본다. 그리고 時柱는 자식과 말년의 운세를 암시한다.

조상은 씨족의 뿌리로서 年柱는 근(根)이라고 하고, 月柱는 어머니의 자궁으로서 인생은 누구나 어머니로부터 생을 받았으므로 月支는 싹이 트는 대공으로서 묘(苗)라고 한다.

日干은 나 자신의 얼굴이며, 사주의 꽃으로서 日柱는 화(花)라고 한다. 또 時柱는 인생을 마무리하는 결실(結實)을 의미하므로 실(實)이라고 한다.

제11장
행운법

제11장. 行運法

1. 대운정법 (大運定法)

四柱는 선천적(先天的)으로 타고 난 陰陽五行이요, 大運은 후천적(後天的)으로 이동하면서 나타나는 陰陽五行이다. 즉 四柱는 선천운(先天運)이요, 大運은 후천운(後天運)이다.

大運이란 십년 단위로 바뀌는 운으로서, 선천운인 사주명조와 후천운인 大運의 흐름에 따라 나타나는 길흉화복(吉凶禍福)을 판단할 수 있는 것이다.

일년은 3개월씩 춘하추동(春夏秋冬)의 계절이 바뀌지만, 大運은 30년 마다 春夏秋冬의 계절이 바뀐다. 즉 30년 단위로 계절이 바뀐다는 뜻이다.

봄이면 꽃이 피고, 여름이면 열매를 맺으며, 가을이면 오곡백과(五穀百果)가 무르익고, 겨울에는 거두어들인다.

따라서 봄을 상징하는 寅卯辰月은 발생(發生)과 시작을 의미하고, 여름을 상징하는 巳午未月은 생물이 성장(成長)하는 뜨거운 운기(運氣)를 뜻하며, 가을을 상징하는 申酉戌月은 오곡이 무르익는 성숙(成熟)하는 계절이요, 겨울을 상징하는 亥子丑月은 차가운 한기(寒氣)로서 거두어들인 과실을 수장(收藏)하는 운기이다.

四柱를 구성하는 陰陽五行 중에서 가장 왕성한 五行은 월지오행(月支五行)이다. 月支는 사주의 주기(主氣)요, 주체(主體)로서 단연 압도적이고 가장 왕성하다.

그 이유는 月支가 바로 계절(季節)로서, 계절의 변화에 따라 그 사람의 성격(性格)과, 체질(體質)이 결정되고, 日干의 강약(强弱)과 운명이 좌우되기 때문이다.

그러므로 봄에 태어난 사람의 기질(氣質)과, 여름에 태어난 사람의 기질, 가을에 태어난 사람의 기질과 겨울에 태어난 사람의 기질은 확연히 다르다.

따라서 우주 내에 존재하는 모든 생물체는 계절의 변화에 따라 변화하듯이, 사람도 大運의 변화에 따라 길흉화복이 결정된다.

四柱는 평생 바뀌지 않으나, 大運은 春夏秋冬 계절의 변화에 따라 길흉(吉凶)이 바뀐다.

大運은 사주의 월주(月柱)에서 출발한 것이므로, 생월간지(生月干支)의 연장이다. 生月은 사주 주인공인 日干이 춘하추동(春夏秋冬) 중에 어느 계절에 태어났는가에 따라 결정되는 것이다.

타고 난 四柱는 그 사람의 선천운인 숙명(宿命)으로서, 평생 불변이지만, 大運은 그 사람의 사주에 의하여 약속된 운명이 언제 찾아오는지를 알 수 있는 기준이 된다.

四柱를 배(船)에 비유하면, 大運은 배가 항해하는 바다요 항로(航路)이다. 배가 비록 좀 낡아도 바다가 맑고 잠잠하면 항해는 순조로울 것이나, 아무리 배가 튼튼하다 하여도 비바람이 몰아치고, 파도가 높게 몰아친다면 항해가 어려운 법이다.

그러므로 四柱가 비록 신약(身弱)하고 조화를 이루지 못해도, 大運이 좋으면 편안하고 순조로울 것이나, 반대로 四柱가 아무리 신강(身强)하고 좋아도 大運이 좋지 못하면 욕심은 대단해도 운이 따라주지 않으므로 불행하고 고생을 하게 된다.

그래서 고인(古人)들은 사주불여대운(四柱不如大運)이라 하였다. 즉 타고 난 四柱가 아무리 좋아도, 大運이 기신운(忌神運)으로 진행하면 아무리 능력자라도 성사(成事)되는 일이 없고 재화(災禍)가 빈번히 일어난다.

行運 즉 大運, 歲運, 月運의 간법(看法)은 뒤에 따로 제三편, 제15장에서 자세하게 설명하겠다.

2. 순행운(順行運)과 역행운(逆行運)

大運의 구성은 월주(月柱)를 기준하여 정한다. 태어난 날에서 앞으로 닥아오는 절입일(節入日)을 기준하여 정하는 순행운(順行運)과, 태어난 날에서 지나간 節入日을 보고 결정하는 역행운(逆行運)의 두 가지 방법이 있다.

즉 陽男/陰女는 미래월주(未來月柱)를 쓰고, 陰男/陽女는 과거월주(過去月柱)를 쓴다. 제2장 陰과 陽에서 이미 설명한바와 같이 남자는 陽이고, 여자는 陰이다.

大運은 四柱의 月柱를 중심으로 다음달 月柱를 향해서 순행(順行)하느냐, 혹은 지나 간 달의 月柱를 향해 역행(逆行)하느냐에 따라 결정되는 것이다.

여기에서 말하는 陽男/陰女, 陰男/陽女라 하는 것은 四柱 年干이 陽干이냐, 아니면 陰干이냐에 따라 순행과 역행이 결정된다는 것이다.

陽干이란 年干에 있는 甲, 丙, 戊, 庚, 壬을 말하고, 陰干이란 乙, 丁, 己, 辛, 癸를 말한다. 알기 쉽게 정리해보면 다음과 같다.

順行: 陽男 ... 甲, 丙, 戊, 庚, 壬 (年干)
順行: 陰女 ... 乙, 丁, 己, 辛, 癸 (年干)

逆行: 陰男 ... 乙, 丁, 己, 辛, 癸 (年干)
逆行: 陽女 ... 甲, 丙, 戊, 庚, 壬 (年干)

(예) 男命 (陽男)   (大運)
辛 己 庚 (戊)   35   25   15   5
未 丑 申 寅   甲   癸   壬   辛
                      子   亥   戌   酉

(예) 女命 (陰女)   (大運)
壬 辛 癸 (丁)   34   24   14   4
辰 丑 卯 亥   丁   丙   乙   甲
                      未   午   巳   辰

(예) 女命 (陽女)

庚 壬 丙 (甲)　　　36　26　16　6
戌 辰 子 子　　　　壬　癸　甲　乙
　　　　　　　　　 申　酉　戌　亥

3. 대운수 (大運數)

　大運은 10년간의 運을 하나로 묶어서 본다. 하나의 運이란 天干地支를 합친 두 글자를 하나의 運으로 본다는 뜻이다.
　大運의 天干은 5년간의 運을 보고, 大運의 地支는 나머지 5년으로 세분(細分)해서 보는데, 大運은 10년을 묶어서 보아야 하는 것이 원칙이다.
　그런데 大運이 몇 살부터 들어오는가 하는 소위 大運의 수(數)를 먼저 산정(算定)하여야 한다.
　태어난 생일(生日)을 기준하여 절입(節入)까지 계산한 일수(日數)를 3으로 나누어 얻은 숫자로 大運의 수(數)를 결정하는 것이다.
　사주 年干이 陽干인 남자와 陰干인 여자는 순행(順行)하는데, 이런 경우에는 출생일로부터 앞으로 닥쳐 올 절입(節入)까지의 일수(日數)를 3으로 나누어 얻은 수를 대운수(大運數)로 한다.
　그리고 사주 年干이 陽干인 여자와 陰干인 남자는 역행(逆行)하는데 출생일과 지나간 節入日 까지의 日數를 계산해서 3으로 나누어 얻은 수를 대운수로 한다.

節入日까지의 일수를 3으로 나눈 뒤, 남은 수가 2가 되면 1을 반올림하고, 만일 남은 수가 1이면 절하(切下)하고 버려야 한다.

大運數의 例:

(男命): 1930年 3月 18日 申時生

(時) (日) (月) (年)
丙   丙   庚   庚
申   申   辰   午

위 사주의 年干이 庚이므로 陽干이다. 따라서 만세력(萬歲曆)에서 생년월일을 찾아서 陽干의 남자는 출생일로부터 순행하는데, 앞으로 닥아 올 4월 節入日까지의 일수(日數)를 계산하면 21일간이 된다.

21일을 3으로 나누면 7이 된다. 7이 大運數가 되므로 7大運이라고 한다.

57 47 37 27 17 7 (大運數)
丙 乙 甲 癸 壬 辛
戌 酉 申 未 午 巳

4. 소운(小運)

행운법(行運法) 중에서 大運이 가장 중요하지만, 大運이 시작되기 이전의 운을 참고로 볼 수 있다. 이것을 소운(小運)이라고 한다. 이 小運法은 실제로는 잘 사용하지 않고, 단지 참고로 볼 뿐이다.

大運은 月柱로부터 시작되지만, 小運은 時柱를 기준하여 정한다. 역시 大運과 마찬가지로 時干이 陽干인지, 陰干인지를 먼저 본 후에 양남음여(陽男/陰女)는 순행(順行)하고, 음남양여(陰男/陽女)는 역행(逆行)한다.

다음에 陰男/陽女의 사주를 예를 들면 다음과 같다.

이 小運法은 유년(幼年)의 운세로서, 어릴 때에는 부모의 운명에 영향을 받으므로 독립적인 운세는 의미가 없기 때문에 다만 참고로 볼 뿐, 실용(實用)하지 않는다.

小運法의 例:

男命의 例: (陰男)
(丙) 丙 己 癸
　　 申 申 未 酉

　(大運)　　　　　　　　　　　(小運)
47 37 27 17 7　　　　　　6 5 4 3 2 1
甲 乙 丙 丁 戊　　　　　　庚 辛 壬 癸 甲 乙
寅 卯 辰 巳 午　　　　　　寅 卯 辰 巳 午 未

女命의 例: (陽女)
(己) 丁 戊 壬
　　 酉 酉 申 辰

　(大運)　　　　　　　　　　　(小運)
44 34 24 14 4　　　　　　　3 2 1
癸 甲 乙 丙 丁　　　　　　 丙 丁 戊
卯 辰 巳 午 未　　　　　　 午 未 申

제12장. 간명요결(看命要訣)

제12장
간명요결

제12장. 看命要訣

1. 통근론(通根論)

통근(通根)이란 글자 그대로 天干에 있는 五行이 地支에 같은 五行이 있으면 통근(通根)이 되었다고 표현한다.

地支에 인성(印星)이 있으면 통근은 안 되지만, 天干을 생조(生助)하므로 통근과 같은 효력이 있다.

天干에 있는 五行이 月支에 같은 五行이 있으면 가장 旺하고, 日支, 時支순으로 강하다.

그러나 年支에 있는 五行은 거리가 멀리 떨어져 있으므로 원격(遠隔)의 법칙에 의하여 비록 통근이 되었어도 가장 약하다고 본다.

일간(日干)이 통근되거나 희신(喜神)이 통근이 되면, 가장 좋은 길명(吉命)이 되지만, 만일 기신(忌神)이 통근이 되면 흉명(凶命)이 된다.

이 通根論은 日干에만 해당되는 것이 아니고, 모든 天干에도 적용된다. 그러나 日干이 통근이 되면 강한 생조(生助)를 받으므로 대개 신강하다.

(通根表)

(五行)	(天干)	(天干에서 通根되는 地支)
木	甲 / 乙	寅 卯 辰 / 亥 未
火	丙 / 丁	巳 午 未 / 寅 戌
土	戊 / 己	辰 戌 丑 未 / 寅 申 巳 亥 午
金	庚 / 辛	申 酉 戌 / 申 辰
水	壬 / 癸	亥 子 丑 / 申 辰

2. 통관론(通關論)

통관(通關)이란 서로 극(剋)하고 있는 오행을 중간에서 화해(和解)시켜 상통(相通)하게 하는 오행을 말한다.

예를 들면 水와 火는 서로 상극하는 오행인데, 중간에 木이 있다면 水生木, 木生火하는 상생의 관계로서 화해가 된다. 따라서 忌神이 喜神으로 변하게 된다.

통관은 약(弱)한 오행을 왕(旺)하게 하는 역할을 하므로 凶이 吉로 변하게 되는 것이다.

다음에 통관이 되는 五行관계를 설명한다.
木과 土가 상극하면 火가 통관이 되고,
土와 水가 상극하면 金이 통관이 되고,
水와 火가 상극하면 木이 통관이 되고,
火가 金과 상극하면 土가 통관이 되고,
金과 木이 상극하면 水가 통관이 된다.

다음에는 통관이 되는 十神관계를 설명한다.
比劫이 財星을 극하는 데는 食傷이 통관이요.
財星이 印星을 극하는 데는 官星이 통관이요,
印星이 食傷을 극하는 데는 比劫이 통관이요,
食傷이 官星을 극하는 데는 財星이 통관이요,
官星이 比劫을 극하는 데는 印星이 통관이다.

3. 조후론(調候論)

조후(調候)란 계절의 조화(調和)를 말하는 것으로 四柱를 간명할 때 가장 중요한 요소이다. 즉 계절의 변화에 따라 한온조습(寒溫燥濕) 등의 기후를 조화시키는 것을 말한다.

다시 말하면 亥子丑 겨울에 태어난 사람은 따뜻한 온기(溫氣)가 시급하고, 巳午未 여름에 태어난 사람은 서늘하고 찬 냉기(冷氣)가 필요한 것이다.

이 조후법은 남녀 궁합법에도 반드시 적용되는 중요한 예이다. 다시 말하면 水氣와 火氣를 적절히 조절하는 것이 조후법이라 할 수 있다.

우주에 존재하는 모든 생명체들이 기후의 조화에 의해서 살아가듯이 사주 역시 기후의 조화가 필요한 것이다.

추위에 떨고 있으면 무엇보다 시급한 것이 따뜻한 온기(溫氣)일 것이다. 그러므로 여름 태생은 水氣를 喜神으로 삼고, 겨울 태생은 예외 없이 火氣를 喜神으로 삼아야 한다.

그러나 조후에 크게 영향을 받지 않는 봄 태생과 가을 태생은 조후법보다 身强, 身弱 판단법인 억부법(抑扶法)을 적용하는 것이 순서이다.

조후가 태과(太過)하거나, 종격(從格)인 경우에는 예외임을 명심해야 한다.

4. 병약론 (病藥論)

사주 중에 해(害)가 되는 五行을 병(病)이라 하고, 病을 고쳐주는 五行을 약(藥)이라 한다.

病을 고쳐준다는 것은 病을 극하는 五行이나, 화해시키는 五行을 말한다.

<u>병(病)이 있을 때,
약(藥)이 되는 五行을 열거하면 다음과 같다.</u>

(1) 日干이 火인데, 사주 내에 水가 많으면 살왕신약(殺旺身弱) 사주인데, 이 때에는 水가 病이 된다.

그러나 사주 중에 土가 있으면 病인 水를 제거해 주므로 土가 이 사주의 약(藥)이 된다.

(2) 사주 내에 土가 많아 身弱하면, 金으로 土를 설기(泄氣)시키거나, 또는 木으로 土를 소토(疎土)시키면 된다. 이러한 경우 金과 木은 藥이 된다.

(3) 木 日干이라도 土가 많으면 왕토(旺土)가 木을 부러트리므로 土가 病이 된다. 이것을 토다목절(土多木折)이라 한다.

이 때에는 木이 있어 旺土를 소토(疎土)하든지, 아니면 金이 있어 旺土의 기운을 설기시켜 주어야 한다. 이 경우 木과 金이 藥神이 된다.

5. 중화론(中和論)

사주 내에 木, 火, 土, 金, 水의 五行이 골고루 갖추어져 있고, 五行이 편중(偏重)되지 않으며, 한온난습(寒溫暖濕)이 조화가 되고, 喜神이 旺强하며, 忌神이 왕 하지 않으면 중화사주(中和四柱)라고 한다.

五行이 편중(偏重)하면 흉명(凶命)으로서 반드시 피해자가 있게 된다. 따라서 사주 중에 가장 불행한 사주가 편고사주이다.

偏重하다고 하는 것은 五行이 3개 이상 집결(集結)된 상태를 말한다.

예를 들면 比肩과 劫財가 사주 내에 많으면 재성을 극(剋)하므로 男命인 경우 처와 아버지를 극하고, 재물 복도 없으며, 평생 가난 한 팔자이다.

<u>四柱 중에 가장 흉한 편고사주의 예를 들면 아래와 같다.</u>
  (1) 군비쟁재(群比爭財)의 사주 … 官星을 취용(取用)할 것
  (2) 재다신약(財多身弱)의 사주 … 比劫을 取用할 것
  (3) 관살혼잡(官殺混雜)의 사주 … 印星이나 食傷을 取用할 것
  (4) 인성중중(印星重重)의 사주 … 財星을 取用할 것
  (5) 식상중중(食傷重重)의 사주 … 印星을 取用할 것

6. 개두론(蓋頭論)

개두(蓋頭)라 함은 天干에 있는 五行을 말한다. 사주는 天干과 地支 그리고 지장간(地藏干)으로 구성된다.

天干을 사람에 비유하면 머리(頭部)부분에 해당하고, 地支는 수족(手足)과 같고, 지장간(地藏干)은 사람의 오장육부(五臟六腑)에 해당한다고 할 수 있다.

天干에 길신(吉神)이 있는데, 地支에 흉신(凶神)이 동주(同柱)하면 天干의 세력을 손상하므로 불리하다. 同柱란 말은 같은 기둥에 있다는 말이다.

예를 들면 四柱地支에 있는 寅卯가 喜神인 경우에 天干에 庚辛이 개두(盖頭)하여 있으면 庚辛이 忌神이 되고, 반대로 甲乙이 개두(蓋頭)하면 喜神이 된다.

그러나 大運을 간명할 때는 地支를 위주로 판단하기 때문에 天干에 흉신이 蓋頭하여도 大運의 地支가 吉神이면 크게 영향을 받지 않고 복이 감해질 뿐이다.

7. 절각론(截脚論)

절각(截脚)이란 개두(蓋頭)와는 반대되는 개념으로 地支의 强弱을 기준으로 喜神과 忌神을 판단하는 방법이다.

天干과 地支의 역량을 측정할 때, 喜神이 地支에 있으면 뿌리가 튼튼하므로 喜神의 역량이 강하여 좋으나, 반대로

忌神이 地支에 있으면 재화(災禍)가 생겨 불리하다.

　大運은 地支를 중시하므로 大運天干에 忌神이 있어도, 大運地支가 喜神이면 피해는 적다.

　반대로 地支가 忌神이면 衰運이라 반드시 불리하다. 즉 절각은 地支의 강약을 중시한다.

8. 동정론(動靜論)

　동(動)은 陽에 속하므로 항상 움직이고 활동하는 작용으로서 발전과 변화가 일어나는데 반하여, 정(靜)은 陰에 속하므로 움직이지 않고, 고요함을 유지하므로 소극적인 성질이다.

　天干에 투출(透出)한 것은 動이고, 地支에 있는 것은 靜이다. 특히 지장간(地藏干)에 암장(暗藏)된 것은 靜이 된다.

　그런데 天干은 天干끼리 상극관계가 성립되고, 地支는 地支끼리 상극관계가 성립되지만, 天干이 地支에 암장된 天干과는 상극할 수 없다.

　예를 들면 天干에 있는 壬水는 天干에 있는 丙火를 쉽게 극할 수 있지만, 地支의 巳나 午 중에 있는 丙火를 극제(剋制)할 수는 없다.

　또한 地支에 암장된 壬水는 地支에 암장된 丙火를 극할 수 있지만, 天干에 투출된 丙火나 行運에서 만나는 丙火를 극할 수는 없다.

제13장. 신강(身强) 신약(身弱)

제13장
신강 신약

제13장. 身强 身弱

四柱를 간명(看命)할 때, 가장 중요한 핵심은 日干이 신강(身强)한지, 혹은 신약(身弱)한지를 판단하는 것이 먼저다.

사주구성이 신강사주인지, 혹은 신약사주인지를 모르면 희신(喜神)과 기신(忌神)을 판단할 수 없다.

喜神이란 사주 내에 있는 五行 중에서 日干을 위해 가장 귀중한 역할을 하는 五行을 말한다. 즉 喜神은 日干의 충신(忠臣)과 같고, 기신(忌神)은 日干의 적(敵)이요, 역적(逆賊)과도 같다.

四柱 내에 日干을 도와주는 비견(比肩), 겁재(劫財)가 많거나, 혹은 나를 생조(生助)하는 인성(印星)이 많으면 身强 四柱가 된다.

반대로 사주 내에 日干을 도와주는 比肩, 劫財 또는 印星은 적고, 日干의 힘을 극설(剋泄)하는 食神, 傷官이 많거나, 혹은 財星과 官星이 많으면 身弱四柱가 된다.

신강사주는 건강한 청년과 같고, 신약사주는 마치 병든 환자나, 어린 아이와 같이 활동함에 있어 능력이 부족한 사주를 말한다.

그러므로 사주구성이 身强하면 일단 합격이요, 身弱하면 사회 활동하는데 있어 불리한 사주라 하겠다.

따라서 身强과, 身弱의 판단이 정확해야 나에게 필요한 五行이 무엇이며, 나를 괴롭히는 五行이 무엇인지를 찾아낼 수 있다.

그렇다고 日干이 너무 강하거나 왕성해도 안 되고, 또 너무 쇠약해도 안 된다. 日干이 너무 왕하면 편고사주(偏枯四柱)가 되기 쉽고, 피해자가 있게 되며 손재, 재난 등이 생기고, 또 사주가 지나치게 약하면 질병이나 빈곤 등으로 흉명(凶命)이 된다.

만일 신강사주를 신약사주로 잘못 판단하게 되면 정반대의 운명으로 간명하게 되므로 신중하게 판단하여야 한다.

원래 男命은 신강사주를 좋아하고, 女命은 신약사주가 좋다고는 하나, 이제는 하원갑자(下元甲子) 시대이므로 女命도 사회활동에 적극적으로 참여하는 시대이므로 신강사주를 좋아한다.

身强과 身弱을 판단할 때, 먼저 月支를 중심으로 득령(得令)하였는지, 혹은 실령(失令)하였는지의 여부를 보고 판단하여야 하며, 다음에는 月支에서 비록 실령(失令)하였더라도 간지(干支)에서 득세(得勢)하였는지, 혹은 실세(失勢)하였는지를 살펴보고 신강, 신약을 판단하여야 한다.

1. 득령(得令)과 실령(失令)

日干이 신왕(身旺)한지, 신약(身弱)한지를 판단하려면 먼저 왕쇠강약(旺衰强弱)을 이해해야 한다.

일간(日干)이 월지(月支)에서 득령(得令)하면 왕(旺)이 되고, 月支에서 실령(失令)하면 쇠(衰)가 된다.

月支를 사령(司令), 제강(提綱) 또는 원명(原命)이라 하는데, 月支에서 운명이 결정된다고 해도 과언이 아니다.

　月支는 사주 干支 중에서 가장 강력한 힘을 가지고 있으므로 月支에서 기(氣)를 얻었느냐, 얻지 못했느냐에 따라 日干의 왕쇠(旺衰)가 결정된다.

　月支는 어머니의 자궁(子宮)으로서 日干이 태어날 때의 계절에 따라 日干의 왕쇠(旺衰)가 결정되기 때문이다.

　月支에서 득령(得令)하면 약 30점의 힘을 얻게 되고, 실령(失令)하면 30점의 힘을 잃게 된다. 대개 月支에서 得令하면 신강하고, 失令하면 신약사주가 된다.

　得令은 月支에만 해당되고, 통근(通根)과는 다른 개념이다. 통근이란 天干의 五行이 어느 地支이던 간에 뿌리가 있는 것을 말한다.

　신왕사주를 신약사주로 잘 못 판단하게 되면 정반대의 운명으로 판단하게 되므로 신중하게 살펴야 한다.

2. 득세(得勢)와 실세(失勢)

　득세(得勢)란 비록 月支에서 실령(失令)하였더라도, 사주 간지(干支)에 비견(比肩), 겁재(劫財)나 인성(印星)의 생부(生扶)가 많으면 신강사주(身强四柱)가 된다.

　반대로 月支에서 득령(得令)은 했으나, 사주 干支에 식신(食神), 상관(傷官), 재성(財星), 관성(官星)이 많아 日干을 심하게 극설(剋泄)하면 오히려 신약사주(身弱四柱)가 된다.

　이상의 해설은 日干이 月支에서 得令하였느냐, 혹은 失令하였느냐의 여부에 따라 신강, 신약을 판단하는 법칙이고,

다음은 日干이 年月日時의 地支와 대조하여 십이운성(十二運星)의 强弱을 보는 법칙이 있다.

日干이 각 地支에 인종(引從)하여 장생(長生), 관대(冠帶), 건록(建祿), 제왕(帝旺)에 해당하면 日干이 왕하고, 목욕(沐浴), 쇠(衰), 병(病), 사(死), 묘(墓), 절(絶), 태(胎), 양(養)에 해당하면 日干이 弱하다.

또한 신강, 신약을 판단할 때는 干合, 六合, 三合, 半合 등이 되어 다른 오행으로 변한 것을 항상 주목해야 한다.

<u>身强四柱의 예:</u>
戊 丁 甲 丙
申 卯 午 寅
　　　祿

日干 丁火가 午月생이라 十二運星상 건록지(建祿地)가 되므로, 득령(得令)하였고, 年干에 丙火가 있으며, 月干에 甲木이 생조(生助)하고 있고, 또한 年月 地支에 寅午半合하고 있으며, 日支에 卯木이 생조하므로 신태왕사주(身太旺四柱)이다.

<u>身弱四柱의 예:</u>
甲 丙 壬 壬
午 申 子 辰

丙日干이 子月생이라 실령(失令)하고, 地支에 申子辰 三合水局을 이루고 있으며, 天干에 壬水가 年, 月干에 2개나 투출(透出)하여 신태약사주(身太弱四柱)이다.

　사주 내에 水多하므로 丙火가 소실(消失) 직전이라 시급히 土로서 제방을 쌓아야 한다. 丙日干이 時支에 통근이 되었으므로 從格은 성립되지 않는다.

제14장. 격국(格局)과 용신(用神)

제14장
격국과 用神

제14장. 격국과 용신

　고전(古典) 명리학자들은 격국용신(格局用神)과 신살(身殺)을 모르면 사주감정을 할 수 없다고 단정한다.
　격국(格局)은 무려 518,400개나 되고, 신살(神殺)도 무려 125개가 넘는다. 격국과 용신을 터득하려면 적어도 3년 내지 10년을 공부해야 하며 오랜 세월 격국을 공부하고도 격국을 모르겠다고 하는 것이 현재의 명리학도들의 솔직한 고백이다.
　이 땅에 격국용신(格局用神)을 제대로 파악하는 역학자는 단 몇 사람도 찾아보기 힘 든다.
　격국은 내격(內格)과 외격(外格)으로 구별하는데, 내격의 성격(成格)과 파격(破格)을 분간하는데도 서로 갑론을박(甲論乙駁)하고 있는 실정이며, 외격의 종격(從格)과 화격(化格)을 분간하는데도 십인십색(十人十色)이다.
　용신(用神)도 격국에서 파생된 것이므로, 엉터리 격국에서 나온 용신이 맞을 리가 없다. 저마다 자기주장이 옳다고 주장한다.
　그들이 공감하는 것은 오직 신살(神殺)이다. 즉 삼재살(三災殺)이니, 도화살(桃花殺), 원진살(元辰殺), 역마살(驛馬殺), 백호대살(白虎大殺) 등 120 여개가 넘는 귀신타령으로 겁을 주고 있는 것이 현실이다.
　四柱는 오직 음양오행(陰陽五行)과 十干, 十二支로 구성된 학문으로서 陰陽五行의 진리와 이치를 모르고서는 도저히 달성할 수 없는 학문이다.

즉 자연계의 기상변화에 따라 春夏秋冬의 사계절이 바뀌고, 한온조습(寒溫燥濕) 등이 나타나는 자연계의 변화현상을 이해해야만 터득할 수 있다.

이러한 원리를 무시하고는 단 일보(一步)라도 전진할 수 없는 학문이 바로 四柱學이다. 그러므로 역학(易學)은 자연과학(自然科學)이요, 기후학(氣候學)이며, 기철학(氣哲學)인 것이다.

많은 역술인들은 역도(易道)를 연구할 생각은 하지 않고, 오로지 역술(易術)에만 치우쳐 기후의 변화현상과 생태계(生態界)의 원리를 모르고 신살(神殺)에 메 달려 사람들에게 공포감을 주고 있는 실정이다.

그러므로 하루 속히 격국용신과 신살이라는 무거운 짐 덩어리를 벗어 던지고, 자연계의 변화원리를 공부하는 것이 사주 공부하는 첩경(捷徑)이요 핵심(核心)이다.

命理學의 大家인 도계(陶溪), 박재완(朴在玩)성생도 "변격(變格)으로는 專旺格과 從格과 化格이 또한 重하고, 其外 제격(諸格)은 無形中에 有形하고, 有形中에 無形하니 실난진언(實難盡言)이라"고 하였다.

다시 설명하면 外格은 쓸만한데, 內格인 十正格이나, 그 외 잡격(雜格)은 실로 옳다고 말하기 힘 든다는 뜻이다.

제15장. 신살류(神殺類)

제15장
신살류

제15장. 신살류(神殺類)

神殺은 맞는 것 보다 안 맞는 것이 훨씬 더 많으며 허무맹랑한 神殺이 많다. 필자는 神殺 중에서도 일반적으로 통용하는 몇 가지만 소개한다.

1. 神殺의 통변법(通變法)

(1) 양인살(羊刃殺)

甲日干 … 卯를 보면 양인살이 된다.
丙日干 … 午
戊日干 … 午
庚日干 … 酉
壬日干 … 子

양인살(羊刃殺)은 日干중심으로 보는데, 甲日干이 卯를 보면 양인살이 되고, 丙日干, 戊日干이 午를 보거나, 庚일간이 酉를 보며, 壬일간이 子를 보면 양인살이라 한다.

양인(羊刃)은 양인(陽刃)이라고 한다. 羊刃은 陽日干을 위주로 地支에 인종(引從)하면 겁재(劫財)가 된다. 羊刃은 劫財보다 훨씬 강한 재해(災害)를 발생하는 살(殺)이다.

십이운성(十二運星)상으로는 건록(建祿) 앞의 제왕(帝旺)으로서, 녹전일위(祿前一位)가 바로 羊刃이 된다.

예를 들면 甲일간이 寅을 보면 건록(建祿)이 되는데, 卯

를 보면 제왕(帝旺)이 되어 羊刃殺이 된다.

　羊刃은 권력이고, 형(刑)을 주관하는 살인데, 신강사주는 권위와 위엄을 상징하나, 신약자는 살벌(殺伐)에 종사하게 된다.

　羊刃은 陽刃이므로 陰日干에는 해당되지 않는다. 양인은 글자 그대로 날카로운 칼이므로 잘 다루면 위엄이 생기나, 잘못 다루게 되면 형상(刑傷)을 입게 된다.

　羊刃은 偏官과 합(合)이 되거나 칠살(七殺)이 나타나는 것을 좋아한다. 양인이 태왕하면 성격이 횡폭하고, 악사(惡死), 타살(打殺), 익사(溺死), 교통사고(交通事故), 총상(銃傷) 등의 사고가 일어난다.

　또 羊刃이 형충(刑冲)이 되면 무기(武器)로 인한 총사(銃死), 악사(惡死), 타살(打殺) 등이 일어난다.

　명중(命中)에 羊刃이 3개 이상 있으면 성급하고 안하무인격이며, 관재와 구설수가 따르고, 신약사주인 경우 극부(剋夫), 극처(剋妻) 혹은 타향살이를 하게 되며, 대 수술 등을 하게 된다.

　또 男命에 羊刃이 3개 이상 있으면 반드시 중혼(重婚)할 팔자이다. 또한 사주 내에 羊刃을 冲하면 고집불통이고, 절대 남에게 굴복하지 않는다.

　羊刃이 大運이나, 歲運에서 冲을 하거나, 합이 되면, 재해(災害)가 발생하고 사고가 일어난다.

　年, 月, 日, 時에 羊刃이 모두 있으면 오히려 부귀(富貴)가 온전하다. 또 年支에 羊刃이 있으면 조업(祖業)을 망치고,

月支에 羊刃이 있으면 변덕이 심하고, 時支에 羊刃이 있으면 처와 자식에게 해롭고, 말년에 큰 재난을 당한다.

(2) 급각살(急脚殺)
　　　寅卯辰月生 － 亥/子
　　　巳午未月生 － 卯/未
　　　申酉戌月生 － 寅/戌
　　　亥子丑月生 － 丑/辰

급각살은 月支중심으로 보는데, 寅卯辰月생이 亥나 子를 만나거나, 巳午未月생이 卯나 未, 申酉戌月생이 寅이나 戌, 亥子丑月생이 丑이나 辰을 만나면 급각살이 된다.
　이 살은 日支에 있을 때 가장 위험이 크다. 이 살이 있으면 낙상(落傷)을 입어 골절을 일으키거나, 수족(手足)의 이상(異狀)이나, 반신불수, 곱추, 고혈압 등의 질병에 걸리기 쉬우며 선천적으로 기형아로 출산되는 경우도 많다.

(3) 과숙살(寡宿殺)
　　　寅卯辰 年/日 － 丑
　　　巳午未 年/日 － 辰
　　　申酉戌 年/日 － 未
　　　亥子丑 年/日 － 戌

과숙살(寡宿殺)은 年支중심으로 보고, 참고로 日支로도

보는데, 男命은 고진살(孤辰殺)을 꺼리고, 女命은 과숙살을 꺼린다. 이유는 고진살은 홀아비 살이라 하고, 과숙살은 과부살이라고 한다.

寅卯辰年생이 丑을 만나거나, 巳午未年생이 辰, 申酉戌年생이 未, 亥子丑年생이 戌을 만나면 과숙살이 된다.

여자사주에 과숙살이 있으면 과부가 되기 쉬운 살이다. 혹은 독수공방하거나 생사 이별하는 살이다.

日支에 있는 과숙살이 가장 무서운데, 女命은 남편과 백년해로가 어렵고 사별하는 경우도 많다.

時支에 과숙살이 있으면 자식들이 불효하거나, 자식이 있어도 자식 덕이 없다.

그러나 남자사주에 고진살, 여자사주에 과숙살이 각각 있으면 서로 상쇄(相殺)되어 없어진다.

사주원국에 과숙살이 있으면 해당하는 육친과는 인연이 적고, 또한 과숙살이 空亡이 되면 고독한 팔자이고 초년에 되는 일이 없고 고생이 많다.

특히 과숙살과 화개살(華蓋殺)이 동주(同柱)하면 남녀 불문하고 승려나 목사, 수녀가 될 팔자이다.

또 과숙이 역마살(驛馬殺)과 동주하면 고향을 떠나 타향에서 방황하고 외롭게 살아간다.

(4) 고진살(孤辰殺)

고진살(孤辰殺)은 年支를 위주로 月, 日, 時를 보고, 日支를 위주로 年支를 참고로 본다.

寅卯辰 年/日 - 巳
巳午未 年/日 - 申
申酉戌 年/日 - 亥
亥子丑 年/日 - 寅

寅卯辰 年/日生이 巳를 만나거나, 巳午未 年/日生이 申, 申酉戌 年/日生이 亥, 亥子丑 年/日生이 寅을 만나면 고진살이 된다.

고진살은 生年으로 보는 데, 日支도 참고로 본다. 남자는 고진살을 꺼리고, 여자는 과숙살을 꺼린다.

남자는 홀아비가 된다는 살로서 고진살이 三刑을 이루면 고진삼형(孤辰三刑)이 되는데 괘관삼방(掛冠三房)이라 하여 세 여자와 바람을 피운다고 한다.

그러나 고진살이 官印相生하면 불도(佛道)의 두령(頭領)이 된다고 하며, 또한 고진살이 화개살(華蓋殺)과 동주하면 속세(俗世)를 떠나 승려, 수녀, 입산수도자가 많으며, 역학자나 점술인이 많다.

(5) 도화살(桃花殺)
亥卯未 年/日 - 子
寅午戌 年/日 - 卯
巳酉丑 年/日 - 午
申子辰 年/日 - 酉

寅午戌생이 卯를 만나면, 申子辰생이 酉를, 巳酉丑생이 午를, 亥卯未생이 子를 보면 도화살이 된다.

도화살은 年支를 위주로 보나, 日支도 참고로 본다. 일명 년살(年殺) 또는 함지살(咸池殺)이라고도 한다.

이 살이 사주에 있는 사람은 남자는 방탕하고 주색과 풍류를 즐기고 결혼은 연애결혼을 하게 되며, 여자는 부정하고 성격이 사교적이며 애교가 많아 바람기가 있다.

직업은 인기인이나 연예인이 많다. 문제는 여자가 이 살이 있으면 결혼후에 부부간에 불화가 생겨 이별하는 수가 많다는 점이다.

古書에 도화살이 역마살과 合이 되면 방랑객으로 동서로 떠돌아다닌다고 한다.

특히 日支와 時支에 나란히 같이 있으면 호색가(好色家)라 하여 음란하고 주색으로 패가망신하는 수가 많다.

남자사주에 日支에 정관이나 편관이 있고 도화살이 동주하면 처가(妻家) 덕으로 출세한다.

여자사주에 역마살과 도화살이 동주하면 음란하여 수치를 모를 정도이며, 정부(情夫)를 따라 가출하는 팔자이다.

도화살은 合이 되거나, 刑/冲이 되는 것을 꺼리며, 空亡이 되면 오히려 길하다.

도화살이 正官과 동주하면 복록(福祿)이 많으나, 偏官과 동주하면 박복(薄福)하고 고생이 많다.

참고로 여자사주에 水가 많으면 음기(陰氣)가 많아 음란하고, 正官, 偏官이 혼잡하면 역시 일부종사가 어렵다.

사주 내에 남녀불문하고 干合이든, 支合이든 合이 3개 이상 있으면 음란한 사주이다.

(6) 원진살(元辰殺)
子未, 丑午, 寅酉, 卯申, 辰亥, 巳戌

원진살(元辰殺)을 일명 원진살(怨嗔殺)이라고도 표현하는데, 남을 원망하고 미워한다는 살이다.
원진살은 보통 결혼 등 궁합을 볼 때 많이 보는 살인데 年支(띠)끼리 보는 것이 원칙이나, 사주원국의 어느 地支에 있든 子未, 丑午, 寅酉. 卯申, 辰亥, 巳戌 등이 서로 만나면 원진살이 된다.
이 살의 작용은 부부불화, 이혼, 별거, 반목, 원망, 불평불만으로 나타난다.
元辰이 合이 되면 그 피해가 약하며, 사주 내에 원진살이 있고, 세운에서 다시 원진살이 들어오면 매사가 성취되는 일이 없고, 건강도 불리하다.
보통 시중(市中)의 역학자들이 궁합을 볼 때, 남자의 年支와 여자의 年支를 위주로 원진살을 보고 있는데 이것은 큰 잘못이며, 반드시 日支를 위주로 보는 것이 타당하다.

(7) 수옥살(囚獄殺)
수옥살을 일명 재살(災殺)이라고도 하는데, 범죄(犯罪)를 저질러 관재(官災)나 구설(口舌), 쟁투(爭鬪), 심한 경우 교도소(矯導所)신세를 면할 수 없는 무서운 살이다.

亥卯未年 - 酉
寅午戌年 - 子
巳酉丑年 - 卯
申子辰年 - 午

이 살은 납치, 감금, 소송, 구속, 급성질환, 교통사고, 횡사(橫死), 혈광사(血光死) 등이 따른다.
그러나 수옥살은 반드시 감옥행을 뜻하는 것이 아니고 병원에 입원하거나, 종교인으로서 종교에 몸을 의탁하는 것도 이 살에 해당된다.

年支 囚獄殺
年支에 수옥살이 있으면 관재구설이 항상 따르고, 질병에도 조심하여야 한다.

月支 囚獄殺
月支에 수옥살이 있으면 도난과 실물, 관재가 일어나고, 부모형제 중에 사고로 인한 병환이 따른다.

日支 囚獄殺
부부간에 불화로 인하여 갈등이 생기고, 심하면 부부이별하거나 별거하게 된다.

時支 囚獄殺
자식에게 관재나 구설이 생기며, 본인은 말년에 사고나, 병액(病厄)으로 고생한다.

(8) 귀문관살(鬼門關殺)
子酉, 丑午, 寅未, 卯申, 辰亥, 巳戌

사주 내에 子와 酉, 寅과 未, 卯와 申, 辰과 亥, 巳와 戌이 地支 어디에 있더라도 귀문관살이 성립된다.

이 살을 가진 사람은 영리하고 두뇌회전이 빠르고 신경이 예민하다. 그러나 신경쇠약과 정신이상의 증세로 우울증에 걸리기 쉽다.

우울증에 걸리면 잠을 이루지 못하고 고민하게 되고, 심한 경우 자살을 시도하게 된다.

따라서 이 살의 특징은 변태적 기질이 있고 신경계 질환이나 정신이상으로 불면증, 히스테리, 노이로제, 못된 꿈에 시달리게 된다.

특히 日支와 時支에 이 살이 있으면 부부가 해로하기 어려우므로 궁합을 볼 때 반드시 참고하여야 한다.

사주의 地支에 十二運星의 死나 絶과 동주하면 더욱 더 귀문관살의 작용이 심하게 나타난다.

(9) 화개살(華蓋殺)
   寅午戌年 - 戌
   巳酉丑年 - 丑
   申子辰년 - 辰
   亥卯未年 - 未

　화개살은 寅午戌생이 戌을 만나거나, 巳酉丑생이 丑을, 申子辰생이 辰을, 亥卯未생이 未를 보면 화개살이 된다.
　이 살은 모두 辰戌丑未에 해당하며, 창고(倉庫)에 가득 찬 물건을 욕심내다가 수모를 당하게 된다는 살이다.
　또한 화개살은 신앙을 뜻하기도 하므로 종교와 관계된 일이 발생한다. 특히 화개살이 흉신(凶神)을 만나면 불교에 귀의(歸依)한다는 살이다.

(10) 백호대살(白虎大殺)
   甲辰, 乙未, 丙戌, 丁丑, 戊辰, 壬戌, 癸丑

　이 살이 사주에 있으면 혈광사(血光死), 총사(銃死), 자살(自殺), 횡사(橫死), 병사(病死), 객사(客死), 산망사(産亡死), 교통사고사, 암(癌), 뇌일혈(腦溢血) 등이 따르고, 피를 토하며 죽는 경우도 있다.
　특히 백호대살에 해당하는 육친이 피해를 당하게 된다. 예를 들면 여자인 경우 官星이 백호대살에 해당하면 남편이 혈광사(血光死) 하게 되고, 남자인 경우 자녀가 흉사(凶

死)하는 등 매우 무서운 살이다.

年柱 白虎大殺
백호대살이 年柱에 있으면 조부모가 흉사하거나 단명하고 또한 年支에 있는 해당 육친도 위와 똑 같은 피해를 받게 된다.

月柱 白虎大殺
부모나 형제 중에 불구자가 있거나, 단명하기 쉽고, 피를 보는 혈광사를 하게 된다.

日柱 白虎大殺
부부간에 생사이별하거나 본인이 불구자인 경우가 많고 단명하다.

時支 白虎大殺
자녀 중에 유산되거나, 단명한 아이가 있고, 자식이 횡액(橫厄)을 당하는 수가 많다. 또한 무자식인 경우도 있다.

(11) 역마살(驛馬殺)
　　　　寅午戌年 － 申
　　　　巳酉丑年 － 亥
　　　　申子辰年 － 寅
　　　　亥卯未年 － 巳

寅午戌생이 申을 보면, 巳酉丑생이 亥를, 申子辰생이 寅을, 亥卯未생이 巳를 보면 역마살이 된다.

이 살이 사주 내에 있으면 귀인의 사주는 입신양명(立身揚名)하고, 보통 평인은 분주다사(奔走多事)하게 산다.

日支가 역마에 해당하면 평생 동안 동분사주(東奔西走)하게 된다. 또 역마살과 支合이 되면 매사 일이 지체된다.

역마살이 空亡이 되면 이사나 이동수가 많으며 한 곳에 오래 머물지 못하고 변동수가 많다.

역마살이 도화살과 동주하고 冲이 되면 타향에서 불의의 사고로 객사한다.

男命에 역마살과 正財가 동주하면 현모양처를 맞이하고, 신왕사주인데 역마살이 장생이나 건록, 제왕에 앉아 있으면 더욱 길하다.

역마살이라면 누구나 나쁜 살로 이해하는데 역마살에 해당하는 五行이 喜神이거나 吉神이면 大吉하다.

반대로 역마살에 해당하는 五行이 忌神이 되면 대단히 凶하고, 재해(災害)가 발생한다.

(12) 삼형살(三刑殺)
  寅巳申 - (三刑殺)
  丑戌未 - (三刑殺)
  子卯 - (相刑殺)
  辰辰, 午午, 酉酉, 亥亥 - (自刑)

寅巳申, 丑戌未를 三刑殺이라 하고, 子卯는 相刑殺이 되며, 辰辰, 午午, 酉酉, 亥亥를 만나면 自刑이라 한다.

三刑殺은 두 개만 만나도 형살(刑殺)이 된다. 즉 寅巳, 巳申, 丑戌, 戌未도 형살이라 한다. 물론 삼형살에 비해서 약한 살로 본다.

이 살이 사주에 있으면 身弱四柱인 경우 형벌(刑罰)과 관재구설, 시비 등이 따르고 피해를 입게 된다.

그러나 身强四柱인 경우에는 오히려 권위가 있고 이름을 떨치게 된다. 이 살이 있으면 대개 성격이 잔인하고 냉혹하며, 불의의 사고를 당하는 수가 많다.

위에서 설명한 신살(神殺) 등은 운명을 판단하는 중요한 기준이 될 수 없다. 다만 참고할 뿐이다.

神殺을 위주로 사주를 간명하는 사람치고 역학(易學)에 능통한 사람을 저자는 보지 못했다.

神殺은 돈을 벌기 위한 수단으로 악용될 뿐, 역학을 연구하는 데는 조금도 도움이 되지 않는다.

사주의 운명적 판단은 오직 陰陽五行의 생극제화(生剋制化)의 법칙에 따라 결정되는 것이므로 神殺을 위주로 사주를 간명하는 것은 지극히 위험하다.

원래 易學의 기본원리는 오직 생태계(生態界)의 자연섭리를 이해하는 학문으로서 음양(陰陽)의 이치를 알면 자연히 터득할 수 있다.

2. 神殺의 발동시기(發動時期)

신살(神殺)이 四柱 내에 있거나, 혹은 大運이나, 歲運, 月運에서 들어오면 그 때 발동한다.

따라서 행운(行運)에서 들어오는 神殺이 사주 내의 神殺과 合이 되거나, 冲이 될 때 발생하고, 다른 地支와 合이 되거나, 冲, 또는 刑이 되면 반드시 神殺이 발동한다. 정리하면 다음과 같다.

(1) 大運이나, 歲運에서 神殺이 들어오면 발동한다.

(2) 四柱 내에 神殺이 있을 때 일어난다.

(3) 大運이나 歲運에서 들어오는 神殺과 각 地支중 어느 하나가 合이 되거나, 冲이 될 때 일어난다.

(4) 大運에서 合이 되는 해(年)는, 冲이 되는 달(月)에 일어난다.

(5) 大運에서 冲이 되는 해는, 合이 되는 달에 일어난다.

(6) 歲運에서 들어오는 신살이 四柱내의 地支와 合이 되는 경우에는 冲이 되는 달에 일어난다.

(7) 歲運에서 들어오는 神殺이 四柱의 地支와 冲이 되는

경우에는 合이 되는 달에 사고가 일어난다.

 (8) 역마살의 발동 시기는 사주에 역마살이 있고, 歲運에서 역마살과 合이 되면 역마살과 沖이 되는 달에 교통사고가 일어난다.
 반대로 사주 내에 있는 역마살이 歲運과 沖이 되면, 역마살과 合이 되는 달에 교통사고가 일어난다.

 (9) 수옥살(囚獄殺)의 발동 시기는 사주 내에 수옥살이 있는데, 歲運에서 다시 수옥살을 沖하면 그 해 수옥살과 合이 되는 달에 형무소에 가게 된다.
 예를 들면 年支에 卯가 있고, 日支에 酉가 있으면 수옥살이 되는데, 卯年에 수옥살인 酉를 다시 沖하면, 그 해 辰月에 수옥살과 合이 되므로 3월에 형무소에 가게 된다.

 (10) 삼형살(三刑殺)은 형살(刑殺)이 세 개 모두 이루어지는 年과 月에 일어난다.

 (11) 백호대살(白虎大殺)은 沖이 되는 해(年)와 달(月)에 사고가 일어난다. 즉 명중(命中)에 있는 백호대살이 歲運과 月運에서 沖을 만나면 그 때 혈광사(血光死)하게 된다.

驛馬殺의 事故 예:
　　庚　壬　壬　丙
　　戌　申　辰　戌

1). 年支 戌에서 日支 申이 역마살이 되는데, 甲子年에 申子辰 三合水局이 되어 合이 된다.
만약 辰이 사주 내에 없어도, 申子 半合이 성립된다.

2). 甲子年에 日支 申과 合이 되므로 역마살인 申과 沖이 되는 丙寅月에 교통사고가 일어났다.

囚獄殺의 事故 예:
　　己　辛　己　辛
　　亥　酉　亥　卯

1). 年支 卯에서 日支 酉가 수옥살이 되는데, 사주 내에서 卯酉 沖으로 수옥살을 沖하고 있다.

2). 丁卯年에 수옥살인 酉를 다시 沖하므로 그 해 甲辰月에 형무소에 가게 되었다. 神殺은 歲運에서 합이 되어 들어오면 沖되는 달에 사고가 일어나고, 沖되는 해는 합이 되는 달에 사고가 일어난다.

3). 辰月이 수옥살인 酉와 합이 되므로 甲辰月, 즉 3월에

형무소에 가게 되었다..

<u>白虎大殺의 事故 예</u>:
　　己　戊　乙　辛
　　未　辰　酉　巳

1). 戊辰日柱가 배호대살이 된다. 壬戌年에 辰戌冲이 되어 교통사고가 일어났다.

2). 백호대살이 冲이 되는 해는 合이 되는 달에 사고가 발생하므로 己酉月, 8월에 사고가 일어났다.

<u>羊刃殺의 事故 예</u>:
　　辛　甲　乙　癸
　　未　戌　丑　卯

1). 甲日干은 年支 卯가 양인살(羊刃殺)이 되는데, 地支에 丑戌未 三刑殺까지 구비되었다.

2). 癸酉年에 卯를 酉가 冲하여 그해 戌月에 교통사고가 일어났다.

제16장. 희신(喜神) 선택법

제16장
희신 선택법

제16장. 喜神 선택법

四柱를 간명함에 있어 가장 중요한 핵심은 사주구조가 신강(身强)한지, 신약(身弱)한지를 먼저 구별하여야 희신(喜神)을 결정할 수 있다.

身强한 사주는 건강한 사주로서, 남의 도움이 필요하지 않으며, 사회에 나아가 자기 힘으로 앞날을 개척할 수 있는 능력자를 말하고, 身弱四柱는 사주구조가 약하여 혼자 힘으로는 인생을 개척할 수 없으므로 남의 도움이 필요한 사주를 말한다.

도와주는 사람은 남이 아니고, 가까운 어머니와 형제이다. 어머니는 인성(印星)이요, 형제는 비견(比肩), 겁재(劫財)를 말한다.

正印은 생모(生母)요, 偏印은 계모나 서모를 말하는데, 계모나 서모일지라도 남보다 낫고, 比肩은 친형제요, 劫財는 이복형제(異腹兄弟)이나 역시 급할 때에는 이복형제라도 남보다 낫다.

본장에서 설명하는 희신(喜神)은 사주가 신강인지, 혹은 신약인지를 먼저 알아야 결정이 된다.

희신(喜神)과 기신(忌神)을 구별할 줄 알면 사주간명은 무난하다. 신강, 신약 판단 법은 제12장 身强 身弱에서 이미 설명하였기에 여기서는 간단하게 신강사주와 신약사주 판단 법을 다시 정리하면 다음과 같다.

(1) 사주 月支에 比肩, 劫財가 있으면 대부분 신왕사주(身旺四柱)이다. 月支에서 득령(得令)하였기 때문이다.

득령(得令)이란 月支에서 기(氣)를 얻었다는 뜻이고, 령(令)은 계절에 따라 봄에는 木令, 여름에는 火令, 가을에는 金令, 겨울에는 水令이라고 한다.

령(令)은 사령(司令) 또는 명령(命令)을 뜻한다.

(2) 月支에 인성이 있으면 대부분 신강사주(身强四柱)이다. 月支에 있는 印星은 득령은 아니지만, 인성이 日干을 생조(生助)하므로 신강으로 본다.

(3) 月支에서 실령(失令)하면 대부분 신약사주(身弱四柱)이다. 失令은 月支에 比肩, 劫財가 없고, 食傷이나 財星, 官星이 있는 경우 失令이라 한다.

(4) 그러나 四柱의 天干이나 地支에서 생조(生助) 또는 극설(剋泄)에 따라 強弱이 결정되므로 月支에서 得令하여도 무조건 신왕하다고 판단하거나, 月支에서 失令하여도 바로 신약사주로 판단하면 크게 실수하게 된다.

(5) 天干은 꽃이요, 地支는 꽃의 뿌리에 해당하므로, 당연히 地支가 天干보다 약 30% 강하다는 것을 명심해야 한다. 이 원리는 四柱뿐만이 아니고, 大運이나 歲運, 月運에서도 적용되는 기본원칙이다.

(6) 日干이나 四柱天干 또는 행운(行運)의 天干이 통근(通根)이 되었는지, 안 되었는지를 면밀하게 살펴서 强弱을 결정한다.

(7) 사주 내에서 干合, 六合, 三合, 半合, 方局 등이 성립되어, 다른 五行으로 변하는 것을 세심하게 살펴서 신강, 신약을 판단해야 한다.

(8) 사주 내의 天干과 地支에서 신강인지, 신약인지 판단이 애매할 때는 지장간(地藏干)에 인종(引從)하여 판단해야 한다.

사주의 身强, 身弱이 결정되면 다음에는 희신(喜神)을 가려내어야 한다. 희신을 모르고 사주를 간명한다는 것은 마치 장님이 코끼리의 형체를 말하는 것과 같다.
喜神은 三干, 四支중에서 日干에게 가장 필요하고 유용(有用)한 신(神)을 말한다. 따라서 喜神은 日干의 대리인(代理人)이요, 충신(忠臣)이므로 반드시 강왕(强旺)한 것이 좋다.
강왕(强旺)하다는 것은 月支에 통근(通根)이 되거나 혹은 통근이 안 되어도 三干, 四支에서 희신을 생부(生扶)하는 오행이 있으면 강하다고 본다.
희신은 하나 있는 것이 좋고, 두 개가 있어도 무방하나 되도록이면 天干, 地支에 동주하는 것이 더 좋다.

그러나 희신이 3개 이상 있는 것은 희신태과(喜神太過)로서 오히려 산만(散漫)하므로 탁사주(濁四柱)가 된다.

만약 희신이 3개 이상이면 합거(合去)하거나 제화(制化)시키는 오행이 희신이 된다.

1. 억부희신(抑扶喜神)

日干의 강약(强弱)으로 희신(喜神)과 기신(忌神)을 구별하는데, 日干이 强하면 일간의 기운을 억제하는 五行이 희신이 되고, 반대로 日干이 弱하면 日干을 생부(生扶)하는 五行이 희신이 된다.

즉 日干의 국극적인 목표는 五行의 중화(中和)를 도모하고, 수평(水平)을 유지하려는 노력이다.

日干은 항상 中和를 원하므로 태강(太强)하거나, 태약(太弱)하면 강한 것을 억제(抑制)하거나, 약한 것을 도와주고 생부(生扶)하는 五行을 희신으로 삼는다. 이것을 억부희신(抑扶喜神)이라 칭한다.

用神이란 단어는 格局에서 비롯된 것으로 "格"은 일종의 틀(型)로서 주로 內格과 外格을 중심으로 정한 것이고, "局"은 三合局으로 정한 것이다.

삼합국이 局으로 성립하려면 반드시 月支에 三合이 되는 五行 하나가 끼어 있어야만 된다.

따라서 格局은 주로 月支에서 결정이 되고, 用神은 格局에 인종(引從)하여 정해진 것이다. 즉 月支에 正官이 있으면 正官格이 되고, 正財가 있으면 正財格이 된다.

또한 格局은 주로 外格을 으뜸으로 치는데, 外格 중에서도 從格은 日干이 자신을 버리고 强旺한 五行을 따라 가므로 편고사주(偏枯四柱)이다.

그러나 인간을 비롯한 모든 만물은 하나같이 陰陽五行으로 창조된 陰陽五行의 조화물(造化物)이므로 사주구조가 陰陽과 五行이 고루 있어야 중화사주(中和四柱)가 된다.

日干의 동기(同氣)인 比肩, 劫財와 日干을 생하는 인성(印星)이 많으면, 신강사주이고, 반대로 日干을 극설(剋泄)하는 食神, 傷官과 財星, 官星이 사주 내에 많으면 日干이 약해지므로 신약사주라 한다.

日干이 신강(身强)하면 원칙적으로 食傷과 財星, 官星 중에서 희신을 선택해야 하는데, 사주 내에 印星보다 比劫이 많아 신강하면 比劫을 억제하는 官星으로 희신으로 삼는다.

比劫을 억제하는 官星이 없으면 부득히 食傷으로 설기시키거나, 아니면 財星으로 比劫의 기운을 극제(剋制)하여야 한다.

만약 사주가 약하면 比劫이나 印星이 희신이 된다. 사주 내에 官星이 많거나, 食傷이 많아서 日干이 약하면, 印星으로 官星의 기운을 설기시키거나, 印星으로 食傷을 극제하여야 한다.

이와 같이 四柱내에 있는 五行의 强弱을 조절하는 것이 억부희신이다. 사주의 대부분은 억부희신으로 판단하기 때문에 가장 중요한 것이다.

필자가 용신(用神)을 희신(喜神)이라 표현한 것은, 필자의 소신으로서, 용신이 맞지도 않는 격국(格局)에서 파생된 것이라 취용(取用)할 수 없어, 희신(喜神)으로 표현한 것이므로 독자의 이해를 바란다.

고전 명리학자들은 용신을 모르면 사주를 도저히 간명할 수 없다고 주장하고 있는데, 용신은 격국에서 나왔기 때문에 격국이 맞지 않으면 용신 역시 맞을 리가 없다.

格局이 틀린 이유는 첫째, 사주 내 五行의 强弱이 불확실하고, 둘째 격국용신이 반드시 喜神이라고 오인하고 있으며, 셋째 月支를 무조건 格局으로 오인하고 있기 때문이다.

즉 月支에 正官이 있으면 무조건 正官格이라 하고, 정관을 용신으로 취용하고 있다.

抑扶喜神의 예:
甲 丙 癸 己
午 戌 酉 未

(1). 丙日干이 酉月生이라 실령(失令)하였으나, 時柱의 甲午가 日干을 생조하고 또 地支에 午戌合으로 火氣가 되므로 신강사주가 되었다.

(2). 丙日干이 火氣가 많아 신강하므로 火氣를 억제하는 月干의 癸水가 억부희신이 된다.

(3). 喜神은 强旺한 것을 좋아하는데 다행히 月支에 酉金이 癸水를 생하고 있으므로 吉神이 된다. 喜神을 생하는 것을 吉神이라 한다.

2. 조후희신(調候喜神)

조후(調候)란 글자 그대로 계절의 조화(調和)를 말하는 것으로, 사주를 간명할 때, 가장 중요한 핵심이다.

즉 月支에 있는 계절의 변화에 따라 한난조습(寒煖燥濕) 등의 기후를 조화시키는 것이다.

우주에 존재하는 모든 생명체는 기후의 조화에 따라 생멸(生滅)하듯이 사주도 역시 기후의 조화에 따라 운명이 결정된다.

생물체(生物體)가 추워서 떨고 있으면, 따뜻하게 보온(保溫)해주어야 하고, 더우면 시원하게 해주어야 하는 것이 바로 조후법이다.

그러므로 조후희신은 사주 내의 한난조습을 가려내어 가장 有用한 五行을 日干의 희신으로 삼는 것이다.

따라서 조후희신은 억부희신이나, 통관희신, 병약희신 보다 더욱 더 중요한 희신이므로, 어느 희신보다 우선되어야 한다.

그러므로 억부희신으로 판단해야 할지, 혹은 조후희신으로 판단해야 할지가 애매한 경우에는, 차라리 조후희신으로 판단하는 것이 크게 틀리지 않을 것이다. 이유는 모든 생물체는 조후를 무시할 수 없기 때문이다.

예를 들어 巳午未 여름철에 태어난 사주는 수기(水氣)를 조후희신으로 삼고, 亥子丑 겨울철에 태어난 사주는 따뜻한 火氣가 시급(時急)하므로 火氣를 조후희신으로 삼아야 한다.

또한 寅月은 아직 한기(寒氣)가 엄습한 때이고, 먼 산에 눈이 아직 녹지 않은 때이므로, 丑月과 동일하게 취급하여야 한다.

寅月은 음력 1월에 해당하므로 봄의 계절이지만, 봄이 와도 봄 같지 않고 추운 계절이므로, 火氣를 조후희신으로 삼아야 한다.

그러나 겨울태생이라도 사주 내에 火氣가 3개 이상 있거나, 火氣가 지나치게 많으면, 이미 조후가 되었다고 보고, 이 경우에는 조후법으로 판단하면 안 되고, 억부법으로 판단하여야 한다.

그리고 가장 중요한 것은 辰戌丑未에 대한 조후희신 판단법이다. 辰戌丑未는 모두 오행 상 土이지만, 辰丑은 습토(濕土)로서 水氣로 보아야 하고, 戌未는 조토(燥土)로서 火氣로 보아야 한다.

왜냐하면 辰丑의 지장간(地藏干)에 癸水가 암장(暗藏)하여 있고, 戌未의 지장간(地藏干)에는 丁火가 암장(暗藏)하여 있기 때문이다.

이러한 辰戌丑未를 제대로 판단하지 못하면, 사주 간명하는 데 있어서 큰 오류를 범하게 되므로 신중하게 살펴야 한다.

역학(易學)을 오래 공부한 사람도 辰戌丑未는 무조건 모두 土라고 인식하고 있으며, 조토(燥土)와 습토(濕土)를 구별하지 못해, 큰 오류를 범하고 있는 것을 많이 보아 왔다.

조후법은 巳午未月生과 亥子丑月生 그리고 寅月生은 조후법으로 판단하고, 卯辰月과 申酉戌月生은 억부법으로 판단하는 것이 대세(大勢)이다.

그러나 사주구성이 外格의 전왕격(專旺格)이나 종격(從格) 또는 화격(化格)인 경우에는 예외로 취급하므로 조후법이나 억부법을 적용해서는 안 된다.

調候喜神의 예: (1)

己 甲 甲 戊
巳 辰 子 辰

(1). 甲日干이 子月에 생하고 地支에 子辰, 子辰 水局을 이루고 있으므로 신강사주가 분명하다.

(2). 사주구조가 신강하면 억부법으로 강한 日干을 억제하는 것이 원칙이나, 이 사주는 子月의 엄동설한에 생하였으므로 한기(寒氣)를 다스리는 火氣가 시급하다. 따라서 時支에 있는 火氣를 희신으로 취용한다.

調候喜神의 예: (2)
```
丙  丙  丙  壬
申  戌  午  子
```

(1). 丙日干이 午月에 생하여 得令하고, 月干과 時干에 丙火가 투출하였으며 또한 地支에 午戌合이 되어 火局을 이루므로 身太强 사주이다.

(2). 사주원국에 比肩과 劫財가 많으면 官星으로 극제(剋制)하는 것이 원리인데, 이 사주는 午月, 염하절(炎夏節)에 생하여 조열(燥熱)하기 짝이 없으므로 조후법상으로 水氣를 시급하다.

(3). 그러므로 年干에 있는 壬水를 희신으로 삼고, 時支에 있는 申金은 길신이 된다.
 전술한바와 같이 희신은 강력한 힘을 가진 것이 좋은데, 다행히 年支의 子水가 十二運星상 壬水의 제왕지가 되고, 또한 時支의 申金은 장생지가 되어 희신이 강력한 힘을 가진다.

(4). 壬水는 억부법으로도 희신이 되고, 조후법상으로도 희신이 되는데 이렇게 희신이 일치하면 대단히 길명으로 본다.

(5). 金水五行이 喜神이 되면 木火土五行은 忌神이 되는데, 土의 특성상 조토(燥土)인 戌, 未는 火氣가 되므로 忌神이 분명하나, 습토(濕土)인 辰, 丑은 吉神이 된다는 것을 명심하기 바란다.

3. 통관희신(通關喜神)

사주 내의 日干을 제외한 五行끼리 서로 대등(對等)한 두 개의 세력간에 한 치의 양보가 없을 경우, 오행 상 전쟁상태가 되는데, 이 두 세력을 중간에서 서로 화해시키고, 연결시키는 오행을 통관희신이라 한다.

木과 土가 대등한 세력으로 서로 대립할 때 사주 내에 火가 있으면 화해(和解)가 되므로 이 火를 통관희신이라 한다.

土가 水와 서로 대등한 세력으로 대치하면 金이 있어 화해시키므로 이 金이 통관희신이 된다.

水와 火가 서로 대등한 세력끼리 대결하면 木이 중간에서 화해시키면 이 木이 통관희신이 된다.

火가 金과 서로 대치할 때 土가 있으면 중간에서 화해시키므로 이 土가 통관희신 역할을 한다.

金이 木과 서로 대등한 세력끼리 다투면 사주 내에 水가 있으면 이 水가 통관희신 역할을 하게 된다.

* 五行別 通關喜神
　水火相剋 … 木이 통관희신이다.
　木土相剋 … 火가 통관희신이다.
　火金相剋 … 土가 통관희신이다.
　土水相剋 … 金이 통관희신이다.
　金木相剋 … 水가 통관희신이다.

　　* 六神別 通關喜神
　印星이 食傷을 相剋하면 … 比劫이 통관희신이다.
　比劫이 財星을 相剋하면 … 食傷이 통관희신이다.
　食傷과 官星이 相剋하면 … 財星이 통관희신이다.
　財星이 印星을 相剋하면 … 官星이 통관희신이다.
　官星과 比劫이 相剋하면 … 印星이 통관희신이다.

<u>通關喜神의 예</u>:
　　辛　壬　丙　丁
　　亥　子　午　未

(1). 壬日干이 午月에 생하여 비록 失令하였으나, 日支에 子水가 있어 득지(得地)하고, 時柱에 辛亥가 日干 壬水를 생부하므로 신강사주이다.

(2). 그런데 年柱와 月柱에 火氣一色이라 强弱을 판별할 수 없을 정도로 水氣와 火氣가 다투고 있는 형상이다.

(3). 사주원국에 水氣와 火氣가 상쟁(相爭)하고 있으므로 오직 두 강력한 세력을 화해시키는 방법은 오직 木氣가 필요하다.

(4). 또한 水氣가 왕하므로 土氣로서 吉神으로 삼는 것이 좋다. 왜냐하면 土氣는 왕성한 水氣를 통제하면서 火氣의 旺氣를 설기시키는 역할을 하기 때문이다.

(5). 그러나 사주원국에 木氣와 土氣의 正五行이 없는데, 다행히 亥水의 지장간 中氣에 甲木이 있고, 午火의 지장간 餘氣중에 己土가 암장(暗藏)하여 있으므로 희신과 길신이 모두 지장간 중에 암장되어 있다.

(6). 喜神은 강한 것이 좋은데 지장간에 암장된 오행은 그 세력이 미약하므로 오로지 大運이나, 歲運에서 木氣와 土氣를 만나야만 그 때 발전할 수 있다.

4. 병약희신(病藥喜神)

사주원국에 병(病)이 있으면 약(藥)이 있는 법인데, 병이란 사주팔자에 해(害)가 되는 오행을 말하고, 藥은 병을 극제(剋制) 시켜주거나, 화해시켜 주는 오행을 말한다.

만약 사주 내에 水가 태왕한데 日干이 火라면 살왕신약(殺旺身弱) 사주가 분명하다. 이 때는 관살인 水가 病이 된다.

그러나 사주 내에 土가 있다면 水를 제거해 주므로, 이 사주의 약신(藥神)이 된다.

또 土가 태과(太過)한 사주에 일간이 金이라면 토후매금(土厚埋金)으로 金이 흙에 파묻히는 격으로, 왕토를 설기시키고 화해시키는 金이 약이 된다. 이 때 木이 있으면 소토(疎土)하는 역할을 하므로 木이 약신이 된다.

木日干이 土가 태과하면, 토다목절(土多木折)하므로 왕토에 의해 나무가 부러지므로 土가 病이 된다.

이 때는 사주 내의 木이 있어 왕토를 제거시켜 주던지, 아니면 金이 있어 왕토의 기운을 설기시켜 주어야 한다.

만약 사주 내에 水가 있으면, 土生金으로 왕토를 金으로 설기시키고, 다시 金이 生水하고, 水가 生木하면 木日干을 생조하는 결과가 되므로 더욱 좋다. 그러나 水가 없다면 왕토가 金을 생하고, 강한 金이 日干 木을 극하게 되므로 대단히 불리하다.

사주원국에 病이 많은데 대운이나 세운에서 藥을 얻으면 대부대귀(大富大貴)하며, 病도 없고, 藥도 없으면 소부소귀(小富小貴)한다.

만약 사주 내에 病이 중(重)하다가 약운(藥運)을 만났을 경우, 그 운 중에는 대발하지만 그 운이 지나가면 다시 불길해 진다.

<u>病藥喜神의 예</u>:

甲 甲 戊 丙
戌 寅 戌 申

(1). 甲日干이 戌月에 생하여 失令하고, 月柱에 戊戌이 있으며, 時支에도 戌이 있어 신약사주이다.

(2). 그러나 日干 甲木은 日支에 득지(得地)하고, 時干에 甲木 比肩이 투출(透出)하고 있으므로 크게 약하지 않다.

(3). 이 사주의 病은 왕토(旺土)이므로 왕토를 제극하는 時干의 甲木이 약신(藥神)이 된다.

(4). 時干의 甲木은 오직 月干의 戊土를 극할 수 있으나, 地支에 있는 戌土는 제극할 수 없다.
왜냐하면 天干은 天干끼리 극제할 수 있고, 地支는 地支끼리 극제할 수 있기 때문이다.

(5). 약신은 사주원국에 있어야 좋다. 만약 사주원국에 약신이 없으면 大運이나 歲運에서 만나야 하는데, 사주원국에 있는 것과 행운(行運)에서 만나는 것과는 그 차이가 하늘과 땅차이로 비교가 안 될 정도로 불리하다.

(6). 참고로 고서(古書)에는 사주팔자에 病이 있어야 귀명(貴命)이 되고, 病이 없고 藥도 없으면 평범한 운명이라고 하였다. 따라서 病이 있는 사주가 病을 제거하는 藥의 운로를 만날 때 대발한다고 기술하고 있다.

5. 전왕희신 (專旺喜神)

(1) 木日干 곡직격(曲直格)

甲, 乙日干이 地支에 東方, 寅卯辰 木局이 되거나, 혹은 亥卯未 三合木局이 되고, 사주 干支에 하나라도 金이 없으면 곡직격이 성립되는데, 약간의 水가 있으면 더욱 좋다.

大運이나 歲運에서에서 水木運이 오면 길운이요, 火運이 오면 旺한 木氣를 설기하므로 역시 길운이 된다. 약간의 土는 있어도 좋은데 이유는 木이 土에 뿌리를 내리는 연고라 하겠다.

그러나 행운에서 金運을 만나면 木을 극상하므로 大凶한 운이다.

곡직격(曲直格)의 例: (男命)

丁	乙	癸	丁		69	59	49	39	29	19	9
亥	未	卯	未		丙	丁	戊	己	庚	辛	壬
					申	酉	戌	亥	子	丑	寅

乙日干이 卯月에 생하고 地支에 亥卯未 三合木局이 되며, 天干에 癸水가 있으며, 丁火가 木生火로 자연 설기하고 있다.

命中에 일점 金氣가 없으니 곡직격이 성립된다. 그러나 49세 大運이 金運이라 재물과 명예가 떨어지고, 신상에도 불리하다.

(2) 火日干 염상격(炎上格)

丙, 丁日干이 地支에 南方, 巳午未 火局이 되거나, 寅午戌 三合火局이 되고, 사주 내에 화기가 많으며, 干支에 일점의 水가 없고 있어도 미약하면 염상격이 성립된다.

木은 일간 火를 생조하므로 길하고, 土가 있으면 설기하므로 또한 길하다.

대운이나 세운에서 木火土운을 만나면 길하나, 반대로 水運을 만나면 大凶하다.

염상격인 사주는 대개 단명(短命)하다. 이유는 화세(火勢)가 심하여 마치 불타고 난 뒤 재(灰)와 같이 사라지는 형상이기 때문이다.

염상격(炎上格)의 例: (男命)

甲 丙 丙 甲　　59　49　39　29　19　 9
午 戌 寅 戌　　壬　辛　庚　己　戊　丁
　　　　　　　 申　未　午　巳　辰　卯

이 사주는 丙日干이 寅月에 생하였으나, 地支에 寅午戌 三合火局을 이루고 일점의 水氣가 없으니 염상격(炎上格)이 성립된다.

마침 大運이 木火運으로 진행하므로 대발한다. 그러나 59세 壬申大運부터 불운(不運)하다. 특히 子運에는 대흉(大凶)하리라.

(3) 土日干 가색격(稼穡格)

戊, 己日干이 地支에 辰戌丑未月에 태어났는데, 사주 내에 일점의 木이 없으면 가색격이 성립된다. 혹은 4월, 5월에 생하여도 사주 내에 土가 많으면 가색격이 성립된다.

가색격은 火土運에 길하고, 木運은 대흉한데, 이유는 왕자(旺者)에게 저항하면 왕자의 노여움이 크기 때문이다. 이것을 소위 왕자충익발(旺者冲益發)이라 한다.

가색격(稼穡格)의 例: (男命)

戊	己	丙	戊	56	46	36	26	16	6
辰	丑	辰	辰	壬	辛	庚	己	戊	丁
				戌	酉	申	未	午	巳

이 사주는 만국(滿局)이 왕토(旺土)로 이루어져 있고, 일점의 木이 없으므로 가색격이 틀림없다.

火土金運이 대길한데, 火土는 물론이고, 金運에도 왕신(旺神)의 설기하는 공으로 大吉하나, 木運을 싫어하며, 水運도 不吉하다.

(4) 金日干 종혁격(從革格)

庚, 辛日干이 地支에 西方, 申酉戌 方合이 되거나, 巳酉丑 三合金局이 되고, 사주 내에 金氣가 많으면 종혁격이 된다.

그리고 干支에 일점의 火가 없어야하고, 있더라도 火氣가 아주 미약하면 종혁격이 성립된다.

행운에서 土金運을 만나면 길하고 水運도 旺神을 설기하므로 吉하나, 만약 火運을 만나면 大凶하다.

종혁격(從革格)의 例: (女命)

丙 辛 丙 辛　　49 39 29 19 9
申 酉 申 酉　　辛 庚 己 戊 丁
　　　　　　　　丑 子 亥 戌 酉

이 사주는 女命으로 金이 만국(滿局)을 이루고, 天干에 丙火가 투출하여 不吉하나, 다행히 丙辛이 干合하여 水氣로 변하므로 흉변길화(凶變吉化)하여 종혁격이 성립된다.
　종혁격은 土金水運에 발달하고, 木火運이 불길한데 특히 火運에 대패(大敗)한다. 戊戌大運의 약 10년간에는 부모의 덕으로 학업에 정진할 수 있었다.

(5) 水日干 윤하격(潤下格)

壬, 癸日干이 地支에 北方, 亥子丑 方合이 되거나, 申子辰 三合水局이 되고, 사주 내에 水氣가 많으면 성격(成格)이 되는데, 일점의 土가 없어야만 윤하격이 성립된다.
　木은 旺水를 설기하므로 길하고, 火는 불길하다. 따라서 金水運이 길하고, 木運도 길한데, 火, 土運은 대흉하다.

윤하격(潤下格)의 例: (女命)

庚 壬 癸 癸　　58 48 38 28 18 8
子 子 亥 丑　　 己 戊 丁 丙 乙 甲
　　　　　　　 巳 辰 卯 寅 丑 子

이 사주는 女命으로서 年支에 丑土가 있으나, 亥子丑 水局이 되므로 土가 변하여 水氣가 되어 윤하진격(潤下眞格)이 된다.

初年 水大運이 길하고, 木運은 왕수(旺水)를 설기하므로 또한 대길하다. 그러나 58세 己巳大運은 불길하다.

6. 종격희신(從格喜神)

(1) 종강격(從强格)

日干을 생조하는 印星이 많거나 혹은 방국(方局) 또는 삼합국(三合局)을 이루면 종강격이 된다.

從格은 대부분 왕신(旺神)의 입묘운(入墓運)에 사망하거나 대흉하다.

희신은 印星을 생조하는 官星運이 길하고, 印星運 역시 길하며, 또한 왕한 인성을 설기하는 比劫運도 길하다. 그러나 財星運은 印星을 극하므로 불길하다.

* 從格은 대개 왕신(旺神)의 입묘운(入墓運)에 사망하거나, 대흉하다.

종강격(從强格)의 例: (男命)
甲 甲 甲 癸　　56 46 36 26 16 6
子 辰 子 亥　　戊 己 庚 辛 壬 癸
　　　　　　　午 未 申 酉 戌 亥

이 사주는 水가 4개나 있고, 子辰 水局하므로 水生木하여 日干이 강해지므로 종강격이 된다.

종강격은 金水運이 吉하고, 설기하는 木運도 吉하나, 土運은 왕수(旺水)를 극하므로 대흉(大凶)하다.

(2) 종아격(從兒格)

日主가 태약(太弱)하고, 食神과 傷官이 사주 내에 많거나, 地支에 방국(方局)을 이루거나 또는 三合局을 이루면 성립되고, 官星이나 印星이 없으면 종아격이 된다.

食傷運에 발달하고, 食傷의 기운을 상극하는 官星運이나 印星運이 대흉(大凶)하다. 比劫은 사주 내에 없거나, 아주 미약하면 종아격이 성립된다.

종아격(從兒格)의 例: (男命)
甲 甲 戊 癸　　69 59 49 39 29 19 9
戌 寅 午 巳　　辛 壬 癸 甲 乙 丙 丁
　　　　　　　亥 子 丑 寅 卯 辰 巳

本命은 甲日干이 午月에 생하여 失令하고, 地支에 寅午戌

三合局을 이루며, 年干에 癸水가 있어 불리하나, 다행히 戊癸干合이 되어 火氣로 변하므로 종아격이 성립된다.

또한 時干의 甲木은 火氣를 도우므로 길신이다. 本命은 木火運이 吉하고, 왕화(旺火)를 설기(泄氣)하는 土運도 길하다. 그러나 食傷을 극하는 水運은 대흉(大凶)하다. 金運은 水氣를 생조하므로 역시 불길하다.

59세, 壬子大運은 印星運이라 왕한 食傷을 子午冲으로 극하므로 대흉(大凶)하나, 다행히 地支에 寅午戌 三合局이 되어, 子午冲을 해충(解冲)이 되므로 무사하겠다.

(3) 종재격(從財格)

日干이 太弱하고, 財星이 사주 내에 만반(滿盤)이면, 日干은 자기를 버리고 財星으로 따라간다.

喜神은 食神, 傷官이 있으면 生財하므로 더욱 좋고, 食傷運이나, 財星運에 大吉하고, 官星은 왕한 財星을 설기하는 공이 있으므로 또한 길하다.

그러나 比肩, 劫財는 財星을 직접적으로 극하므로 대흉하며, 印星運도 비겁을 생조하므로 불길하다.

```
종재격(從財格)의 例: (男命)
    戊 丙 辛 戊    58 48 38 28 18  8
    戌 戌 酉 申     丁 丙 乙 甲 癸 壬
                   卯 寅 丑 子 亥 戌
```

本命은 丙日干이 酉月에 생하고, 地支에 申酉戌 三合 金局을 이루며, 年干과 時干의 戊土가 金을 생조하므로 종재격이 성립된다.

그러므로 丙火는 자기를 버리고 왕한 財星으로 따라가므로, 大運은 土金運이 길하고, 水運 역시 旺金을 설기하므로 길하나, 比劫인 火運을 만나면, 旺金을 극하므로 大凶하다.

(4) 종살격(從殺格)

종살격은 日干이 太弱하고, 比肩, 劫財나 印星이 없으며, 官殺이 사주 내에 많으면 성립되는데, 財星이 官殺을 도우면 더욱 길하다.

正官이라도 2개 이상 있으면 偏官, 七殺로 본다. 종살격은 財官運이 길하고, 印星運은 왕한 官殺을 설기하므로 또한 길하다.

그러나 食傷運은 官殺을 극하므로 불길하며, 比劫運은 관살과 대립하고, 상극하므로 역시 불길하다.

```
    종살격(從殺格)의 例:  (男命)
    甲 辛 丙 丁      50 40 30 20 10
    午 未 午 未       辛 壬 癸 甲 乙
                    丑 寅 卯 辰 巳
```

本命은 辛日干이 午月, 염하절(炎夏節)에 생하여 干支에 火氣가 많은 중에 地支에 午未合, 午未合이 되어, 일점뿐인

辛日干이 의지할 데가 없다.

그러므로 왕한 火氣에 종세(從勢)하여 종살격이 성립된다. 時干의 甲木은 오히려 火의 근원이 되어 더욱 좋다.

大運은 木火運이 길하고, 土運은 왕한 火氣를 설기하므로 좋으나, 水運은 大凶하다.

제17장. 十神의 희신(喜神)과 기신(忌神)

제17장
십신의
희신과 기신

제17장. 十神의 喜神과 忌神

 四柱를 간명함에 있어 가장 중요한 것은 먼저 사주의 구조가 신강사주(身强四柱)인지, 혹은 신약사주(身弱四柱)인지를 판단하여야 한다.
 身强, 身弱을 알아야만 비로소 희신(喜神)과 기신(忌神)을 찾아 낼 수가 있는 것이다.
 喜神은 日干의 충신(忠臣)이요, 아군(我軍)인데 반해서 忌神은 日干의 역신(逆臣)이요 적군(敵軍)과도 같다.
 물론 사주통변에 따라 喜神이 忌神으로 변하고, 忌神이 喜神으로 변하기도 한다.
 그래서 사주 통변이 중요한 것이다. 喜神과 忌神을 구별할 줄 알면 사주간명은 무난할 것이다.
 다음에 각 십신(十神)별로 喜神과 忌神에 대하여 설명한다.

1. 比肩과 劫財

 身强四柱는 比肩과 劫財가 기신(忌神)이 되지만, 身弱四柱는 比肩, 劫財가 희신(喜神)이 된다.
 身弱四柱는 比劫이 日干을 도와주므로 고맙고 도움이 되지만, 신왕한데 도와주려고 하면 오히려 부담이 되고 귀찮은 법이다.
 그러므로 比肩과 劫財가 喜神이 되는 경우와, 忌神이 되는 경우를 구별하여 실례(實例)를 들어 설명한다.

比劫이 喜神인 경우
戊 甲 甲 甲
辰 子 戌 戌

(1) 甲日干이 戌月에 태어나 실령(失令)하고 地支에 辰戌土가 많아 신약사주이다.

(2) 그런데 다행히 日支에 子水가 있고, 또한 子辰水局을 이루어 日干을 도우고 있으며, 年干, 月干, 時干에 甲木이 투출(透出)하여 比肩이 희신이 되었다.

(3) 比劫은 같은 형제로서 허약한 日干을 도우고 있으니, 금상첨화(錦上添花)격이다.

(4) 本命은 현재 일본천황(日本天皇)의 왕비(王妃)로서, 日支의 子水가 喜神이 되므로 부군(夫君)이 일본천왕이며, 또 子辰半合이 되어, 자식운도 대길하다.

比劫이 忌神인 경우
丁 癸 壬 壬
巳 卯 子 申

(1) 癸日干이 子月에 생하여 건록(建祿)이라 득령(得令)

하고, 地支에 申子水局을 이루고 天干에 壬水가 투출하여 신강사주가 분명하다.

(2) 사주에 比劫이 많은데 時干의 丁火, 財星을 서로 쟁탈(爭奪)하려고 혈안이다. 이것을 군비쟁재(群比爭財)라고 하는데, 재물 복이 없고, 돈이 들어오면 빠져나가므로 저축이 어렵다.
比劫이 서로 재물과 처를 쟁탈하는 형국으로 평생 재복(財福)이 없고, 처덕(妻德)도 없는 사주이다.
특히 男命에 군비쟁재(群比爭財)가 되면 부부 운이 최악(最惡)이며, 처가 가출(家出)하거나 이별하게 된다.

(3) 그러나 위 사주에 官星이 있으면 능히 비겁을 극제(剋制)하고, 재물을 보호하는 호재자(護財者)의 역할을 할 것인데, 사주에 일점(一點)의 官星이 보이지 않으니 아쉽다.

2. 食神과 傷官

食神과 傷官은 생산과 기업의 활동무대로서 자기능력을 최고로 발휘하는 기회요, 수단이다.
身强四柱인 경우, 食神과 傷官이 최고의 희신이요, 좋은 기회이지만, 身弱四柱인 경우 허약자가 남의 도움을 받아야 하는데, 생산적인 활동을 하는 것은 무리이며 불리하다. 마치 병 든 환자가 달려가는 형상이다.

食傷이 喜神인 경우

```
壬  戊  戊  庚
戌  申  寅  戌
```

(1). 戊日干이 寅月생이라 失令하였으나, 十二運星상 長生이 되므로 약하지 않다. 또한 地支에 戌土가 2개나 있고, 月干에 戊土가 투출하며, 地支에 寅戌합이 되어 火局이 되니, 신강사주이다.

(2). 年干의 食神이 時干의 偏財를 식신생재(食神生財)하고 있으니 쉴 새 없이 財星을 생조(生助)하고 있는 형국이다.

(3). 年柱는 조상궁으로 食神이 희신이면 재산상속을 받게 된다. 특히 年上에 있는 食神이 희신이면 부덕(父德)과 조상덕(祖上德)이 있으며, 상속을 받게 된다.

(4). 偏財는 타인재(他人財)로서, 금전융통의 능력이 뛰어난 솜씨를 발휘하여 거금(巨金)을 만지는 능력과 큰 재물복이 있는 사람이다.

(5) 本命은 삼성그룹의 창업자인 故, 이병철회장의 명조(命造)이다.

食傷이 忌神인 경우
甲 庚 壬 壬
申 辰 子 子

(1) 庚日干이 子月생이라 失令하고, 地支에 申子辰 三合 水局을 이루어 身太弱 四柱이다.

(2) 사주 내에 水가 많아 일간 庚金이 침금(沈金)할 운명이다. 水는 十神상 食傷인데 忌神이다.

(3) 食傷은 生財하나 일간 庚金은 침몰하고, 甲木 財星은 부목(浮木)이 되어 떠내려가니 만사가 허사가 된다.

고로 이 사주의 주인공은 수액(水厄)으로 인하여 단명(短命)하게 되고, 재물 복은 전무(全無)하였다.

3. 正財와 偏財

財星은 재화(財貨)로서 생명을 유지하고, 보전하는 근본이다. 사주 내에 재성이 있고, 身旺하면 재성이 희신이 되므로, 평생 의식주(衣食住)가 풍부하고 잘 사는 데 반해서, 재성이 기신이면 허욕이 많고 투기(投機)를 즐기며, 거짓과 사기성이 농후하므로 실패와 파산을 하게 되고, 돈과 빚에 시달린다.

財星이 喜神인 경우
丙 己 丙 壬
寅 酉 午 戌

(1) 己日干이 午月생이라 得令하고, 地支에 寅午戌 三合 火局을 이루며, 또 時干에 丙火가 투출하여 신왕사주이다.

(2) 年干에 있는 壬水가 재성인데, 신왕사주는 재성이 희신이 된다. 재성이 희신이면 부명(富命)이고, 만인을 부양하는 재능과 용인술(用人術)이 비범하다.

財星이 忌神인 경우
乙 己 癸 癸
丑 亥 亥 亥

(1) 己日干이 亥月에 생하여 失令하고, 사주 干支에 水가 많아 신약사주가 분명하다.

(2) 재성이 5개나 있으니 일간 己土가 엄동설한에 동토(凍土)가 되어 생기가 없는 사토(死土)이다.

(3) 土는 반드시 水火를 공유(共有)하고 있어야 비로소 生土가 되는데, 이 사주에는 일점의 火가 없는 것이 아쉽다.

(4) 재성은 처첩(妻妾)으로 보는데, 男命이 財多하면 妻妾이 많은 것을 암시하고, 女命은 財星을 시어머니로 보는데 시모(媤母)가 많으므로 재혼을 암시하며, 男女 공히 재물 복이 없다고 판단한다.

4. 正官과 偏官

官星은 법과 질서로서, 사회나 국가를 불문하고 법과 질서가 있어야 하는 것처럼 四柱에서도 관살(官殺)이 있어야 질서가 유지되고, 재산을 보호하게 된다.

어릴 때는 아버지가 나를 보호하고, 늙어서는 자식이 나를 보살피고 보호한다.

正官은 다정하고, 합법적인 보호자이고, 선비의 기질이 있는데 반하여 偏官은 무정하고, 비합법적인 보호자로서 위엄과 권위를 자랑하는 냉정한 보호자이다.

官星이 喜神이면 생명과 재산이 안전하고 확고하나, 官星이 忌神이면 무능하고 무정한 보호자요, 남편이며, 자식이다.

<u>官星이 喜神인 경우</u>
戊 庚 辛 丁
寅 申 亥 巳

(1) 庚日干이 亥月생이라 失令하였으나, 日支에 申金이

建祿地라 자강(自强)하고, 月干의 辛金과, 時干의 戊土가 寅에 장생이 되므로 강력한 戊土가 日干을 생조하므로 신강사주가 되었다.

(2) 年干에 있는 丁火, 正官이 喜神이 되는데, 年支 巳에 좌(坐)하여 십이운성상 帝旺으로서 喜神의 세력이 강력하다. 丁巳가 同柱하므로 희신이 强하여 좋다.

(3) 官星은 만인을 보호하는 별이므로, 火大運인 32세 丁未大運부터 52세 丙午大運까지 약 30년간 승승장구하였다.

(4) 本命은 일국(一國)의 대통령으로서, 18년간 집권한 박정희 전 대통령 명조(命造)이다.

<u>官星이 忌神인 경우</u>
甲 辛 丁 甲
午 卯 卯 戌

(1) 辛日干이 卯月생이라 십이운성상 絶地에 좌하고, 失令하였으며, 四柱干支에 木이 많아 신약사주이다.

(2) 辛日干이 木을 만나면 재성이 되므로, 재다신약(財多身弱) 사주이다. 財星이 작당하여 忌神인 官殺을 생조하므로 강력한 官殺이 日干을 공격하는 형국이라 대단히 위험

하다.

5. 正印과 偏印

印星은 나를 먹이고, 입히는 어머니이자, 스승의 별이다. 印星은 생기(生氣)와 화기(和氣)와 덕망(德望)을 상징한다.

身弱四柱는 印星이 나를 생해주고 길러주는 어머니로서, 의식주(衣食住)가 건전하고 지성과 덕성이 풍부하다.

반대로 印星이 忌神이 되면 어머니와 스승이 외면하고 무정하다. 또한 의식주가 부족하고 지성과 덕성이 크게 부족하다.

<u>印星이 喜神인 경우</u>
壬　乙　丁　壬
午　亥　未　申

(1) 乙日干이 未月생이라 失令하여 신약사주이므로 年干과 時干에 있는 인수(印綬)가 喜神이 된다.

(2) 年干 壬水, 印星이 日支 亥에 건록이 되므로 내조(內助)가 태산이다.

(3) 四柱가 身弱하면 印星이 희신인데, 年干, 時干의 壬水가 희신이므로 조상 덕과 자식 덕이 있다.

印星이 忌神인 경우
壬 甲 壬 壬
申 辰 子 申

(1) 甲日干이 子月에 생하고, 天干에 水가 3개나 있고, 또한 地支에 申子辰 三合水局을 이루고 있어 天地가 물바다이다.

(2) 日干 甲木은 사주 내에 水가 너무 많아 왕수(旺水)가 忌神인데, 사주 干支에 물이 범람하므로 일간 甲木이 부목(浮木)이 되어 떠내려가고 있는 형국이다.

(3) 이 사주의 주인공은 어려서부터 사고무친이요, 고아로 살다가 수액(水厄)을 당하여 일찍 사망하였다.

(4) 동목(冬木)은 火의 온기(溫氣)로 보온(保溫)함이 급선무이고, 또한 土로서 제방(堤防)을 쌓는 것이 최선이다.

6. 십신과다론(十神過多論)

(1) 比劫多 四柱

四柱에 比肩, 劫財가 많으면 자존심이 강하고, 과단성(果斷性)이 있으며, 재물 복이 적다. 즉 군비쟁재(群比爭財)가 되면 재물이 들어와도 독점할 수 없고, 比劫과 나누어 가져야 하므로 재물이 바로 빠져 나간다.

또한 財星은 男命에게는 처첩(妻妾)으로 보는데, 사주 내에 比劫이 많으면 처첩을 손상시키므로 처와 해로하기가 어렵다.

남녀 불문하고 偏財는 아버지로도 보는데, 아버지와도 인연이 적고, 일찍 사별하거나, 떨어져 살아야 한다.

특히 比劫이 많은 사주는 안하무인격으로 독주하게 되며, 남녀 공히 부부간에 불화가 심하고 음란하여 다른 이성을 만나게 된다.

직업은 자유업(自由業)이 적당하고, 동업(同業)은 절대 불가하며, 크던 적던 혼자 하는 자영업(自營業)이 좋다.

(2) 食傷多 四柱

사주 내에 食神과 傷官이 많으면 日干을 설기(泄氣)하므로 종격(從格)이 아닌 이상, 身太弱 四柱이다.

그러므로 남녀 불문하고, 건강이 좋지 않으며, 병치레가 심한 사람이다. 심한 경우 단명(短命)한 사주이다.

食傷은 官星을 충극(冲剋)하므로 官運이 없어 공무원 팔자는 안 된다. 또한 여자사주에 食傷은 子女가 되므로 오히려 자식이 적거나 無子팔자이다.

성격은 거짓말을 싫어하고, 비밀이 없으며, 속에 있는 말은 참지 못하고 누설한다. 머리는 비상하며 자존심은 강하다.

(3) 官殺多 四柱

사주 내에 正官, 偏官이 많은 사주는 財星을 설기하므로 재물 복이 적으며, 正官이 많으면 偏官, 七殺로 변하여 마치 호랑이가 많은 사주가 되므로 생명이 위태롭다.

그러므로 단명(短命)하거나 불구자가 많으며, 재화(災禍)가 많이 따르는 불행한 사주이다. 官殺이 혼잡하면 관재구설(官災口舌)이 따르고, 구설수가 많다.

男命은 오히려 자녀 덕이 없고, 자식이 적으며, 女命은 官星이 남편이므로 남편 덕이 없고, 부부이별하게 되며, 재혼하는 팔자이다.

(4) 財星多 四柱

사주 내에 正財와 偏財가 많으면 남녀 불문 가난하고, 재물의 손실이 많으며, 다정다감하여 주색(酒色)을 즐긴다.

財星이 많으면 印星인 어머니를 극하므로 어머니와 이별하거나, 사별하게 된다. 男命은 처첩(妻妾)이 많음을 뜻하므로 일처(一妻)로는 부족하여 여러 여인과 인연을 맺게 되어 가정불화의 원인이 된다.

男命에 財星이 많은 사주는 아내가 남편대신 가권(家權)을 쥐게 되고, 남편 중에 공처가 많은 사주이다.

女命은 財星이 시어머니에 해당되므로 시어머니를 두 분 이상 모시거나, 재혼하여 다시 시어머니를 만나는 사주이다.

또한 재성이 많으면, 관성이 설기되므로 남편 덕이 없으며 남편대신 생활전선에 나가야 한다.

(5) 印星多 四柱

사주 내에 正印과 偏印이 많으면 남녀 불문하고 어머니를 두 분 이상 모시게 되거나, 어머니 덕이 없다.

女命에 印星이 많으면 食傷을 沖剋하므로 자식이 적거나, 자식 덕이 없다.

또한 印星이 많으면 官星이 설기가 심하여 남편이 무능하고, 남편대신 가사(家事)를 책임져야 한다.

또한 유산(流産)을 자주 하게 되고, 자녀 중에 불구자식을 두는 경우도 있다.

男命에 印星이 많으면 오히려 財星을 剋하게 되므로 처와의 인연이 박하고, 官星이 자녀이므로 자식 덕이 없다.

그리고 印星으로 인하여 官星이 설기가 심하게 되면 관운(官運)도 없다.

제二편. 통변편(通變編)

제2편
통변편

1. 十二運星의 통변(通變)
2. 육친(六親)의 통변(通變)
3. 十神의 통변법(通變法)
4. 고전통변(古典通變)

제1장. 十二運星의 통변(通變)

제1장
십이운성의
통변

제1장. 十二運星의 通變

1. 十二運星의 원리(原理)

인간은 누구나 어머니의 자궁(子宮)에 잉태해서 출생하고, 성장하며, 장년(壯年)이 되고, 늙고 병들어서 죽고, 결국 무덤에 들어가게 된다. 이러한 과정을 십이등분(十二等分)한 것을 十二運星이라 표현한다.

인간은 어린 시절의 정신과 체력이, 장성했을 때의 정신과 체력과 다르듯이 운기(運氣)의 왕쇠강약(旺衰强弱)에 따라 정신과 육신을 비롯하여 성격과 기질과 직업과 운세가 달라진다.

어린이는 모방(模倣)을 잘하는데 반해서, 어른은 창작(創作)을 잘하고, 젊을 때는 고집과 자존심이 강하지만, 늙어지면 이해성이 많고 성격이 너그럽고 원만해 진다.

성격은 물론이고 능력과 도량과 운세 등은 선천적으로 타고 나는 법인데 어떤 사람의 성격은 순하고 착한데 반해서, 어떤 사람은 성격이 조급하고, 모가 나는 사람도 있다.

또한 직업도 사람에 따라 적성(適性)이 다르다. 따라서 성공하고 실패하는 근원은 모두 이 十二運星의 조화(造化)라고 할 수 있다.

년지(年支)의 십이운성으로 초년의 운세와 조상의 기복(起伏)을 알 수 있고, 시지(時支)의 십이운성으로 인생의 결실을 알 수 있으며, 말년의 운세를 암시한다.

월지(月支)는 사령(司令)으로써 가장 강력한 힘을 가지고 있으며, 타 간지(干支)를 총괄하는 사령탑이라 하겠다.

月支에서 타고 난 성격과 직업을 알 수 있는데 月支는 그 사람의 천성(天性)이요, 태성(胎性)이기 때문에 쉽게 변하지 않으나, 日支는 개성(個性)으로써 수양(修養) 여하에 따라 개성이 다소 변할 수도 있다.

그러므로 그 사람의 성격을 알려면 먼저 月支에 있는 십이운성과 日支의 십이운성을 적용하면 놀랄 만큼 적중할 것이다.

十二運星은 日干중심으로 四地支에 인종(引從)하여 장생(長生), 목욕(沐浴), 관대(冠帶), 건록(建祿), 제왕(帝旺), 쇠(衰), 병(病), 사(死), 묘(墓), 절(絶), 태(胎), 양(養)으로 나눈다.

(1) 장생(長生)

사람이 태어나서 어머니의 젖을 먹고 자라나는 시기이므로 온순하고 순진한 어린 아이에 비유된다.

(2) 목욕(沐浴)

목욕(沐浴)은 정신적으로나 육체적으로 아직 미숙한 10대의 소년기를 말한다.

(3) 관대(冠帶)

20대의 성년(成年)이 되어 의관정대(衣冠整帶)하는 청년기를 관대라고 한다. 특히 관대는 힘이 넘치고 육체적으로는 장년(壯年)을 능가하는 체력이므로 안하무인격(眼下無

人格)이다.

(4) 건록(建祿)

정신과 육체가 완숙한 30대로 벼슬길에 나간다고 하여 건록을 임관(臨官)이라고도 표현한다.

(5) 제왕(帝旺)

40대의 장년(壯年)으로 인생의 황금기로서 산전수전을 다 겪은 시기이므로 수완과 역량이 풍부한 인생의 전성기라 하겠다.

(6) 쇠(衰)

육신(肉身)이 노쇠한 50대로서, 초노(初老)의 시기이므로 참모역할에는 적당하나, 박력이 부족한 때이므로 기업가나 사업가로서는 적당하지 않다.

(7) 병(病)

60대의 인생으로 노쇠해지면 건강을 잃게 되고, 병이 생긴다. 용기가 없으며 비관을 잘 한다. 약과 병원에 인연이 많다.

(8) 사(死)

아직 죽은 육신이 아니지만 노쇠한 육신이 정신력으로 생명을 유지하는 70대 인생이다.

(9) 묘(墓)

인간은 늙으면 병이 들고, 병이 들면 죽고 마침내 무덤에 묻힌다. 이것이 묘(墓)다. 무덤 속에는 시체만 있고, 인생은 없다.

(10) 절(絶)

정신과 육신이 완전히 분리(分離)된 상태로서, 육신은 지하에 묻히고 영혼은 구천을 맴돌다가 다시 인연을 만나기 위하여 떠돌아다닌다.

(11) 태(胎)

떠돌아다니던 영혼이 다시 인연을 만나 절처봉생(絶處逢生)으로 정자(精子)와 난자(卵子)가 만나 어머니의 자궁에 수태되는 시기를 말한다.

(12) 양(養)

마지막으로 양(養)은 잉태된 태아가 10개월 동안 어머니의 자궁에서 자라나는 시기이다.

2. 十二運星의 활용법(活用法)

　十二運星은 日干을 중심으로 年支, 月支, 日支, 時支의 각 地支에 인종(引從)하여 배열한 것이다.

　예를 들어 甲日干이 각 地支에 인종하여 亥가 있으면 장생(長生)이 되고, 子를 만나면 목욕(沐浴)이 되며, 丑을 만나면 관대(冠帶)가 되고, 寅을 만나면 건록(建祿)이 되며, 卯를 만나면 제왕(帝旺)이 되는 이치이다.

　日干의 왕쇠강약(旺衰強弱)을 판단하는 기준은 月支의 十二運星의 強弱에 따른다.

　日干이 月支에서 장생, 관대, 건록, 제왕을 만나면 日干이 強하고, 日干이 月支에서 목욕(沐浴), 쇠(衰), 병(病), 사(死), 묘(墓), 절(絕), 태(胎), 양(養)을 만나게 되면 日干이 쇠약하다고 판단한다.

　일반적으로 十二運星을 日干의 強弱만 판단하는 기준으로 활용하고 있는데 日干 외에도 喜神, 忌神의 強弱을 月支에 대비하여 본다.

　또한 日干 뿐 아니라 각 天干이 각 地支에 인종(引從)하여 각 天干의 強弱을 판단하는 기준이 되는데, 이것을 거(居)한다고 표현하고, 지장간(地藏干)에 있는 것을 좌(坐)한다고 한다.

　日干의 強弱만을 판단하는 기준으로 삼고 있는데 이것은 잘못이며, 사주를 간명할 때 실수를 범하게 되므로 명심해야 한다.

3. 十二運星의 각 특성(特性)

(1) 장생(長生)

어머니의 자궁(子宮)에서 막 태어난 어린 아이가 젖을 먹고 자라나는 시기를 長生이라고 한다.

甲은 각 地支에서 亥를 만나면 長生이 되고, 乙은 午에서 長生이 된다. 亥는 北方水이며 午는 南方火이다.

같은 木이면서 甲은 北方에서 長生하고, 乙은 南方에서 長生하는 까닭은 무엇인가?

甲은 陽이오, 乙은 陰이다. 陽은 남성이고, 陰은 여성이다. 또 丙은 태양이요, 丁은 달이다.

태양은 東方에서 떠오르고, 달은 西方에서 떠오른다. 寅은 東方이요, 酉는 西方이다.

이를 두고 양생음사(陽生陰死), 음생양사(陰生陽死)라고 한다.

十二運星으로 性格을 판단할 때 月支위주로 보고, 日支를 참고하여 보면 틀림이 없다. 月支는 타고난 천성(天性)이요, 日支는 개성(個性)이기 때문이다.

長生의 性格은 十二運星 중에서 가장 순진하고, 착하며, 인덕이 많고, 적(敵)이 없다.

또한 감수성이 예민하고 후견인(後見人)이 항상 도와준다. 그러나 모방은 잘 하나 창작력은 부족하다.

이런 사람의 직업은 봉급생활이 적당하고, 예능방면으로 진출함이 좋다.

(2) 목욕(沐浴)

어머니의 젖꼭지를 물고 있던 長生이 밥을 먹기 시작하면서 젖꼭지를 떠난다. 제 손으로 밥을 먹고 제 멋대로 자라난다.

그는 세상에 대해서는 전혀 백지상태이다. 보고 듣는 것이 모두 새로워 어느 것이 옳고, 그르며, 참이고 거짓인지 분간할 수 없어 기분 내키는 대로 행동하고 모방하려 든다.

甲은 子에서 목욕이고, 乙은 巳에서 목욕이며, 丙은 卯에서 목욕이고, 丁은 申에서 목욕이다.

日支나 月支에 沐浴이 있으면 목욕의 기질이 나타난다. 목욕을 패지(敗地)라고도 하는데 패지는 흉살(凶殺)이므로 좋지 않다.

사주에 沐浴이 중중(重重)하면 속성속패하게 된다. 重重하다는 것은 사주 내에 3개 이상 같은 五行이 있는 것을 말한다.

그러나 사주가 吉命이면 예능, 기술, 문장가로 이름을 떨친다.

沐浴은 일명 도화(桃花)라고도 하는데 색난(色難)과 음란한 것으로 본다.

男命에 正財와 偏財가 교집(交集)하여 있으면 색난(色難)으로 인하여 패가망신하게 된다.

또한 女命에 正官, 偏官이 혼잡한데 도화(桃花)가 있으면 음란하여 정조관념이 희박하고 재가(再嫁)할 팔자이다. 沐浴은 桃花殺과 같다.

沐浴의 性格은 매사를 기분과 감정으로 결정하려 들고, 주관이 약하여 유혹을 잘 당한다.

또한 멋과 사치를 좋아하고, 변덕도 심하다. 특히 日支에 목욕이 있으면 색정(色情)으로 인한 파란이 많다.

반성할 줄 몰라 실패를 반복하게 되고, 사회경험이 부족하여 덮어 놓고 뛰어들다 실패하게 된다. 또한 놀기 좋아하고, 가무(歌舞)를 즐긴다.

이런 사람은 직장생활에는 불리하므로 차라리 예능방면이 적성에 맞는다.

(3) 관대(冠帶)

어린이가 자라서 成年이 되면 의관정대(衣冠整帶)하고 성년식을 거행하는 시기(時期)를 관대라 한다.

그러나 관대는 육신만 성인이지, 정신과 머리 속은 아직 미숙한 시기이다.

아는 것이 없는데도 어른인 척하고, 아는 척 뽐내고, 기고만장하며 안하무인격으로 버릇없이 덤비니 세상살이가 원만하거나 평온할 수가 없다.

甲은 丑에서 관대이고, 乙은 辰에서 관대이다. 日支와 月支에 관대가 있으면 아집(我執)과 고집이 대단하다.

또한 남을 멸시하고, 남의 허물을 비판하면서도 자기의 허물을 비판하면 용납하지 않는다.

남과 경쟁을 하면 반드시 이겨야 하므로 수단과 방법을 가리지 않는 고약한 성격이다. 그러나 관대는 초년에는 고난이 많으나 중년 이후에 개운하는 운이다.
관대의 성격은 남의 지배와 간섭과 충고를 가장 싫어하고, 매사 자기 본위로 행동하기 때문에 주위에 적이 많고 화합이 잘 되지 않는다.
이러한 사람의 직업은 개척사업이나 자영업이 좋고, 직장생활은 적성에 맞지 않는다. 그리고 평생 직장변동과 주거변동이 많은 사람이다.

(4) 건록(建祿)

정신과 육신이 완전무결하게 성숙한 성인을 건록이라 한다. 벼슬하고 독립하는 시기요, 알차게 무르익은 벼처럼 성숙하고 신중하며 무게가 있고, 권위가 있다.
사리(事理)에 밝고, 지식이 풍부하므로 만사에 주도 치밀한 성격이다. 건록을 일명 임관(臨官)이라고도 하는데 관직에 나아간다는 뜻이다.
건록은 인생의 황금기로서 생기가 넘치는 최고의 별이라 하겠다. 사주가 길명이면 부귀가 쌍전(雙全)한다.
甲은 寅에서 건록이 되고, 乙은 卯에서 건록이 되며, 丙은 巳에서 건록이고, 丁은 午에서 건록이다.
건록의 성격은 매사에 신중하고, 빈틈이 없으며 치밀하다. 안전제일주의로 돌다리도 두들겨 보고 안전을 확인한 뒤 건너는 성격이다.
그러나 지나치게 세밀하고 냉정하므로 남의 실수를 용납하지 않는다. 또한 남의 간섭과 지배를 싫어하고, 자수성가

하는 사주이다. 특히 객지에서 성공하고 고향과는 인연이 적다.

이런 사람의 직업은 기획업무나 관리업무가 적당하고, 신규 사업이나, 기업가 또는 사업가로 출세한다.

(5) 제왕(帝旺)

과거(科擧)에 급제한 건록이 벼슬길에 올라 관직이 오르고, 크게 출세한 상태가 제왕이다.

오래 동안 사회에서 경험을 쌓다보면 세상물정에 통달하게 되고, 능소능대해진다. 그 무르익은 인생을 제왕이라고 한다.

帝旺은 산전수전을 다 겪은 인생이라 만사에 능통하다. 매사에 자신만만하지만 자기를 과신(過信)하지 않고, 안목이 크고 넓으며 멀리 내다보고 처신하기 때문에 실수가 적다.

실력과 체험과 인간미가 풍부하여 능히 만인의 귀감이 되고, 만인을 통솔하고 다스릴 수 있다.

제왕으로 태어난 사람의 성격은 능력과 수완과 포부가 비범하다. 자존심이 강하고, 고집은 세다. 또한 인덕이 없고 주위에 적이 많다.

남에게 신세 지는 것을 제일 싫어하고, 술을 사도 자기가 산다. 남녀 공히 고향을 떠나 객지에서 성공하는 사람이다.

남성으로서는 바람직한 운성이나, 여성으로서는 남편 덕이 없고, 스스로 가장노릇을 해야 하니 좋은 것만은 아니다.

제왕으로 태어난 여성은 분명히 유능하고 사회적으로나,

경제적으로나 비범한 것은 사실이나 가정주부로서는 불리한 사주이다.

　이런 사람의 직업은 소규모 사업이 반드시 실패하므로 대규모 사업을 하는 것이 적당하다. 경계할 것은 절대 다른 사람과 동업하는 것은 불리하다.

(6) 쇠(衰)

　인생의 최고봉인 제왕의 정점(頂点)을 지나면 마치 태양이 西山으로 기우는 형상으로 장년(壯年)에서 초로(初老)의 노년기에 접어든다.

　점점 기력이 쇠잔하고, 기억력도 감퇴하며, 체력이 쇠약해 진다. 그러나 아직은 집에 들어앉을 나이는 아니다.

　육신이 쇠퇴하면 용솟음치는 의욕과 능동적인 적극성이 사라지고 만사에 보수적이 되고, 수동적이며, 소극적인 사고를 하게 된다.

　무엇을 하든 앞장을 서지 않고, 한 발 물러선다. 차분하고 침착하며, 온순하고 겸손하다. 몸은 비록 노쇠하지만 정신은 건전하고 노련해서 한 몫을 능히 감당할 수 있다.

　月支나 日支에 衰가 있으면 이해성이 많고, 참을성이 대단해서 남을 비판하거나 다투지 않는다. 대립과 반목을 멀리하고, 원만하게 화합하는데 앞장을 선다.

　또한 성격이 내성적이고, 소극적이다. 인정이 너무 많아서 남의 부탁을 거절하지 못한다. 그리고 박력이 부족해서 진취성이나, 경쟁심은 부족하다.

남성은 수완과 요령이 부족해서 답답하다. 그러나 여성은 月支나 日支에 衰가 있으면 천부적인 가정주부로서 남편에게 순종하고, 선천적으로 착하고 순하며, 둥글고 참을성이 많다.

이런 사람의 직업은 기술이나 학문연구, 교사, 교수, 학자 또는 회사원이나 공무원이 적당하다. 그러나 투기나 기업경영은 부적당하다.

(7) 병(病)

사람이 노쇠가 심하면 몸이 허약해지고 건강에 이상이 생긴다. 건강의 비정상적인 이상상태를 病이라고 한다.

막상 병이 들면 병원에 입원해야 하고 사회와 가정과 격리되고 혼자되는 것이다. 친구와 가족이 그리워진다.

환자가 가장 두려워하는 것은 고독이다. 늙고 병들면 문병(問病) 오는 사람이 제일 반가운 법이다.

月支나 日支에 病이 있으면 病과 인연이 있고 다정다감하며 고독을 싫어 한다. 회식(會食)이나 동반여행을 즐기고 사람과 어울리는 것을 즐긴다.

일반적으로 病과 인연이 있는 의사나 간호사가 많다. 남을 위해서 도와주고 인정을 베푸는 것을 아끼지 않는다.

신경이 예민하고 걱정과 불안이 많으며, 지나치게 감상적인 동시에 건강 때문에 직업상 문제가 발생하기 쉽다.

月支나 日支에 病이 있으면 용기가 없고 비관을 잘한다. 또한 다정다감하고 호색하며 사교성이 있다.

그러나 지나치게 생각하는 버릇이 있으며 변덕이 심하다. 그리고 매사 너무 서둘기 때문에 성공직전에 실패하는 경우가 많다. 또한 시작은 잘 하나 끝을 맺지 못하는 성격이다.

이러한 사람의 직업은 의사, 약사, 간호사, 교사, 문인, 학자, 예능에 소질이 있으며 혹은 봉급생활이 적당하며, 사업가로서는 적당치 않다.

(8) 사(死)

病이 만성화되면 육신(肉身)이 지나치게 노화(老化)되며, 육체적인 활동이 어려워진다. 정신은 형체가 없는 氣로서 몸은 비록 건강치 못하다 해도 정신만은 건전하다.

육신대신 정신으로 생명을 유지하고 생활하는 과정을 死라고 한다. 아직 죽은 것은 아니고, 죽음에 임박한 상태를 말한다.

죽음은 사람의 마음을 비우게 한다. 마음을 비우면 아무런 욕망과 야망이 없으니 마음이 편하고 안정이 되며, 인생과 세상을 비로소 올바르게 발견하고 뉘우치며, 깨닫게 된다.

月支와 日支에 死가 있으면 어려서부터 생각이 깊고, 침착하며, 정신적인 꿈이 많다. 돈 번다는 물욕보다 인생을 음미하며, 종교와 신앙심이 깊으며, 차분하고, 정직하며, 순리적이고 효성이 지극하다.

이런 사람의 직업은 학술, 의술, 예술, 운명철학, 등에 소질이 있으며, 적극성과 진취성이 부족한 반면 연구심과 탐구심은 대단하다.

(9) 묘(墓)

인간은 늙으면 병들고 죽으면 무덤에 묻힌다. 그 무덤에 묻히는 과정을 墓라고 한다. 무덤 속에는 시체만 있을 뿐 인생은 없다.

墓를 타고 난 사람은 선천적으로 검소하고 절약하여 모으는 것을 즐긴다. 사치나 허영과 낭비를 모른다.

지나치게 인색하고 소금보다도 짜며 철저한 구두쇠이다. 사람보다도 돈을 좋아하고, 명성보다도 돈을 탐한다.

불안한 투자는 하지 않으며, 안전 제일주의자이다. 女命은 살림꾼이지만 재미가 없다. 그래서 남편이 바람을 피게 된다.

月支나 日支에 墓가 있으면 침착하고 검소하며 사치가 없다. 이런 사람의 직업은 은행원, 회사원, 봉급생활이 적합하다.

(10) 절(絶)

사람이 죽어서 무덤에 묻히면 육신(肉身)은 흙으로 돌아가고 정신(精神)은 사라진다. 육신과 정신이 완전히 분리되고 단절된 상태를 절(絶)이라고 한다.

무(無)에서 태어 난 유(有)가 다시 無로 돌아가는 것이다. 육신은 물질이므로 죽으면 소멸되지만, 정신은 무형의 기

(氣)로서 生과 死가 없듯이 죽음이나 소멸이 없다.

육신(肉身)에서 분리된 영혼은 대기권에서 맴돌다 새로운 육신을 만난다. 인간을 잉태하는 음과 양을 만나는 것이다.

어버이를 만나면 새 생명의 태기(胎氣)로서 환생(還生)한다. 이는 육신과 정신이 끊어진 絶에서 다시 태어나는 것이니 이것을 절처봉생(絶處逢生)이라고 한다.

月支나 日支에 絶이 있으면 천성(天性)이 단순하고, 담백하며 순수하고 온화하다. 모든 것에 관심과 흥미와 호기심이 많다. 쉽게 사귀고 쉽게 헤어진다.

지구력이나 참을성이 없다. 絶을 가진 사람은 자신보다 훨씬 년상(年上)인 상대를 좋아하고 사랑한다.

그리고 매사에 주관이 없어 유혹을 잘 당한다. 의지심이 많고 남이 도와주면 대단히 기뻐한다.

이런 사람의 직업은 예술, 서비스업 등이 적합하다.

(11) 태(胎)

절처봉생(絶處逢生)하는 태기(胎氣)가 아버지로부터 발생해서 어머니의 자궁에 수태(受胎)되면 태아가 형성된다.

태아는 어머니 뱃속에서 자라남으로서 밖의 세상일은 전혀 알 수 없다. 순진하고 낭만적이며 꿈을 먹고 산다.

그러므로 태(胎)는 폭력을 제일 싫어한다. 폭력을 만나면 태아는 낙태하기 때문이다.

月支와 日支에 胎가 있으면 천성이 아름답고 순진하며

착하다. 남의 청탁을 거절하지 못한다. 무엇을 해도 자신감과 확신이 서지 않는다.

밤길을 두려워하고 무서움이 많다. 또한 변덕이 심하여 주거변동이나 직업변동 등을 자주 하게 된다.

이런 사람의 직업은 자유업이 좋고, 봉급생활은 적성에 맞지 않는다.

(12) 양(養)

태아가 어머니의 자궁에서 10개월 동안 자라나서 만삭(滿朔)이 된 상태를 양(養)이라고 한다. 養은 완성된 아이를 말하며, 이제 곧 출생을 기다리는 상태이다.

태아가 출생하면 어머니와 떨어지게 된다. 어머니와 태아가 분리되는 것이다. 養은 분리를 암시하므로 女命의 日支에 養이 있으면 물질적으로 누리는 것이 많으나, 중년에 부부간에 생사이별하게 된다.

月支와 日支에 養이 있으면 성격이 원만하고, 온화하며 누구에게나 둥글 둥글 모가 나지 않으며, 팔방미인이다. 성격이 차분하고 침착해서 불안하거나 두려움이 없다.

이런 사람의 직업은 전통적인 직업이 좋고, 신규사업이나 혁신적인 사업은 적합하지 않다.

제2장. 六親의 通變

제2장
육친의 통변

제2장. 육친(六親)의 통변(通變)

육친(六親)이란 日干에서 본 부모(父母), 형제(兄弟). 부부(夫婦)와 자녀(子女)를 말한다.

과거에는 육친궁(六親宮)을 모계(母系) 중심으로 하여 안배(按配)하였다. 가령 甲日干인 경우, 癸水가 어머니의 별(星)인 印綬가 되는데, 癸水를 중심으로 六親관계를 정립(定立)한 것이다.

어머니인 癸水의 남편은 戊土인 正官이 된다. 그리고 戊土는 甲木의 편재(偏財)에 해당하므로 편재를 아버지의 별(星)이라고 한다.

財星은 처첩(妻妾)의 별(星)로서 正財는 本妻요, 偏財는 妾의 별(星)이니 아버지의 별과 妾의 별이 똑 같은 偏財이다. 과연 아버지와 첩(妾)을 동등시(同等視)할 수 있겠는가?

中國, 청(淸)나라의 명리학자(命理學者)인 위천리(韋千里)는 윤리도덕(倫理道德)상 있을 수 없다며, 이를 극구 비난하는 동시에 아버지는 어머니와 대등(對等)하므로 印綬로서 아버지로 삼아야 한다고 주장하였다.

저자 역시 그의 주장에 공감하는 바이나, 그렇다고 어머니와 아버지를 동등하게 印綬로 보는데 대해서는 반론을 제기하는 바이다.

왜냐하면 어머니와 아버지는 그 씨족(氏族)과 혈통(血統)이 전혀 다르고 그 성격과 직분 또한 다르다.

어머니는 자식을 낳고 기르는 것이 본분인데 반하여, 아버지는 자식의 씨앗이며, 혈통(血統)이요, 자식의 인격을 형성하고 다스리는 가독(家督)의 위치에 있다.

따라서 六親 中에 아버지는 최고의 지위와 직권을 가지고 나를 키우고 지배하는 극아자(剋我者)요, 보호자이다.

극아자는 六神상 관살(官殺)이다. 관살은 나의 가정에서 가장 으뜸가는 가독(家督)이요, 보호자이다.

正官은 정당하고, 합법적인 다정한 보호자인데 반하여, 偏官은 부당하고 비합법적인 무정한 보호자이다. 현재는 모계중심(母系中心)이 아니라 부계중심(父系中心)으로 六親宮을 보아야 한다.

1. 六親의 이해(理解)

육친(六親)은 日干에서 본 父母, 兄弟, 배우자(配偶者)와 子女등을 말한다.

인수(印綬)는 어머니이고, 편재(偏財)는 아버지다.

정인(正印)은 생모(生母)요, 편인(偏印)은 계모(繼母) 또는 서모(庶母)이다.

비견(比肩)과 겁재(劫財)는 형제이고, 처의 남편은 관성(官星)인데 정관(正官)은 합법적이고 정당한 본부(本夫)를 말하고, 편관(偏官)은 비합법적이고, 부당한 편부(偏夫) 또는 애인을 말한다.

식신(食神)과 상관(傷官)은 女命으로 보면 子女이고, 男命으로 보면 조모(祖母) 또는 장모(丈母)로 본다.

男命은 官星으로 子女를 보며, 正官은 딸, 偏官은 아들로 본다.

다음은 조부모의 별인데, 아버지인 偏財를 생하는 食神이 조모가 되고, 아버지의 偏財가 극하는 印星이 조부가 된다.

예를 들면 甲日干의 아버지는 戊土가 되고, 戊土가 극하는 壬水가 조부이다. 따라서 아버지인 戊土를 생하는 丙火가 조모이다. 甲日干에서 丙火를 보면 조모인 食神이 된다.

2. 六親의 궁위(宮位)

사주 내에 육친성(六親星)이 있으면 그 十神을 보고, 六親을 관찰하는데 만약 사주 내에 육친성이 없으면 해당하는 궁위(宮位)에 따라 육친을 관찰한다. 궁위란 육친에 해당하는 자리를 말한다.

(1) 年柱는 조상(祖上)과 초년기(初年期)의 운세를 본다.

(2) 月柱는 부모(父母), 형제(兄弟)와 청년기의 운세를 본다. 본래 형제성의 자리는 따로 없으나, 月柱는 생가(生家)의 자리이므로, 月干을 형제로 본다. 月支로 부모의 궁으로 보고, 부모에게서 태어난 꽃이 月干이기 때문이다.

(3) 日柱는 자신과 배우자(配偶者)의 궁(宮)으로 보고, 장년(壯年)의 운세를 본다.

(4) 時柱는 자녀궁(子女宮)과 활동의 결실을 보며, 노년기를 본다.

  * 궁위(宮位)에 따라 통변(通變)하면 다음과 같다.
  (1) 年柱를 충극(冲剋)하면 고향과 인연이 없고, 고향을 떠나 살게 된다.

  (2) 月柱를 충극하면 부모, 형제를 극하고, 또 月柱에 관살(官殺)이 있으면 형제를 극하게 된다.

  (3) 日支는 배우자궁(配偶者宮)인데, 女命의 日支에 남편을 극하는 傷官이 있거나, 男命에 처를 극하는 劫財가 있으면 부부간에 불화가 생기고, 심하면 생사 이별하는 경우가 생긴다.

  (4) 時柱는 자녀궁(子女宮)이므로 자녀를 극하는 十神이 있으면, 자녀와의 인연이 없다.

3. 六親의 생극원리(生剋原理)

  육친(六親)에 대한 五行의 길흉작용은 왕쇠강약(旺衰强弱), 생극(生剋), 제화(制化), 형충(刑冲), 설기(泄氣), 공망(空亡) 등에 따라 변화하므로 세심한 주의가 필요하다.
  특히 생극원리(生剋原理)라는 것은 生하는 五行이 다시

剋의 작용으로 인하여 변화(變化)되는 원리이다.

예를 들면 木日干이 사주 내에 水가 많으면 木은 부목(浮木)이 되어 표류(漂流)하거나, 나무가 물로 인하여 썩는 부목(腐木)이 된다.

또한 木日干이 사주 내에 火氣가 많으면 설기가 심하고, 불에 타 버리는 형국으로 대단히 불리하다.

그러나 이때 水氣와 辰丑의 습토(濕土)가 있으면 木氣는 안전하다. 반면에 火氣를 생하는 같은 木氣를 만나거나, 木氣를 冲剋하는 金氣를 만나면 기신(忌神)이 된다.

사주는 생극(生剋)과 제화(制化)의 작용에 따라 변한다. 그러므로 사주는 五行이 주류(周流)하는 중화사주(中和四柱)가 제일 좋고, 편고사주(偏枯四柱)는 좋지 않다.

왜냐하면 사주가 편고하면 반드시 피해자가 있게 마련이다. 예를 들면 사주에 比肩, 劫財가 많으면 財星이 피해를 입게 된다. 재성은 재물과 男命의 처가 되므로 재물 복이 없고, 처복도 없다.

또 財星이 많으면 印星을 극하므로 어머니와의 인연이 박하고, 학업의 중단을 의미한다.

그리고 印星이 많으면 食神, 傷官을 극하므로 女命은 자식과의 인연이 적고, 남편인 官星이 印星에게 官生印하여 설기가 심하여 남편 덕이 없고, 무능한 남편 때문에 생활전선에 나가 활동해야 한다.

食神과 傷官이 사주에 많으면 官星을 극하므로 女命은 남편 덕이 없고, 男命은 자식 덕이 없으며, 관운도 없다.

사주에 官星이 많으면 日干을 극하므로 身弱四柱인 경우 기신이 되며, 比劫星인 형제가 피해를 당하므로 형제 덕이 없으며, 형제와 반목하게 된다.

이러한 원칙은 六親에 관한 통변(通變)에 모두 활용된다.

4. 父母의 吉凶

(1) 父星인 偏財와 母星인 印星이 형충(刑沖)되거나 공망이 되면 부모덕이 없다.

(2) 年柱는 조상궁이므로 年柱에 희신이 있으면 조상이 후덕하고 유능한 가문에서 출생했다.

(3) 그러나 年柱를 沖하거나 剋하게 되면 고향을 떠나 멀리 타향살이를 하게 된다.

(4) 年干에 傷官이 있으면, 일찍 아버지와 사별(死別)하거나 아버지와의 인연이 박하다. 그러나 상관이 喜神이면 아버지가 유능하고, 다정하다.

(5) 年柱에 忌神이 있으면 조상이 무능하고 조상 덕이 없으며, 빈한한 가정에서 태어났다. 혹은 학업을 계속할 수 없다.

(6) 年柱에 사길신(四吉神)인 食神, 正財, 正官, 正印이 있으면 조상이 자산가이며 명문가의 출신이고, 사흉신(四凶神)인 劫財, 傷官, 偏官, 偏印이 있으면 빈한한 가문에서 출생하고, 조상 덕이 없어 고생한다.

(7) 財星이 중중(重重)하면 아버지의 능력이 부족하고, 어머니를 극상(剋傷)하므로 어머니가 건강치 못하고 아버지를 대신해서 어머니가 가사(家事)를 책임지게 된다. 중중하다는 것은 사주 내에 3개 이상 있는 것을 말한다.

(8) 印星이 중중하면 어머니가 무력(無力)하거나 地支에 印星이 3개 이상있으면 어머니를 두 분 이상 모시게 된다.

5. 兄弟의 吉凶

(1) 형제는 月干으로 길흉(吉凶)을 판단한다. 月干에 喜神이 있으면 형제가 유능하고 다정하며 형제간에 상부상조해서 형제 덕이 있는데 반해서, 月干에 忌神이 있으면 형제가 무능하고 아무런 힘과 도움이 되지 않는다.

(2) 比肩, 劫財가 忌神이 되면, 형제간에 무정하고 반목하며, 오히려 형제가 부담이 되고 형제로 인한 손실이 많다.

(3) 比肩, 劫財가 喜神이 되면, 형제간에 서로 아끼며, 도

와주고 이끌어 주는 훌륭한 형제이다.

(4) 그러나 사주 내에 比肩이나 劫財가 많거나 왕성하면 형제간에 불화가 심하고, 반목하게 된다.

(5) 月柱 내에 比劫을 상극하는 官殺이 중중(重重)하면, 형제가 일찍 죽거나, 있어도 불화하고 반목한다. 중중(重重)이란 3개 이상 있는 것을 말한다. 그렇지 않으면 형제간에 멀리 떨어져 살게 된다.

(6) 사주 내에 比肩이나 劫財가 있으면 형제가 있다고 본다.

(7) 比劫星이 刑冲되면 형제간에 시비가 일어나고, 合이 되면 서로 화합(和合)한다.

6. 妻의 吉凶

(1) 日支는 배우자궁(配偶者宮)인데, 男命의 日支에 喜神이 있으면 妻가 현명하고, 내조가 태산과 같다.

男命에 正財를 본처(本妻)로 보고, 偏財를 첩(妾)으로 보는데 사주에 財星이 하나라도 없으면, 배우자 궁인 日支로서 처의 길흉을 판단한다.

(2) 따라서 日支에 忌神이 있으면 처가 무정하고, 결혼하면서부터 운이 없어 고생하게 되고 부부불화가 생기고, 심하면 이별하게 된다.

(3) 財星이 喜神이면 처가 유능하고 알뜰하며, 유정(有情)하게 지낸다.

(4) 財星이 忌神이면 처가 불리하고 손재수(損財數)가 있으며, 부부간에 서로 반목한다.

(5) 財星이 사주 내에 많으면 처가 많다는 뜻이므로 처로 인해 재앙이 생기고 재혼하거나 별거하게 된다.

(6) 財星이 空亡이면 처덕이 없고, 백년해로(百年偕老)가 어렵다.

(7) 특히 日支가 刑沖이 되면 부부해로가 어렵고, 내조가 적으며 부부 갈등이 심하여 이별하거나 별거하게 된다.

(8) 身强四柱인데, 食神이 財星을 생조(生助)하면 처덕이 있다.

(9) 月支에 正財가 있으면 명문가(名門家)의 여식(女息)을 아내로 맞이한다.

(10) 財星이 건록(建祿)에 좌(坐)하고, 도화살(桃花殺)과 동주(同柱)하면 첩으로 인하여 부귀하게 된다.

(11) 官星이 도화살과 동주하면 처로 인하여 출세한다.

(12) 男命에 財星이 역마살(驛馬殺)과 동주하면 외국여자와 연애를 하거나 결혼한다.

(13) 역마살(驛馬殺)이나 지상(地殺)이 財星과 合이 되면 국제결혼을 하게 된다.

(14) 男命에 比肩, 劫財가 많으면 바람둥이 여자를 아내로 맞이한다.

(15) 身弱四柱에 財星이 많으면 재다신약(財多身弱) 사주로 공처가(恐妻家)이며, 본인도 첩과 동거하거나 재혼하게 된다.

(16) 地支에 正財, 偏財가 연좌(連坐)하면 반드시 유첩사주(有妾四柱)이다. 연좌한다는 것은 地支에 정재, 편재가 3개 이상 있는 것을 말한다.

(17) 정재와 편재가 연좌하고 있을 때, 日支에 偏財가 또 있으면 첩이 안방차지를 하는데 반해서 日支에 正財가 앉아 있으면 본처가 첩을 용납하지 않는다.

(18) 재다신약(財多身弱) 사주는 처가 남편을 이기고, 남편 대신 가권(家權)을 장악한다.

(19) 身旺하고 財旺하면 처첩(妻妾)은 서로 화목하고, 처첩의 도움으로 남편이 출세한다.

(20) 日支에 財星이 있는데, 月支나 時支의 五行과 서로 투합(妬合)하면 처가 바람을 피게 된다.

(21) 身弱四柱는 日支에 比肩이나. 劫財가 있으면 喜神이 되므로 처덕이 있는데 반해서, 身强四柱는 日支 比肩이나 劫財가 있으면 처를 극상하므로 부부갈등이 심하고 심하면 재혼하는 사주이다.

7. 夫의 吉凶

(1) 女命에 官星은 남편으로 보는데, 관성이 喜神이면 남편이 유능하고 현명하며, 남편 덕이 있다. 官星은 正官과 偏官을 총칭하는 말이다.

(2) 女命의 日支에 喜神이 있으면 남편이 유능하고 남편 덕이 있다.

(3) 官星이 忌神이면 남편 덕이 없고, 무정하며 부부 불화

가 생긴다.

(4) 日支에 忌神이 있으면 남편이 무정하고 결혼하면서 운이 막힌다.

(5) 女命에 官星이 많으면 많은 남자가 따르는 매력적인 여성이지만, 남편 덕은 없고 일부종사(一夫從事)가 어렵다.

(6) 官星이 空亡이면 남편이 무능하고 박덕하며, 건강과 해로(偕老)에도 지장이 많다.

(7) 日支가 刑冲이 되면, 남편이 유능하면 생사이별하고, 남편이 무능하면 해로는 하지만 부부 불화가 심하다.

(8) 女命에 比肩이나 劫財가 많으면 바람둥이 남편을 만난다. 자신도 일부종사(一夫從事)가 어렵다.

(9) 官星이 印星이 많아서 설기가 심하면 남편이 무능하고, 남편 대신 생활전선에 나간다.

(10) 女命에 官殺이 3개 이상 중중하면 음란(淫亂)이 심하여 일부종사가 어렵고 결국에는 이별하거나 별거하게 된다.

(11) 傷官과 正官이 동주(同柱)하면 부부간에 서로 반목

하여 남편과 생사이별(生死離別)한다.

(12) 官星이 입묘(入墓)하거나, 官星이 살지(殺地)에 앉아 있으면 남편과 일찍 사별한다. 殺地란 正官이 天干에 있고, 地支에 傷官이 동주(同柱)하고 있는 경우를 말한다.

(13) 正官과 劫財가 同柱하면 의부증(疑夫症)이 심하여 갈등이 많고, 劫財運에 남편이 간통(姦通)을 하게 된다.

(14) 女命에 傷官이 있고, 偏印이 있는데, 官星이 입묘(入墓)하면 반드시 상부(喪夫)하게 된다.

(15) 身旺四柱인데 正官이 왕하면 유능한 남편을 만나고, 부부가 서로 화합한다.

(16) 신왕사주에 정관이 약하고 재성이 정관을 생조(生助)하면 남편이 영달(榮達)한다.

(17) 身弱四柱에 官殺이 旺하여도 印星이 있어 관인상생(官印相生)하면, 官生印, 印生 日干하므로 남편의 사랑을 받게 되고, 부부관계가 원만하다.

(18) 관살혼잡(官殺混雜)하면 男女불문하고 대단히 불리한데, 거관유살(去官留殺)하거나, 유살거관(留殺去官)하여

관살 중에 어느 하나를 제거하면 凶은 변하여 吉이 된다.

(19)) 女命에 食神이나 傷官이 3개 이상 겹쳐 있으면 남편과 이별하고 재혼할 팔자이다. 女命에 食傷이 중중하면 과부팔자라 하였다. (食傷重重, 寡婦得名)

8. 子女의 吉凶

(1) 男命은 官殺이 子女이고, 女命은 食神, 傷官이 子女의 별이다. 時柱에 喜神이 있으면 男女 공히 子女가 유능하고 자녀 덕이 있다.

(2) 時支에 절(絶)이 있으면 후사(後嗣)를 얻기가 어렵고, 子女를 얻어도 양육하기가 어렵다.

(3) 時支에 空亡이 있으면 자녀와의 인연이 박(薄)하다.

(4) 여성은 食神이나 傷官이 子女星인데, 食傷이 喜神이면 자녀를 얻고 양육이 순탄하고 자녀 덕이 많다. 반대로 食傷이 忌神이면 자녀와의 인연이 박하다.

(5) 食傷이 사주에 많으면 자녀 복이 없고, 자녀 때문에 고민이 많다.

(6) 末年大運이 좋으면 자녀 복이 많고, 반대로 말년대운이 좋지 못하면 자녀운도 나쁘다.

(7) 사주에 印星이 지나치게 많으면 食傷을 剋하므로 자식을 얻기 어렵다.

(8) 자녀성이 절지(絶)地에 앉아 있으면 자식이 없다.

(9) 男命에 食傷이 많으면 자녀를 剋傷하고, 女命에 印星이 많으면 자녀와의 인연이 박하다.

제3장. 十神의 통변법(通變法)

제3장
십신의
통변법

제3장. 十神의 通變法

여기에서 말하는 십신(十神)은 비견(比肩), 겁재(劫財), 식신(食神), 상관(傷官), 편재(偏財), 정재(正財), 편관(偏官), 정관(正官), 편인(偏印), 정인(正印)의 열 개를 말한다.

고전(古典)에서 말하는 六神은 十神을 여섯 개로 묶은 것인데, 변화무상한 통변을 자세하게 설명할 수 없다.

比劫星과 食傷星을 제외한 財星과 官星, 印星 등은 偏, 正으로 구분하는데 財星은 偏財와 正財를 합쳐서 말하고, 官星은 偏官과 正官을, 印星은 偏印과 正印을 합쳐서 표현한 것이다. 또한 正印을 인수(印綬)라고도 한다.

사주팔자 중에서 가장 중요한 日干을 기신(己身) 또는 일주(日主), 라고 하는 것은, 사주명식(四柱命式)의 판단은 오로지 日干과 三干, 四支와의 五行상의 왕쇠강약(旺衰强弱)을 보고 분석하므로, 반드시 日干이 사주의 주인공(主人公)이라는 뜻이다.

따라서 통변(通變)은 陰陽五行의 상생(相生), 상극(相剋) 및 제화(制化)의 법칙에 따라 길흉화복(吉凶禍福)이 변하기 때문에, 日干을 중심으로 사주명식(四柱命式)의 태과(太過)와 불급(不及), 왕쇠강약(旺衰强弱)을 정확하게 판단하여야 결정되는 것이다.

통변은 사길성(四吉星)과 사흉성(四凶星)으로 구별한다. 四吉星이란 食神, 正財, 正官, 正印을 말하고, 四凶星은 劫財, 傷官, 偏官, 偏印 등을 말한다.

흉성(凶星)도 五行의 생극(生剋), 제화(制化)에 따라 吉星으로 변하고, 吉星도 항상 吉한 것이 아니고, 때에 따라 凶星으로 변하는 것이다. 이것이 통변의 이치이다.

1. 비견통변(比肩通變)

(1) 比肩의 原理

비견(比肩)은 日干과 陰陽五行이 같은 십간(十干)이다. 즉 甲日干이 甲을 보면 比肩이듯이, 乙日干이 乙을 보면 比肩이 된다. 또 丙日干이 丙을 보면 比肩이요, 丁日干이 丁을 보면 比肩이 된다.

사주구성을 국가조직에 비유하면, 月支는 군왕(君王)이요, 日干은 재상(宰相)에 해당한다. 日干이 재상인데, 다른 三干, 四支에 比肩이 나타나면 또 다른 재상이 나타나 있는 형국이다.

한 나라에 재상(宰相)은 하나이어야지, 재상이 둘이 있거나, 여럿이면 어찌 되겠는가? 정치는 엉망이 되고, 진짜 재상인 日干은 가짜 재상이 언제 자기 자리를 쟁탈할지 몰라, 항상 불안하고 전전긍긍할 것이다.

진짜 재상은 日干이고, 比肩은 가짜 재상이다. 그러므로 日干은 比肩만 보면 신경이 곤두서지고, 경계하지 않을 수 없다.

사주 내에 比肩이 있으면 사사건건 日干과 대립하고, 미워하며, 경쟁을 하게 된다.

그러나 十干은 五行의 생극작용(生剋作用)에 의하여 길성(吉星)도 되고, 흉성(凶星)도 된다.

즉 흉성도 작용에 따라 길성이 되고, 길성이 흉성으로 변화한다. 그러므로 길성은 항상 吉한 것이 아니고, 흉성도 항상 凶한 것이 아니다. 이 점을 간과(看過)해서는 안 된다.

만약 日干이 약(弱)하여 신약사주(身弱四柱)라면, 比肩이 있어야 日干이 힘을 받으므로 比肩이 희신(喜神) 역할을 하게 된다.

比肩이 喜神이면 만인이 유정(有情)하고, 도와줌으로서 인인성사(因人成事)하는데 반해서, 比肩이 기신(忌神)이면 만인이 무정하고 괴롭히므로 인인패사(因人敗事)한다.

女命에 比肩이 있으면 한 집안에 두 여인이 있어 한 남편을 서로 쟁탈(爭奪)하는 형국이다.

또 男命에 比肩이 있으면 상속(相續)을 독점할 수 없고, 모든 것을 형제와 나누어 가져야 하며, 한 집안에 두 남자가 경쟁하는 형상이다.

比肩과 劫財를 통칭 比劫이라 한다. 比劫은 食神과 傷官을 생하고, 正財와 偏財를 剋한다.

比肩은 희신(喜神)인 경우와 기신(忌神)의 경우를 구별해서 판단해야 한다. 따라서 比劫의 희기(喜忌)는 사주의 구성을 면밀히 분석한 후에 日干의 喜神과 忌神을 구별하여야 한다.

이 원리는 모든 十神의 喜忌를 판단하는 기준이 된다.

(2) 比肩의 性格

성격을 알려면 먼저 月支에 있는 十神을 보고, 다음으로 日干의 성정(性情)을 참고하여 판단한다.

月支에 比肩이 있으면 자존심이 강하고, 자기본위로 행동하며, 남에게 지기 싫어하며, 남에게 의지하지 않는다.

특히 사주가 身强하고, 比劫이 많으면, 고집이 대단하고, 부부간에도 불화가 끊이지 않으며, 결국 시비 끝에 이별하게 된다.

그러나 사주 내에 食神, 傷官이 있어 比劫을 설기(泄氣)하거나, 官星이 比肩을 剋하면 比肩의 고집과 독선이 다소 완화(緩和)된다

(3). 比肩과 十神관계

1) 比肩과 比肩

신강사주는 比肩이 忌神이고, 신약사주는 比肩이 喜神이 된다. 신강사주인데, 比肩이 比肩을 보면 마치 첩(妾)이 첩을 본 것처럼 더욱 질투하고 시기하며, 미워한다.

比肩이 둘이면 모든 것을 나누어 갖기를 원하고, 반분(半分)할 것을 요구하지만 比肩이 셋, 넷이면 자기 몫이 그 만큼 적어진다.

모든 比肩이 나눌 수 있을 만큼의 재물이 있다면 모르지만, 그렇지 않다면 서로 많이 차지하려고 쟁탈(爭奪)하게 된다.

比肩이 둘 이상이면 劫財로 변하여 힘으로 재물을 겁탈

하려고 한다. 比肩은 형제, 친구, 경쟁자이며, 이 세상에 있는 모든 사람이 比肩인 것이다.

그러므로 比肩이 比肩을 보면, 원수를 만난 듯이 백안시(白眼視)하고 배척하며 의심하고 미워한다.

2) 比肩과 劫財

比肩은 합법적인 상속자로서 상속과 권리를 정당하게 분배받을 권리가 있는데 반하여, 劫財는 불법적인 침범자로서 겁탈을 본업으로 한다.

劫財는 법을 외면하고, 실력투쟁을 위주로 한다. 劫財는 재물을 겁탈하므로 劫財라 하는 것이다.

사주 내에 比肩과 劫財가 혼잡하여 있으면, 比肩도 劫財로 변한다. 합법적인 比肩도 자기 것을 지키기 위해서는 실력으로 투쟁할 수밖에 없다.

劫財는 법에 쫓기고 있는 몸인지라 比肩처럼 태연하게 법대로 분배를 기다리거나 정당하게 생산하고 평화적으로 생활할 수 없다.

劫財는 일확천금(一攫千金)을 노리므로 투기(投機)나 밀수 등 조직적인 도박 또는 겁탈 작전에 능하다.

劫財는 서로 의심하고, 배신하며, 배척하면서 돈만을 노린다. 이해타산이 맞으면 동지요, 형제인데 반하여 이해가 상반되면 적과 원수로 변한다.

돈을 위해선 무슨 짓이든 할 수가 있다. 목적을 위해서는 아첨도 하고, 체면도 차리는 척 하는 등 수단과 방법을 가리지 않지만 목적이 빗나가면 당장 표범으로 변한다.

오직 힘으로 대결하고 겁탈하는 것이다. 변심과 배신을 밥 먹듯 한다. 서로 의심하고 경계하고 눈치 보고 기선(機先)을 제압하는 데 번개처럼 빠르다.

比肩처럼 우물쭈물하거나 주저하지 않는다. 대담하고 난폭하고 거칠고 냉혹하다.

3) 比肩과 食神

食神은 比肩이 생산한 자식으로서, 食神은 比肩을 좋아하고, 比肩 역시 食神을 자식처럼 좋아한다.

또한 食神은 생산 공장이요, 활동무대이다. 食神은 자기 능력을 최고도로 발휘할 수 있는 기회요, 수단이다. 이는 생산적인 투자를 말한다.

신강사주는 최고의 喜神이지만, 신약사주는 比肩의 도움을 받아야 하는 허약자이므로 생산적인 활동은 무리다.

따라서 신약사주는 比肩과 협동하여 의식주(衣食住)를 생산하므로 서로 화목하고 다정하며 번창한다. 즉 比肩은 日干의 동업자로서 합법적으로 생산하고, 분배한다.

정당하고 합법적으로 생산하는지라 불평과 불만이 있을 수 없고, 질투나 불만이 있을 수 없다.

서로 믿고 의지하고 화목할 따름이다. 한 공장에서 두 배의 생산 능력을 발휘하므로 소득은 배로 증가한다.

그러나 신약사주의 경우는 다르다. 食神은 身弱한 日干과 比肩의 기운을 설기하므로 불리하다.

마치 허약한 산모(産母)가 아기를 낳다가 기진맥진 하여 쓰러지듯이 무엇 하나 이루는 것이 없이 중도에서 하차(下

車)한다.

4) 比肩과 傷官

比肩은 日干의 동업자요, 傷官은 日干과 比肩의 자식이다. 食神은 자연적(自然的)인 생산 활동이지만. 傷官은 인공적(人工的)인 생산 활동이므로 食神과 달리 힘이 든다.

傷官은 겉으로는 화려하나 실속이 없다. 그래서 日干은 食神과는 달리 傷官에 대해서는 불평과 불만이 많고, 언제나 비판적이고 미워한다.

그러나 신강사주는 능히 달릴 수 있고, 신진대사를 촉진할 수 있으니 傷官이 명중(命中)에 있으면 오히려 능률이 오르고 발전한다.

원래 신강사주는 比肩이 원수요, 암적 존재이므로 사사건건 간섭하고 자기의 몫을 차지하려고 하므로 불화와 반목이 심하다.

이러한 比肩을 설기하는 傷官이 있으면 흉신(凶神)이 길신(吉神)으로 바뀌어 확(禍)가 복(福)으로 변하여 동지가 되고, 병(病)이 약(藥)으로 바뀐다.

比肩이 傷官을 생산하지만, 신강사주일 때는 忌神인 比肩을 설기하는 공이 크다.

5) 比肩과 正財

比肩은 합법적인 상속자요, 正財는 합법적인 자기 재산이다. 그러나 比肩은 日干에게는 경쟁자요 기회만 있으면 재산의 분배를 요구하므로 日干에게는 항상 부담이 되는 존재이다.

남자의 경우 正財는 아내이다. 比肩이 있으면 日干은 긴장하게 된다. 아내는 하나인데, 두 남자가 서로 쟁탈하려고 싸우는 것과 같다.

따라서 正財는 하나인데, 比肩이 많으면 나의 처를 빼앗기게 되므로 이 때는 명중(命中)에 官星이 있어 比肩을 극제(剋制)하면 正財는 안전할 수 있다.

6) 比肩과 偏財

正財는 합법적인 아내이지만, 偏財는 비합법적으로 만난 첩 또는 애인이다. 偏財는 임자 없는 여인이라 서로가 자유롭게 만날 수 있고, 기분과 감정으로 교제하고 만날 수 있는 관계이다.

身弱사주에 偏財가 旺하면, 그림의 떡이라 욕심은 많으나, 허약한 체력이라 감히 재물을 차지할 수 없다. 이때 比肩이 있으면 日干과 협동하여 재물을 취할 수 있다.

7) 比肩과 正官

比肩은 日干의 생명과 재산과 권좌(權座)를 노리는 식객(食客)이요, 正官은 주인의 생명과 재산과 권좌를 지키고 보호하는 관리자이다.

주인의 생명과 재산을 침해하거나 명령에 거역하는 자를 법으로 철저히 경계하고 단속하며 처벌하는 것이 正官의 본분(本分)이다.

正官은 주인에게는 최고의 관리자요 안전보장이지만, 比肩으로서는 감히 正官을 넘볼 수 없는 크고 높은 절벽강산이다.

比肩은 正官에게 굴복하고, 正官은 법대로 집행하는 호법자(護法者)이므로 불법이나 사기와 협잡이 통하지 않는다.

명중(命中)에 比肩이 있으면 正官은 마치 날개를 단것과 같이 고관대작의 촉망과 총애를 받고, 보좌관으로 발탁된다.

여자의 경우는 正官이 남편인데, 比肩이 있으면 한 남편을 놓고, 두 여인이 다투는 형국이다.

比肩은 온갖 수단과 재치로서 남의 남편을 유혹하고, 공경하므로 남편이 변심하여 比肩으로 기울어진다.

8) 比肩과 偏官

比肩은 합법적인 상속자요, 偏官은 무력(武力)에 의한 재산보호와 겁탈의 양면성을 가지고 있다.

身旺하고 財旺하면 偏官이 주인에게 충성을 다 하지만, 반대로 身弱하고 財弱하면 주인에게 등을 돌리고, 생명을 위협하며 재물을 겁탈하는 강도로 변한다.

比肩이 가장 두려워하는 것은 正官과 偏官이다. 正官은 법대로 다스리니 크게 두렵거나 다칠 염려는 없지만, 偏官은 무력(武力)으로 다스리니 고양이 앞에 쥐처럼 꼼짝할 수가 없다.

그러나 命中에 比肩이 있으면 형제가 합심 협력하니 사나운 偏官 또한 주인을 두려워하고 충실하게 공경한다.

9) 比肩과 正印 (印綬)

比肩은 日干의 대리인이요, 正印은 자비로운 후견인(後見人)이다. 正印은 나를 먹이고 입히는 어머니이자 스승의 별이다. 正印은 생기(生氣)와 화기(和氣)와 덕망(德望)을 상징한다.

身弱四柱는 正印이 나를 생해주고 길러주는 어머니로서 의식주(衣食住)가 건전하고 지성(知性)과 덕성(德性)이 풍부하다.

반대로 身强四柱는 比肩과 인수(印綬)가 忌神이 되므로 형제나 어머니의 도움이 필요하지 않다.

이미 성숙(成熟)하여 독립한 주인 옆에 比肩과 印綬가 있으면 사사건건 간섭하고, 개입하므로 무엇 하나 자기 뜻대로 결정할 수 없다.

다시 말하면 신강사주에 比肩과 印綬는 기신으로서 고대하던 기회가 와도 호사다마(好事多魔)로 만사가 불성(不成)이다.

10) 比肩과 偏印

比肩은 日干의 식객(食客)이요, 偏印은 주인공의 무정한 서모(庶母)이다. 서모는 덕이 없고, 아량과 인정이 없으며, 시기와 질투와 비방이 심하다.

比肩은 나의 재물과 권리의 분배를 요구하는데 반해서, 偏印은 比肩의 등뒤에서 선동하고, 부채질을 하니 比肩은 더욱 신이 나서 사사건건 간섭하고 시비를 일삼는다.

그러나 比肩과 偏印도 財星과 官星이 왕성하면 신약사주가 되므로, 日干을 도우는 역할을 하게 되어 喜神이 된다.

즉 身弱한 日干이 혼자서 감당할 수 없는 財官을 比肩과 偏印이 협력해서 日干을 도와주므로 고마운 喜神이 된다.

比肩은 동업(同業)의 별이요, 偏印은 재치의 별이니, 동업과 재치로 부귀를 누리고, 인심이 후함으로서 서로가 협력하여 소원 성취한다.

(4). 比肩의 通變

1) 比肩이 많으면 재성(財星)을 剋하므로 처덕(妻德)이 없고, 재물 복이 없다. 여기서 많다고 하는 것은 사주명중(四柱命中)에 比肩이 3개 이상 있는 것을 말한다.

특히 比肩이 많으면 편재(偏財)를 극(剋)하므로 군비쟁재(群比爭財)가 되어 부덕(父德)이 없고, 男命은 子女星인 官星이 財星의 생조(生助)를 받지 못하므로 자식 덕도 없다.

女命은 남편과의 인연이 바뀌기 쉽고, 男命 역시 아내와의 인연이 좋지 않다.

2) 比肩이 공망(空亡)이 되면, 남명(男命)은 아버지와 처를 극하고, 女命은 남편과 자녀를 극하며, 형제간에도 불화하고 같이 살기가 힘이 든다.

3) 比肩과 比肩이 동주(同柱)하면 반드시 두 집을 거느리고 혹은 양자(養子)로 입양되어 두 집을 관장(管掌)하기도 한다.

또한 결혼을 여러 번 하게 되며, 比肩이 삼합국(三合局)을 이루거나, 동주(同柱)하여도 똑 같다. 동주한다는 말은 天干, 地支에 같은 기둥에 比肩이 있는 경우를 말한다.

4) 比肩이 겁재(劫財)와 같이 있으면 형제와 부부간에 구설이 많고, 사람으로 인하여 손재수가 많다.

比肩과 劫財는 음양(陰陽)을 달리하나, 같은 작용을 하므로 형제로 본다. 比肩은 친형제요, 劫財는 이복형제라는 차이 뿐이다.

5) 比肩이 3개 이상 있으면 형제간에 서로 다투고 불화하며, 남자는 처와 이별하고, 여자는 남편과 이별한다.

6) 月柱에 比肩이 있으면 반드시 형제자매가 있고, 月支에 比肩이 있고 관살(官殺)이 없으면 성품이 난폭하다.

月支에 있는 比肩은 강왕(强旺)하므로 이것을 통제하거나 견제하는 官殺이 있어야 한다. 왜냐하면 比肩이 강왕하면 比肩을 견제하는 官星이 있으면 比肩의 흉한 작용이 약해지기 때문이다.

7) 身强四柱에 月支가 比肩이면 고집이 대단하고, 자기중심적이며, 자존심이 대단하다.

8) 月柱의 比肩이 空亡이면 형제가 있어도 무능하고 혹은 사별하기 쉽다.

9) 比肩이 사(死), 묘(墓), 목욕(沐浴)과 동주하면 형제가 있어도 일찍 세상을 뜨거나 멀리 떨어져 산다.

10) 比肩이 형살(刑殺)이 되면 형제의 도움이 없고, 가난하며, 처와 별거하거나 이별하게 된다.

11) 年干이나 月干에 偏財가 있고, 地支에 比肩이 同柱하면 부친이 타향에서 객사할 팔자이다.

12) 女命에 比肩이 많으면 색정(色情)으로 인하여 번뇌가 많고, 가정이 불화하여 부부불화하고, 심하면 이별하는 사주이다.

13) 女命에 比肩이 劫財와 동주하면 부부간에 원한을 품게 되고, 독신팔자이다.

14) 女命에 比肩이 왕하고, 官星이 약하면, 부부간에 애정이 적고, 天干에 比肩, 劫財가 있으면 다정한 가운데 남편의 쟁탈이 있게 된다.

15) 女命에 比肩이 많으면 서로 질투하고, 다툼이 많으며, 日干이 왕 한데 比肩이 많고, 印綬가 있는데 官星이 없으면 자녀가 적다.

16) 比肩과 羊刃이 있고 刑, 冲이 되면 악사(惡死)하거나 혹은 뜻하지 않은 재난을 당한다.

17) 사주 내에 比肩이 많고, 財星이 약하면 형제간에 재산상의 분쟁이 일어나고, 형제간에 불화한다.

18) 比肩이 삼형(三刑)과 같이 있으면 가난하거나 처와 별거하게 된다.

19) 사주 내에 財星과 官殺이 많아 신약사주일 때는, 比肩이 당연히 喜神이 된다. 왜냐하면 財星이 많으면 日干의 힘을 빼고, 官殺은 직접적으로 日干을 극하기 때문에 比肩을 원한다.

20) 男命에 比肩이 많으면 재혼할 팔자이고, 女命에 比肩이 많으면 관성인 남편을 도와주는 財星을 극상(剋傷)하므로 부부가 화합하지 못한다.

21) 사주 내에 官星이 많으면 日干을 극하여 신약사주가 되므로, 比肩의 도움이 필요하다.

22) 命中에 比肩, 劫財가 많은데 또 偏印을 만나면 처가

산액(産厄)을 당하는 수 가 있다.

23) 命中에 比肩, 劫財가 많고 신왕하면 평생 동업을 하면 불리하고, 대인관계에 있어서도 주위에 적(敵)이 많다. 직장생활에도 적당치 않고, 자유업이나 운동선수나 기자(記者) 등이 적합하다.

24) 男命은 財星이 처가 되므로, 命中에 比肩, 劫財가 많으면 처와의 인연이 박(薄)하고, 일찍 결혼하면 반드시 재혼할 팔자이다.

25) 女命은 官星이 남편인데, 사주 내에 比肩, 劫財가 많으면 財星을 극하므로 남편과의 인연이 박하다.

왜냐하면 財星이 남편성(男便星)인 官星을 생조(生助)하지 못하므로 부부불화가 생긴다.

26) 신강사주인데 日支에 比肩이 있으면, 부부간에 구쟁(口爭)으로 인한 불화가 심하고, 미혼자는 혼담도 지연되는 수가 많다.

왜냐하면 日支는 배우자궁(配偶者宮)으로서 처성(妻星)인 재성의 자리이기 때문이다.

27) 女命에 比肩, 劫財가 많으면 남편에게 지기 싫으므로, 항상 시끄럽고, 성격이 여장부(女丈夫)와 같이 강하므로 부부불화가 심하여 결국 별거하거나 이별하게 된다.

28) 男女 공히 命中에 比肩, 劫財가 많으면 재물 복이 없고, 자존심이 강하며, 형제간에도 불화한다.

29) 日干이 命中에 食神, 傷官이 많아 설기가 심하면 신약사주가 되므로 이 때는 比肩이 喜神이 된다.

30) 命中에 比肩, 劫財가 아무리 많아도 比劫을 억제하는 正官이나 偏官이 있으면 흉명(凶命)이 길명(吉命)으로 변한다. 이것이 사주통변(四柱通變)의 묘리(妙理)이다.

31) 형제성인 比肩, 劫財가 공망(空亡)이 되거나, 형충(刑冲)이 되면 형제간에 불화하고, 형제가 있어도 무력(無力)하다.

32) 男命에 比劫이 많고, 官殺의 제화(制化)가 없으면 가정이 원만하지 못하고, 반드시 재혼팔자이다.

33) 比肩星이 건록지에 앉아 있으면, 형제간에 우애(友愛)가 있고 화목하다.

34) 命中에 比肩, 劫財가 많으면 대인관계가 불리하므로 대중을 상대하는 금융업이나, 중개업 등은 적당하지 않다. 그리고 절대 동업을 해서는 안 된다.

35) 命中에 比肩이 중중(重重)하면 형제가 많고, 형제간에 우애도 없다.

36) 男命에 比肩이 많고, 財星은 약한 사주인데, 行運에서 다시 比肩運을 만나면 심한 경우. 생사(生死) 이별하게 된다.

37) 身弱四柱인데 財星이 旺하면 比肩이 들어오는 大運과 歲運에 대발(大發)한다.

38) 身弱四柱인데 比肩이 喜神運이면 여자는 결혼을 하게 되고, 자식을 잉태한다.

2. 겁재통변(劫財通變)

(1). 劫財의 原理

劫財는 日干과 동일한 五行이나, 음양(陰陽)이 다르다. 가령 日干이 木五行이라면 甲木은 陽이고, 乙木은 陰이다. 甲日干이 乙을 보면 五行은 같은 木이지만, 陰과 陽이 다름으로 劫財가 된다.

또 乙日干이 甲을 보면 劫財가 되듯이, 丙日干이 丁을 보거나, 丁日干이 丙을 보면 劫財가 된다.

陰과 陽이 만나면 유정(有情)한 관계이나, 陰과 陰, 陽과 陽은 항상 서로 경쟁하는 무정(無情)한 관계이다.

劫財는 정재(正財)의 칠살(七殺)로서 正財를 파(破)하는 기신(忌神)이므로 최악(最惡)의 별이다.

比肩은 어머니가 같으므로 적자(嫡子)로서 동등한 권리가 있고, 또 합법적으로 상속의 분배를 요구할 수 있는데 반해서, 劫財는 어머니가 다른 서자(庶子)로서 상속권(相續權)이 없다.

그래서 劫財는 재물을 강제로 겁탈(劫奪)하는 도둑과 같다. 같은 재물(財物) 중에서도 正財만을 겁탈한다.

재성(財星)은 정재(正財)와 편재(偏財)를 말하는데, 正財는 합법적(合法的)인 자기재(自己財)인데 반해서, 偏財는 타인으로부터 융통한 금전으로서 타인재(他人財)이다.

겁탈자는 무법자(無法者)이다. 무법자는 겁(怯)이 없고, 대담하며, 재물을 아끼고 모으는 것이 없다.

돈을 모으기 위해서는 수단과 방법을 가리지 않으며, 돈이 생기면 아끼지 않고, 물 쓰듯이 낭비한다.

사주에 劫財가 있으면 성격이 거칠고 대담하며 두려움을 모른다. 돈을 벌기 위해서라면 수단과 방법을 가리지 않으며 죽음도 겁내지 않는다. 노력해서 벌려고 하지 않고, 불로소득(不勞所得)을 즐긴다.

돈이 생기면 물 쓰듯 하나, 돈이 떨어지면 아내에게 돈을 강요하고 친구에게도 손을 벌린다.

劫財는 노름과 투기(投機)를 일삼고, 사치와 낭비로 재산을 탕진한다. 그래서 子女의 四柱에 劫財가 있으면 우물에 돌을 던지는 것과 같이 재산을 탕진하게 되므로 상속할 때 주의해야 한다.

그러나 신약사주(身弱四柱)는 劫財가 오히려 喜神이 되므로 인정이 많고, 인심이 후하며, 남을 위해서 헌신하고 희생하는 사람이 된다.

그러므로 劫財가 무조건 나쁘다는 선입관은 금물이다. 문제는 劫財가 喜神이냐, 아니면 忌神이냐가 먼저다.

고서(古書)에 劫財를 천모성(天耗星)이라고 한다. 즉 산재(散財)가 심하다는 뜻으로 붙인 이름이다. 통변성(通變星)의 十神中에서도 가장 악(惡)한 별이다.

(2). 劫財의 性格

月支에 劫財가 있으면 比肩의 성격과 거의 같으나, 劫財는 강성이므로 자존심이 강하고, 남에게 굴복하지 않는 성격이다.

月支에 劫財가 있고, 타주(他柱)에 劫財가 많으면, 냉정하고, 비판적이며, 매사 자기본위로 처신하기 때문에 주위에 적이 많아 고독하게 된다.

그러나 月支에 있는 劫財 하나만으로는 크게 다루어서는 안 된다. 또 身旺사주에 月支 劫財가 있으면, 官殺로서 劫財의 왕기(旺氣)를 억제하거나, 干合하여 他 五行으로 변화하면 劫財의 성격이 완화된다.

(3). 劫財와 十神관계

1) 劫財와 比肩

比肩은 합법적으로 상속과 재산에 대한 분배를 요구할 수 있으므로 재산을 독점하거나 겁탈할 이유가 없을뿐더러 만사를 합법적이고 공평하게 처리하기를 원하는데 반하여, 劫財는 상속이나 재물에 대해서 아무런 연고나 권리가 없는 전혀 무관한 제삼자다.

比肩은 가만히 있어도 배당이 돌아오지만, 劫財는 아무리 기다려도 상속이나 분배를 받을 수 없다.

그러므로 劫財로서는 남의 것을 겁탈 할 수밖에 방법이 없다. 劫財는 재산을 송두리째 겁탈하니 주인과 比肩은 알몸이 될 수밖에 없고, 도리어 劫財에게 의지할 수밖에 없다. 따라서 比肩도 劫財와 합세하고 겁탈자로 변한다.

2) 劫財와 劫財

劫財가 劫財를 보면 겁탈자가 도적질을 하는데 또 하나의 도적이 뛰어든 격이다. 두 도적이 서로 만나면 하나의 재물을 두 겁탈자가 동시에 발견하고 서로 쟁탈하게 된다.

주인공은 집안에 도적이 득실거리니 눈만 뜨면 돈쓸 일이 생기고 먹고 살기에도 힘겨운 가난뱅이 신세가 된다.

劫財는 겁탈자이므로 공돈을 벌기에 혈안이요, 노름판, 투기, 아편, 밀수 등 돈이 되는 일이면 물불을 가리지 않는다.

그러니 돈을 아끼거나 절약하거나 저축할 수가 없다. 어차피 쓰지도 못하고 빼앗길 바엔 써버리자는 심정이 낭비와 사치성을 조장하고, 닥치는 대로 써버리는 버릇이 있다.

3) 劫財와 食神

劫財는 용감한 도적이지만 재물 복은 없다. 그러나 食神은 자기의 재능을 소원대로 발휘할 수 있는 만능의 기회요, 실수 없이 열매를 맺는 식복(食福)을 가졌다.

傷官은 꽃이 만발하나 열매가 없는 헛꽃인데 반하여, 食神은 꽃과 더불어 열매를 맺는 참꽃이다.

傷官은 財星이 있어야 돈을 버는데 반하여, 食神은 財星이 없어도 스스로 돈을 벌 수 있는 것이다.

食神은 무엇이든 소원대로 이루어지는 재능이 있으므로 벼슬하고 부자가 될 수 있다.

따라서 食神을 만난 劫財는 가난하고 배고플 리는 없다. 의식주를 충분히 타고난 劫財는 용기와 힘을 유용하게 활용함으로서 큰 뜻을 이룰 수가 있다.

食神을 도와 부(富)를 극대화시키는 역할을 劫財가 담당하게 된다. 투기와 밀수 등으로 일확천금을 얻게 된다.

그러나 食神은 旺한데 身弱四柱인 경우에는 마치 병(病)

든 산모(産母)가 임신한 격으로서, 생산이 어렵고 도리어 생명을 잃게 되므로 열매를 맺지 못하는 헛꽃이 된다.

4) 劫財와 傷官

傷官은 화려한 꽃이나 열매가 없는 헛꽃이요, 외화내빈(外華內貧)격으로 겉은 화려하나 실속은 없고 가난하다.

傷官은 속도를 조절하지 못하고 과속을 일삼으며, 劫財는 용기와 용맹을 자랑한다.

劫財와 傷官이 만나게 되면 속도조절이 안되고, 자기 능력은 생각지 않고 눈앞의 욕망과 유혹으로 치달리게 되므로 걷잡을 수 없는 실패와 재난을 초래하게 된다.

傷官은 머리가 비상하므로 재주와 잔꾀를 일삼다가 자기 꾀에 자기가 빠지는 어리석은 망신을 되풀이 하게 된다.

그러나 身旺四柱는 능력이 뛰어나므로 속도를 낼수록 성공하고, 자신의 관록을 멋지게 과시할 수 있지만, 身弱四柱는 도움을 받아야 하는 허약자가 생산적인 활동을 하는 것은 무리다. 이는 마치 병든 환자가 달리기를 하는 형국이다.

5) 劫財와 正財

劫財는 겁탈에 능하고, 正財는 주인공의 재산과 아내이다. 사주의 주인공이 劫財에게 의식주를 충분히 공급하면 劫財는 주인에게 충성을 다하나, 주인이 가난해서 劫財에게 푸대접하면 겁재가 변심하여 주인의 재물과 아내에게 욕심을 품고 겁탈을 하게 된다.

劫財는 대담하고 투기를 즐긴다. 身弱四柱인 경우 주인공은 겁재의 도움으로 일확천금을 얻을 수 있고, 권력을 통해서 치부를 할 수 있다.

만사에 용기를 가지고 과단성 있게 처리하고 대담하게 행동함으로서 어떠한 경쟁에도 승리와 영광을 누릴 수 있으며 대규모 기업을 경영할 수 있다.

6) 劫財와 偏財

劫財가 재물을 탐하고 겁탈하는 사나운 도적이라면 偏財는 임자 없는 타인의 재물이요, 공돈이다.

신강하고 偏財가 있으면 평생 의식주가 부유하고 잘 사는데 반해서 身弱四柱에 偏財가 있으면 허욕과 투기를 즐기며, 거짓과 사기성이 농후하므로 실패와 파산이 되고, 돈과 빚에 시달리게 된다.

공돈을 좋아하는 겁재가 공돈인 편재를 보면 겁탈하게 된다. 比肩은 합법적인 절차를 존중하지만, 劫財는 법을 무시하는 무법자이다.

劫財가 가장 두려워하는 것은 오직 偏官, 칠살(七殺) 뿐이다.

7) 劫財와 正官

劫財는 무법자이고, 正官은 사법관(司法官)이다. 무법자는 법과 사법관을 가장 싫어하고 두려워한다.

劫財의 입장에서는 正官이 七殺과 같이 무섭다. 七殺은 무서운 호랑이와 같다. 그래서 천하의 무법자인 겁재도 정관을 보면 양처럼 온순해지고 법을 지킨다. 겁재가 순한 양으로 변한다.

대담무쌍한 무법자 劫財를 다스리므로 正官의 권위와 명

성은 천하에 떨치게 된다.

正官으로부터 법과 질서를 배우고 무법자가 아닌 호법자(護法者)로 변신한 劫財는 그 용기와 대담성으로 일찍 두각을 나타내고 비범한 수완과 역량을 통해서 크게 발전하고 출세하게 된다.

8) 劫財와 偏官(七殺)

劫財는 칼이요 偏官은 무관(武官)이다. 칼은 무관을 만남으로서 비로소 빛이 나고 무관은 칼을 잡음으로서 권위가 선다.

이와 같이 劫財와 偏官을 겸하게 되면 天下의 대권과 병마(兵馬)를 통솔하는 재능과 능력을 지닌 큰 인재이다.

사회나 국가에 법과 질서가 있어야 하는 것처럼 사주 내에 官殺이 있어야 질서가 유지된다.

正官은 다정하고 성실한 보호자이고 선비의 기질이 있으나, 偏官은 무정한 보호자로서 위엄과 권위를 자랑하는 냉정한 보호자이다.

신강사주는 편관이 喜神이므로 생명과 재산이 안전하고 확고하나, 偏官이 忌神이 되면 무능하고 무정한 보호자요 남편이며 자식이다.

9) 劫財와 正印(印綬)

劫財는 무법자요, 인수(印綬)는 나를 먹이고 입히는 어머니요 스승의 별이다. 印綬는 생기(生氣)와 화기(和氣)와 덕망(德望)을 상징한다.

印綬는 의식주를 베푸는 자비로운 은인이다. 劫財는 나의 재물과 생명을 겁탈하는 도적이므로 겁재에게 의식주를 베풀면 더욱 기고만장하고 안하무인의 무법자가 된다.

그러나 印綬는 劫財에게 인자하고 너그럽게 원만한 성품으로 교화(教化)하고 감화(感化)시키는 작업을 계속함으로서 겁재의 선천적인 무법성을 완전히 탈피하고 평화롭고 자유로운 개화된 교양인으로서 법과 질서를 존중하고 무법자를 단속하고 교화(教化)시키는 역량을 발휘하게 한다.

身弱四柱는 印綬가 나를 생해주고 길러주는 어머니로서 의식주가 건전하고 지성과 덕성이 풍부하다.

그러나 반대로 신강사주는 印星이 忌神이 되므로, 어머니와 스승이 외면하고 무정하다. 또한 의식주가 부족하고, 지성과 덕성이 부족하다.

10) 劫財와 偏印

劫財는 이복형제(異腹兄弟)요, 偏印은 계모요, 서모이다. 편인과 겁재는 서모와 이복형제로서 그 어머니에 그 아들이니 서로 다정한 관계이다.

劫財는 주인의 재물을 노리고, 偏印은 서모이므로 인색하고 냉정하다. 서모와 단짝인 겁재는 겁탈하기에 혈안이고, 겁재와 한통속인 편인은 주인공을 미워하고 시기하며 앞을 가로막고, 방해하기에 급급하다.

무엇이든 편인이 가로막아서 허탕을 치게 하고, 돈이 생겼다 하면 겁재가 겁탈한다.

서모와 이복형제의 등살에 만사불성이오, 적자투성이라 견딜 수가 없다. 서모는 겁재를 먹이고 입히며 돌보는데 반해서, 주인에게는 찬밥과 눈치 밥으로 푸대접하고 박해하니 주인은 소화불량에 시달리고 항상 불안하고 초조하며, 모두가 뜻과는 반대로 어긋나고 일이 막힌다.

(4). 劫財의 通變

1) 사주가 신약(身弱)하면 劫財의 생조(生助)로 인하여 신강하게 되므로 좋다. 따라서 사주가 身弱하면 比肩, 劫財, 양인(羊刃), 및 건록(建祿) 등의 부조(扶助)를 받아야 한다.

양인(羊刃)이란 녹전일위(祿前一位)라고 해서, 건록 앞에 위치한다. 日干에서 四柱地支에 인종(引從)하여 보는데, 만일 甲日生이라면 卯가 양인(羊刃)이 된다. 즉 甲의 건록(建祿)은 寅인데, 寅 앞의 卯가 양인이 된다는 뜻이다.

2) 사주 내에 재성이 많아 신약하면, 겁재는 재성의 태과(太過)를 통제하고, 신약한 日干을 보강하는 역할을 한다. 이런 경우 겁재는 대단한 희신이 된다.

3) 사흉성(四凶星)인 偏官을 劫財가 간합(干合)하면, 편관의 극을 예방하여 좋다. 사흉성이란 겁재(劫財), 상관(傷官), 편관(偏官), 편인(偏印) 등을 말한다.

4) 正財가 喜神인 印綬를 극하게 되면, 劫財가 正財를 극하여 印綬의 적(敵)을 통제하여 印綬를 지켜주므로 구신작용(救神作用)을 한다.

5) 사흉성(四凶星)은 干合을 좋아하고, 사길성(四吉星)은 生合을 좋아한다. 四吉神이란 식신(食神), 정재(正財), 정관(正官), 정인(正印)을 말한다.

6) 命中에 正官이나 偏官이 혼잡한 사주도, 比肩이나 劫財가 喜神이 된다. 왜냐하면 官殺의 剋을 받은 日干이 쇠약할 때, 比劫이 日干을 부조(扶助)할 수 있기 때문이다.

7) 日干이 약하고, 실령(失令)했을 때, 劫財를 만나면 日干을 도우므로 日干이 자연 힘을 얻는다.

8) 劫財가 많으면 남자는 극처(剋妻)하고, 여자는 극부(剋夫)하며, 관재(官災)와 구설(口舌)이 많다.

9) 劫財가 劫財와 同柱하면, 강력한 겁재가 偏財를 극하므로 조실부(早失父)하고, 부부이별하거나 괴로움이 많으며, 동업을 하면 반드시 파탄이나 파산 등으로 큰 재앙(災殃)을 당한다.

10) 劫財가 제왕(帝旺)과 같이 있으면 겉으로는 화려하나 실속은 없으며, 부부 인연이 여러 번 변동하고, 재물관계로 인한 재난을 당하며, 부귀도 물거품이 된다.

11) 劫財가 傷官과 同柱하면, 사람됨이 교만하고, 버릇이 없고 안하무인격이다.

12) 年, 月에 겁재가 있으면, 장자(長子)가 아닌 차자(次子)요, 月支에 겁재가 있으면 재물 운이 없다.

13) 日時에 겁재가 있고, 상관이 있으면, 반드시 자식에게 불리하다. 겁재와 양인이 많으면 아버지를 극하고, 상처(傷妻)하며, 평생 돈을 모으기가 어렵다.

14) 命中에 劫財가 지나치게 많으면 반드시 형제간에 불화하고, 부부와도 이별하게 된다.

15) 日支는 배우자궁이다. 日支에 劫財가 있거나, 女命의

日支에 傷官이 있으면 남편을 극하고 男命은 처를 극해하며, 부부간에 고충이 많고, 시비와 구설(口舌)이 많다.

16) 正財가 劫財를 보면 재물을 겁탈 당하게 되는데, 官殺이 命中에 있으면 구신(救神)이 되어 재물을 보호한다. 관살이 겁재를 극하기 때문이다.

17) 사주 내에 比肩과 劫財 등이 많으면, 처를 극하고 재물의 손실이 크다. 이것을 군비쟁재(群比爭財)라고 한다.

18) 시상편재격(時上偏財格)은 부명(富命)이나, 사주 내에 比劫이 많으면 재산을 파하게 된다.

19) 月支에 劫財가 있으면 자존심이 강하고. 남에게 지기 싫어하며, 매사 자기본위로 행동하며 이중인격자란 비난을 받는다.

20) 사주 내에 겁재가 많으면 반드시 官殺로서 극제(剋制)해야 겁재의 흉해(凶害)를 막을 수 있다.

21) 신약사주는 겁재가 희신(喜神)이 되고, 신강사주는 겁재가 기신(忌神)이 된다.

22) 신약사주인데 命中에 財星이 많으면, 行運에서 比劫運을 만날 때, 재화(災禍)를 면할 수 있다.

23) 사주 내에 비견, 겁재가 많고, 재성이 약하면. 신왕 운에 대패(大敗)한다. 또한 재혼을 면치 못한다.

24) 財星이 地支중에 암장(暗藏)되어 있으면 도둑맞을 염려가 없어 안전하다. 반대로 재성이 투출하고, 비겁이 재성을 刑沖하면 재물을 보존하기 힘 든다.

25) 比肩은 偏財를 극하고, 劫財는 正財를 극한다. 겁재는

정당하고 합법적인 재를 겁탈하는 도둑이다.

그리고 정관은 질서이고 법률인데, 이 법으로 도둑인 겁재를 통제하면 재물을 온전하게 보호할 수 있다.

26) 겁재가 상관과 동주하거나, 겁재가 제왕(帝旺)과 같이 있으면, 관재(官災)로 인한 형벌을 받게 되고, 변사(變死)하거나 단명하다.

27) 男命에 劫財가 많으면 妻星인 財星을 극상(剋傷)하므로 반드시 재혼할 팔자이다.

28) 사주 내에 겁재와 비견이 많은데, 다시 비겁 운을 만나면 반드시 큰 재화(災禍)가 일어난다.

29) 命中에 비견이나 겁재가 많아도 관살이 있으면 비겁을 극제(剋制)하므로 큰 재해(災害)는 없다.

30) 食神은 比肩과 劫財를 좋아한다. 비겁은 食神을 생조(生助)하기 때문이다.

31) 남명에 겁재가 중중(重重)하면 결혼이 늦고, 형제 중에 이복형제가 있는 경우가 많다. 중중하다는 것은 겁재가 3개 이상 있는 것을 말한다.

32) 日支에 비견이나 겁재가 있으면 남여 공히 부부간에 사별하거나 이별하는 수가 많은데, 특히 사주 내에 비겁이 중중하면 더욱 더 확실하다.

33) 男命에 比劫이 3개 이상 있고, 타주에 비겁이 많으면 술집이나 다방 아가씨를 본처로 삼는다.

34) 사주 내에 겁재가 있는데, 양인(羊刃)이 있으면 빈천한 생활을 하게 되는데 만약 사주 내에 官星이 있으면 가히

면할 수 있다.

3. 식신통변(食神通變)

(1) 食神의 原理

食神은 생산(生産)과 활동하는 무대를 말한다. 자기능력을 최고로 발휘하는 기회요 수단이다.

食神은 자연적으로 생산된 과실(果實)이요 의식주(衣食住)를 말한다. 의식주를 천부적으로 타고난 食神은 만인이 부러워하는 자산이다.

의식주는 자연적으로 얻어지는 것이 아니라 자기 능력을 최대한 발휘해서 생산 활동을 통해서 얻어지는 것이다.

그 생산하는 재능과 활동을 食神이라 하고, 의식주의 생산수단을 천부적으로 타고난 食神은 자기가 원하는 대로 생산할 수 있는 생산수단을 가지고 있다.

의식주는 인간에 있어서 살아가는데 유일한 기본조건으로서, 인간은 의식주를 얻음으로서 살 수 있는 자유와 권리가 있고 재능을 발휘할 수 있는 것이다.

그러나 아무리 재능이 있어도 건강한 사람만이 기회가 주어지며, 병들거나 어린아이처럼 힘이 없고 허약한 사람에게는 기회가 온다 해도 그림의 떡이다.

그러므로 食神은 건전한 身旺四柱을 전제 조건으로 하고, 身弱한 사주는 기회가 없다.

身强사주인 경우 食神이 최고의 喜神이요, 좋은 기회이지만, 身弱사주인 경우 忌神으로서 허약자가 생산 활동을 하는 것은 무리다. 이는 마치 환자가 달리기를 하는 격이다.

　身强사주는 食神이 더없는 황금의 보물이지만, 身弱사주는 그림의 떡이요 허약자에게 출혈(出血)을 강요하는 격이다.

　食神과 傷官을 食傷이라 칭하는데, 食傷은 正官과 偏官을 극하며, 正財와 偏財를 생한다. 또한 食傷은 日干의 힘을 설기하지만, 비견과 겁재를 생하여 준다.

(2). 食神의 性格

　月支에 食神이 있으면 사람됨이 온순하고 착하며, 재능도 많다. 食神은 四吉星 중의 하나로서 예의가 바르고 염치를 안다.

　그러나 명중(命中)에 食神이 하나이어야 좋고, 命中에 食神이 많으면 정신이 혼미하고 비열한 행동을 하며, 자기본위로 행동하고 인색하다.

(3). 食神과 十神관계

1) 食神과 比肩, 劫財

　食神은 꽃(花)이요, 比肩과 劫財는 가지(枝)에 해당된다. 꽃이 만발하려면 가지 또한 무성해야 한다. 가지가 너무 무성하면 뿌리에 공급하는 정기(精氣)가 부족하므로 가지가 시들고 꽃도 시들게 된다.

　가지에 정기를 공급하는 것이 비견과 겁재요, 가지는 食

神이다. 食神은 비견과 겁재를 보면 기뻐하고 반갑다.

食神을 위주로 보면 比肩은 偏印이고 劫財는 印綬가 된다. 편인은 무정하고, 인수는 다정하듯이 食神은 比肩보다도 劫財를 기뻐한다. 食神이 偏印을 보면 도식(倒食)이 되기 때문이다.

日干을 위주로 보면 비견, 겁재는 식신이란 기회와 의식주를 겁탈하는 것이니 상속을 서로 독점하려는 문제가 발생하며 만사에 간섭과 시비와 분쟁이 야기된다.

2) 食神과 食神

食神은 하늘이 내린 천연과실이요, 의식주인데 命中에 食神이 하나 있어야 좋고, 둘 이상이면 오히려 식복이 없고, 부모덕이 없으며, 직장과 스승 그리고 남편 덕이 없을 뿐 아니라 생산수단과 기회가 여의치 않다.

食神이 食神을 보면 자연적(自然的)인 생산수단이 아니라, 인공적(人工的)인 생산수단인 傷官으로 변한다.

따라서 食神이 둘 이상이면 일찍이 부모와도 헤어지고, 직장 변동이 허다하며, 여자는 결혼 후 남편 덕이 없어 命中에 印綬의 후견인이 없거나, 신약하면 부부의 변동이 불가피하다.

古書에 食神이 3개 이상이면 화류계여성이라고 단정하고 있다. 食神은 소망을 이루는 소원성취의 별인데, 食神이 여럿이면 소망을 이루지 못하고 만사가 뜻대로 되는 것이 없고 막히는 것이 많다.

3) 食神과 傷官

食神은 천연과실이요, 傷官은 인공과실(人工果實)이다. 食神은 호의호식(好衣好食)인데 반하여, 傷官은 악의악식(惡衣惡食)이다.

食神과 傷官이 命中에 같이 있으면 食神은 자연적인 생산수단인 전답(田畓)으로 농사를 짓고, 傷官은 인공적인 생산수단인 공장을 경영하므로 바쁘기만 하고 실속은 적다.

그러므로 食神과 傷官이 같이 있으면 신경이 과민해지고 출혈이 심하니 건강이 온전할 수 없다. 머리는 날카롭고 몸은 허약하며 소득은 부실하고 불만이 많다.

한 가지 일에 몰두하지 못하고 이것저것 손을 대어 어느 것 하나 성사될 수 없다.

食神은 유산(遺産)이요, 傷官은 스스로 벌어서 자급자족해야 한다. 食神을 위주로 볼 때 傷官은 겁재가 되니 유산을 도둑맞은 것이 분명하다.

4) 食神과 財星

食神은 생산 공장이요, 財星은 시장(市場)이다. 생산 공장에서 상품이 나오고, 시장에서 상품을 거래하여 돈을 번다.

食神이 財星을 보면 생산 공장이 시장과 직결되고, 상품이 그대로 돈과 교환되는 것이다.

食神은 身旺者이어야 활발하게 생산 활동을 할 수 있지만, 身弱者는 처음부터 생산능력이 허약하므로 열심히 노력하여도 정력과 시간의 낭비가 크고 그 때문에 손재하고 실패하게 된다.

그러나 신왕하고 식신이 건전한 자는 시장의 수요를 얼마든지 충족시킬 수 있으므로 재성이 왕하면 일약 치부(致富)를 하고 거부(巨富)가 된다.

財星은 食神이 가장 두려워하는 偏印을 능히 제거함으로서 食神은 안심하고 생산 활동을 계속할 수 있으며 불의의 재난을 겪지 않는다.

그러나 偏印은 기회만 있으면 食神을 노리고 해침으로서 偏印運에는 생산에 장애가 불가피하다.

5) 食神과 官殺

食神은 의식주(衣食住)요, 官殺은 벼슬이다. 의식주가 풍족하면 신체와 정신이 건전하고 예의범절이 단정하며, 인심이 후함으로 관살은 식신을 보면 반기고 좋아한다.

正官은 예의범절이 단정한데 반하여, 七殺(偏官)은 용감할 뿐, 법도에는 어긋난다. 그래서 食神이 正官을 보면 인품이 단정하고, 법도에 의해서 벼슬을 하는데 반해서, 食神이 七殺을 보면 용맹하고 영웅심이 대단하며, 색정(色情)을 즐긴다.

그러나 食神이 弱하고 官殺이 旺하면, 의식주가 부실하고 부족함으로 관살의 불만과 불평이 대단하다. 불평과 불만이 쌓여 마침내는 반항과 배신을 서슴치 않는다.

食神이 약해도 身旺하면 도량이 넓고 포용력이 강하여 통솔력이 뛰어남으로써 능히 관살의 횡포를 잠재울 수 있다.

반대로 食神이 약하고, 사주도 身弱하면 아량과 인정이

없으며, 만사에 편견과 고집을 부리고 냉정하며, 화를 잘 내고 재난이 빈발하며, 패가망신을 당한다.

6) 食神과 印星

食神은 正印(印綬)을 보면 기뻐하는데 반하여, 偏印을 보면 고양이를 만난 생쥐처럼 두려워한다. 偏印은 서모(庶母)로서 시기하고 질투하며 미워하고 방해를 할 뿐 아니라 식신을 무능자로 파괴하기 때문이다.

印綬는 食神에게 풍부한 지식과 힘을 공급함으로서 보다 유능한 食神으로 향상시키는 동시에 계속적인 공급을 통해서 부족하거나 결핍(缺乏)이 생기지 않는다.

그러나 편인은 아무리 재능을 발휘하고 싶어도 사회와 격리되고 묶여 있어 기회를 얻을 수가 없고 설사 기회가 온다 해도 서모의 감시와 눈치 때문에 꼼짝 할 수가 없다.

그래서 食神이 偏印을 보면 도식(倒食)이라 하는데, 밥그릇이 넘어 진다는 뜻이다.

(4). 食神의 通變

日干이 生하는 五行으로서 日干과 陰陽이 같은 五行을 食神이라고 한다.

즉 甲日干이 丙을 보면, 木이 火를 生하는 五行인 동시에 같은 陽이다. 甲 이 陽干이듯이 丙도 陽干이기 때문이다.

乙日干이 丁을 보면 같은 陰干으로 食神이 되고, 丙日干이 戊를 보면 食神이 된다.

木日干이 火를 생하고, 火日干이 土를 생하며, 土日干이

金을 생하고, 金日干이 水를 생하며, 水日干이 木을 생하는 관계이다.

食神은 자기의 재능을 나타내는 기회요, 활동무대로서 자기의 소원을 성취하는 기회이며 수단이다.

食神은 장수(長壽)의 별로서 一名 수성(壽星). 혹은 복신(福神)이라고 한다. 또한 食神은 신체에 영양을 보충하는 빵이요, 과실이다.

食神이 喜神이면 소원성취하고, 만사형통하는 행운의 기회요, 무대(舞臺)로서 의식주가 풍요롭고 무병장수하는데 반해서, 食神이 忌神이면 기회가 아닌 유혹이요 함정이다. 月支에 食神이 있고, 刑冲이 없으면 부귀와 수명을 겸비한 命이다.

食神이 月支에서 득령(得令)하거나, 地支의 기세를 얻거나, 삼합국(三合局)하여 食神이 왕성하면 모두 최고의 吉神이 되고, 부귀와 재원(財源)이 무궁하다.

기세(氣勢)를 얻는다는 것은 食神이 天干에서 地支에 인종(引從)하여 十二運星上 장생, 건록, 제왕에 앉아 있는 것을 말한다.

食神이 月支에서 失令하고, 生하는 比肩, 劫財가 없고, 食神에 해당하는 天干에서 사지(四支)에 인종하여 十二運星上 弱地에 있거나, 또는 比劫이 많아서 一位의 食神을 쟁탈하면 食神의 기력이 부족하다고 본다.

食神은 一位, 또는 二位만 있는 것이 좋다. 食神이 3개 이상 있으면 傷官으로 변하여 흉신(凶神)의 작용을 한다.

이유는 食神이 너무 많으면 日干의 정기(精氣)를 설기하여 사주가 신약하므로 능력이 부족하여 적극적인 활동을 할 수 없기 때문이다.

月支에 食神이 일위(一位)만 있으면 성격이 온순하고, 재능이 많으며, 예의가 바르다.

그러나 사주 내에 食神이 많으면 傷官으로 변하기 때문에 성격이 급하고, 허영심이 많으며, 오판과 실수가 많다. 또한 사치와 낭비가 많고, 인정과 인심이 적고 인색하다. 그리고 타인의 이익보다 자신의 이익을 위해 처신하므로 남의 비난을 받게 된다.

1) 食神은 나의 분신(分身)으로서 子女를 상징하고, 많은 자녀를 거느린다. 女命에 食神이 왕하고 재성을 보면, 자녀 덕이 있고, 남편 덕도 있다.

2) 食神은 자신의 재능을 발휘하는 정력의 정화(精華)로서, 가무(歌舞)를 즐기고 아름다운 것을 좋아하고, 이성(異性)을 좋아한다.

3) 年干에 食神이 있고 財星이 있으면, 부모 양친의 복록이 무궁하고 음덕을 크게 누리며, 조상의 후광을 얻어서 사업이 대발한다.

4) 月干에 食神이 있고 時干에 官星이 있으면, 크게 발신하여 공무원으로 출세한다.

5) 日支에 食神이 있으면 처첩(妻妾)의 마음이 너그러우며, 슬기롭고, 의식(衣食)과 재물 복이 두텁다.

6) 月支에 食神이 있으면 화기(和氣)가 넘치고, 몸이 비대

하며, 의식주가 풍족하다.

7) 月柱에 있는 食神을 천주(天廚)라 한다. 食神이 建祿과 같이 있으면 천주록(天廚祿)이라고 한다. 身旺하면 음식을 즐기고, 몸이 비대(肥大)하며, 평생 의식주가 풍부하다. 천주(天廚)란 하늘이 내린 부엌이라는 뜻이다.

8) 食神이 앞에 있고, 칠살(七殺)이 뒤에 있으면 선식후살(先食後殺)이라고 하여 명리(名利)가 있어 이름을 떨친다.

9) 食神이 得令하고 유력하면, 재물과 덕이 있고, 인화(人和)를 도모함으로서 평생 행복하다.

10) 食神이 食神과 干支에 同柱하면 복이 많고, 도난을 당하지 않으며 동업으로 성공하나, 官運은 없다.

11) 食神이 比肩과 동주(同柱)하면 재물을 다루는 재능이 뛰어나고, 베풀기를 즐김으로써 친지들과 다정하고 원만하다.

12) 食神이 劫財와 동주하면 재물과 복이 있고, 흉성을 만나도 이득을 얻는다. 劫財는 食神을 生助하므로 劫財를 가장 기뻐하기 때문이다.

(13) 女命에 食神이 건록과 같이 있거나, 得令하여 왕성하면, 자식이 반드시 크게 출세한다.

(14) 食神이 偏官을 제살(制殺)하고 있는데, 양인(羊刃)이 있으면, 크게 발전할 비범한 인물이다. 양인은 비견, 겁재와 같이 일간을 생조하기 때문이다.

15) 食神이 干合하면 상당한 인격자로서 공무원으로 출세하고 권위를 떨치며 복력이 풍족하다.

16) 食神이 장생이나 건록, 제왕과 같이 있거나, 財官과 같이 있으면 복이 무궁하다.

17) 年干의 食神이 月干에 있고, 月干의 食神이 日干에 있으며, 日干의 食神이 時干에 있으면 소위 四位食神이라 해서 복록이 풍부하고, 財星을 만나면 부모와 윗사람의 은덕을 많이 누린다(예: 甲年干, 丙月干, 戊日干, 庚時干 즉 年干에서 月干으로, 月干에서 日干으로, 日干에서 다시 時干으로 순차적으로 生하는 것을 말한다).

18) 食神이 왕성하면 처세가 공평하고 원만하며 수명과 부귀를 누린다.

19) 食神이 制殺하고 生財하면, 부귀가 온전하다. 제살한다는 것은 食神이 七殺(偏官)을 제극(制剋)한다는 뜻이다.

20) 食神이 年月에 있으면 조상 덕이 있다.

21) 食神이 日時에 있으면 처덕이 있고, 자식 덕도 많다.

22) 食神이 공망이 되면 성패(成敗)가 무상하다. 또한 직업이 보잘 것 없다.

23) 食神이 3개 이상 있으면 가난하고 몸이 허약하며, 父母와의 인연이 적다. 이런 때에 偏印을 만나면 凶이 吉로 변함으로써 오히려 발복한다.

24) 男命에 食神이 많고 七殺이 적으면, 몸이 허약하고 자식이 없으며, 만약 있다 해도 없는 것과 같다.

25) 食神과 偏印이 같이 있으면, 도식(倒食)이 되어 평생 가난하고 고단하며, 남의 밑에서 굴욕적인 생활을 하고, 일을 성취할 수가 없으며, 시작은 잘하나 끝을 못 맺고, 몸이

항상 피곤하다.

26) 사주 내에 偏印은 있고, 食神이 지장간에 암장(暗藏)되어 있으면, 어려서 젖이 부족하고, 食神이 약하고 偏印이 많으면. 말년에 먹을 것이 없고, 음식물로 인해서 죽음을 당한다. 이런 때 偏財가 있으면 偏印을 제압함으로서 흉이 변하여 길로 변한다.

27) 女命에 食神이 많으면, 호색(好色)하고 첩이 아니면 기생(妓生)이나 스님 또는 과부팔자이다.

28) 女命에 食神이 偏印과 같이 있으면, 독수공방(獨守空房)으로 고독하고 빈곤하다.

29) 女命에 食神과 偏印이 나란히 있으면, 산액(産厄)이 있고 자식과의 인연이 박(薄)하다.

30) 食神이 七殺(偏官)과 동주하면 평소에 불평불만이 많고, 재난이 있으며 평생 고생이 많고 화를 잘 낸다. 자식이 있으면 도리어 장애가 많고, 남에게 미움을 받기 쉽다.

31) 食神이 七殺(偏官)을 제살(制殺)하는데 偏印을 만나면, 반드시 재난을 당하고, 가난하지 않으면 단명하다. 만일 편인이 겁재를 보면, 반드시 요절(夭折)한다. 도식(倒食)이란 食神과 偏印이 같이 있는 것을 말한다.

32) 食神이 있고 양인(羊刃)이 거듭 있으면 평생 고생이 많다.

33) 食神이 刑/冲하면 어려서 젖이 부족하고 일찍 어머니와 떨어져서 살게 되고, 평생 동분서주하면서 바쁘게 산다. 여자는 낙태수술도 해 본다.

34) 食神이 病, 死, 絶, 沐浴 등과 같이 있으면, 자식이 불효하고 나 또한 극자(剋子)한다.

35) 食神이 묘(墓)와 같이 있으면 단명하다.

36) 食神이 있으면 身弱해도 偏印을 싫어한다.

37) 己亥, 乙巳, 癸巳日生처럼 干支가 암합(暗合)하면, 변화에 능함으로서 도식(倒食)을 두려워하지 않는다. (亥中 甲, 巳中 庚, 巳中 戊 등이 日干과 干合된 例)

38) 食神이 日支를 冲하는 凶神과 같이 있거나, 건록을 剋하거나 또는 空亡과 같이 있으면, 재화(災禍)가 집결한 것이니, 만사가 허무하다. (例: 甲子日이 丙午 혹은 丙申日이 戊寅 등으로 日支를 冲하는 경우)

39) 食神이 많으면 음식을 즐기고, 食神이 약하고 偏印이 왕성하면, 단명하지 않으면 재난을 겪는다. 또한 편식(片食)을 하게 된다.

40) 食神은 劫財를 보면 좋아한다. 겁재는 식신의 어머니로서 食神을 생하는 희신이 되기 때문이다. 그러나 비견, 겁재가 많으면 오히려 길성이 흉성으로 변한다.

41) 食神과 傷官은 여명에서 보면, 자녀의 별이다. 신강사주에 식신이 왕하고, 재성이 있어 식신생재(食神生財)하면 재물 복이 있고, 자녀도 현명하다.

41) 食神과 偏印이 동주하면 도식(倒食)이 되어 평생 가난하다.

42) 食神이 印綬나 官星이 많으면 食神의 힘이 감소해지므로 복력이 적다.

43) 食神이 財星을 좋아하나, 재성이 많은 것을 싫어한다. 이유는 재성이 많으면 食神이 설기당하여 약해지기 때문이다.

44) 月支에 食神이 있으면, 성격이 온순하고, 예의가 바르며, 총명하다. 그러나 食神이 命中에 많으면 오히려 신경이 예민하고, 짜증을 잘 낸다.

45) 身旺하고 食神이 약하면, 食傷運에 발달한다. 그러나 命中에 比劫이나 印星이 많으면 身旺運에 되는 일이 없다.

4. 상관통변(傷官通變)

(1). 傷官의 原理

傷官은 日干이 生해주는 五行으로서 日干과 陰陽이 다른 것을 말한다.

예를 들면 甲日干은 丙火를 보면 陽이 陽을 만나 食神이 되고, 甲日干이 丁火를 만나면 陽이 陰을 만나므로 傷官이 된다.

乙이 丙을 보거나, 丙이 己를 보며, 丁이 戊를 보고, 戊가 辛을 보며, 己가 庚을 보는 것 등은 모두 상관이 된다.

食神은 소원대로 이루어지는데 반해서, 傷官은 매사 소원대로 되지 않아 고충이 많다.

女命은 남편을 官星으로 본다. 관성은 나를 보호하고 부양하는 보호자이기 때문이다. 여명에 상관이 있으면 덕이 적고, 남편 덕이 없다고 판단한다.

그러나 상관도 喜神이 되면 오히려 吉神으로 변하기 때문에 통변에 따라 길흉을 판단하여야 한다.

이와 같이 傷官을 일률적으로 흉하다고 판단하는 것은 傷官의 통변법을 모르고 하는 말이다.

상관의 작용은 日干을 설기(泄氣)하는 작용과, 財星을 생하는 능력과, 印星에 대항하는 작용과 正官을 상해(傷害)하는 작용을 겸한다.

(2). 傷官의 性格

月支에 傷官이 있으면 재능이 뛰어나고, 총명하며, 사리에 밝고, 경우가 분명하다.

또한 시시비비를 잘 따지고 부당하고 불공평한 것을 보면 참지를 못하고 따진다. 옳지 못한 것을 보면 상사(上司)이든, 강자(强者)이든 간에 정면으로 비판하고, 공격하며 반항한다.

자존심이 대단해서 비위에 거슬리면 참지를 못한다. 그리고 남의 잘못은 용납하지 못하고, 흑백(黑白)을 분명히 가리는 성격이다.

또한 남을 얕 보고 멸시하며 오만하다. 강자에게는 불복하나, 약자에게는 동정하는 성격이다.

(3) 傷官과 十神관계

1) 傷官과 比肩, 劫財

傷官은 比肩과 劫財의 기운을 설기하는 소모 작용을 한다. 身旺사주에 비견, 겁재는 凶神이 되므로 凶神을 제거하는 傷官이 천하일품이다.

그러나 身弱할 때에는 비견, 겁재가 吉星이므로 吉星을 설기하는 상관이 흉성이 된다.

이러한 상관도 財星을 만나면 상황이 달라진다. 재성은 상관의 열매로서 그 열매를 얻은 상관은 食神으로 변하여 풍요한 의식주를 만나므로 자급자족한다.

傷官은 꽃은 화려해도 열매가 없는 헛꽃(虛花)인데 재성을 만나면 열매를 얻게 되니 불만이 없어지고 화기가 돌게 된다.

比肩, 劫財는 日干과 동기(同氣)로서 忌神인 경우, 동업이나 집단적인 일로 인해서 크게 실패를 저지르고 항상 시기하고 질투하는 속성이 있는데 반하여, 傷官이 나타나면 비겁이 오히려 반기며 친구와 동기간의 합작 또는 동업으로 재능과 성공을 가속화한다.

2) 傷官과 食神

食神은 자연적인 생산 활동이므로 힘이 들지 않으나, 傷官은 인공적인 생산 활동이므로 힘이 들고 땀 흘려 생산하므로 피로하고 소모가 심하다.

사주 내에 食神과 傷官이 같이 있으면 식신은 상관으로 변하고 신경이 곤두서고 극도로 날카로워 진다.

그러나 身旺四柱에 식신과 상관은 자기 능력을 발휘하는 기회요 수단이다. 이는 생산적인 투자이며 최고의 기회이다.

食傷은 財를 생산하는 수단과 기회이다. 食傷은 꽃이요, 財는 그 열매이다.

3) 傷官과 傷官

상관이 상관을 보면 기고만장하고 초고속으로 가속화함으로서 평지풍파를 일으킨다. 법을 어기거나 불의의 사고를 일으켜서 수난을 당한다.

4) 傷官과 財星

傷官은 슬기와 재치로서 기술적으로 생산한 인공(人工)의 꽃이요, 財星은 꽃을 파는 시장(市場)이다.

食神이 재성을 만나면 시장을 소유하고 있으므로 저절로 꽃을 팔아 돈을 버는데 반해서, 傷官은 시장이 없어 소비가 되지 않고 돈을 벌 수 없다.

그러나 재성을 만나면 시장을 발견하고 상품을 팔아 큰 돈을 벌게 되었으니 어찌 기쁨을 감출 수 없다.

그러므로 상관이 재성을 보면 상품을 팔수 있는 시장을 소유하게 되므로 얼어붙었던 가슴이 봄날처럼 화사하게 녹아내리고 문자 그대로 한곡회춘(寒谷回春) 격이다

5) 傷官과 正官

상관과 정관은 마치 불과 물의 사이다. 법도(法度)를 무시하는 상관은 정관을 거침없이 공격하고 파괴한다.

안하무인격으로 질주하는 무법의 자동차가 신호등을 무

시하고 그대로 돌진하는 것과 같다.

　상관은 정관의 칠살로서 정관이 상관을 보면 고양이 앞에 쥐 격이다. 개인적으로는 상관이 월등한 강자이지만 사회적으로는 정관이 압도적인 국가의 배경을 가지고 있다.

　나라와 정부가 무법자를 그대로 묵인하거나 용납할 리는 없다. 그 결과는 형벌이 기다리고 있다.

　상관이 재성을 만나면 정관을 파괴할 수 없으며, 재성이 정관을 생부하므로 관성은 비로소 법을 집행할 능력을 갖게 된다.

　6) 傷官과 偏官(七殺)

　상관이 무법의 폭주자라면 편관은 무서운 호랑이와 같다. 법과 예의를 지키는 정관에게는 속도위반하는 상관이 골치 아픈 무법자로서 언제나 말썽이지만 상관이 편관을 만나면 같은 무법자끼리 손잡고 달리는 격으로 서로가 힘이 된다.

　편관이 상관을 만나면 꼼짝 못하고 순종하는 동시에 공경하고 따른다. 무법자인 편관을 다스리는 것은 오직 상관 밖에 없다. 日干을 극하는 편관을 다스리는 상관을 日干이 오히려 치하하고 기뻐한다.

　상관이 편관을 무찔러서 일등공신이 되는 것이 아니고 도리어 상관이 편관의 권력과 야합(野合)해서 천하의 권세를 잡고 부귀영화를 누리는 것이다.

　7) 傷官과 正印(印綬)

　印綬는 상관의 칠살로서 인수를 본 상관은 고양이 앞에 쥐처럼 순종하는 동시에 印綬의 교화(敎化)에 의해서 도덕

적 성향으로 전향한다. 즉 상관이 食神으로 개과천선하는 것이다.

상관의 기질이 해소되고, 인수의 덕성을 기르며, 식신처럼 원만한 성격으로 돌아감에 따라 파란 많은 풍파는 사라지고 잔잔한 평화를 누린다. 인수는 자비롭고 베풀기를 즐기며 온갖 힘을 길러준다.

그러나 印綬보다 상관이 강한 경우에는 인성의 영향은 크게 감퇴되고 상관의 기질과 본성을 그대로 고수한다.

왜냐하면 형식적인 上下의 체통보다 중량과 힘의 우열로서 실질적인 체통을 유지하기 때문이다.

인성이 왕성하면 상관이 순응하지만, 상관이 왕성하면 인수의 지배를 받지 않는다.

신왕하고 상관이 허약하다면 상관을 기르고 강화시키는 비견 겁재나 상관의 왕지를 만나는 것이 급선무이다.

그러나 신왕하고 상관이 허약한 때에는 인수를 가장 싫어하는 동시에 만약에 인성을 보는 경우에는 만사가 와해되고 침체된다.

8) 傷官과 偏印

상관은 인공적인 생산수단이요, 편인은 인공적인 의식주이다. 즉 자연적으로 생산하는 것이 아니고 머리와 재치로서 생산하기 때문에 힘든 생산이다.

상관은 편인을 父母로 삼고 그에 의지하며, 편인을 보면 기뻐한다. 상관이 편인을 보면 서로가 개과천선하고 온화해지는 동시에 생기를 얻고 활기를 띤다.

본래 상관은 머리가 비상하고, 편인은 눈치가 빠르다. 머리가 비상한 상관은 눈치가 비범한 편인이 아니고서는 다를 수 없듯이, 눈치 빠른 편인은 머리가 비상한 상관이 아니고는 감당할 수 없다.

서로가 눈치와 재치로 먹고 살아가는 불우한 신세인지라 그들은 쉽게 친하고 서로 동정하며 의지할 수 있다.

(4). 傷官의 通變

1) 日干이 왕하고, 재성이 약하면 상관이 희신이 된다. 이유는 상관이 日干의 기운을 설기시키므로 길하고, 약한 재성을 생조하므로 상관생재(傷官生財)하여 부명(富命)이 된다.

2) 傷官은 正官이 있으면 재난이 빈번히 일어나지만, 사주 내에 官星이 없으면 재난은 없고 오히려 청결하다. 그러나 運에서 관성을 만나면 관재구설은 피할 수 없다.

3) 身旺하고 傷官이 많으면 종교인, 예술가, 음악가로서의 천재적 소질이 있으므로 그 방면에서 크게 출세할 수 있다.

4) 傷官이 있고 官星이 없으면 身旺地나 財運에서 반드시 발달한다.

5) 身旺하고 財旺하며 印星이 강한데, 傷官을 보면 富貴한다.

6) 日支에 傷官이 있고, 時支에 財星이 있으면 소년기에 출세한다.

7) 傷官이 七殺(偏官)을 보면 도리어 功을 세우고 권세를 잡는다.

8) 傷官은 財星을 기뻐하나, 印星을 쓰는 경우에 도리어 財星을 두려워한다.

9) 傷官이 印星을 보면 장수(長壽)하고, 財星을 쓰면 富를 누린다. 그러나 劫財는 멀리해야 한다.

10) 甲日干이 命中에 傷官이 있고, 寅午가 있으면 名利를 떨친다. 그러나 財官運을 두려워하고, 戌運에는 생명이 위태롭다.

11) 乙日干이 신왕하고 傷官이 있으면 財運을 기뻐하고, 만사가 호전된다. 그러나 水가 많으면 좋지 않다.

12) 丙日干이 신왕하고 傷官이 있으면 財旺運을 기뻐하며, 복덕을 누린다. 그러나 水運을 두려워하며, 水運에는 만사가 허사가 된다.

13) 丁日干에 傷官이 있으면, 七殺運이나 印星運에 반드시 발복한다. 그러나 거만한 것이 흠이다.

14) 戊日干은 傷官이 있으면 財運을 기뻐하고, 金水運을 가장 싫어한다.

15) 己日干은 傷官이 있을 경우, 身旺하고 傷官이 약하면 財運을 기뻐하고, 官殺運에는 재화(災禍)를 만나는 동시에 名利가 뜬구름과 같다.

16) 庚日干은 傷官이 있으면, 正官을 기뻐한다. 官殺運에는 도리어 발신하고, 財星을 기뻐한다.

17) 辛日干은 傷官이 있고 申子辰, 水局을 이루면 상관상

진격(傷官傷盡格)이라 해서 도리어 貴命이 되고 印星을 기뻐한다.

18) 壬日干은 상관이 있으면 木運을 두려워하고, 관살운에는 재난과 원한이 발생한다.

19) 癸日干이 상관이 있으면 관성을 두려워하고, 관살을 싫어하며, 만일 관살이 있고, 재운으로 향하면 재난이 겹치고 크게 실패한다.

20) 傷官이 많으면 단명하고, 거듭 傷官을 만나면 큰 재난을 겪는다.

21) 身弱하고 傷官이 있으면 병든 말이 달리는 격인데, 거듭 傷官을 만나면 평지풍파를 일으키고 가정상 풍파도 끊이지 않는다.

22) 傷官이 있고 印綬가 없으면 욕심이 많고, 傷官은 있고 財星이 없으면 기교(技巧)는 있으나 가난하다.

23) 傷官이 劫財를 보면 재물을 위주로 처를 얻으며, 마음이 비뚤고 버릇이 없는 무뢰한이다.

24) 傷官이 三合을 이루거나 羊刃, 劫財를 만나면 조상의 이름을 더럽힌다.

25) 傷官이 많고 財星이 없으면 재치와 예술에 뛰어나고, 기민하나, 거만하고 음험(陰險)하다. 모사(謀事)는 잘 하나, 한 가지도 성사되는 일이 드물다.

26) 傷官運에는 구설이 많고, 질병과 관재 또는 손재 등 재액(災厄)이 많으며, 男子는 극자(剋子)하고, 女子는 극부(剋夫) 또는 파연(破緣)한다.

27) 傷官運에 刑冲을 보면 만사가 일장춘몽이요 자칫하면 유명(幽明)을 달리한다.

28) 傷官이 官星을 보고 다시 歲運에서 官星을 거듭 만나면 반드시 변고가 있다. 질병이 발생하고 만일 형충파해가 겹치고 심한즉 악사(惡死)한다.

29) 傷官이 있고 官星이 없는데, 官星運을 만나면 안질이나 재난이 발생한다.

30) 月支傷官이 傷官運에 들면 반드시 망하고, 天干傷官이 傷官運에 가면 도리어 발신(發身)한다.

31) 年干支에 모두 傷官이면 질병이 있고, 단명하여 富해도 오래가지 못하고, 末年에 고생이 많다.

32) 時에 傷官이 있으면 자식이 완고하고 어리석으며, 후사(後嗣)를 잇기가 어렵다.

33) 年月에 傷官이 거듭 있고, 劫財가 있으면 가난하고 천한 가문에서 출생하고 평생 고생이 많다.

34) 年과 時에 傷官이 있으면, 남녀간에 剋子하고, 日支에 傷官이 있으면 妻子가 온전하지 못하며, 뜻은 높으나 기예(技藝)와 재능이 없고, 성급하고, 단견(短見)하며, 말이 교묘하고 거짓을 잘하며, 妻妾때문에 수난을 겪는다.

35) 年과 日支에 傷官이 있고, 歲運에서 거듭 傷官을 보면 얼굴에 부상(負傷)을 당하며, 日支傷官이 歲運에서 傷官을 만나도 그와 똑 같다.

36) 傷官이 官星을 보거나, 官殺이 혼잡하면 호색(好色)하고 다음(多淫)하다.

37) 日時에 傷官과 劫財가 있으면, 먼저 富하고, 뒤에 가난해 진다.

38) 干支가 모두 傷官인 경우, 年에 있으면 단명하고, 富함이 짧으며, 月에 있으면 형제로부터 버림받고, 부부이별하며, 時에 있으면 子息을 잃고, 末年이 박복하다.

39) 傷官이 羊刃과 같이 있으면, 노비(奴婢)가 되고, 死와 같이 있으면 우유부단(優柔不斷)하며, 질투가 심하고 父母를 剋한다.

40) 女命에 傷官이 偏印과 같이 있으면, 남편과 자식을 剋한다.

41) 女命에 傷官이 官星을 보면 剋夫하고, 혹 정부(情夫)를 갖게 된다.

42) 女命에 傷官이 太旺하고 財星이 없으면 중혼(重婚)하고, 食神과 偏印이 같이 나타나면 자식을 잃고 남편 또한 망한다.

43) 女命이 年에 傷官이 있으면 산액(産厄)이 있고, 단명하며, 日支에 羊刃(丙午日)이 있으면 남편이 반드시 악사(惡死)한다.

44) 女命에 傷官이 많으면, 혼담에 반드시 곡절과 장애가 있고, 부부간에 생리사별의 슬픔이 있으나, 空亡이 되면 해소된다.

45) 傷官과 正官, 食神과 正財 등이 혼합되면 반드시 색정과 질투가 심하고 탐욕(貪慾) 또한 한이 없는 어리석은 위인이다.

46) 傷官이 劫財를 보면 가난하고 마음이 바르지 못하며, 거짓과 속임수가 많은 믿을 수 없는 위인이다.

47) 상관은 사흉신(四凶神) 중의 하나이므로 인성으로 상관의 흉을 극하거나, 재성으로 설기하는 것이 좋다.

48) 傷官과 偏印이 같이 나타나면 자식이 객사하거나 겁쟁이거나 어리석다.

49) 신약사주에 상관이 명중에 있는데, 다시 상관 운을 만나면 재해가 많다.

50) 여명에 상관이 중중(重重)하면 남편과 생사 이별하는 팔자이다.

5. 재성통변(財星通變)

(1). 財星의 原理

財星은 正財와 偏財를 총칭하는 말이다. 재성은 의식주를 생산하는 기본수단이다. 인간은 나면서부터 먹어야 살기 때문에 생산수단은 인간의 기본조건이다. 이를 얻은 자는 살고, 잃은 자는 죽는다.

생산수단은 자연적인 것과 인공적인 노력으로 이루어지는 것이 있다. 그리고 자기 소유인 사유재산과 남의 소유인 타인재산의 두 가지가 있다.

자연적이고 자기소유인 생산수단은 정당하고 합법적인 재산이라고 해서 正財라 하고, 인공적이고 타인의 생산수단은 부당하고 상술적인 재산이라 해서 偏財라고 한다.

正財는 장기적인 안목과 고정된 안정을 목표로 하여 단계적이고 계획성있는 설계를 치밀하게 세우고, 시종일관하여 추진하고 관철하며 투기업 같은 불안정하고 비생산적인 것은 멀리하며 착실하고 안정된 투자만을 한다.

그러나 偏財는 남의 자본과 남의 생산수단을 빌리고 융통해서 생산을 하려면 사교성이 있고, 신용이 풍부하며 수단과 요령이 비범해야 한다.

正財는 타고난 물질과 자본이 풍부함으로서 자기 본위로 행동하는 데 반하여 偏財는 빈손과 머리만을 가지고 살아야 하므로 타인 본위로 행동해야 한다.

偏財는 돈을 벌기 위해선 수단과 방법을 가리지 않는다. 그래서 편재는 투기를 즐기고 투기에 능하다.

正財는 자기 자본만을 활용함으로서 실패는 적으나 큰 부자가 되기는 어려운데 반해서 偏財는 천하의 자본을 동원하고 이용함으로서 일약 거부로 둔갑할 수 있는 것이다.

재성은 정인과 편인을 극하고, 정관과 편관을 생하며, 식신과 상관의 생조(生助)를 받는다.

재성은 남자에게는 처첩과 재물로 보는데 日干이 약하면 마치 어린 아이가 결혼을 하는 것과 같고, 허약한 환자가 돈 벌려고 애쓰며, 경제활동을 하는 것과 같다.

신약한 日干은 사주 내에서 재성이 왕 하거나, 행운 중에서 재성을 만나면 불리하고, 이와 반대로 신강하고 재성을 만나면 재물을 능히 감당할 수 있으므로 부귀를 누릴 수 있다.

(2). 財星의 性格

月支에 正財가 있으면 정직하고 성실하며 총명하다. 그러나 경제적으로 매우 타산적이며 인색하다. 이유는 자기 재물이므로 아끼고 낭비를 모른다. 특히 辰戌丑未의 고(庫)중에 있는 財는 더욱 인색하다.

사주 내에 正財가 3개 이상 있으면 偏財로 변하게 되고, 재물에 대한 욕심이 많고 성격은 조급하다.

月支에 편재가 있으면 재물을 가볍게 생각하며, 남에게는 베푸는 성격이다. 또한 낭비벽(浪費癖)이 있다.

(3). 財星과 十神관계

1) 財星과 比肩

財星은 재물이다. 재물은 반드시 소유자가 있고, 지배권자가 있기 마련이다.

比肩은 日干의 형제로서 재물의 분배권을 주장할 수 있다. 재물의 실제적인 소유자는 日干인데, 比肩이 분배를 요구하므로 日干으로서는 比肩을 미워하게 되고 항상 의심하고 경계하게 된다.

身旺하고 財旺하면 형제가 요구하는 대로 분배하므로 서로 다정하고 화목하지만, 만약 財가 弱하면 형제간에도 인색하고 시비가 일어난다.

따라서 서로 미워하고, 싫어하며, 시기하고, 질투하며 항상 형제간에 적대시한다.

그러므로 財星과 比肩이 사주 내에 같이 있으면 항상 불안하고 초조하며 신경을 곤두세우는 온갖 장애가 발생한다.
 이 比肩을 견제하고 감시하려면 법을 지키는 正官이 필요하며, 정관이 호재자(護財者)의 역할을 해야 한다.
 比肩과 財星이 있는데 正官이 있으면 比肩은 꼼짝을 못하여 온전하게 재물을 보호하게 된다.
 比肩이 둘 이상이면 劫財로 변한다. 즉 比肩이 재물을 겁탈하는 劫財로 변하게 된다.
 2) 財星과 劫財
 比肩이 온순하고 합법적인 경쟁자라면, 劫財는 사납고 비합법적인 약탈자이다. 합법적인 분배가 아니라 강제로 겁탈하는 무법자이다. 즉 겁재는 도둑이자 재물을 강탈하는 겁탈자이다.
 재성이 겁재를 만나면 마치 고양이 앞에 쥐 꼴이다. 比肩은 친형제인데 반하여 劫財는 이복형제이므로 성격이 거칠고 무법과 겁탈을 즐기며 투기와 모험을 일삼는다.
 따라서 겁재는 직장생활이나 소규모사업은 눈에 차지 않는다. 놀 때 놀고 굶을지라도 벌 때는 일확천금을 노린다.
 3) 財星과 食神
 재성은 돈이요, 食神은 財를 생산하는 수단이다. 食神은 자연적인 생산활동이므로 하늘에서 내리는 천연과실이므로 의식주가 풍부하다.
 그러나 병든 환자가 생산 활동을 할 수 없듯이 食神과 財星을 감당하려면 반드시 身旺함을 전제로 한다. 병든 身弱者가 돈을 번다는 것은 그림의 떡이다.

身弱者에게는 재성이 흉신이듯이 그 재성을 생산하는 食神은 더욱 흉신이다. 그것은 돈을 생산하는 것이 아니라 질병과 재난과 손재를 가져온다.

身旺하고 財旺할때 食神이 있으면 돈을 벌 수 있는 기회와 활동무대가 자연스럽게 마련되는 것이다.

4) 財星과 傷官

食神이 천연과실(天然果實)이라면, 傷官은 인공적(人工的)인 과실(果實)이다. 상관은 자연적인 자원(資源)을 누리지 못하는 대신, 인력(人力)으로 자원을 개발할 수 있는 두뇌를 타고 남으로서, 자원의 인공생산에 비범한 재능을 가지고 있다.

상관은 머리로서 생산함으로 머리가 개발되는 반면에 과로와 체력이 약화된다. 체력이 食神보다 훨씬 더 소모되는 만큼 재물을 생산하는 데는 월등한 건강이 필요하다.

그러므로 身旺者만이 상관생재(傷官生財)할 수 있으며, 身弱者는 머리로서 돈을 벌기는 하지만 食神과 같이 큰 부자가 되기 어렵다.

5) 財星과 財星

재성은 돈을 벌 수 있는 시장(市場)이요, 남자에게는 아내의 별이다. 재성이 재성을 보면 두 개의 시장을 뜻하고, 두 아내를 거느리는 형국이다.

신왕하고 상품을 생산하는 食神이 있는데 시장(市場)이 두 개라면, 이는 새로운 시장의 개척으로 발전을 의미하고, 동서남북에서 돈을 벌고 치부하는 부를 의미한다.

그러나 생산 공장을 의미하는 食神이 없거나, 두 개의 시장(財星)을 개척하는 身旺者가 아니면 자기 상품도 없이 시장만 있는 형국이라 소득은 기대할 수 없다.

사주 내에 재성이 3개 이상 있으면 여러 시장을 전전하며 장사를 하는 형국으로 이 시장, 저 시장을 돌며 바쁘기만 하고 소득은 적다.

또 재성이 여럿이면 직장이나 업종을 여러 번 바꾸게 되고, 성패(成敗)가 무상함을 암시한다. 어느 것 하나 뜻대로 되는 것이 없고 이득이 적으며, 실패가 많은지라 이것저것 손을 대보지만 성사되거나 일관성 있게 진행하기는 어렵다.

그리고 사주 내에 재성이 많으면 남자는 아내가 여럿이므로 금실이 원만치 못하고, 불평과 불만이 많아 새로운 여인을 만나고, 바꿔 보지만 역시 만족을 느끼지 못하고 이 여자 저 여자와 관계를 맺고 전전하는 것이다.

身旺者는 두 여자, 세 여자를 거느려도 능히 감당할 수 있으나, 身弱者는 단 한 여자도 거느릴 수 없음으로 금실이 좋지 못하고, 불평과 불만이 쌓여 사이가 벌어지고 등지게 되며, 새로운 여자를 찾게 된다.

日干을 자동차에 비유한다면, 재성은 돈이요 화물인데, 자동차는 화물이 있어야 운행하고 돈을 벌 수 있다.

자동차가 크고 튼튼한 身旺者는 화물이 많을수록 좋지만, 자동차가 허약하고 부실한 身弱者에게는 화물을 감당할 수 없는 짐 덩어리로서 부담만 된다.

그러므로 재성은 신왕자에게는 재산이요 돈인데 반하여

신약자에게는 오히려 부담이 될 뿐이다.

6) 財星과 官星

재성을 겁탈하는 것이 比肩과 劫財라면, 官星은 재성을 겁탈하는 比肩과 劫財를 통제하고, 재성을 지켜주는 보호자로서 호재자(護財者)이다.

身旺하고 財旺하면 재물을 지켜주는 官星이 필요하다. 관살이 있어야만 재물을 비견과 겁재로부터 보존하고 도둑을 막을 수 있다. 따라서 재성이 관성을 대동(帶同)하면 富와 貴를 겸전(兼全)한다.

官星은 주인공의 생명과 재산을 안전하게 보장할 뿐만 아니라 재산을 안전하게 관리하고 생산과 이득을 극대화시킴으로써 부를 크게 증대시키는 동시에 주인공의 사회적 지위와 명성을 천하에 떨칠 수 있다.

사주가 身弱하고 財旺한데 관성이 있으면 財生官, 官剋我하여 日干이 더욱 쇠약해지므로 물질적 손실과 정신적 타격을 크게 받는다. 재물을 빼앗기고 망신을 당하며 평생 고통을 면하기 어렵다.

7) 財星과 印綬

財星은 日干의 아내요, 印綬는 日干의 生母다. 아내가 남편을 독차지 하는 것이 상식이듯이, 어머니 또한 자식을 독점하려는 것이 상식이다.

서로가 독점하려는 데서 고부지간(姑婦之間)에 의견이 상반되고 갈등이 발생하며 서로 시기하고 질투한다.

그러나 신약사주는 후견인이 필요하므로 인수의 도움이

필요하고, 신왕사주는 어머니의 후견이 필요 없고 자립할 수 있으므로 인수 보다 재성이 필요하다.

즉 身旺者는 財星을 만나면 반갑고, 身弱者는 인성을 만나면 기뻐한다.

8) 財星과 偏印

재성은 편인을 다스리는 칠살이다. 재성이 편인을 보면 편인의 나쁜 기질을 바로 잡고 인수의 인자한 어머니로 바뀌므로 선한 양으로 변한다.

6. 편재통변(偏財通變)

日干이 剋하는 五行으로서 陰과 陰, 陽과 陽이 만나면 偏財가 된다. 즉 甲이 戊를 보면 偏財가 되는데, 甲과 戊는 陽과 陽으로서 편중(偏重)되고 편고(偏枯)하니 偏財가 되듯이, 乙日干이 己를 보거나, 丙日干이 庚을 보면 偏財가 된다.

陰과 陽은 相生하니, 유정(有情)한 관계로서, 상부상조하는데 반해서 陰과 陰, 陽과 陽은 서로 相剋함으로서 무정(無情)한 관계이며. 대립하고 반목한다.

偏財는 이해타산에 능하고, 수완과 요령이 비범하며, 융통성과 임기응변이 뛰어나다.

正財는 자기재(自己財)인데 반하여, 偏財는 타인재(他人財)라고 할 수 있다. 偏財는 금전융통을 잘하므로 빈손으로 만금을 희롱하고 일확천금을 노리므로 큰 돈을 벌지만 낭비가 심하다.

신왕사주에 偏財가 있으면 상업이나 기업가로서 성공한다. 男命에 偏財가 天干에 투출(透出)하면 술과 女子를 좋아하고, 재물을 가볍게 여기지만, 인정이 많아 남을 잘 도와준다.

신왕사주에 偏財가 왕성하면 복록(福祿)이 많고, 또 正官을 보면 금상첨화(錦上添花)이다.

왜냐하면 官星은 財星을 보호하는 호재자(護財者)이기 때문이다. 즉 財星의 적(敵)인 比肩, 劫財를 통제하고, 財星을 지키는 까닭이다. 그러나 偏財가 많으면 印星을 剋하므로 어머니가 위험하다.

사주간명(四柱看命)의 대 원칙은 日干의 강약(强弱)과 喜神의 强弱을 반드시 대조해서 판단하여야 한다.

즉 日干의 强弱과 財星의 왕쇠(旺衰), 강약(强弱), 태과(太過), 불급(不及)을 대조해서 간명하여야 한다.

財星의 喜神은 食神, 傷官이고, 財星의 忌神은 比肩과 劫財이다. 財星의 忌神인 比肩과 劫財를 극제(剋制)하는 것은 官殺이다. 官殺이 있으면 忌神을 제거하고, 財星을 수호한다. 이러한 관살을 구신(救神)이라 한다.

1) 偏財는 성품이 담백(淡白)하면서 의로움에는 돈을 아끼지 않는 성격이고 돈과 女子와의 인연이 많은 동시에 근신(謹愼)하지 않으면 도리어 재난을 당한다.

2) 편재는 타인재(他人財)로서 금전융통을 잘하므로 사업가나 기업가는 정재보다는 편재가 있는 것이 좋다.

3) 正財는 자기의 피와 땀으로 모은 재산이므로 절약하고 아끼지만 偏財는 타인재(他人財)이므로 아끼고 절약하지 않고 낭비가 심하다.

   4) 月支에 偏財가 있으면 가장 좋은 것이다. 그러나 時上에 劫財가 있으면 부(富)함이 오래가지 못하니 먼저 富하고 뒤에 가난하다.

   5) 年月에 財星이 없고, 日時에 財星이 있는 동시에 有力하면 자수성가로 末年에 반드시 대성한다.

   6) 月干支에 모두 偏財가 있으면 객지에서 성공하고, 身旺者는 財運에 반드시 발복한다. 그러나 너무 재물을 탐하면 도리어 재물 때문에 패가망신하게 된다.

   7) 干支에 偏財가 있으면 재물과 여자와의 인연이 많고, 경제수완이 비범하여 장사와 경영을 잘 한다.

   8) 時上에 偏財가 있고, 身旺하면 時上偏財格으로 크게 出世한다.

   9) 身旺하고 偏財가 있으면, 상업과 실업에 적합하며 財運에 발복한다.

   10) 日干과 財星이 모두 왕성하면 官星을 기뻐하고, 官運에 반드시 名利를 떨친다. 반대로 比肩, 劫財運을 만나면 재성을 극하므로 명리(名利)가 모두 허사가 되고, 偏官運에 신상의 변동과 비방을 받는다.

   11) 偏財가 왕성하고 吉星이 있으면 아버지가 현명하고 이름을 떨치며, 食神을 얻으면 父子가 다 같이 유복하다.

   12) 身旺하고 偏財가 旺하여 生官하면 富貴를 겸전(兼全)

한다.

13) 偏財는 正官을 크게 기뻐하고, 偏官七殺을 가장 싫어한다.

14) 偏財가 長生과 같이 있으면 父子가 화목하고 아버지의 유산을 받으며, 父子 모두 장수한다.

15) 偏財가 建祿과 같이 있으면 아버지가 반드시 발복하고 아버지의 음덕(陰德)을 크게 누리며, 아버지가 장수(長壽)하는 반면에 부부가 불화하고, 첩을 사랑하며 본처를 싫어한다.

16) 時上에 偏財가 하나이고 유력하면 영화롭고, 부귀가 쌍전(雙全)한다.

時干이나 時支중에 偏財一位가 있는 것이 좋다. 물론 身旺을 요하고 극하면 안 된다.

17) 生月에 辰戌丑未月이 되고 지장간으로 財가 되면 재물이 암장되어 누구도 탈취하지 못하므로 순수한 자기 재물이 된다.

사주 내에서 刑/冲이 되면 창고(倉庫) 속에 있는 재물을 충개(冲開)하여 창고를 열게 되므로 財福을 얻고, 刑/冲이 없으면 行運에서 刑/冲을 만날 때 富하게 된다.

18) 偏財가 많으면 다욕다정하고 주색(酒色)을 즐기며, 本妻는 돌보지 않고, 妾을 더 사랑하며, 양자(養子)의 인연이 많고, 객지에서 출세한다.

19) 男子는 풍류(風流)를 즐기고, 女色을 탐(貪)함으로서 여난(女難)이 많고, 거짓말을 잘 하며, 女子는 아버지와 시

어머니 때문에 고생이 많다.

20) 남녀간에 외지(外地)에서 발달한다.

21) 年干에 偏財가 比肩과 同柱하면, 아버지가 반드시 타향에서 객사(客死)한다. (甲日干이 戊寅年生일 때)

22) 時에 偏財가 있고 比肩, 劫財가 있으면 반드시 가산(家産)을 탕진하고 상처(傷妻) 혹은 손처(損妻)하게 되며, 심한 경우 형벌을 당한다. 만일 行運에서 다시 또 比肩, 劫財를 만나면 반드시 전답을 팔고, 상처한다.

23) 四柱天干에 偏財가 있으면 재물을 가볍게 생각하고, 의로움을 중시하며, 술보다 女色을 즐긴다. 만일 偏財가 命中에 두 개 있으면 妾을 사랑한다.

24) 偏財가 天干에 노출(露出)되면 妾만을 편중하여 사랑하고, 印星을 剋하며 풍파(風波)가 발생한다.

25) 偏財가 七殺과 같이 있으면 아버지의 인연이 적고, 노고가 많으며 女子로 인해서 산재(散財)함이 많다.

26) 偏財는 比肩, 劫財와 같이 있는 것을 가장 두려워하고 반드시 실패한다.

27) 陽日干에 偏財가 있고, 劫財를 보면 반드시 아버지가 실패한다.

28) 食神이 偏財를 生하면 妾이 반드시 本妻를 능가(凌駕)한다. 그러나 正財가 왕성하면 本妻가 妾을 용납하지 않는다.

29) 偏財가 比肩, 劫財와 同柱하면 父子간에 불화하고, 아버지가 질병이 있으며, 본인은 색정관계로 재난을 당한다.

30) 偏財가 干合하면 妾이 음란(淫亂)하고 정조를 지키지 않는다.

31) 偏財가 沐浴과 같이 있으면 아버지가 풍류를 즐기고, 남의 집 養子로 들어가거나 객지로 나가게 된다.

32) 辰戌丑未의 지장간에 偏財가 있으면 父星이 고중(庫中)에 있다고 하여 父는 타향에서 사망한다. 또 偏財의 父星이 十二運星上 墓에 있으면 早失父하거나, 말년에 父運이 쇠퇴하며 일생에 번뇌가 많고, 아버지의 덕을 누릴 수 없다.

33) 偏財가 死나 絶과 같이 있으면 아버지가 쇠퇴하고, 유산이 없으며 아버지가 병약(病弱)하고 곤궁하며, 서로 흩어진다. 그리고 官殺이 혼잡하면 어려서 일찍이 어머니와 떨어져 산다.

34) 偏財가 空亡이면 父德이 허망하거나, 早失父하며 父子가 서로 떨어진다.

35) 偏財가 刑/冲되면 아버지가 다치고 유산이 없으며 있어도 패한다. 만일 妾을 얻으면 반드시 재난을 당하나 偏財가 三合이면 도리어 吉하며 食神, 傷官을 보면 좋다.

36) 偏財가 沐浴을 보면 父子가 풍류를 즐기고, 正財든 偏財든 財星이 干合하면 妻妾이 간음(姦淫)을 한다.

7. 정재통변(正財通變)

正財는 日干이 剋하는 五行으로서 陰과 陽, 陽과 陰이 만나는 관계이다. 예를 들면 甲日干이 己를 보면 陽과 陰

의 관계로서 正財가 된다. 陽과 陰은 有情하고 합법적인 관계이다.

甲과 己는 干合한다. 干合한다는 것은 두 사람이 일심동체(一心同體)로 부부관계이므로 나의 妻星인 것이다.

月支에 正財가 있으면 부지런하고, 성실하며 정직하다. 돈을 정당하고 합법적으로 열심히 벌고 저축한다. 이것을 自己財라고 한다.

자기 힘으로 모은 재산이기 때문에 안전하고 확실한 투자가 아니면 거들떠보지 않으며, 일확천금을 바라는 투기와는 거리가 멀다. 그래서 실수가 적고, 실패하는 일이란 없다.

正財가 喜神이면 개미와 꿀벌처럼 부지런하고 보증수표처럼 신임이 대단해서 평생 의식주가 완전하고 잘 사는데 반해서 正財가 忌神이면 허욕이 많고, 투기를 즐기며 신용이 없고, 거짓과 사기에 능함으로서 직장인으로서는 부적합하다. 따라서 실패와 파산이 뒤따르고 평생 돈과 빚에 쫓긴다.

四柱에 正財가 많으면 여색(女色)을 탐하고, 여자로 인하여 재산을 파하고, 印綬인 어머니를 극함으로서 어머니 덕이 없고, 어머니와 일찍 이별하는 사주이다.

또 身弱사주에 正財가 많으면 妻가 가권(家權)을 쥐게 되고, 妻로 인하여 재난이 생긴다. 이런 사람은 가정밖에 모르는 사람으로서 정직하고, 성실하며 세심한 성격이다.

그러나 正財와 偏財가 혼잡하면 본처 외에 첩이나 애인

이 있는 사주로서 잘못하면 이혼하는 팔자이다.

직업은 안정된 수입이 보장되는 직장생활이 적당하고, 투기나 불규칙한 직업을 선택하면 실패할 확률이 매우 높다.

月支에 정재가 있으면 인품이 단정하고, 정직하며, 성실하고 총명하다. 그러나 좀 인색하고 계산적이다. 또한 마음이 착하고, 원만하며 검소하고 절약하며 저축심이 강하다.

1) 正財는 자산과 신용, 번영과 명예를 관장하고, 복록이 풍부하며, 정신력이 왕성하고 정의감이 강하며 의협심이 강하고 사회공론을 존중하며, 배우자를 비롯한 인연과 인복이 있으나, 주색을 즐기는 경향이 있다.

2) 身弱하고 財旺하면 比劫運이 좋고, 이와 반대로 身旺하고 財弱하면 財旺運에 발달한다.

3) 身旺하고 財가 生官하면 부귀를 얻고 명리(名利)가 향상된다.

4) 年柱에 正財가 있으면 조부가 부귀한 사람이요, 年月에 正財 또는 正官이 있으면 반드시 부유한 집안에서 출생하고 조업(祖業)을 상속한다.

5) 正財가 月干에 있으면 검소한 절약가이다.

6) 日時에 正財. 正官이 있으면 능히 자립하고 자연히 부귀한다.

7) 時干에 正財가 있으면 부귀한 집을 이루나, 성격이 조급하고, 刑/冲이 없고 유력하면 반드시 아름다운 처를 얻고 좋은 자식을 두며, 부모의 재산을 얻고, 재산이 풍족하며 데릴사위로 치부하는 경향이 많다.

8) 正財가 地支에 있으면 많은 재화(財貨)를 깊이 저장하고 月支에 財官이 있고 天干에 노출되지 않아도 복이 있다.

9) 月支에 財星이 없다 해도 年日時支에 財星이 있으면 吉하다.

10) 月支에 正財가 있으면 財星이 득령(得令)한 것이니 일찍 부자 집 숙녀와 결혼한다.

11) 月支의 財星은 득령(得令)이라 하고, 日支의 財星은 득지(得地)라 하며, 時支의 財星은 득세(得勢)라 한다.

12) 財星이 日支에 得地하면 아내로 인해서 부자가 되고, 財星이 時支에 있으면 成財할 수 있다.

13) 財星은 月支의 得令을 上格으로 하고, 日支의 得地를 中格으로 하며, 時支의 得勢를 下格으로 삼는다.

14) 正財는 지장간에 있어야 풍부하고, 天干에 노출되면 뜬 구름처럼 부동(浮動)한다.

15) 官星은 나타나고 財星은 지장간에 있으면 벼슬이 높고 이름을 떨친다.

16) 正財가 食神을 보면 반드시 처덕이 있다.

17) 正財가 正財와 같이 同柱하면 처의 마음이 강하다.

18) 官星과 財星이 있거나, 財生官하면 반드시 집을 다스릴 수 있는 유능한 현처(賢妻)를 얻는다.

19) 年支에 正財가 있고 有力하면 반드시 祖業을 상속하고 번영하나, 剋이되면 빈곤하다.

20) 時支에 正財가 있고 충파(沖破)가 없으면, 반드시 아

름다운 처를 얻고 뜻을 이루며, 재물을 얻고 현명하며, 귀한 아들을 얻는다.

21) 女命에 財官印이 충파가 안 되면, 재색(才色)을 겸한다.

22) 財星이 강하면 富하고, 財生官하면 스스로 영화를 누린다.

23) 財旺하고 生官하는 자는 재물로 명리를 얻는다.

24) 財星이 왕지에 있으면 인복이 많고, 財旺 生官하면 귀(貴)는 적으나 부(富)는 많다.

25) 財官이 다 같이 왕성하면 아버지의 자산을 얻고, 관직에서 크게 출세한다.

26) 財星이 有力하면 처세가 원만하고 여유가 있다.

27) 財旺하면 비록 比肩을 만나도 무방하다.

28) 身旺하고 財星이 묘지(墓地)에 이르면, 주인공은 재물을 모으고, 아내는 인색하여 재물을 지킨다.

29) 身旺하고 財旺하면 귀하지 않으면, 큰 부자가 된다.

30) 財星이 長生과 같이 있으면 자영업(自營業)으로 성공한다.

31) 財星과 印星이 日柱의 좌우에 있으면 父母가 무두 건전하다.

32) 財星이 四孟(寅申巳亥)과 같이 있으면 처가 현명하고, 기쁨을 준다.

33) 時支에 建祿者는 財星이 있으면 유복하고, 財星이 없으면 반드시 가난하다.

34) 正財가 많으면 인정과 색정으로 산재(散財)하고, 어머니를 극하며 생가(生家)를 계승하기 어렵다.

35) 正財가 墓와 同柱하면 인색한 구두쇠이다.

36) 正財가 많으면 탁(濁)하고, 어리석으며, 財多하고 印星이 死와 同柱하면 일찍이 어머니와 생사 이별한다.

37) 財多하고 身弱하면 정신을 헛되이 쓰고, 머리를 짜내지만 재물을 모을 수 없으며, 귀가 얇아서 한쪽 말에 기울기 쉽고 속삭이는 버릇이 있으며, 印綬와 比肩을 기뻐한다.

38) 財多身弱하고 印綬가 약하면, 학문을 해도 고생을 면하기가 어렵다.

39) 財旺하고 身弱하면 처가 주권(主權)을 잡고 가정을 지배한다.

40) 月支의 財가 絶地에 해당하면, 처의 내조가 없고, 현명하지 못하다.

41) 正財가 투간(透干)하고 比肩, 劫財가 있으면 마치 여러 사람이 재물을 쟁탈하는 형국이므로 도리어 가난하다.

42) 正財와 偏財가 혼잡하면 官殺로 化하게 된다. 또 正財가 沐浴과 同柱하면 처첩이 다정하여 정조를 지키지 않는다.

43) 正財가 比肩을 보거나 衰, 墓, 絶, 沐浴 등과 同柱하면 처가 반드시 병약하거나 어리석고 혹은 재가(再嫁)한다.

44) 四柱에 比肩이 三合成局하면 처가 반드시 변심하거나, 극처하게 된다.

45) 比肩이 建祿과 同柱하면 처가 부정하다. 가령 甲日

干이 甲寅을 보면 一妻, 二夫格이니 妻가 바르고 정숙할 수 없다.

46) 財星과 比肩이 같이 同柱하면 처의 몸이 반드시 허약하다.

47) 正財가 官殺을 생하여 官殺이 왕성하면, 처가 반드시 남편을 억누르니 남편이 아내를 두려워한다.

48) 陰干支는 正財를 아버지로 삼으니, 正財를 위협하는 劫財를 보면 반드시 아버지가 다치고 父運이 쇠퇴한다.

49) 正財가 劫財와 同柱하면 早失父하거나, 父運이 쇠퇴하여 가난하다(예: 甲日干이 己卯를 만날 때).

50) 正財가 印綬와 같이 있으면 뜻을 이룰 수 없다.

51) 正財가 많고 印綬가 財와 같이 있으면 어려서 어머니가 다친다.

52) 먼저 財星이 있고 뒤에 印綬가 있으면 吉命이요, 먼저 印綬가 있고, 뒤에 財星이 있으면 염치를 모르는 凶命이다.

53) 四柱에 財星이 없으면 財運을 만나도 외화내곤(外華內困)이요, 유명무실(有名無實)하다.

54) 財多 身弱者가 財官運을 만나면 재물을 도둑맞고, 몸을 다쳐서 재난이 발생한다.

55) 月支 財官은 刑/冲를 싫어한다. 만일 刑/冲하고 양인(羊刃)을 만나면 생명이 반드시 위험하거나 재난을 겪는다.

56) 正財가 絕地에 있으면 부모와 처자의 인연이 적고, 여자는 남편의 인연이 적다(예: 辛日干이 甲申을 볼 때, 甲

은 正財, 申은 甲의 絶地이다).

57) 財官이 絶地나 敗地(沐浴)에 있으면 고독하고 빈곤하며 만사가 막힌다.

58) 正財가 墓와 같이 있거나, 墓運에 들면 처에게 재난이 있거나 사별(死別)한다.

59) 正財가 空亡이 되면 재물을 모을 수 없고, 末年에 반드시 패하며, 처와의 인연이 적고, 끝내 뜻을 이루지 못하는 사람이 된다.

60) 財星이 空亡이면 만혼(晚婚)하고, 부부가 원만치 못하며 집안에 풍파가 발생하고 심한즉 극처(剋妻)한다.

61) 財官이 모두 空亡이면, 中年에 자식을 잃고 상처한다.

62) 正財가 목욕(沐浴)과 같이 있으면 아내가 호색(好色)한다.

63) 正財가 과다(過多)하면 도리어 가난하다.

64) 正財가 印綬를 보고 印星이 과다하면 음란하고, 천하다.

65) 正財가 印綬를 극파(剋破)하면 시어머니와 며느리 사이가 불화한다.

66) 財官이 모두 沐浴에 앉아 있으면 中年에 성공하기 어렵고 죽기 쉽다.

67) 日干은 太强한데 財官이 약하면 비한(貧寒)하다.

68) 財星이 七殺(偏官)과 작당하면 어려서 요절(夭折)하기 쉽다.

69) 財星은 七殺을 미워하고, 七殺을 보면 가난하다.

70) 財旺하고 身弱한데 食傷을 보면 생명이 위태롭다.

71) 財旺하고 身弱하면 財로 인해서 목숨을 잃는다.

72) 月柱의 財星이 劫財를 보면 일생 가난하다.

73) 財官이 墓地에 이르면 자식을 잃지 않으면 상처(喪妻)한다.

74) 財星이 弱하고 劫財를 만나면 풍류를 즐기고, 유랑방탕(流浪放蕩)한다.

75) 財星이 空亡이면 바람처럼 옮겨 다니고 표류(漂流)한다.

76) 財星은 傷官을 기뻐하고 比肩, 劫財에 임하면 아버지를 잃고 집을 파한다.

77) 財星과 印星이 혼잡하면 고단하다.

78) 財星과 印星이 부딪치면 풍파를 겪는다.

79) 歲運에서 財星이 羊刃을 만나면 財로 인해서 재화(災禍)를 겪는다.

80) 財星을 破하면 전답(田畓)을 팔고 타향에서 동분서주한다.

81) 정재와 편재가 사주 내에 3개 이상 혼잡하면 남녀 불문하고, 색난(色難)이 많으며 가정풍파가 심하다.

82) 四柱 地支에 正財, 偏財가 3개 이상 나란히 연좌(連坐)해 있으면 반드시 유첩사주(有妾四柱)이다.

83) 月支에 正財가 있고, 天干의 五行과 干合이 되면, 품행이 단정하지 못하고 남편을 멸시한다.

84) 月支에 있는 財星이 印綬를 극하면 처는 시어머니와

불화한다.

85) 女命에 官星이 있고, 食傷을 만나면 관성이 극을 당하므로 부부불화가 생기는데, 命中에 재성이 있으면 食傷이 生財하고, 재성이 生官하여 통관시키므로 남편을 극하지 못한다.

86) 비겁이 재성을 극하나, 지장간에 숨어 있는 암재(暗財)는 극하지 못한다.

8. 편관통변(偏官通變)

(1). 偏官의 原理

日干을 剋하는 五行으로서 陰과 陰, 陽과 陽이 만나면 편관이 된다.

甲日干이 庚을 만나면 偏官이 되고, 乙日干이 辛을 만나면, 또 丙日干이 壬을 만나면, 丁日干이 癸를 만나면 偏官이 된다.

陽과 陰이 만나면 마치 남녀관계로서 서로 有情하고 화합(和合)하는데 반해서, 陽과 陽, 陰과 陰이 만나면 서로 미워하고 반목(反目)하는 관계이다.

正官과 偏官을 官殺이라고 칭하는데, 官殺은 日干을 극하지만, 日干을 생하는 印星을 生助하며, 財星에 의해 生을 받는다.

그러나 사주가 신강하면 관살로서 日干을 제극(制剋)해 주어야 좋다.

日干에서 일곱 번째 나타나는 天干으로서 칠충(七冲)이라고 하고, 또는 칠살(七殺)이라고도 한다. 陰과 陽은 상생(相生)함으로서 유정(有情)한데 반해서 陰과 陰, 陽과 陽은 상극(相剋)관계로서 무정한 관계이다.

正官은 有情한 부아자(扶我者)요, 고용주인데 반해서, 偏官은 무정한 고용주이다. 편관은 성급하고 사나우며 영웅적인 기질이 있다.

예의나 법에 구애받지 않고, 권위적이고 비약적인 직분과 출세를 추구한다. 무골형(武骨型)이고 호전적(好戰的)이며, 진취적이고 능동적이다.

그래서 군인, 경찰, 언론계, 헌병, 수사관, 체육계에 적성이고, 문관이나 평범한 일반직은 부적합하다.

정관과 편관은 日干의 보호자로서 나를 고용하고 부양하는 고용주이기도 하다. 편관이 양인살(羊刃殺)이나 괴강살(魁罡殺)과 함께 있으면 군인으로서 공훈을 세운다.

여자사주에 편관이 많으면 남자가 많은 형상으로 결혼을 여러 번 하거나, 화류계로 나가기 쉽다.

偏官은 호랑이의 체질과 기질을 가진 자만이 누릴 수 있다. 그 야성적이고 포악한 호랑이 같은 용맹자를 칠살(七殺)이라 한다.

七殺은 살생(殺生)으로 먹고 산다. 상대가 눈에 띄면 번개처럼 달려가서 호식(虎食)한다.

그 악독한 七殺을 착한 偏官으로 만드는 데는 두 가지 방법이 있다. 즉 무기(武器)로서 강압적으로 굴복시키는 방법과, 덕(德)으로서 교화(敎化)시키는 방법이 있다.

즉 무서운 七殺을 食神으로 다스리는 식신제살(食神制殺)시키는 방법이 있고, 어질고 착한 印綬로 칠살의 못된 기질을 감화시켜 덕성으로 체질을 개선시키는 살인상생(殺印相生)시키는 방법이 그것이다.

그러나 식신제살(食神制殺)할 때는 사주 내에 印綬가 있어 화살(化殺)하는 것을 싫어하고, 殺印相生할 때는 食神이 제살(制殺)하는 것을 싫어한다..

(2). 偏官의 性格

月支에 偏官이 있으면 의리는 있으나, 성급하고 남을 시기하거나 얕 보는 성질이 있다.

또한 남을 이용하고 자기의 목적을 달성하기 위해서는 수단과 방법을 가리지 않는 성격이다. 그리고 모험을 즐긴다.

(3). 偏官과 十神관계

1) 七殺과 比肩

七殺은 호랑이요, 比肩은 日干의 형제이다. 호랑이를 日干 혼자서 감당할 수 없을 때는 형제와 합세하면 능히 호랑이를 퇴치할 수 있다.

比肩은 형제와 동기간 그리고 친구와 이 세상 모든 사람이 比肩이므로 인인성사(因人成事)하니 인덕과 후견인의 도움으로 큰일을 성취할 수 있다.

그러므로 칠살을 감당하려면 반드시 身旺四柱이어야 천하를 호령할 수 있으나, 반대로 身弱四柱는 칠살을 감당할 수 없으므로 권위가 없고, 호사다마(好事多魔)격으로 형제간에 쟁탈전이 벌어지게 된다.

신왕한데 칠살이 약하면 財運이나 七殺運을 만나면 권세를 떨칠 수 있으니 초년에는 출세 길이 없고, 중년이 지나서야 벼슬길이 열린다.

2) 七殺과 劫財

劫財는 대담하고 용감하며 모험과 호기심을 즐긴다. 겁재는 칠살과는 陰과 陽이 만나므로 男女와의 관계로서 다정하고 서로 아낀다.

身弱四柱에 칠살을 보면 겁재가 칠살을 합거(合去)하여 칠살의 기질이 없어지므로 겁재가 日干에게는 구세주와 같다.

그러나 身旺四柱에 七殺이 喜神인 경우에는 劫財에게 소중한 권위와 명성을 도둑맞는 격이니, 평생 자기의 권위와 명성을 뜻밖의 침입자에게 빼앗기게 된다.

3) 七殺과 食傷

食神은 능히 칠살을 호령하고 다스릴 수 있다. 食神은 日干의 힘을 설기함으로서 칠살이 하나 있을 때는 통제가 가능한데, 칠살이 둘 이상 있을 때는 食神이 칠살을 감당할 수 없다. 이런 경우에는 칠살의 기운을 설기하고, 일간을 생부(生扶)하는 印綬를 써야 한다.

이에 반하여 傷官은 칠살과 陰과 陽이 배합되어 한 쌍의 부부와 같다. 그러므로 상관과 칠살은 의좋고 다정하며 평화롭다.

　食神과 칠살은 서로 상극함으로서 무력을 쓰고 힘을 빼야 하지만, 傷官은 힘 안들이고 칠살을 다스릴 수 있다.

　그 칠살은 상관의 원하는 대로 능력과 권위를 과시하고 日干에게 충성함으로서 대업을 이룩할 수 있다.

　상관과 칠살은 원래 불충스러운 사흉신(四凶神)이지만, 두 흉신이 합심하여 개과천선하고 日干에게 충성을 다하니 전화위복(轉禍爲福)이요, 뜻밖의 행운이라 하겠다.

　상관이 칠살을 보면 사나운 호랑이가 꼬리를 내리며 상관에게 순종하게 되니, 이를 상관가살(傷官駕殺)이라고 한다.

　호랑이에게 멍에(駕)를 올려놓은 것처럼 안전하게 칠살을 다스릴 수 있고, 강제 아닌 애정과 법도로 칠살을 다스리니 법을 지키는 동시에 최대의 충성으로 공을 세우는 것이다.

　그러나 칠살이 약하거나 상관이 무력하면 권위와 공훈이 부실하다.

4) 七殺과 財星

　칠살은 다루기 힘든 야생마로서 재치 있게 印綬로 길들이거나, 아니면 食神으로 칠살을 묶는 것이 급선무이다.

　그러나 命中에 재성이 있으면 印綬는 혼비백산하여 도망치고, 식신은 재성을 보면 食神의 원기를 빼앗김으로서 무능해 진다.

반면에 칠살(偏官)은 財星을 보면 힘이 용솟음치니 호랑이는 안하무인격으로 日干을 박해하고 달려든다.

5) 七殺과 正官

七殺(偏官)이 正官을 보면 관살혼잡(官殺混雜)이라고 한다. 이는 정관이 칠살을 보는 것과 똑 같은 것이다.

관살이 혼잡하면 모두 칠살로 변하여 日干의 신임을 얻기 위하여 서로 시기하고, 질투하며, 중상모략하니 경제적 파탄이 불가피하다.

관살이 혼잡할 때, 성인군자 같은 印綬가 나타나면 관살의 혼잡을 막고, 어질고 착한 덕성을 길러준다면 전화위복이요, 태평성세라 하겠다.

食神은 칼이요, 印綬는 덕성이니 칠살이 하나일 때는 食神으로 능히 다스릴 수 있으나, 칠살이 여럿일 경우에는 食神으로서는 힘이 부족하여 안 되고, 印綬만이 덕성으로 칠살을 다스릴 수 있다.

6) 七殺과 印星

七殺은 용감한 무관이요, 印綬는 자비롭고 덕망이 높은 선비와 같다. 무관은 칼을 보면 용기가 치솟고 맹호로 돌변하지만, 印綬의 미소와 덕망 앞에 스스로 고개를 숙이고 원만하며 자비로운 선비와 같다.

그러나 偏印은 덕성 아닌 재치의 별로서, 칠살을 덕으로서 요리하는 것이 아니라 눈치와 재치로서 멋지게 다루는 것이다.

만사를 공평하고 진실하게 다루며, 지성으로 日干을 섬기는 印綬에 비하여 偏印은 만사를 임기응변으로 재치 있게 다룬다는 것은 결코 신중한 태도가 아니다.

특히 편인은 재치는 있으나 아량과 관용이 부족하고 인내심이 약하며, 성급하게 서둘고 의심이 많음으로서 주위와의 조화가 원만치 못하고, 질투와 중상을 받는 나머지 日干의 신임이 두텁고 자리가 높아지면 적이 생기고 누명과 모함으로 억울한 실패를 당한다.

그러므로 편인으로서 칠살의 권위와 명성을 누리는 자는 독보적인 분야를 선택하고 개척하는 것이 급선무요 대성의 요결이다.

따라서 군인이나 언론계, 종교, 철학, 문학, 의술, 학술, 역학 등 아무런 제약이 없는 독립적인 분야로 진출하는 것이 가장 안정되고 영구적인 각광을 누릴 수 있다.

(4). 偏官의 通變

1) 편관은 사흉신(四凶神)중의 하나이므로 반드시 食神의 극제(剋制)와 印星의 생화(生化)가 필요하다.

2) 食神으로 제살자(制殺者)는 무관(武官)으로서 출세하고, 인성으로 화살자(化殺者)는 文官으로 출세한다.

제살자(制殺者)란 食神이 偏官을 제극하는 것을 말하고, 化殺者는 偏官을 印綬로 相生시키는 것을 말한다.

3) 制殺者는 병권(兵權)을 잡고 변방(邊方)에서 공훈(功勳)을 크게 세운다.

4) 身强하고 殺强하면 비범한 人物이다. 만일 財星과 印

星이 있으면 財物과 복녹(福祿)이 많고 하늘에서 내린 대들보 감이다.

5) 七殺이 旺한데 比肩, 劫財가 旺하면, 화살위권(化殺爲權)이라 해서 능히 권세를 누릴 수 있으며, 印綬運에 이르면 크게 부귀한다. 그러나 반대로 관살운을 만나면 재난이 잇달아 소용돌이친다.

6) 身强하고 殺弱하면 가살위권(假殺爲權)이라 해서, 七殺이 正官노릇을 하고 財殺運에 발복한다.

7) 日支에 建祿이 있고, 七殺이 得令한 경우 四柱에 食神, 傷官이 없고, 七殺이 三合하여 印綬가 되면 殺印相生이라 해서 크게 권세를 누린다.

예를 들면 甲寅日, 庚申月生이 命中에 火가 없고, 申子辰 三合水局한 경우이다.

8) 七殺은 武官이요, 양인(羊刃)은 병기(兵器)이니 군인은 칼을 차야 위엄이 있고 칼은 군인을 만나야 쓸모가 있다.

편관은 있고 양인이 없으면 칼 없는 군인이니 권위가 없고, 인성은 있고, 편관이 없으면 무용지물로서 출세를 못하며, 편관과 양인이 겸전(兼全)하면 위엄이 천지에 떨친다.

9) 殺印相生者는 가난한 집안 출신으로 크게 출세하며 권세를 누린다.

10) 七殺이 天干에서 식신제살(食神制殺)되고, 地支가 합이 되면 子孫이 많고, 크고 높은 녹(祿)을 받는다.

11) 年干에 있는 偏官을 剋하면, 노발대발하여 재난을 당한다.

12) 月柱에 七殺이 있고, 身强하면 天下의 장상(將相)이 된다.

13) 年月에서 食神이 七殺을 制殺하면, 반드시 귀자(貴子)를 얻는데 좀 늦어진다.

14) 日支에 七殺이 있으면 천원좌살(天元座殺)이라고 하며, 제살(制殺)함을 기뻐하고, 身旺 또는 印綬, 比肩運에 발복한다.

15) 時上에 七殺이 있고, 天干에서 制殺하면 시상일귀격(時上一貴格)이라 해서 권세를 누리고 貴子를 낳는다.

그러나 七殺이 또 있으면 재난이 발생하고 평생 고생이 많으며, 성격이 강직하고 불굴하여 융통성이 없다.

16) 時上食神이 制殺하고, 七殺의 地支가 合이 되면, 자손이 많고 번창한다.

17) 食神이 制殺하면 의식(衣食)이 풍족하다.

18) 月支에 七殺이 있고 制化되면, 평생 정직하고 근심이 없으며, 무사하고 직위가 천하일품으로서 높은 관직에 오른다.

19) 偏官이 得令하고 制化되면, 正妻로서 남편 덕이 크다.

20) 女子가 七殺이 長生과 同柱하면 반드시 貴한 남편을 얻는다.

21) 七殺은 羊刃으로 冲함을 기뻐한다.

22) 七殺이 지장간에 숨어 있으면 身旺해야 名利를 떨친다.

23) 身强하고 偏官이 弱하면 財星이 있어야 吉命이다. 이

에 반하여 身弱하고 七殺이 强하면 財星은 七殺을 도와 더욱 身弱하고, 七殺은 旺하므로 가난하지 않으면 단명하다.

24) 偏官이 喜神이면 正官이 없고 偏官만 있으면 순살(純殺)이라고 하여 制化가 적당하면 富命이다. 그러나 正官이 있어서 官殺이 혼잡하면 천명(賤命)이다.

25) 偏官은 食神의 制와 印綬로 化하는 두 법칙이 있다. 制는 실력으로 항복케 하는 것이고, 化는 德으로서 七殺을 교도(敎導)하는 것이므로 制보다는 化하는 것이 좋다. 그러나 制化가 같이 있는 것은 좋지 않다.

26) 正官格보다는 偏官格이 格局이 좋으면 발달이 빠르다. 또 직위도 향상된다.

27) 時上의 七殺은 冲과 羊刃을 두려워하지 않는다. 冲은 制와 同一한 것이므로 冲하면 制는 좋지 않다. 制가 있으면 冲을 원하지 않는다. 日時에 七殺이 있으면 타향에서 성공한다.

28) 日支에 偏官 또는 偏財가 있고, 他柱에 正官 또는 正財가 있어 正偏이 혼잡하면 男女 모두 자유결혼 또는 연애결혼을 한다.

29) 七殺은 弱한데 食神이나 印綬가 太過하면 위인이 무기력하고 고독하며 만사가 막히고 가난하다.

30) 七殺이 旺한데 制가 없으면 父子간에, 형제간에 서로 흩어지고 고독하다.

31) 七殺이 弱하고 財 또한 弱하면 평생 벼슬길을 바쁘게 찾아다닌다.

32) 七殺이 있는데 制가 없으면 적의 복병(伏兵)이나 불의의 습격을 당하기 쉽다.

33) 七殺이 있는데 印綬가 없으면 출세하기 어렵고, 印綬가 있으면 재성을 싫어한다.

34) 七殺과 偏印이 强하면 平生을 타향에서 바쁘게 산다.

35) 七殺이 年月에 있고, 食神이 日時에 있으면 자식 운이 부족하고, 食神이 年月에 있고 七殺이 日時에 있으면 조실부모한다.

36) 七殺을 이중, 삼중으로 제압하면 아무리 문장이 뛰어나도 끝내 출세하지 못하고 가난하다.

37) 身弱하고 七殺이 弱하면 남자는 뜬구름처럼 떠돌아다니고, 女子는 배우나 타-렌트 등 기예(技藝)에 능하다.

38) 身弱하고 七殺이 强한데 財星을 보면 가난하지 않으면 短命하다.

39) 身弱한데 七殺이 만반(滿盤)이면 극빈(極貧)하거나 요절한다.

40) 身旺하고 七殺이 强한데, 制가 없으면 七殺運에 失敗한다.

41) 身弱한데 七殺이 중중하면 평생 損財하고 고단하다.

42) 食神制殺하는데 偏印을 만나면 호랑이의 고삐가 끊어지니 도리어 쫓기는 몸이 되고, 가난하지 않으면 短命한다. 偏印이 食神을 만나면 도식(倒食)이 되기 때문이다.

43) 身弱하고 七殺이 强하면 재난이 많은데, 다시 官旺地로 向하면 신액(身厄)과 형액(刑厄) 등이 잇달아 일어나고

수명까지 잃는다.

44) 年月에 七殺이 있고, 他柱에 七殺이 많으면 官殺運에 큰 변을 당한다.

45) 七殺은 日時에 있는 것을 두려워한다. 時柱에 있으면 반드시 자식이 적고, 폐륜아(悖倫兒)나 하극상하는 자식을 낳는다. 그러나 制殺하면 도리어 아들이 많고, 貴子를 낳는다.

46) 七殺이 絶地에 있으면 男子는 平生 고단하고 자식과의 인연이 적으며 생남해도 일찍 죽는다. 女子는 남편 덕이 없고 남편 또한 불운하다.

47) 七殺이 중중하고, 劫財가 많으면 아버지가 객지에서 사망한다.

48) 身弱하고 七殺이 强하면 중도에서 갑자기 위기에 직면하러나 죽거나 한다.

49) 女子가 七殺이 正官과 同柱하고, 比肩, 劫財가 있으면 자매간에 반드시 한 남편을 두고 서로 다툰다.

50) 女子가 官殺이 혼잡하면, 정조관념이 없고, 색정으로 인하여 재난이 생기며, 제화(制化)가 안 되면 창부(娼婦) 또는 첩의 팔자이다.

51) 女子가 偏官이 있는데 正官을 만나면 정조를 잃기 쉽다.

52) 女子가 七殺이 沐浴과 同柱하면 양귀비와 같이 미인이며, 음란(淫亂)으로 인하여 죽는다.

53) 女子가 七殺이 正官과 同柱하고 또 官星을 보거나 官

星이 三合되면 음란하여 누가 남편인지 분간하기 어렵다.

54) 女子가 사주 내에 七殺(偏官)이 다섯 개 있으면 창부(娼婦)의 팔자이다.

55) 官殺이 重重하고 財星이 없으면 妻가 능히 내조할 능력이 있으나 부부간에 불화하고 해로하기 어려우며, 시부모를 공경(恭敬)하지 않고 예의가 없으며 부권(夫權)을 탈취(奪取)한다.

56) 年月에 官殺이 혼잡하면 인품이 천격이다.

57) 官殺이 刑/冲되면 단명하다.

58) 七殺이 偏印을 보면 妻의 혈기(血氣)가 고르지 못하고, 질병이 많으며 허약하고 자식을 다산(多産)한다.

59) 旺한 七殺이 墓에 들어가는 것을 두려워한다. 大運에서 다시 墓에 들면 사망하는 것은 틀림없다.

60) 偏官格으로 羊刃이 있어 七殺과 干合하면, 財星이 많은 것을 싫어한다. 財가 많아 七殺을 生하면 旺殺이 되어 단명하다.

그러나 印綬를 보면 장수하는 명이다. 왜냐하면 財星은 七殺을 生하고, 七殺은 印綬를 生하며, 印綬는 日干을 도와서 생생불식(生生不息)하는 까닭이다.

61) 時上에 偏官이 있고, 日時에 食神과 偏印이 있으면 도식(倒食)이 되는데, 妻에게 산액(産厄)이 있다. 그러나 偏財가 있으면 이러한 걱정은 없다.

62) 日支에 偏官이 있으면 성급하고 냉정하다. 그러나 制化하면 행복하다.

9. 정관통변(正官通變)

(1). 正官의 原理

日干을 극하는 五行으로서 陰과 陽이 만나는 것을 正官이라고 한다. 즉 甲日干이 辛을 만나면 正官이듯이, 乙日干이 庚을, 丙日干이 癸를, 丁日干이 壬을. 戊日干이 乙을, 己日干이 甲을, 庚日干이 丁을, 辛日干이 丙을, 壬日干이 己를, 癸日干이 戊를 만나면 正官이 된다.

正官은 陰과 陽의 남녀관계로서 서로 다정하고 상부상조한다. 그러나 偏官은 陰과 陰, 陽과 陽의 관계로서 여자와 여자, 남자와 남자끼리의 만남으로서 서로 시기하고 질투하며, 싸우는 관계이므로 무정한 관계이다.

官星은 생명과 재산을 보호하는 법과 질서이다. 특히 정관은 정당한 법과 질서로서 법률과 질서를 잘 지키고 순응한다.

예의와 법을 생명처럼 지키는 것이 정관이다. 수완과 요령과 남의 지원으로 출세하는 것을 용납하지 않는다. 정당하게 자기 실력으로 승진하고 출세한다.

정관은 身旺해야 하고, 身弱하면 정관을 감당할 수 없으므로 불리하다. 正官은 印綬를 가장 좋아한다. 身旺한데 正官이 약하면 재성의 생부(生扶)를 기뻐한다.

또한 正官은 偏官과 혼잡함을 제일 싫어하는데, 편관의 칠살을 제살(制殺)하는 食神이 있으면 거살유관(去殺留官)하므로 食神을 좋아한다. 그러나 상관은 정관을 직접적으로 난투극을 벌리므로 가장 싫어한다.

(2). 正官의 性格

月支에 正官이 있으면 사람됨이 정직하고 총명하며, 검소하고 낭비를 싫어한다. 법과 질서를 지키면서 교과서대로 산다.

그러나 정관이 많거나, 관살이 혼잡하면 한 가지 일에 몰두하지 못하고 정신이 산만하다.

따라서 정관은 도량이 넓고, 품위와 인격이 탁월해서 만인의 귀감이 되고, 군자의 품격을 가지고 있다.

(3). 正官과 十神관계

1) 正官과 比肩

正官이 比肩을 보면 정관은 반으로 분할되는 동시에, 日干과 比肩이 서로 정관을 독점하려는 다툼이 발생한다. 정관은 벼슬의 별인데. 벼슬을 놓고 서로 싸우는 형국이다.

하나의 감투를 놓고 서로 다투고 나누게 되니 취직을 하고, 승진을 하는 데도 항상 경쟁과 대결자가 나타나고, 평생을 통해서 허다한 기회를 比肩에게 빼앗기는 경우가 많다. 그 만큼 출세가 느린 동시에 벼슬길도 높을 수가 없다.

여자의 경우는 정관이 남편의 별이다. 남편 하나를 두고, 두 여인이 나누고 경쟁하니 평화롭게 양보할 수 없다.

두 여인은 서로가 남편을 독점하려고 서로 시기하고 질투하며 서로 모략하고 중상하기를 서슴지 않는다.

日干이 比肩보다 강하면 본처의 비중이 크고, 比肩이 日干보다 강하면 소실(小室)의 비중이 크다.

그 強弱은 地支의 十二運星으로 결정한다. 예를 들면 日柱가 甲寅이고, 比肩이 甲申이면 일주는 건록(建祿)이고, 比肩은 절지(絶地)에 있으니 일주가 강하고 본처가 우위를 차지한다.

그러나 比肩이 항상 忌神이 되는 것은 아니다. 신왕한데 비견이 있으면 백해무익한 식객(食客)이요 장애물이지만, 身弱하고 관성이 왕하면 比肩이 日干의 구세주와 같이 기뻐한다. 모든 것은 상대적인 가치를 가지고 있듯이 十神 역시 吉凶이 상대적이다.

2) 正官과 劫財

劫財는 본래 남의 재산과 처를 겁탈하고, 또한 정관의 벼슬도 빼앗아가는 못된 별이다. 대담하고 모험과 투기를 즐김으로서 상속재산을 독점하거나, 벼슬과 출세에도 뜻밖의 요행수가 따른다.

그러나 사주가 身弱하면 겁재가 희신이 되는데, 이런 경우 오히려 겁재로 인해서 정관을 다스리고 횡재할 수 있다.

진학하고 승진하는 데도 남의 기회를 자기 것으로 만드는가 하면 상사(上司)를 위협하고 요직을 차지하는 수완도 비범하다.

3) 正官과 食神

食神이 왕하고 正官이 약하면, 정관이 허약해지므로 官運이 없다. 食神은 편관뿐 아니라 정관에 대해서도 통제역할을 한다.

正官이 가장 두려워하는 것은 傷官과 偏官이다. 편관을 보면 관살혼잡이라 해서 마치 한 여자가 두 남자를 거느리는 것과 같이 불화가 일어나고 이별을 암시한다.

그 칠살(偏官)을 제거할 수 있는 유일한 별이 食神이다. 이것을 식신제살(食神制殺)이라 한다.

그러므로 정관과 식신이 사주 내에 있으면 칠살이 침범할 수 없음으로서 관살이 혼잡할 수 없다.

그러나 정관이 지나치게 왕하면 日干이 身弱하게 되므로 이 때에는 食神으로 정관을 통제하고 조화시키므로 食神이 日干의 喜神이 된다.

4) 正官과 傷官

傷官은 正官을 정면으로 공격한다. 상관은 유아독존처럼 매사 자기주장대로 처리하므로 주위에 적이 많다.

상관은 머리가 비상하고 총명하며, 예리하므로 남의 간섭과 지배를 용납하지 않을뿐더러 상사나 연장자에 대해서도 바른 말 잘하고, 비판하기를 서슴지 않는다.

그러므로 특히 月支에 상관이 있으면 상사에게 직언을 잘 하므로 승진의 기회가 적다.

왜냐하면 하급자가 상급자에게 시시비비를 따지므로 상사는 항상 불안하여 경계하게 된다.

이렇듯 상관은 승진운도 없고, 직장 운도 없으므로 상관을 배록(背祿)이라 한다.

여자에게 정관은 본부(本夫)인데, 상관이 있으면 남편에 대해서 아내의 도리를 지키지 않고, 만사에 간섭하고 시시비비를 일삼으니 남편과의 불화가 심하다.

5) 正官과 正財

정관은 정재를 보호하고, 정재는 정관을 먹여 살리므로 서로 의지하고 상부상조하는 천생연분이라 하겠다.

그러나 財官은 日干이 身强 해야만 능히 재물과 벼슬을 할 수 있는데 반해서 身弱하면 日干이 허약하므로 마치 병든 환자가 재물과 벼슬을 탐하는 것과 같다.

정관이 강하고, 재성이 약하면 재물 운이 없으므로 봉급생활이 적당하고, 반대로 정재가 강하고 정관이 약하면 재물 운이 있으므로 기업가로 출세한다.

재성은 관성을 생부(生扶)하므로 관성의 희신이 되고, 印綬는 日干을 부조(扶助)하여 살찌게 하고 기운을 공급하므로 벼슬 운이 탄탄대로이다.

6) 正官과 偏財

정재와 편재는 모두 정관을 생부하므로 희신이 되나, 정재는 성실과 근면으로 정당하고, 합법적이며 단계적으로 돈을 벌고 벼슬길을 올라가는데 반하여 편재는 수단과 요령으로 일약천금을 벌고 출세하게 된다.

정재는 자기 능력대로 일하고 승진하는데 반하여 편재는 자기 능력이상으로 정재보다 빠른 속도로 일을 처리하므로

日干의 총애를 받는다.

그러나 편재가 태과(太過)하거나 여러 개 있으면 흉신으로 변하여 반대의 현상이 일어난다.

특히 편재가 사주 내에 많은 사람은 사교성과 요령은 비범하나 거짓말을 잘하고 지나친 재간을 부리다가 불신과 봉변을 당하기 쉽다.

7) 正官과 正官

정관이 정관을 보면 여자에게는 남편이 두 사람이란 뜻이다. 한 가정에 두 남편이 있다면 어찌 되겠는가?

그 둘은 서로 시기하고 질투하며 아내를 독점하려고 아우성이니 부부간에 온전할 리가 없다.

정관이 둘이면, 정관이 무능하고 부족하므로 또 하나를 늘린 것이다. 남자의 경우 정관은 직장이다. 직장을 여러 번 바꾼다는 것은 처음부터 직장이 부실하기 때문이니 직장과는 인연이 없다는 뜻이다.

그래서 이것저것 손을 대 보지만 신통하지 못하여 만사가 유시무종(有始無終)으로 끝난다.

여자의 경우는 정관은 남편이므로 남편을 여러 번 바꾼다는 것은 그 만큼 남편이 부실하고 남편에 대한 불만이 많은 때문이다. 그 여인에게 좋은 남편이나 남편 덕을 기대할 수는 없다.

그러나 日干이 태왕(太旺)하고, 정관이 약하다면 오히려 정관이 많은 것이 좋다.

가령 土日干이 命中에 土가 많으면, 정관인 木이 허약하므로 이런 때는 木이 많을수록 좋다.

8) 正官과 偏官

정관과 편관이 사주 내에 같이 있으면 관살혼잡(官殺混雜)이라 한다. 정관은 선비와 같고, 편관은 힘자랑하는 소인배와 같다.

양자(兩者)는 물과 기름으로서 결코 융합하거나 화평할 수가 없다. 관살이 혼잡하면 법이 무너지고, 무법천지가 된다.

법이 없으면 생명과 재산을 보존할 수가 없고, 언제 어떠한 변을 당할지 전전긍긍하게 된다.

여자의 경우 정관은 남편이요, 편관은 정부(情夫)이다. 한 집안에 남편과 정부가 같이 살고 있으니 집안이 편안할 수가 없다.

두 남편을 거느리니 색정관계로 일생을 허덕이게 되고, 두 남자를 유혹할 만큼 매력적임을 암시한다.

남자의 경우 관살이 혼잡하면 주색을 즐기고 호탕하여 색정문제로 재산을 파하고, 가난하지 않으면 단명하다.

그러나 日干이 태과하면 도리어 관살이 혼잡해도 나쁜 것은 아니다. 오히려 유능한 일꾼으로서 도리어 많은 재물을 생산하고 부귀하게 된다.

9) 正官과 印綬

正官은 엄격한 인격자요, 印綬는 자비로운 어머니와 같다. 사주 내에 정관과 인수가 함께 있으면 사주의 주인공은 정신적으로나 육체적으로 완전무결한 인격과 품위를 지니고 있다.

어려서는 부모슬하에서 호의호식하고, 자라나서는 학교의 최고 상아탑까지 올라 천하의 동량이 될 수 있는 유능한 재목이 된다.

官印相生하면 나라의 국록(國祿)을 받는 공무원이 적합하며, 벼슬길이 천직으로서 출세 길이 빠르다.

출세에 있어서 정관은 정상(頂上)의 높은 고갯길이요, 印綬는 올라가는 원동력이요 연료이다.

正官과 偏印이 있는데 財星이 나타나면, 관성이 재성을 통관시키므로 印綬를 보호하고, 傷官이 오면 印星이 상관을 통제하여 정관을 보호한다.

그래서 사주 내에 正官과 正印이 있으면 평생 재난이 침범하거나 이변이 발생할 염려가 없다.

위기를 만나거나 어려운 문제에 부딪히면 반드시 구제하는 손길과 귀인을 만나서 원만히 해결된다.

그러나 印綬가 둘 이상이거나, 관성이 둘 이상이면 건전할 수가 없다. 가령 甲日生이 印綬인 水가 많으면 관성인 金이 가라앉고, 또 木은 떠내려가니 벼슬은 고사하고 정착하지 못한다.

10) 正官과 偏印

正印은 생모요, 偏印은 계모이다. 정인은 진실과 정성과 덕으로 정관을 섬기는데 반하여, 편인은 눈치가 빠르고, 재치와 아부로서 정관을 섬기므로 서비스는 만점이나 진실성이 없어 신망이 없다.

실력이나 인간성으로는 인수가 월등하게 우위(優位)이지만, 처세와 재치 면에서는 편인이 단연 능소능대하다.

상사의 총애와 신임은 인수보다 편인이 쉽게 독차지하고, 출세 또한 가속화한다. 눈치가 빠르고, 수완과 요령이 비빔한 편인의 인기와 명성을 그 누구도 당해낼 수 없다.

(4) 正官의 通變

日干을 剋하는 五行을 官殺이라고 한다. 木을 剋하는 것은 金이고, 金을 剋하는 것은 火이다. 金은 木의 官殺이듯이, 火는 金의 官殺이고, 土는 水의 官殺이며, 水는 火의 官殺이고, 木은 土의 官殺이다.

예를 들면 甲日干이 辛을 보면 正官이듯이, 乙日干이 庚을 보면, 丙日干이 癸를, 丁日干이 壬을, 戊日干이 乙을, 己日干이 甲을, 庚日干이 丁을, 辛日干이 丙을, 壬日干이 己를, 癸日干이 戊를 보면 正官이 된다.

나를 剋하는 것을 극아자(剋我者)라고 한다. 글자대로 풀이하면 나를 강제하고, 지배하며, 약탈하는 무서운 적이요, 살아자(殺我者)이다.

마치 약육강식(弱肉强食)하는 동물의 법칙이다. 그러나 인간은 짐승이 아니므로 약육강식하지 않는다.

강자는 약자를 보호하고 사랑하는 것이 인간의 윤리요 도덕이다. 官殺은 무서운 호랑이가 아니라 나를 보호하고 부양하는 아버지와 같다.

官星은 생명과 재산을 보호하는 법률이다. 正官은 정당한 법과 질서로서 법률과 질서를 잘 지키고 법에 순응한다.

예의와 법을 생명처럼 지키는 것이 正官이다. 수완과 요령으로 출세하는 것을 바라지도 용납하지도 않는다. 법과 질서와 실력으로 정당하게 진급하고 출세한다.

나를 부양하는 것은, 내가 어릴 때는 아버지가 나를 보호하고 보살피며, 늙어지면 자식이 나를 보호하므로 官星으로 보는 것이다.

正官을 판단할 때는 먼저 日干의 强弱을 세심하게 판단하여야 한다. 日干이 强하면 正官을 도우는 財를 원하고, 日干이 弱하면 日干을 도우는 比劫이나, 印綬를 원한다.

正官은 刑/沖이 되는 것을 제일 싫어하고, 또 傷官이 있으면 正官을 파괴하므로 불리하다. 또 食傷이 중중(重重)하면 正官은 무력해진다.

正官은 印綬를 좋아하나, 印綬가 많으면 正官의 기운이 설기되어 쇠약해지므로 불리하다.

正官이 2개 이상 命中에 있으면 偏官(七殺)로 변화한다. 이럴 때는 食神, 傷官의 制가 있거나, 혹은 印星으로 인화(引化)하는 것이 좋다.

이 원리는 正官뿐 아니라 모든 사주에 적용된다. 즉 사주 내에 있는 吉神이라도 태과(太過)할 때에는, 凶神으로 변화한다는 사실을 간과해서는 안 된다. 太過하다는 것은 命中에 같은 十神이 3개 이상 있는 것을 말한다.

그러나 天干에 正官이 있고, 地支에 같은 正官이 있어도, 2개가 아니고 하나로 본다. 왜냐하면 天干에 있는 것은 꽃이요, 地支에 있는 것은 뿌리가 되므로 天干에 있는 正官이 통근(通根)된 것이므로 하나로 보아야지 두 개로 보면 안 된다.

예를 들면, 天干에 正官이 "하나" 있고, 地支에 正官이 "두 개" 있으면, 正官이 3개가 아니고, 2개로 본다는 뜻이다. 많은 철학자들이 흔히 실수하는 경우가 많으므로 명심할 부분이다.

官星은 正官, 偏官을 통칭하는 말인데, 命中에 正官과 偏官이 교집(交集)하여 있으면 관살혼잡(官殺混雜)이라 한다.

관살혼잡된 사주는 男女 공히 매우 불리하다. 특히 女命에 正官은 본부(本夫)이고, 偏官은 편부(偏夫)나 애인이므로, 남편 외에 애인이 있는 격이라 부부이별하거나 남편을 두고도 다른 남자와 어울리는 정조관념이 희박한 여인이다.

그러나 官殺이 혼잡하여도 같은 柱에 있으면, 결코 관살혼잡(官殺混雜)으로 보지 않는다. 전술한 바와 같이 같은 기둥에 있으면 꽃과 뿌리로 이해해야 한다. 피어 난 꽃은 반드시 뿌리에 의존하기 때문에 하나로 보아야 한다.

예를 들면 月干에 偏官이 있고, 月支에 正官이 있는 경우이다. 이것은 官殺이 同柱한 경우로서 官殺混雜이 안된다.
　身旺四柱는 관살이 喜神이 되고, 身弱四柱는 관살이 忌神이 된다.
　官殺이 혼잡하였을 때는 官殺 중에 어느 하나를 제거하여야 凶을 면할 수 있다. 즉 거관유살(去官留殺)하거나, 아니면 유관거살(留官去殺)해야 한다.
　去官, 留殺이란 정관을 제거시키고, 七殺(偏官)을 살린다는 뜻이다. 반대로 留官, 去殺은 정관을 살리고, 편관, 칠살을 제거시킨다는 말이다.
　만일 사주 내에서 官殺 중에 어느 하나를 제거하지 못하면, 行運에서 이것을 제거하면 그 運中에는 凶이 吉로 변한다.
　身弱한 사주에 印星이 있으면, 官殺混雜되어도 凶命이 안된다. 왜냐하면 官殺이 印星을 보고 官印相生하고, 또 印星이 身弱한 日干을 생부(生扶)하기 때문이다.
　그러나 身弱한 사주에 인성이 없으면 日干이 관살의 극을 직접 받으므로 대단히 불리하다.
　반대로 身旺四柱에 財星이 있으면, 관살혼잡(官殺混雜)되어도 해는 적다. 身弱하고 印星이 없으면 官殺을 보면 가장 두려워한다.
　1) 官星이 왕성하면 傷官을 두려워하지 않는다. 그러나 大運이나 歲運에서 다시 傷官運이나 七殺運을 만나면 평지풍파가 일어나고 좌천, 강등, 실직 등 이변을 겪는다.
　2) 官印이 相生하고 財星이 없으면, 身弱해도 무방하고

출세할 수 있다. 만일 身弱者가 財를 보면 물욕으로 인하여 출세 길이 막히는 동시에 건강이 온전하지 못하고 질병으로 고생이 많다.

이는 마치 허약자가 높은 산을 오르고, 무거운 짐을 지고 올라가는 형국이다.

3) 日支에 建祿이 있고 比肩, 劫財가 있으면 官星이 많아도 해롭지 않다. 능히 감당할 수 있기 때문이다.

4) 官星이 희신인 경우, 日支에 財星이나 印星이 있으면 마침내 발복하고, 만일 日支에 傷官이나 七殺이 있으면 마침내 질병으로 고생한다. (예: 甲午日, 甲申日)

5) 官星이 日時에 建祿을 얻으면, 등과급제(登科及第)하고 현명하다.

6) 官星은 있고 印星이 없으면 발복하기 어려우나 깨끗한 이름을 남긴다.

반대로 印星은 있고 官星이 없으면 이름은 떨치나 출세가 늦어진다.

7) 日柱와 他柱의 官星이 干支 모두 合이 되면, 마치 군신(君臣)이 일치단합하고 신임을 받는 형국이니 貴命이다.

8) 官星이 長生이나 建祿, 帝旺을 보면 득지(得地)라 하고, 死, 墓를 보면 실지(失地)라고 한다.

9) 年上에 正官이 있으면 세덕정관(歲德正官)이니 가문이 훌륭하고 혈통이 바르며, 조상의 음덕을 누리고 조업(祖業)을 능히 계승한다.

長子의 경우에는 더욱 복덕이 크고, 일가의 후계자로서

복록이 진진하며, 아버지 생전에 상속을 받는다. 月干에 正官이 있어도 이와 비슷하다.

10) 月柱에 正官이 있으면 장남이 아닌 차자요 아들이 있고, 손자가 있으며 반드시 부모의 사랑을 받고 일생 노고가 적다.

11) 月支에 正官이 있고 유력하면 일생동안 가난하지 않고 탐욕이 없으며 크나큰 행복을 누린다. 여기에서 유력하다는 것은 傷官이 없는 경우를 말한다.

12) 月柱에 正官이 있고 유력하며 印綬가 있으면 부귀하고 직업 운이 왕성하다.

13) 日支에 正官이 있으면 자력으로 독립하고 출세하며, 양가집 아내를 얻고 처덕으로 복을 누리며, 천원좌록(天元坐祿)이라 해서 영리하고 임기응변에 능하며, 모사(謀事)에도 뛰어나서 財官運에 반드시 발복한다. 女子인 경우 좋은 배필을 얻는다.

14) 四柱에 官星이 있으면 子女가 현명하고 출세하며 봉양을 잘하니 말년에 발복하고 財官印運에 빛을 크게 빛낸다.

15) 正官이 比肩위에 앉아 있으면 남의 가산을 상속하거나 권리를 얻으며, 혹은 兄弟의 뒤를 상속하기도 한다(예: 癸日 戊子).

16) 官星이 食神과 同柱하고 있으면 신용이 두텁고, 만인의 사랑과 신임을 누리며 女子는 좋은 남편을 얻는다(예: 辛日 丙子).

17) 官星이 財星과 同柱하고 있으면, 물질이 풍부하고 상공업에 밝으며 名利를 겸하고 두터운 신임으로 크게 출세한다(예: 甲日 辛未).

18) 官星이 官星과 同柱하고 있으면 반드시 윗사람으로서 크게 발전하고, 女子는 남편의 인연이 바뀌는 징조(徵兆)이다(예: 甲日 辛酉).

19) 官星이 印綬와 같이 있으면 名利에 통달하고, 대업을 일으켜 큰 성공을 한다(예: 辛日 丙辰).

20) 官星은 長生과 建祿, 帝旺을 가장 기뻐하고, 冠帶와 양(養)을 다음으로 기뻐한다. 官星이 長生, 建祿, 帝旺을 타고 있으면 반드시 다복하고 귀자(貴子)를 얻는다.

21) 正官이 財와 同柱하면 총명하고 영리하며 재치가 있다.

22) 正官은 天干에 나타나고, 七殺은 地支에 숨어 있으면 복이 되고, 그 반대인 경우엔 도리어 화가 된다.

23) 七殺(偏官)은 악하고, 正官은 착하다. 그러므로 七殺이 地支에 있고 正官이 나타나면 악은 숨어 버리고, 착함을 베풀므로 이름을 떨친다.

24) 偏官이 旺하면 아들이 많고, 正官이 많으면 딸이 많다.

25) 正官이 나타나고 地支에 합이 있으면 官星六合이라 해서 貴命이다.

26) 日干이 弱한데 官星이 強하면 食神, 傷官을 쓰지 못한다. 官星을 도와주는 財星을 가장 두려워하며 比肩, 劫財로 財星을 무찌르고 官星을 나누어 갖는 것을 기뻐한다. 가

장 좋아하는 것은 印綬로 官星을 설기하고 日干을 生해주는 것이다.

27) 官星이 印星을 얻는 것은 財星을 얻는 것만 못하다. 印星은 기름이요, 財星은 말(馬)과 같으니 벼슬길엔 기름보다도 말을 타고 가는 것이 편안하고 빠르다.

28) 男命이 官旺하고 時支가 生旺하면, 아들이 총명(聰明)하고 출세한다.

29) 正官格으로 日干이 身旺하고 財와 印星의 二者가 生扶하며, 傷官이나 七殺의 忌神이 없고, 十二運星上에 引從하여 官星이 建祿, 帝旺地에 이르면 크게 발달한다.

30) 正官格으로 刑/冲을 만나면 貴가 오래 가지 못한다. 歲運에서 冲하면 실직 당한다. 그러나 冲이 합이 되어 解冲하면 도리어 凶兆가 살아지고 吉運이 온다.

31) 正官을 冲하면 생가(生家)를 떠나 타향에서 살게 된다. 사주 내에는 없고, 行運에서 冲을 만나면 주거(住居)의 이동이 있다.

32) 正官格이 日干 이외의 十干과 합하면 名利 모두가 공허(空虛)하다.

33) 正官이 墓庫에 入墓하면, 전답이나 재산은 자연히 소멸하게 된다.

34) 官이 있고 印星이 없으면 이름을 얻기 어렵고, 印이 있어도 官이 없으면 신속(迅速)한 발달을 못한다.

35) 官殺이 生月, 生時에 있고, 官殺중에 하나를 제거하는 것이 없으면 불행한 운명이며, 제화(制化)가 적당하면 도리

어 행복하다.

36) 官殺이 혼잡하면 모든 일에 凶害가 발생한다. 行運에서도 동일하며, 하나를 제거하면 무사하다.

37) 正官, 偏官이 空亡이 되면 구류업(九流業) 즉 의사, 변호사, 점술가, 예술인 등 또는 사치성 직업을 가지게 되고, 평생 의식주를 위해 분주(奔走)하게 살아간다.

38) 正官格이 偏官運을 만나면 길변위흉(吉變爲凶)하여 가난하게 산다.

39) 官殺混雜한데 어느 하나를 제거하지 못하고, 刑/沖, 羊刃, 劫財를 보고, 다시 大運이나 歲運에서 沖/刑, 羊刃 등을 보면 반드시 사망의 우려가 있다.

40) 正官이 旺하고 財星이 쇠절(衰絶)이면, 貴라 할지라도 영달(榮達)이 늦고, 財를 도우는 食傷運에 발복한다.

41) 正官이 合이 되면 탐합망관(貪合妄官)이라 해서 색정에 빠진 나머지 벼슬길을 마다하고, 주색에 빠지거나 호사다마(好事多魔)로 출세의 기회를 잡을 수가 없다.

42) 官星이 三合局 또는 方局을 이루고, 財星이 官을 도와주면 어린이가 무거운 짐을 지고 높은 산을 오르는 형국이니, 몸이 허약해서 감당할 수가 없다. 大運에서 身旺地를 만날 때 비로소 몸도 튼튼하고 벼슬과 명성을 떨칠 수가 있다.

43) 身弱한데 財官이 중중하면, 병든 환자가 무거운 짐을 지고 가파른 산을 오르는 형국이니, 아무리 몸부림쳐도 성사될 수가 없다.

만일 財運이나 官殺運을 만나면 더 많은 짐을 싣고 가는 형국이니, 질병으로 수술 또는 중병으로 신음하게 되거나 관재로 인하여 옥고(獄苦)를 치르기도 한다.

44) 地支에 官星이 많고, 天干에도 官星이 여러 개 있는데, 다시 官運으로 향하면 官星이 귀살(鬼殺)로 변하여 온갖 재난이 잇달아 발생하고 파산, 망신을 겪으며 심하면 목숨을 잃는다(예: 甲日, 丑月, 酉時生이 天干에 辛多하고 酉運을 만나는 경우).

45) 七殺이 旺한데 墓地에 이르면 주거지와 수명을 연장하기 어렵다. 사나운 호랑이가 함정에 빠진 격이다.

46) 正官이 羊刃을 만나면, 만사가 막히고 무너지기 쉽다. 正官은 法과 질서를 바탕으로 하는데, 羊刃은 유아독존격(唯我獨尊格)으로 法과 질서를 무시하기 때문이다.

47) 傷官이 많고 身弱하며, 財官運으로 가면 반드시 발병한다.

48) 관살이 혼잡한데, 다시 殺運으로 向하면 표류(漂流) 또는 쫓기는 몸이 된다. 그러나 身旺하고 印星이 있다면 무난하고 무해하다.

49) 官星이 地支에서 長生이나 建祿, 帝旺에 해당되어 生旺을 얻는다면 설사 傷官이 있다 해도 극복해서 큰 재해는 없다.

그러나 만일 時支에서 衰, 病, 死 등에 해당하면 傷官을 만나는 경우 반드시 직장을 잃고, 고심과 재난이 떠나지 않는다(예: 己日生은 甲을 官으로 삼는데, 時支가 亥나 寅卯가 되면 甲이 生旺이 되고, 時支가 辰, 巳, 午, 申, 酉가 되면 衰地가 된다).

50) 月이나 時에 官星이 있는데, 다시 官星을 보면 귀살(鬼殺)로 변하여 반드시 재난이 잇달아 발생한다.

51) 正官이 偏官을 보거나, 墓地에 이르면 건강과 수명이 위태롭다(乙日干은 庚이 正官이요, 庚은 丑이 墓地가 된다).

52) 官星이 歲運에서 干合하면 반드시 실직(失職)하고, 歲運과 冲이 되면 반드시 소송(訴訟)이나 분쟁(紛爭) 또는 시끄러운 사고가 발생한다.

단, 比肩이 있으면 官星과 투합(妬合)이 되거나, 합이 됨으로서 반드시 구제된다.

53) 官星이 많은데 歲運에서 또 官星을 보면 소위 관성회집(官星會集)이요, 요절(夭折)하는 요절살(夭折殺)이라 한다.

만일 身弱하고 官星을 억제하는 별이 없으면 죽음을 면하기 어렵다. 그러나 身旺하고 比肩, 劫財 또는 食神, 傷官이 있다면 도리어 吉하다.

54) 正官이 劫財와 同柱하면 형제와 불화하고, 조업(祖業)을 파하며, 색정상의 문제와 과오(過誤)가 많고, 남의 일에 연루되는 경우가 많다.

55) 官星이 傷官과 同柱하면 상속권을 잃고, 남의 일로 인하여 손해를 많이 당하며, 平生 괴로움이 떠나지 않고, 女子는 배우자가 질병으로 자주 고생하고, 男子는 아들과 생사이별한다(예: 丁日, 壬戌).

56) 官星이 七殺과 동주하면 남에게 배척과 수모를 많이 당하며, 뜻을 세우지 못하고, 혼미(昏迷)에 빠져서 실패를 많이 한다. 女子는 색정상의 문제로 재난이 많다(예: 丁日, 壬子).

57) 官星이 偏印과 동주하면 모사(謀事)에 능하나, 실패가 많으며 상공업에도 풍파와 실패가 허다하다(예: 乙日, 庚子).

58) 男命에 官星이 死와 같이 있으면 子息이 죽거나 없다.

59) 正官이 傷官과 동주하면 官運이 오래 가지 못한다.

60) 正官이 刑/冲하면 家運이 점차로 기운다.

61) 官星이 네 개 있으면 벼슬 운이 짧고, 출세하기 어렵다.

62) 日干과 官星이 다 같이 미약하면, 일생 출세하기 어려우며, 比肩이나 印綬를 쓰면 출세의 길이 열린다.

63) 官星이 있고, 財星이 부족하면 봉급이 적고, 官星은 旺한데 財星이 絶地에 있으면 출세하기 어렵다.

64) 官星이 劫財를 보면 貴함이 적다.

65) 官星이 三合이나 方局이 되면, 이동이나 좌천(左遷)이 있고, 死, 絶地에 이르면 재난이 발생하다.

66) 官星이 墓地에 들어가면 아버지가 타향에서 객사(客死)한다.

(5) 女命과 正官

1) 관성이 많으면 시부모를 극하는 동시에, 부부간에 불화가 생기고 해로하기 어려우며 출세를 못한다. 독신이 아니면 기생팔자이다.

2) 관성이 合이 많으면 아첨을 잘하고 음란하다.

3) 관성이 辰戌丑未 중에 있으면 현모양처 감이다.

4) 관성이 月支에 있고 상관이 있으면 본처가 되기 어렵다.

5) 관성이 미약한데 재성이 없거나, 혹은 신강사주인데 상관이 정관을 보면 일찍 극부(剋夫)한다.

6) 관성이 약한데 印綬가 많고, 財가 없으면 극부(剋夫)한다.

7) 관성이 왕성하고 상관이 약하면, 비록 정관은 상하지 않으나, 복력이 반드시 떨어진다.

8) 관성이 冲이 되고, 食神이 도식(倒食)이 되면, 자식을 버리고 개가(改嫁)한다.

9) 관성이 있는데 印綬가 많으면, 남편이 무력(無力)하고, 독수공방 신세가 된다.

10) 관성이 합이 되면 소실팔자이다.

11) 관성이 약한데, 比肩이 많으면 자매지간에 한 남편을 두고 다투고 집안이 어지럽다.

12) 관성이 상관운을 만나면 구설수가 많고 극부(剋夫)한다.

13) 정관이 있고, 편관이 있거나 정재와 편재가 같이 있

으면 반드시 다른 남자가 있다.

14) 관성이 長生을 타고 있으면 반드시 훌륭한 남편을 얻는다(예: 甲日 辛亥月).

15) 관성이 沐浴지에 있으면 남편이 호색가이다(예: 丁日 壬申).

16) 관성이 空亡이면 남편이 무능하다.

17) 관성이 건록지에 있으면 남편이 똑똑하고 유력하다(예: 癸日 戊子).

18) 日支에 관성이 있고, 死, 墓, 絶地에 있으면 극부(剋夫)한다(예: 甲申, 乙酉, 庚寅).

19) 日支에 喜神이 있으면, 남편 덕이 있고, 반대로 日支에 忌神이 있으면 남편 덕이 없다.

20) 관살이 혼잡하면, 食神으로 제극(制剋)하거나 혹은 印星으로 인화(引化)시켜야 남편은 발달한다.

21) 傷官이 日支에 앉아 있으면, 부부해로가 어렵고 사별하거나 일찍 이별하게 된다. 그러나 타주에 財星이 있으면 면할 수 있다.

22) 女命에 比肩, 劫財가 많은데 관살이 없으면, 남편을 극하고 해로가 어렵다.

10. 편인통변(偏印通變)

(1). 偏印의 原理

偏印은 日干을 生해주는 五行이면서 陰과 陰, 陽과 陽을 보면 偏印이라 한다. 즉 甲日干이 壬을 보면 陽干이 陽干을 만나므로 偏印이 되듯이, 乙日干이 癸를 보면 陰干이 陰干을 만나므로 偏印이 된다.

丙日干은 甲이, 丁日干은 乙이, 戊日干은 丙이, 己日干은 丁이, 庚日干은 戊가, 辛日干은 己가, 壬日干은 庚이, 癸日干은 辛이 偏印이 된다.

이와 반대로 正印은 日干을 生해주는 五行이면서 陰과 陽, 陽과 陰의 관계이다. 陽과 陰, 陰과 陽은 마치 男女의 관계로서 다정한데 반해서, 陽과 陽, 陰과 陰은 마치 男子와 男子, 女子와 女子의 관계로서 무정한 관계이다.

그러나 印星은 正印, 偏印 구별 없이, 모두 日干을 生해주고 食神과 傷官을 극해주며, 정관과 편관의 생조를 받는다.

日干을 생하는 경우에는 관성이 사주 내에 있거나, 행운에서 관성을 만나면 대발한다.

正印은 生母이므로 多情하게 나를 기르고 보살피며, 가르치고 인도하는데 반해서, 偏印은 계모(繼母)로서 무정하고 냉대하므로 계모 앞에서는 눈치, 코치로 밥을 먹고 자라나므로 항상 의식주가 부족하고, 소화기능도 좋지 못하다.

그러나 偏印은 다재다능(多才多能)하고 눈치가 빠르며, 임기응변이 대단하다. 그래서 偏印은 인기직업이라야 빛을 볼 수 있다. 배우나 타렌트 같은 직종이 적합하다.

또한 인생과 운명에 대한 회의(懷疑)를 느낀 나머지, 철학과 종교방면에 깊은 관심을 갖게 된다. 예술과 철학에 천재적인 소질이 있다.

偏印은 食神을 극하므로 도식(倒食)이라고 한다. 倒食은 四凶神중의 하나이므로 제극(制剋)해야 한다.

그러나 사주 내에 食神이 없으면 偏印이라 하고, 사주 내에 食神이 있을 때만 도식(倒食)이라 한다.

도식(倒食)은 밥그릇이 넘어진다는 뜻이므로 식복(食福)이 없고, 늘 가난한 생활을 하게 된다. 따라서 파산과 질병, 이별, 고독과 색난(色難) 등을 의미하므로 흉신(凶神)이다.

그러나 사주 내에 편인을 제하는 편재가 있거나, 상관이 편인과 干合하면 편인의 흉을 면할 수 있다. 도식 중에서도 月支에 食神이 있을 때가 가장 위험하다.

인성은 학문을 의미하므로 정인은 모국어에 해당하고, 편인은 외국어에 해당한다.

月支에 편인이 있거나, 편인이 삼합 또는 방국을 이루면 외국어에 능통하다. 그러나 재성이 많으면 인성을 극하기 때문에 공부와는 인연이 없다.

편인이 있는 사람이 편인 운이 오면, 인장(印章)과 증서, 문서 등으로 밥 그릇이 없어지는 형상이 되어 문서상의 문제가 발생한다.

女命에 인성이 많으면 자식이 적다. 이유는 인성이 자식성(子息星)인 食傷을 극하기 때문이다.

또한 인성이 많으면 夫星인 관성을 설기시키므로 남편이 무능하고 본인은 남편대신 생활전선에 나가게 된다.

인성은 정신수양에도 해당하므로 인성이 있고 관성이 없으면 종교인이 되는 경우가 많다. 직업은 학자, 예술가, 의

사, 배우, 종교인, 철학자 등이 많다.

(2). 偏印의 性格

偏印이 月支에 있으면 눈치와 재치가 있어 기회를 잘 포착하며, 시작은 잘 하나 결국 끝을 맺지 못하고, 도중하차 하는 경우가 많다.

또한 예능방면에 천재적인 소질을 가지고 있으나, 결국에는 성공하지 못하고 중도에 좌절하게 된다.

(3). 偏印과 十神관계

1) 偏印과 比劫

偏印이 比劫을 보면 설기되어 편인이 비겁으로 변한다. 그러므로 비겁은 더욱 왕성해지고 강해지는데 반해서 편인은 쇠약해진다. 따라서 명중에 비겁이 많으면 편인은 비겁을 미워한다.

2) 偏印과 食神

偏印이 食神을 보면 도식(倒食)이 된다. 천연과실인 食神의 밥그릇을 뒤엎어 버리므로 식복이 없으며, 만사가 불성이요 호사다마격으로 되는 일이 없다.

3) 偏印과 傷官

傷官은 사흉신(四凶神) 중의 하나로서 인공적으로 생산하는 활동이라 힘이 든다. 상관은 하극상으로 윗사람을 극하고, 직언(直言)을 잘 하며, 안하무인격이다.

그러나 편인은 상관을 지배하고 통제함으로서 상관의 못

된 기질을 완화시켜 순하게 고치므로 전화위복이 된다.
 4) 偏印과 財星
 재성은 편인을 다스리므로 편인이 재성을 만나면 생쥐처럼 꼼짝을 못하고, 재성에 굴복 당한다.
 그러므로 편인은 잔꾀를 부리지 못하고, 성실해진다.
 5) 偏印과 官殺
 관살은 편인을 도와주고 생해준다. 편인이 왕성해짐으로서 더욱 기성을 부린다. 하지만 관살은 법도를 지키고 분발하는 의지의 별로서 관살을 보면 편인은 평소의 숙원을 이룩하려고 분발하게 된다.

(4). 偏印의 通變

 1) 편인은 육친상으로 남자는 계모, 서모 또는 의모(義母), 유모, 첩의 아버지, 어머니의 형제에 해당하고, 여자는 어머니의 계모, 서모, 어머니의 형제에 해당한다.
 2) 편인은 재성이 있으면 편인이라 하고, 食神이 있으면 도식(倒食)이라 하며, 재성이나 食神이 없으면 효신(梟神)이라 한다.
 효신이란 계모의 채찍과 같으니 피부가 온전할 수 없으며, 반드시 몸에 흉터가 있다. 그러나 신약사주를 생부(生扶)하는 희신인 경우에는 印綬보다 좋다.
 3) 편인은 학자, 예술가, 의사로서 성공하고, 승려가 되면 대성한다.
 4) 편인은 도량이 크고, 작은 일에는 돌보지 않으며 변화

가 무상하다.

5) 편인이 많으면 조실부모하고, 배우자를 극하며, 자녀와의 인연도 약하다.

6) 편인은 식복이 적고, 양자로 입양하는 경우가 많으며, 남의 집에서 자라나기도 한다.

7) 편인은 身旺함을 기뻐한다. 身旺하면 재물이 풍족하고, 刑/冲과 七殺이 있으면 가난하지 않으면 단명하다.

8) 편인이 偏財를 보면 능소능대하며, 모든 재난을 무난히 넘길 수 있다.

9) 편인은 身旺하고 財星을 보면 행복한 팔자요, 財官이 모두 있으면 귀격이다.

10) 身旺하고 財星이 있으면 偏印이 喜神으로서 기뻐한다.

11) 月支에 偏印이 있으면 예술, 의학, 점성학, 동양철학, 인기업 등 편업(偏業)에 적합하다.

12) 官殺은 偏印을 生해주고 도와준다. 偏印이 왕성해 짐으로서 더욱 기성을 부린다. 하지만 官殺을 보면 偏印은 기회가 왔으므로 평소 숙원을 이룩하려고 분발하게 된다.

13) 倒食은 박복하고 단명하며, 자유가 없고 만사가 진퇴양난의 궁지에서 그르치고 후회됨이 많다. 재물 또한 성패가 무상하여 의식주가 불안정하다.

14) 身弱하면 偏印을 얻어도 장수하기 힘들며, 身弱者가 偏印을 거듭 만나면 재난이 많다. 용모(容貌)가 단정하지 못하고, 인격 또한 부실하다.

15) 印綬와 偏印이 혼잡하면 반드시 본업(本業)외에 부업

(副業)을 갖는 등 두 가지 직업을 갖게 된다.

16) 男命이 四柱에 偏印이 만반(滿盤)이면, 妻와의 인연이 적고, 子女를 잃게 된다.

17) 身弱하고 偏印이 많으면 노고가 심하고, 고생이 끊어지지 않는다.

18) 身弱하고 偏印이 官殺을 보면 속성속패(速成速敗)한다.

19) 도식(倒食)이 있으면 반드시 윗사람의 간섭과 제약을 받음으로서 부자유하고 성패가 무상하며, 신체 또한 부자유하다.

20) 偏印格은 食神運에 반드시 재난을 겪는다. 이유는 도식이 되기 때문이다.

21) 女子가 도식(倒食)이 있거나, 효신(梟神)이 많으면 자식이 없거나 있어도 사별 또는 이별하게 된다. 도식(倒食)이란 偏印이 食神을 보는 경우이고, 효신(梟神)은 偏印이 있는데 食神이 없는 경우를 말한다.

22) 女子四柱에 偏印이 많으면, 유산 또는 산액을 겪고, 干支에 모두 효신과 傷官이 있으면 남편을 剋한다. 그러나 財星을 보면 재화를 면할 수 있다.

23) 年上에 偏印이 있으면 祖上의 業과 기틀을 파하고, 상속권을 잃거나 가문이 끊어지기 쉽다.

24) 年干에 偏印이 있으면 계모에 의해서 양육되는 경우가 많다.

25) 月支에 偏印이 있으면 예능방면이나 동양철학, 인기직에 적합하다.

26) 日支에 偏印이 있으면 男子는 좋은 아내를 얻지 못하고, 女子는 좋은 남편을 얻지 못하니 夫婦가 원만하지 못하다.

27) 時支에 偏印이 있고 食神이 있으면, 어려서 젖이 부족하고 음식을 탐하고, 몸을 돌보지 않는다.

28) 年月日에 효신(梟神)이 모두 있으면 의사나 점성가(占星家), 배우에 적합하고 실업(實業)에는 부적합하다.

29) 偏印이 比肩과 同柱하면 입양하거나 계모가 있으며, 남의 귀염을 받기가 어렵고 혼담에 애로가 많은 등 일생에 노고가 끊이지 않는다.

30) 偏印이 沐浴과 同柱하면 고생이 많고, 남의 손에 자라나며 계모가 정숙하지 못하다.

31) 偏印이 建祿과 같이 있으면 비록 부귀한 집안에서 출생했다 해도 점차 가운(家運)이 기울어지고, 아버지와 생리사별을 한다. 의사나 학자가 적합하다.

32) 偏印이 衰, 病, 死, 絶에 해당하면 아버지 또는 어머니와 인연이 없고, 일생 고생이 많으니 기술이나 예능을 열심히 닦는 것이 가장 급선무이다.

33) 偏印이 病이나 墓와 같이 있으면 어머니의 젖이 귀하고 만사가 용두사미(龍頭蛇尾)격이다.

34) 偏印이 胎와 같이 있으면, 나면서부터 어머니와 떨어져 사는 경향이 있다.

35) 偏印이 建祿과 같이 있으면 벼슬과 祿을 탐한다.

11. 정인통변 (正印通變)

(1). 正印의 原理

日干을 생해주는 五行으로서, 日干과 陰과 陽이 다른 十神을 正印 또는 印綬라고 한다. 하필 印綬라고 칭한 것은 印綬는 애정이 풍부한 자애로운 어머니와 같은 존친(尊親)을 뜻하기 때문이다.

陰과 陽은 서로 相生하는 관계로서 다정하고 유정한 관계이다. 즉 남자와 여자, 여자와 남자가 만난 것과 같다.

甲日干이 癸를 만나면 印綬가 되듯이, 乙日干이 壬을, 丙日干이 乙을, 丁日干이 甲을, 戊日干이 丁을, 己日干이 丙을, 庚日干이 己를, 辛日干이 戊를, 壬日干이 辛을, 癸日干이 庚을 만나면 인수가 된다.

印綬는 나를 생해주는 생아자(生我者)를 말한다. 印綬는 만인이 생모처럼 다정하게 나를 기르고 보살피며 가르치고 인도한다.

사주에 印綬가 있으면 먹는 음식을 잘 소화할 수 있고, 배울 때는 공부를 잘 소화하고 이해할 수 있다.

또한 위장이 튼튼하고 건강하게 자라나듯이 두뇌가 총명해서 학문에 능하고 교육자의 자질을 타고 났다.

따라서 진리를 탐구하는 철학과 종교방면에도 관심이 많고, 자선사업을 비롯해서 교화사업, 사회사업 등에 천부적인 소질이 있다.

印綬는 학문에 해당하므로 공부를 많이 한 사람은 교육자,

언론인, 작가, 발명가, 예술가, 철학자로서 이름을 얻는다.

(2). 印綬의 性格

月支에 印綬가 있으면 근면 성실하고 총명하며, 재주가 있어 학문에 능통하다.

항상 생각하는 것이 깊고 선량하다. 생모의 보살핌으로 항상 따뜻한 음식을 먹기 때문에 위장이 튼튼하며 소화기능도 좋아 체질도 풍만하다.

그러나 재물에 대한 관심이 희박하고 인색하므로 남의 비방과 지탄을 받게 된다.

사주 내에 인성이 왕 하면 지혜가 출중하나, 만약 인성이 刑/冲되거나, 忌神이 되면 심신이 피로하고 만사 의욕이 없으며 추진력도 약하다.

(3). 印綬와 十神관계
1) 印綬와 比肩, 劫財

印綬가 比肩이나, 劫財를 보면 日干 외에 또 다른 자식이 있으므로 어머니인 印綬가 설기 당하여 과로하고 허약 해진다.

그러나 日干은 印綬가 있어도 비겁을 만나면 잃는 것 보다 얻는 것이 더 많다. 인수는 재성에게 극파(剋破) 당하나, 비겁은 재성을 극하여 인성과 日干을 구제하기 때문이다.

신왕사주는 인성을 싫어한다. 이유는 장성한 아들이 어머니의 도움을 받을 필요가 없기 때문이다.

身旺者가 자립하려면 재물이 있어야 하는데, 재물을 생산하려면 같은 형제의 도움이 필요하나, 어머니의 도움은 도리어 방해가 된다.

그러나 身弱사주는 印綬에 의지해야 하는데, 財星이 있으면 며느리를 본 어머니처럼 자식 곁을 떠나야 한다.

이런 때는 比肩이 합심해서 재성을 몰아내면 印綬는 안심하고 身弱한 日干을 도울 수 있게 된다.

그러므로 사주 내에 印綬와 比劫이 있으면. 日干은 두 힘을 받을 수 있으므로 재물을 모을 수 있다.

비겁은 무거운 재물을 같이 나누어 짊어지고, 印綬는 日干에게 자동차의 기름을 보급하는 것과 같다.

印綬는 재성을 두려워하지만 비겁이 命中에 있으면 도리어 재성에 기대하고, 재운에 발복한다.

身旺한데 命中에 財官이 없다면 비겁과 인성은 무용지물

이 되고, 오히려 부담이 되니 더욱 가난하고, 천할 수밖에 없다.

比劫은 재성을 공격하고, 印綬는 관성의 정기를 설기시키므로 財官이 무기력하고 그림의 떡이 된다.

반대로 身弱四柱에 財官이 있다면 비겁과 인성이 천금의 가치가 있음으로서 합심 협력해서 부귀를 누리고 번창할 수 있다.

2) 印綬와 食神, 傷官

印綬는 日干에게 生氣를 공급하는데 반하여, 食神과 傷官은 日干의 정기(精氣)를 설기하므로 정 반대의 입장에 서 있다.

그러므로 印綬에게 의지하는 日干은 힘을 소모하는 食傷을 싫어한다. 미성년자나 병든 허약자의 힘을 소모하는 것은 무리한 출혈(出血)이기 때문이다.

印綬는 허약자에게 힘을 공급할 뿐만 아니라 허약자의 힘을 설기시키는 食神, 傷官을 제극(制剋)하는 역할도 한다.

食神은 순리적인 작용으로 무리한 출혈을 요구하지 않고 인수와는 서로 아끼고 서로 도와주며 보호를 받는 사이이다.

그러나 傷官은 냉정하고 과격하여 안하무인격으로 제멋대로 활동하고 기름을 소모한다.

이러한 상관을 통제하는 것이 印綬다. 인수는 상관의 호랑이로서 상관의 못된 행동을 통제하고, 온순하고 얌전한

食神으로 개조하니, 상관의 기질과 폐단은 없어지고 무리하고 독선적인 힘의 낭비도 억제된다.
　身旺者는 독자적으로 자립할 수 있는 능력이 있음으로서 食神과 傷官을 기뻐하고 인수를 싫어한다.
　그러나 財運을 만나면 식신, 상관이 활기를 띠고 활발하게 생산하게 되며, 印綬의 도움도 필요하게 된다.

　3) 印綬와 財星
　印綬는 生母요, 財星은 아내이다. 어려서는 생모에 의지하지만, 성인이 되면 결혼해서 아내에게 의지하게 된다.
　아들이 결혼하게 되면 어머니는 자식사랑을 며느리에게 물려주어야 한다.
　그래서 어머니와 며느리는 처음부터 상극관계로서 고부갈등이 생기게 된다.
　印綬와 財星이 만나면 마치 어머니와 아내가 서로 충돌하는 것과 같다. 신약자는 당연히 어머니에게 의지하여야 하지만, 신왕자는 재성을 반기고 인성을 외면한다.
　신왕하면 재성이 왕성해야 하므로 식신, 상관이 재성을 생함으로서 크게 발전한다.
　身旺者는 사업으로 진출하고 성공하는데 반해서 身弱者는 인수를 떠나 살 수 없으므로 사업보다 직장생활이 적합하다.
　인수와 재성이 나란히 대립하면 재성은 건전하고, 인수는 일간의 보좌역할을 할 수 밖에 없다.

인성을 쓰는 경우 재성이 있으면 여자와 재물관계로 직장에서 물려나거나 풍파가 생기고, 재성을 쓰는 경우 인수를 보면 아내와 이별하는 격이니 직장을 떠나거나 좌천을 하게 된다.

따라서 인수와 재성이 같이 있는 경우 변화가 무쌍할 것은 필연적인 사실이다.

4) 印綬와 官殺

官殺은 印綬를 보호하고 생해준다. 보호한다는 것은 모든 침해자를 물리침으로서 아무런 장애 없이 건전하게 성장하고 생활하도록 안전을 보장한다는 뜻이고, 生해준다는 것은 생기를 공급한다는 뜻이다.

인성은 자비로운 어머니요 관성은 엄격한 아버지와 같다. 어머니는 아버지가 있어야 생기가 나고 활기가 넘치는 것과 같이 아버지 역시 어머니가 옆에 있어야 다정하고 의욕이 생긴다.

재성과 인성은 대립하는 관계로서 인성이 재성을 보면 고양이 앞에 쥐 같이 두려워하나, 관살이 중간에서 통관(通關)하게 되면 평화가 온다. 즉 財生官, 官生印하므로 통관이 성립된다.

그래서 印綬는 관성을 만나면 마치 보호자를 만난 것과 같이 대단히 기뻐하는 동시에 가장 소중하게 지키고 보살피며 정성을 다하는 것이다.

印綬 역시 관성을 해치는 상관을 제극(制剋)하여 관성을 지켜주므로 보호자의 역할을 하게 된다.

인수는 하나인데 관성이 둘 이상이면 一妻, 二夫격으로 처는 하나인데 남편이 둘이상이 되므로 불륜과 불화와 낭비와 허약을 조성한다.

관성이 둘이면 정식 남편이 둘이니, 두 번 결혼함을 암시하는데 반하여 관살혼잡인 경우에는 남편과 정부(情夫)를 동시에 거느리고 있는 형국이니 부정하고 음란함을 암시한다.

5) 印綬와 印綬

사주 내에 인성이 여럿이면 마치 어머니가 여럿이라는 뜻이다. 한 사람은 생모이고, 또 다른 어머니 즉 계모나 서모이므로 항상 시기하고 질투하며 한 남편을 두고 경쟁하는 사이 이다.

자비로운 어머니의 아량이나 배려는 없고 오직 독점하겠다는 집념과 편협한 고집뿐이다. 자비로운 생모가 아니고 못된 서모의 기질로 변한다.

그러한 서모는 오직 남편의 사랑을 독차지하려고 혈안이 되어 자식에게는 다정할 수가 없다.

印綬가 여럿이면 官星의 정기를 설기시키므로 남편은 어리석고 무능력하며, 아내가 생활전선에 나가 활동하여 먹고 산다.

財星은 극성스러운 인수를 누르고 허약한 관성을 생부하므로 비로소 관성이 회생하고 官印이 정상화된다.

사주 내에 인성이 3개 이상 있으면 공부를 해도 어느 한 가지를 전념하지 못하고, 이것저것 변동하게 되고, 이상은 높으나 현실에 어두워 실용적인 지식을 얻지 못한다.

인성이 많으면 성격도 어느 한 가지 일에 몰두하지 못하고 뜬 구름같이 헤매게 되며 한 곳에 오래 정착하지 못한다.

주위의 온갖 유혹에 사로잡혀 본업에 충실하지 못하고 이것저것 부업에 손을 대게 된다.

또한 우유부단하고 갈팡질팡하다가 기회를 놓치게 된다. 능력은 있으나 사회 경험과 수단이 없어서 훌륭한 재능을 발휘하지 못하고 제 자리 걸음을 하는 경우가 많다.

(4) 正印의 通變

1) 身强四柱에 印綬가 강하면 고독하고, 가난하며, 재난을 당하기 쉽다.

2) 身旺하고 인수가 많으면 財運에서 발복하며, 身旺地로 가면 큰 재난을 겪는다.

3) 印綬와 比肩이 있으면 재성을 두려워하지 않는다.

4) 印綬를 극하면 조실부모하게 된다.

5) 印旺하고 身强하면 평생 질병이 적다.

6) 印星이 財星을 보지 않으면 죽음이 없고, 印綬는 身旺地를 싫어한다.

7) 印綬가 七殺을 보면 발전하고, 合이 되면 마음이 어두워지며, 合이 깨지면 발복한다.

8) 印綬는 관살을 좋아하고, 정재를 싫어한다.

9) 年干에 印綬가 있으면 부귀한 집에서 出生한다. 그러나 印星이 또 있으면 반드시 어려서 남의 젖을 먹거나 남의

손에 길러진다.

10) 月干에 印綬가 있으면 가장 묘미(妙味)가 있고, 슬기와 자비심이 풍부하며, 일생 질병이 적고 건전하다.

11) 月支의 印星은 比肩으로서 財星을 방어(防禦)하는 것을 기뻐하고, 財星을 生해주는 食神, 傷官을 미워한다.

12) 月柱에 印綬가 있고 財星이 없으면, 성품이 순수하고, 문장으로 크게 이름을 떨친다.

13) 時干에 印綬가 있고, 뿌리가 旺하면 得子하고 효도를 다하여 행복하다.

14) 時支에 印綬가 있으면 모사(謀事)가 비범하고 식욕이 풍부하다.

15) 月上에 印綬가 있고 官星을 보면 官印運에 반드시 발복한다. 그러나 財星이 있고 時에서 印星을 冲하며, 官星이 死, 絶이 되면 만사가 불성이다.

16) 印綬가 比肩과 同柱하면 만사가 원만하며, 兄弟와 친구를 위해서 힘써 노력하고 화목하다.

17) 印綬와 劫財가 同柱하면 업무는 번창하나, 형제와 친지들 때문에 많은 손실을 당한다.

18) 印綬와 食神이 同柱하면 신용이 두텁고, 존경을 받으며, 업무가 창성한다.

19) 印綬와 七殺이 同柱하면 성실하고 부지런하며, 신용이 두텁고 이득이 크며, 가정이 화목하다.

女子는 훌륭한 남편을 얻고, 자식 덕이 크다. 七殺을 德으로서 교화시키기 때문이다.

20) 印綬가 正官과 같이 있으면 크게 발전하고 출세한다. 사교가 넓고 東西에서 이득을 보며, 한 집안을 계승하여 취미분야에서 성공한다.

21) 印綬가 長生과 같이 있으면 父母가 단정하고, 자비심이 많으며, 부정이 추호도 없고, 세상의 존경을 받는다.

22) 印綬가 冠帶와 같이 있으면 상당한 명문집안에서 출생하고, 장래 또한 크게 영달할 수 있다.

23) 印綬가 建祿과 같이 있으면 父運이 왕성하고, 어머니 또한 현명하며 일생을 안락하게 즐긴다.

24) 印綬가 帝旺과 같이 있으면 아버지가 사위로 입서(入婿)하여 출세하는 경우가 많고, 자신은 반드시 자력으로 출세하며, 만인의 윗사람이 된다.

25) 印綬와 食神이 온전하고 身强하면 관록을 크게 받는다.

26) 印綬格은 官道로 나아가면 문관, 문화, 교육계에서 이름을 높인다.

27) 印綬를 生時에 引從하여 뿌리가 탄탄하면, 子息의 효양(孝養)을 받는다.

28) 身旺하고 印多하면 도리어 財運을 좋아한다.

29) 印綬가 無根하면 印綬運이나 建旺地를 만날 때 발복한다.

30) 印綬가 화개(華蓋)를 만나면, 종교 또는 文武의 長이 되고, 승도(僧) 혹은 예도(禮度)로 이름을 높인다.

31) 印綬는 財를 두려워하나, 羊刃 또는 劫財의 구신(救

神)이 있으면 발복한다.

32) 印綬가 문창성(文昌星), 화개성(華蓋星)과 같이 있으면 문학, 학업 등에 의하여 박사(博士)의 칭호를 받을 수 있는 命이다.

33) 印綬格은 官에 만나면 吉하고, 官이 있고 印이 없으면, 비록 부귀해도 결함이 있고, 印이 있고 官이 없으면 영화스러워도 부족함이 있다.

34) 印綬가 파극(破剋)되지 않으면 자산이 증식(增殖)되고, 평생 의식주가 안정된다.

35) 印綬格은 日干이 太旺하면 좋지 않다. 발달은 불가능하고, 官殺이 日干을 制하면 도리어 만인의 상위자(上位者)가 된다.

36) 印綬格이 正官을 보면 청장년(靑壯年)에 성공의 단서를 얻고, 장래 복력이 많다.

37) 身弱하고 印星 또한 쇠약한데 財運을 만나면, 반드시 실직 또는 실업(失業)하게 된다.

38) 印綬가 喜神인데 正財가 여럿이면, 재난이 많고, 만사가 막히며, 출세할 수 없다. 만일 다시금 財運을 만나면 파산하고 나그네 신세가 된다.

39) 印星이 과다하면 극처하고 자식이 적으며, 있어도 어리석거나 불효한다. 女子는 극모(剋母)한다.

40) 印綬가 여럿이면 어머니가 많거나, 남의 젖을 많이 먹게 되며, 身旺者는 자식을 얻기가 힘들다. 그러나 財運을 만나면 得子한다.

41) 印星이 太旺하면 자식이 적고, 財星을 보면 得子한다.

42) 印綬가 형충파해(刑冲破害)가 되면 마음이 어지럽고 갈피를 잡지 못하며, 자칫하면 몸을 상한다.

43) 年干에 印星이 있고, 月干에 劫財가 있으면 상속에 이변이 있고, 동생이나 누이가 가산(家産)을 계승하게 된다.

44) 月干의 印星은 年이나 時에서 財星을 보는 것을 가장 싫어하며 만일 財星을 본다면 자기 위치를 지키지 못하고, 물러서야만 재화(災禍)를 면할 수 있다.

45) 月柱의 印星이 刑/冲되면 외가(外家)가 무력하고 반드시 허물어진다.

46) 印綬와 傷官이 同柱하면 名利가 허무하고, 흉함이 많으며, 어머니와 의견충돌이 많다.

47) 印綬와 正財가 同柱하면 질병으로 악사하거나, 노고가 많으며, 금전상 고통이 끊이지 않는다.

女子는 고부지간에 불화하고, 男子는 아내가 온전하지 못하다.

48) 印綬가 偏印과 同柱하면 결단력이 부족하고 많은 손실을 입으며 직업상 불만이 많다.

女子는 가정이 원만치 못하고, 子女의 인연도 박(薄)하다.

49) 印綬가 印綬와 同柱하면 자기능력을 과시한 나머지 좋은 기회를 놓치거나 실패하기 쉽다.

직업과 사업의 변동이 빈번하고, 노고가 끊어지지 않으며, 女子는 子女의 인연이 박하다.

50) 印綬가 沐浴과 同柱하면 직업상 과실이 많고, 어머니

가 일찍 남편을 잃는다.

51) 印綬가 衰와 同柱하면 일생 평범하고, 내가 출생하면서 집안이 점차 기울어지고 침체된다.

52) 印綬가 病, 死, 墓, 絶과 同柱하면 부모와의 인연이 박하고, 유산이 없으며, 만사가 여의치 못하고, 수명 또한 짧다. 기술계나 의사, 학자로서 적합하다.

53) 印綬가 양인羊刃)과 같이 있으면, 몸과 마음의 상처가 크다.

54) 사주에 印綬가 많으면 청장년(靑壯年) 시기에 편친(片親)을 떠나게 되고, 노년에 자식과의 인연도 박하다.

제4장
일간 통변

제4장. 日干 通變

甲日干 (男命)

1) 甲辰日生

처가 세상을 비관하여 음독자살을 시도하거나, 부친이 사망 할 때, 임종(臨終)을 지켜보지 못한다.

2) 甲辰日生이 比劫多

처가 일찍 비명횡사하거나 이별하게 되고, 재물 복이 없다. 이유는 辰은 甲日干의 偏財星이 되므로 比劫이 사주에 많으면 군비쟁재(群比爭財)가 되어 재물 복이 없고, 처복도 없는 사주이다.

3) 木 太旺命

위산과다(胃酸過多)로 고생하게 된다. 土가 오장육부 중에 중위(中胃)에 해당하므로 왕목(旺木)이 극토(剋土)하기 때문이다. 木은 흙을 파헤치는 쟁기와 같다.

4) 甲寅日, 甲午日, 甲戌日生이 四柱에 巳午나 戌亥가 있으면 신앙심이 깊고, 입산(入山)하여 수도생활(修道生活)을 하게 된다. 특히 사주 내에 戌亥가 있으면 戌亥天門이 되어 불도(佛道)와 인연이 많다.

5) 甲日干, 丁卯時生
　甲日干이 丁卯時에 출생하면 상처(喪妻)할 팔자이다. 卯는 甲日干의 겁재인데, 겁재가 재성인 처를 극하기 때문이다.

6) 甲戌日 火局 (寅午戌, 巳午未)
　甲戌日생이 地支에 寅午戌 三合이 되거나, 巳午未 方局이 되면 두 눈이 어두워 안경을 쓰거나 심하면 장님이 된다. 火氣는 밝기 때문에 눈으로 보며, 火氣가 많으면 오히려 눈이 어두워진다.

7) 甲日干, 多金
　甲日干이 사주 내에 金이 많으면 金剋木하므로 신경통, 관절염, 두통이 심하다. 木은 머리와 근골(筋骨)로 본다.

8) 甲日, 寅卯月, 巳午未月生
　활인가(活人家)가 많고, 교사가 많다. 활인가란 의복자(醫卜者)를 말하는데 의사, 점복자(占卜者), 한의사 등을 말한다.

9) 甲戌日. 身弱 財官旺
　甲戌日생이 財官이 왕 하면 身弱사주로서 장님 팔자이다.

10) 甲日干이 水가 있는데, 火가 日干을 설기(泄氣)하면 전기, 전자, 컴퓨터 업으로 성공한다.

11) 甲子日, 卯月生

日支와 月支가 子卯刑殺이 되면 반드시 수술을 받게 되거나, 몸에 흉터가 있다. 그러나 의사나 간호사 등의 직업에 종사하게 되면 혹 면할 수도 있다.

12) 甲日干이 月柱나 時柱에 丙戌이 있으면

자식 중에 유산(流産)을 하거나, 흉사(凶死)하는 경우가 많다.

13) 甲日, 冬節生 (亥子丑月生)

교사, 교수 학자가 많다. 이유는 月支에 印星이 있고, 丑중에도 癸水가 암장되어 있기 때문이다.

甲日干 (女命)

1) 甲己 太過合

甲日干이 天干에 있는 두개의 己와 干合할 때, 정조관념이 희박하고 음란하다. 남녀 불문하고 사주 干支에 합이 많으면 반드시 음란하다.

2) 甲寅日生

독수공방(獨守空房)하는 팔자이고, 초혼실패(初婚失敗)하는 사주이다. 이유는 日支에 比肩이 있으면 자주 다투고 의견 충돌이 많기 때문이다.

3) 甲日 金弱 多水

남편이 취중(醉中)에 귀가(歸家)하다가 사고를 당하거나 익사(溺死)하기 쉽다. 甲日干이 金을 보면 관성이 되므로 여자에게는 남편이 된다.

水가 많으면 甲木은 부목(浮木)이 되고, 또한 金은 침수(沈水)로 물에 빠지는 형국이다.

4) 甲日干이 月이나 時에 丙戌이 있으면

甲日干이 月柱나 時柱에 丙戌이 있으면 자식 중에 유산(流産)하거나 흉사(凶死)하는 아이가 있다.

5) 甲日 火有 多水

자녀가 안경을 쓴다. 火는 食傷이므로 자녀가 되고, 水多하면 火가 꺼지므로 눈이 어둡다.

6) 甲日 月/時 亥

甲日干이 月支나 時支에 亥가 있으면 의사, 한의사, 약사, 간호사, 조산원 등이 많다.

7) 甲日 火局

甲日干이 地支에 寅午戌 三合이 되거나, 巳午未 方局이 되면 기관지, 폐병으로 고생한다.

8) 甲日 逢丑, 財旺 生官殺

甲日干이 地支에 丑을 만나고, 月支에 있는 財星이 官殺을 생조하면 남편에게 소갈비, 인삼, 녹용 등을 해 주고도 결국 이별하는 팔자이다. 봉축(逢丑)은 丑을 만난다는 뜻이다.

9) 甲申日생

십중팔구(十中八九) 소실(小室)팔자이다. 日支에 있는 偏官은 四凶神 중의 하나로서 호랑이 같은 거북한 남편을 만나 일부종사(一夫從事)가 안 되고 소실팔자이다.

10) 甲日生 申(官) 逢刑

甲日生의 申은 관성인 남편이 되는데, 남편이 마약이나 술 중독자이다.

11) 甲子日生, 甲午日生

고독하고, 부부불화하며, 중혼(重婚)할 팔자이다.

12) 甲子日, 卯月生

子卯刑殺이 성립되므로 의사나 한의사, 약사, 간호사, 조산원 등이 많다.

乙日干 (男命)

1) 乙日干 亥子丑月生, 日/時 沐浴殺

목욕살(沐浴殺)은 도화살(桃花殺)로서 日時에 있으면 재혼하거나 혹은 첩을 얻는 사주이다.

특히 時支에 목욕살이나 도화살이 있으면 촌부(村婦)와도 통정(通情)한다고 한다.

2) 乙未日生

아버지가 자살을 하거나, 비명횡사(非命橫死)하여 아버지의 임종(臨終)을 보지 못한다.

3) 乙巳日生 逢 寅/申

寅巳申 三刑이 되므로 의사, 한의사, 약사, 간호사가 많고, 혹은 경찰, 군인 등이 많다.

4) 乙丑日 身弱 財官 多

안경을 쓰거나, 안맹인(眼盲人)이 많다. 안맹인이란 맹인을 말한다.

5) 木일생 水木 多

늦게까지 오줌을 가리지 못한다.

6) 木日干 戌/亥時生

木日干이 時支에 戌이나 亥가 있으면 사법관(司法官)이

많다.

7) 乙未生 財弱 比劫多
처첩이 세상을 비관하여 음독자살을 시도한다. 그러나 죽은 것은 아니다.

8) 乙日生 月/時 丙戌
자식 중에 흉사(凶死)하는 아이가 분명히 있다.

9) 乙日 巳午未月생
철학자, 운명철학자, 종교인으로 명성을 얻는다.

10) 乙日生 金多命
신경통, 관절염, 두통이 심하다.

11) 乙丑日生, 乙酉日生이 申酉戌月生이면
안맹인(眼盲人)이 많다.

12) 乙亥日生, 丙子시 逢水局
음독(飮毒)조심 해야 한다.

13) 乙卯日生 逢 辛酉
종교계로 진출하게 된다.

乙日干 (女命)

1) 乙庚 太過合

乙日干이 天干에 있는 庚金 두개 이상과 干合하면 반드시 음란하다.

2) 乙日干 金弱 多水

남편이 취중(醉中)에 귀가하다가 횡사(橫死)할 팔자이다.

3) 乙日干 亥月生

교사가 많다. 이유는 月支에 印星이 있기 때문이다.

4) 乙日 月/時 丙戌

자식 중에 흉사하는 아이가 있다.

5) 乙巳日 透官

乙巳日生이 天干에 관성이 있으면 유부녀(有夫女)가 가출(家出)한다.

6) 乙日 月/時 亥

활인업(活人業), 즉 의사, 한의사, 약사, 간호사 등이 많다.

7) 乙巳日生

日支가 상관이 되므로 십중팔구 소실팔자이다.

8) 乙日生 丙戌月
자식 중에 불구자가 있다.

9) 木日干 逢丑, 財旺 生官殺
남편에게 온갖 정성을 다하여도 부부 이별하거나 별거하는 사람이 많다.

10) 乙日生 逢 刑/殺
남편이 마약중독자이거나 술 중독자다.

11) 乙亥日生
배우자궁이 극흉(極凶)하므로 반드시 이혼하거나 별거한다.

丙日干 (男命)

1) 丙寅日生 逢 巳/申, 比劫太旺, 財弱
처가 비명횡사할 팔자이다. 이유는 寅巳申 刑殺이 되고, 군비쟁재(群比爭財)하므로 처가 설 자리가 없어진다.

2) 丙戌日生
십중팔구 처가 사망한다. 丙戌은 백호대살에 해당되기 때문이다.

3) 丙戌日 丁酉時生
반드시 재혼할 팔자이다.

4) 丙日生 多逢 水局
자녀가 안맹(眼盲)하거나 수족(手足)의 불구자가 많다.

5) 丙日 庚時生
음성이 우렁차다.

6) 丙申日生
丙申日生은 낙정관살(落井關殺)이 되어 물에 빠져 보거나, 높은 곳에서 떨어진다.

7) 丙申日 逢 殺局
地支에 申子辰, 亥子丑 水局을 이루면 丙日干의 殺局이 성립된다. 살국이란 官殺이 회국(會局)하는 것을 말한다. 이러한 사주는 점복(占卜)으로 먹고 산다.

8) 丙申, 丙子, 丙辰日生 逢 財殺多
동양철학자나 점복자가 많다.

9) 丙日 寅卯月生
月支에 인성이 있으므로 교사, 교수, 학자 등이 많다.

11) 丙戌日 逢丑, 有卯戌
丑戌 刑殺이 되므로 의사, 한의사, 침구사가 많다.

12) 丙戌日, 丙辰日생 逢 財/印
인쇄소, 문방구점, 서점을 운영하는 사람이 많다.

13) 丙寅日, 丙午日생 春夏月생
생활을 비관하여 자살을 시도한다.

14) 丙午日 丁酉時生
반드시 재혼할 팔자이다.

15) 丙寅日, 申時生
丙日干이 日, 時支에 寅申冲이 성립하면, 애인이나 처가 태중(胎中)에 아이를 갖고도 이별한다.

丙日干 (女命)

1) 丙日 辛 太過合
丙日干이 天干에 있는 辛 두개이상과 干합이 되면 반드시 음란하다.

2) 丙日 食傷多, 逢 水局
女命에 食傷은 자녀로 보는데, 地支에 申子辰, 亥子丑 水

局이 되면 자녀가 안맹(眼盲)하거나 불구자가 많다.

3) 丙日 戌月생
성악가(聲樂家)로 출세한다.

4) 丙日 巳午未月생
고독하고 독수공방할 팔자이다.

5) 丙子日생
십중팔구 소실팔자이다.

6) 丙辛 暗合
丙日干이 지장간(地藏干)에 있는 辛金과 암합(暗合)하면 남편이 첩을 얻는다.

7) 丙子日생 壬癸 透干
초혼실패하는 사주이므로 되도록 30세 이후에 결혼하여야 한다.

8) 丙日생 地支財局
사채놀이 하는 사람이 많다.

9) 丙午日생
남편과의 인연이 반드시 변한다.

10) 丙申日생
나이 많은 남자와 재혼하게 된다.

11) 丙日干이 辰戌丑未月생 土多命
유산(流産)을 하게 되고, 심한 경우 무자(無子)팔자이다. 丙日干이 土를 만나면 食傷이 되는데 食傷이 3개 이상 있으면 자녀와의 인연이 적다.

丁日 (男命)

1) 丁日 地支 水局
丁日干이 地支에 申子辰, 亥子丑 水局이 되면 시력(視力)이 약하다.

2) 丁未日생, 丁巳日생
성욕이 지나치게 강하여 二妻, 三妻를 거느린다.

3) 丁丑日생 申酉戌月생 身弱四柱
처첩 중에 자살하는 사람이 있다.

4) 丁巳일생 地支 寅/申
의약계통에 진출하게 된다. 寅巳申 三刑이 되기 때문이다.

丁日 (女命)

1) 丁日 太過合

丁日干이 天干에 있는 壬 2개 이상과 干合이 되면 반드시 음란한 여인이다.

2) 丁亥日생 透干

자식을 두고도 다른 남자와 정을 통하여 가출하는 여인이다.

3) 丁巳日생

초혼실패하거나 혹은 독수공방하는 팔자이다.

4) 丁亥일생

십중팔구 소실팔자이다.

5) 丁未日생

고독팔자이다.

6) 丁丑日 酉月생

교육자가 많다.

7) 丁丑日생

중년에 부부 이별하거나, 초혼 실패한다. 그러나 장남에게 시집가게 되면 혹 면할 수도 있다.

8) 丁日, 辰戌丑未月生 多逢 土
유산(流産)을 하게 되고, 심한 경우 무자(無子) 팔자이다.

9) 丁未日 庚戌時生
의약계통에 종사하게 된다.

10) 丁日생 食床 逢 水局
자녀 중에 안맹(眼盲)하거나 혹은 불구자녀가 있다.

戊日 (男命)

1) 戊日생, 逢 三刑
戊日干이 年, 月, 日에 寅巳申, 三刑이 있으면 수족(手足)에 이상이 있거나, 불구자가 많다.

2) 戊日생 逢火局
재혼하거나 첩을 두는 사주이다.

3) 戊日 寅月생
교사, 교수가 많다.

4) 戊午일 火局
여색(女色)을 조심해야 한다. 二妻, 三妻를 거느리는 팔자이다.

5) 戊寅日, 戊午日, 戊戌日생 戌亥天門
신앙생활을 하거나, 입산수도객(入山修道客)이 많다.

6) 戊日생 金水旺
물가를 조심하지 않으면 익사할 염려가 있다.

7) 戊日生 金局
戊日干이 地支에 巳酉丑이나 申酉戌이 되면 위하수증(胃下垂症)으로 소화가 안 되어 고생한다.

8) 戊午일생 年/月支 辰酉
다리를 절게 된다.

9) 戊日生 身弱 逢刑
戊日干이 身弱四柱인데 地支에 三刑殺이 있으면 위장수술을 하게 된다.

10) 戊戌日생
공업가 또는 의사가 많다.

11) 戊日干 年干癸, 寅月生
본처와 이별하거나 별거하게 된다.

12) 戊申日생 地支 寅/巳, 財多 身弱四柱

戊申日생이 地支에 寅이나 혹은 巳가 있고, 재성이 많아 신약사주인 경우에는 처가 비명횡사할 운명이다.

13) 戊寅日생 逢寅
戊寅日생이 다시 寅을 두개 이상 만나면 화상(火傷), 음독(飮毒), 총상(銃傷) 등을 당한다.

戊日 (女命)
1) 戊日干, 癸 太過合
戊日干이 天干의 癸 2개 이상과 干合하면 반드시 음란한 여인이다.

2) 戊日生 火局
어머니가 독실한 불교신자이다.

3) 戊日, 巳時生
남의 자식을 입양하여 양육하게 된다.

4) 戊寅日생 逢寅
戊寅日생이 地支에 寅을 2개 이상 만나면 음독을 시도한다.

5) 戊子日생 女
나이 많은 백두노랑(白頭老郎)이나 혹은 연하자(年下者)

와 결혼하게 된다.

　백두노랑은 15세 이상의 남자를 말하고, 년하자(年下者)란 여자보다 한, 두 살 아래 남자이거나 혹은 동갑(同甲)이라 하더라도 생일이 여자보다 하루라도 늦으면 年下者로 본다.

　6) 戊日 地支金局
　戊日生이 地支에 巳酉丑, 申酉戌 金局을 이루면 위하수증으로 소화가 안 된다.

　7) 戊日, 亥月生 逢水局
　戊日生이 地支에 申子辰, 亥子丑 水局을 이루면 안맹(眼盲)하고 눈이 어둡다.

　8) 戊日生 身弱四柱
　위장병으로 소화가 잘 안 된다.

　9) 戊日, 年月干 壬/癸
　戊日干이 年干이나, 月干에 壬 혹은 癸가 透干하면 독수공방할 팔자이다.

　10) 戊日干, 巳午未月生
　戊日干이 巳午未月, 하절(夏節)에 태어나면 독수공방하거나, 남편과 이별하게 된다.

11) 戊子日생
戊子日에 태어 난 여성은 십중팔구 소실팔자이다.

12) 戊日 木弱 多水
남편이 취중에 귀가하다 사망하게 된다.

13) 戊申日생
독수공방하게 된다.

14) 戊申日생 地支 寅巳, 巳申
의사, 한의사, 약사, 간호사, 조산원 등이 많다.

己日 (男命)
1) 己日 寅月生 逢寅
교사, 교수 등이 많다.

2) 己日, 子未, 比劫多
처가 아기 낳다가 산망(産亡)하게 된다.

3) 己未日, 寅/巳/午/未/戌
己未日生이 地支에 寅이나, 巳, 午, 未, 戌 중에서 하나만 있어도 여색(女色)을 조심해야 한다.

4) 己日生 太弱四柱
시력(視力)이 약하므로 안경을 쓴다.

5) 己日生, 甲己干合
처덕이 태산과 같다.

6) 己未日, 甲戌時生
자식 중에 자살하는 경향이 많다.

7) 己日生 有 戌亥
점복자(占卜者)나 동양철학자가 많다.

8) 己日生 身弱 逢刑/冲
己日生이 身弱한데 地支에 刑/冲이 있으면 반드시 위장 수술을 한번 해 본다.

9) 己日, 癸年 壬月生
본처와 해로(偕老)하기 어렵다.

10) 己未日생 年支/時支 丑/戌
己未日생이 年支나 時支에 丑이나 戌이 있으면 자녀 중에 자살하는 아이가 있다.

11) 己日생 身弱 逢 刑/冲
위암(胃癌)으로 인한 수술을 하게 된다.

12) 己卯일생 逢子
처가 흉사하는 경우가 많다.

13) 己日生 金局
己日干이 地支에 巳酉丑, 申酉戌이 있으면 위하수증이 있다.

14) 己日生 木局
己日干이 地支에 亥卯未, 寅卯辰 木局이 있으면 맹인(盲人)이 많다.

15) 己日生 太弱四柱
신경이 예민하거나, 정신질환자가 많다.

己日 (女命)

1) 己亥日生 투관(透官)
己日干이 사주 내에 관성이 투출하면 자식을 두고도 정통(情通)하여 가출한다.

2) 己日生 太弱四柱

시력이 약하고, 비위(脾胃)도 허약하다.

3) 己亥日生
식당, 술장사를 해 본다.

4) 己日, 戌月生
불교에 몸을 담는다.

5) 己日, 巳午未月生
己日生이 巳午未, 하절(夏節)에 태어난 여자는 독수공방하게 된다.

6) 己日生 木弱 多水
남편이 취중에 귀가하다가 흉사한다.

7) 己日, 壬癸年月
己日干이 年干이나, 月干에 壬이나, 癸가 있으면 독수공방할 팔자이다.

8) 己日, 巳午月生
己日干이 月支에 巳, 午가 있으면 인성이 되므로 교사, 교수가 많다.

9) 己巳日생 逢 寅/申

己巳日생이 地支에 寅이나, 申이 있으면 三刑이 되므로 의사, 한의사, 약사, 간호사, 조산원이 많다.

10) 己日, 巳午未月生 水弱
남편과 이별하거나, 별거하게 된다.

庚日 (男命)

1) 庚辰日, 庚辰時生
자녀 중에 익사 사고가 일어난다.

2) 庚日生, 丙(官) 逢 水局
남명에 관성은 자녀로 보는데, 地支에 申子辰, 亥子丑 水局이 되면 자녀가 안맹하거나, 불구로 인하여 한숨을 쉰다.

3) 庚日生 火多 命
庚日干이 사주 내에 火가 3개 이상 있으면 치질, 맹장, 폐병, 대장 등이 불실하여 고생한다.

4) 庚日, 寅卯月, 巳午未月生
전기, 전자 공업으로 치부(致富)한다.

5) 庚戌日生
공업(工業) 계통에 종사한다.

6) 庚日, 丑月生
은행 간부가 많다.

7) 庚戌日, 寅月生
의사가 많다.

8) 庚日, 亥子丑月生
두주불사(斗酒不辭) 즉 술을 많이 마신다.

9) 庚寅日, 逢 巳/申 財多身弱 四柱
庚寅日생이 地支에 巳나, 申이 있고, 재성이 많아 신약사주가 되면 처첩 중에 자살하는 사람이 많다.

10) 庚日生, 日時 寅申沖
사귀던 여자 혹은 처와 태중에 아이를 갖고도 이별하는 팔자이다.

11) 庚日, 丙子時生, 逢 壬多
庚日干이 丙子時에 태어났는데 다시 사주 내에 壬水가 많으면 자녀 중에 안경을 쓰게 된다.

12) 庚寅日生 甲申運
천치충(天地冲)이 되어 수술을 받게 되거나, 혹은 관재구설수가 있다.

庚日 (女命)

1) 庚乙 太過合

庚日干이 天干에 있는 庚 2개 이상과 干合이 되면 음란한 여자이다.

2) 庚辰日生

남편이 재산을 파하고, 횡사(橫死)하거나, 이별하게 된다.

3) 庚戌日生

남편 덕이 없고, 남편이 비명횡사(非命橫死)하는 사람이 많다.

4) 庚子日生

독수공방하거나 초혼 실패한다. 이유는 日支 배우자궁에 傷官이 앉아 있기 때문이다.

5) 庚申日, 庚子日, 庚辰日生

음식점이나 술장사를 해 본다.

6) 庚日, 亥子丑月生

교사, 교수 혹은 언론기자가 많다.

7) 庚日生 水多 命

절세미인이 많다.

8) 庚日, 身弱 火旺
대장(大腸)이 약하고, 치질, 맹장 등으로 고생한다.

9) 庚日干 傷官生財
음식업으로 성공한다.

10) 庚申日生 逢 寅/巳
의사, 한의사, 약사, 간호사 등이 많다.

11) 庚日生 火旺
庚日干이 月支에 火五行이 있고, 명중(命中)에 火가 많으면 월경불순으로 고생한다.

12) 庚日, 申酉戌月生 火弱
남편과 이별수가 있다.

13) 庚日, 亥子丑月生 火弱
남편과 이별수가 있다.

辛日 (男命)

1) 金弱 火旺
金日干이 身弱사주인데 命中에 火가 많으면 기관지, 호흡기, 폐, 대장으로 고생하며, 치질과 맹장도 조심해야 한다.

2) 辛酉日生 逢戌
辛酉日생이 命中에 戌을 만나면 한의사, 침구사, 의사 등이 많다.

3) 辛酉日生 逢 己卯
辛酉日생이 命中에 己卯를 보면 스님으로 입산하였다가 다시 환속(還俗)하게 된다.

4) 辛日, 寅卯辰月生
辛日干이 寅月, 卯月, 辰月에 태어난 사람은 전기공업(電氣工業)으로 성공한다.

5) 辛日生, 木火旺
辛日干이 命中에 木이나, 火가 많으면 기관지, 호흡기, 폐, 치질, 맹장염으로 고생한다.

6) 辛卯日生
신의(信義)가 있고 의리가 있는 남자이다.

7) 辛未日, 寅巳午未月生
화상(火傷)이나, 총상(銃傷)을 당한다.

8) 辛卯日, 辛卯時生
첩에게서 아들을 얻는다.

9) 辛巳日生 寅/申
의사, 한의사 등이 많다. 그렇지 않으면 본인이 수술을 받게 된다.

10) 身旺, 火旺四柱
전기공업으로 지부(致富)한다.

辛日 (女命)

1) 辛丙 太過合
辛日干이 天干에 있는 丙 2개 이상과 干合이 되면 반드시 음란하다.

2) 辛亥日生
독수공방하거나, 초혼 실패하는 팔자이다. 또한 술장사나 음식업을 하게 된다.

3) 辛日, 亥子丑月生
유부녀가 자식을 두고도 가출하는 팔자이다.

4) 辛卯日, 午月生
한의사가 많다.

5) 辛巳日, 辛亥日, 辛卯日生

간호원, 조산원이 많다.

6) 辛丑日, 辛卯時生
소실팔자가 많다.

7) 辛巳日生
의처증이 심한 남편과 산다.

8) 辛酉日生
고독하고, 청상과부(靑孀寡婦)가 많다.

9) 辛日生, 木旺 土弱四柱
섬유(纖維)나 포목상(布木商)이 적합하다.

10) 身弱, 火旺四柱
냉증, 대하증, 월경불순 등으로 고생한다.

壬日 (男命)

1) 壬日生, 子未有, 逢 比/劫
처가 아이 낳다가 산망(産亡)하는 경우가 많다.

2) 水旺, 土流
壬日干이 사주 내에 水가 많은데, 土가 있으면 男命은 水

가 官殺, 즉 자식이 되므로 旺水에 자녀가 떠내려가므로 수액(水厄)을 항상 조심해야 한다.

3) 壬日生 傷官 見官
壬日干이 사주 내에 관성이 있는데, 傷官을 만나면 상관이 극관(剋官)하므로 자녀 중에 말 못하는 자녀가 있거나, 혹은 불구 자녀가 있다.

4) 壬辰日生
음식업을 하게 된다.

5) 壬日, 亥子丑月生
주색(酒色)을 즐긴다.

6) 壬日, 多逢 火土
치질, 축농증으로 고생한다.

7) 壬日生 水木 多
壬日生이 사주 내에 水와 木이 많으면 어릴 적에 오줌을 가리지 못한다.

8) 壬申生 逢 刑殺
壬申日생이 사주 내에 寅이나, 巳가 있으면 三刑殺이 되어 의사, 한의사, 약사, 간호사 등이 많다.

9) 壬子日生
처가 수액(水厄)으로 흉사(凶死)하는 사람이 많다.

10) 壬寅日, 癸卯時生
반드시 재혼할 팔자이다.

壬日 (女命)
1) 壬日生 戊/己
십중팔구 나이 많은 사람과 결혼하거나, 년하자(年下者)와 결혼하게 된다.

2) 壬辰日, 壬戌日生
남편이 파산하거나, 비명횡사(非命橫死)하게 된다.

3) 壬日生, 火財者
壬日干이 사주 내에 火가 있으면 재성이라 음식업을 해 본다.

4) 壬日生 시모(媤母)
壬日生이 재성을 만나면 시어머니가 되는데, 시모가 수다스럽다. 또한 조석으로 변덕이 많고, 고부갈등이 심하다.

5) 壬子日, 壬申日 申酉月生

성욕불만으로 일부종사가 어렵다.

6) 壬戌日生
남편이 고향을 떠나 살다가 객사(客死)할 운명이다.

7) 壬寅日生
팔자가 기박하다.

8) 壬日, 木局
壬日生이 地支에 亥卯未, 寅卯辰 木局이 되면 냉증(冷症), 대하증(帶下症), 월경불순 등으로 고생한다.

9) 壬日, 申酉戌月生, 火弱
남편과 이별수가 있다.

10) 壬辰日生
중년에 이별하게 되고, 과부신세이다.

癸日 (男命)

1) 癸日生, 子未有, 比/劫
처가 아기 낳다가 사망한다.

2) 癸日生 身旺, 土流
자녀가 수액(水厄)을 당한다.

3) 癸丑, 癸未, 癸巳日, 甲寅時生
교통사고를 조심해야 한다.

4) 癸日, 寅時生
주색을 즐긴다.

5) 癸日, 午月生
본래 허약체질이다.

6) 癸日, 多逢 火土
癸日生이 사주 내에 火, 土가 많으면 치질이나 축농증이 있다.

7) 癸巳日, 逢 寅/申
癸巳日生이 地支에 寅 혹은 申이 있으면 三刑殺이 되므로 의사, 한의사가 많다.

癸日 (女命)

1) 癸戊 太過合

癸日干이 天干에 있는 戊 2개 이상과 干合하면 반드시 음란한 여인이다.

2) 癸日生 官 白虎大殺

사주 내에 있는 官星이 백호대살이 되면 십중팔구 남편이 혈광사(血光死)하게 된다. 혈광사란 고혈압이나 뇌일혈, 또는 교통사고로 인한 급사(急死)를 당하는 것을 말한다.

3) 癸巳日生 官殺

바람이 나서 자식을 두고도 가출한다.

4) 癸日生 女命

나이 많은 남자를 만나거나, 혹은 년하자(年下者)와 결혼하게 된다. 만약 그렇지 않으면 초혼 실패한다.

5) 癸日生 火局

癸日生이 地支에 寅午戌, 巳午未 火局을 이루면 신경통, 관절염으로 고생한다.

6) 癸丑日生

첫 딸 낳고 다음은 아들을 낳는다.

7) 癸巳日生
의처증 남편으로 인한 불화가 심하다.

8) 癸日, 巳月生, 巳時生
癸日干이 巳月에 생하거나, 巳時에 태어난 여인은 의처증 남편으로 인하여 불화가 끊이지 않는다.

9) 癸酉日, 癸亥日 7, 8月生
성욕불만으로 인하여 일부종사가 안 된다.

10) 癸丑日生
남편이 객사할 운명이다.

11) 癸巳日生
십중팔구 소실팔자이다.

12) 癸卯日生
팔자가 기박하고, 癸卯는 나체도화(裸體桃花)가 되어 정조관념이 희박하다.

제三편. 응용편(應用編)

제3편

응용편

1. 남여궁합법(男女宮合法)
2. 직업선택법(職業選擇法)
3. 부귀빈천(富貴貧賤)의 命
4. 수명(壽命)의 장단(長短)
5. 당면문제(當面問題) 판단법
6. 행운간명법(行運看命法)
7. 運命의 격동기(激動期)

제1장. 남녀궁합법

제1장
남녀궁합법

제1장. 男女宮合法

1. 宮合法의 原則

男女가 서로 만나 한 가정을 이루는 것은 일생일대에 가장 중대한 행사라 아니 할 수 없다.

대개의 역술인들이 궁합을 볼 때, 生年의 띠(太歲)를 위주로 보며, 三合이 되면 무조건 좋은 궁합이라고 단정하고 있다. 즉 亥卯未, 寅午戌, 巳酉丑, 申子辰 등이 그것이다.

예를 들면 돼지띠(亥)와 토끼띠(卯)는 네 살 차이가 되어 좋고, 토끼띠(卯)와 양띠(未)도 네 살 차이, 양띠(未)와 돼지띠(亥) 역시 네 살 차이로 三合이 되어 좋다는 식이다.

사주 명리학을 전공하는 학자는 잘 알겠지만 사주구성은 四干, 四支의 八字내에 인생전반의 길흉화복이 나타나고 있는데, 단지 年支의 "띠"가 전부인양 판단하는 것은 대단한 오류이다.

특히 日支는 배우자궁이므로 日支에 喜神이 있느냐, 아니면 忌神이 있느냐에 따라 부부의 운명이 좌우되는데, 日支는 무시하고 다만 年支의 띠에 의존하여 궁합을 보는 것은 크게 잘 못된 궁합법이다.

또한 신살(神殺)에 의존하여 원진살(元辰殺)이나 도화살(桃花殺)이 사주 내에 있으면 절대 결혼할 수 없다고 단정하는 사람들이 많다.

이와 같이 허무맹랑한 역술인에게 궁합의 감정을 의뢰하는 것은 위험함은 말할 것도 없다.

사주 명리학은 오직 陰陽五行의 이치를 연구하는 학문이므로 궁합법도 神殺에 의존할 것이 아니라 陰陽五行에서 답을 구해야 함을 명심하기 바란다.

(1) 男女간에 결혼상대를 선택할 때에는 먼저 본인의 四柱와 상대방의 四柱를 배열한 후에, 八柱를 놓고 대비하면서 면밀히 살펴야 한다.

(2) 男女 불문하고 日支의 배우자궁에 喜神이 있으면 최고의 궁합이다. 日支에 喜神이 있으면 누구와 결혼해도 좋은 배우자가 될 수 있다.
그러나 日支에 忌神이 있으면 누구와 결혼해도 좋은 배필을 만날 수 없다.

(3) 男命에 財星이 喜神이 되거나, 女命에 官星이 희신이면 역시 좋은 배필이 된다. 재성은 처가 되고, 관성은 남편이기 때문이다.

(4) 日支가 冲이 되거나 刑殺이 되면 최악(最惡)의 궁합이다. 즉 日支와 月支가 刑/冲이 되거나, 日支와 時支가 刑/冲이 되면 부부해로가 어렵고 결국 이별하거나 별거하게 된다.
특히 日月 冲보다 日時 冲이 더욱 위험하다. 日月 冲은 초반에 불행이 오지만, 日時 冲은 평생 동안 이별수가 따라

다닌다.

(5) 宮合의 대 원칙은 본인과 배우자를 위주로 판단하여야 하므로 日柱를 보고 판단하여야 한다. 年柱나 月柱를 가지고 궁합을 보는 방법은 옛날 방식의 불합리한 궁합법이다.

(6) 男女 불문하고 日干끼리 合이 되거나, 日支끼리 合이 되면 좋은 배필이다. 즉 甲日干과 己日干, 乙日干과 庚日干, 丙日干과 辛日干 등이 만나면 부부일신이라 合이 되어 좋다.
또한 日支끼리 合이 되어도 좋은 배필로 본다.

(7) 자신의 공망(空亡)이 상대방의 日支에 앉아 있으면 결혼해도 무방하나 배우자 덕이 없고 불화가 생긴다.
예를 들면 男命의 공망이 辰巳인데, 女命의 日支에 辰이나, 巳가 있는 경우이다.

(8) 男女 불문하고 日干끼리 冲이 되거나, 日支끼리 冲이 되면, 최악의 궁합으로 결혼은 불가하다.

(9) 宮合을 볼 때는 당사자의 성격(性格)과 건강에 대해 면밀히 살펴야 한다. 아무리 재복(財福)이 많고, 官運이 좋아도 건강이 좋지 못해 단명할 팔자거나 혹은 성격이 모가 나고 심성이 거친 사람과는 해로하기 어렵고, 산다고 해도 심적 고통이 끊이지 않는다.

(10) 자신의 四柱에 부족한 五行이 상대방의 四柱에 많으면 부부가 화합하고 서로 보완관계에 있으므로 잉꼬부부로 사이가 좋다.

(11) 男女 불문하고 사주가 중화(中和)되어야 좋고, 편고(偏枯)한 사주는 반드시 상대방이 피해를 입게 된다.

예를 들면 男命에 비겁이 중중(重重)하면, 財星을 극하므로 처와 백년해로가 어렵고. 재물 복도 없는 사람이다. 이것을 군비쟁재(群比爭財)라고 한다.
반대로 女命에 食神과 傷官이 중중하면, 관성인 남편을 극하므로 부부해로가 어렵고 이별하거나 별거하게 된다.

(12) 亥子丑 동절(冬節)에 태어난 사람은 巳午未 하절(夏節)에 태어난 사람과 결혼하면 조후법상 서로 보완관계에 있으므로 화목하고 해로하는데 반해서 겨울태생이 겨울태생과, 여름태생이 여름태생과 결혼하면 서로 다투고 불화가 생겨 해로하는 사람이 드물다.
마찬가지로 寅卯辰 봄철에 태어난 사람은, 申酉戌 가을 태생과 결합하는 것이 이상적이다.

(13) 男女 불문하고 사주 내에 干合이나, 支合이 3개 이상 있으면, 음란하여 一夫, 一妻로 만족하지 못해 이성관계가 복잡하여 부부불화가 심하다.

(14) 男命의 日支에 관대(冠帶)가 있고 상대방 女命의 日支에 쇠(衰)가 있으면 최고의 결합이 된다.

이유는 冠帶는 남의 간섭과 지배와 충고를 싫어하는데 반하여, 衰는 매사 양보하고 배려하는 마음이 마치 노인의 기질과 같으므로 서로가 화합할 수 있기 때문이다.

남녀불문하고 四柱가 지나치게 강왕(强旺)한 사람끼리 만나게 되면 서로 충돌하게 되며, 양보하지 않고 지지 않으려고 하므로 부부해로가 어렵다.

(15) 女命에 食神, 傷官이 命中에 만반(滿盤)이면, 자녀생산이 어려우며, 심한 경우 무자팔자(無子八字)이므로 궁합 볼 때 반드시 유의해야 한다.

(16) 男命에 財星이 중중(重重)하거나, 女命에 관살혼잡(官殺混雜)된 사주는 궁합법상 대단히 불리하고 해로가 어렵다.

(17) 男命의 地支에 財星이 연좌(連坐)하면 반드시 유첩(有妾)사주이므로 궁합을 볼 때 반드시 참고하여야 한다.

財星이 연좌(連坐)한다는 것은 正財나 偏財가 地支에 3개 이상 있는 것을 말한다. 특히 日支에 偏財가 있으면 유첩사주(有妾四柱)이다.

2. 절대 만나서는 안 되는 宮合

甲木과 辛金

甲木은 陽木이며 大林木이라, 辛金인 낫이나 칼로서는 감당할 수 없는 상대이다.

차라리 庚金이라면 도끼가 되므로, 甲木을 작벌(斫伐)하여 재목을 만들 수 있지만, 甲木이 辛金을 만나면 짜증만 나고 신경질을 낸다.

그러므로 甲木과 辛金이 결혼하게 되면 오래 가지 않아 서로 충돌하게 되어 이별하거나 별거하게 된다.

乙木과 辛金

乙木은 유약(柔弱)한 화초(花草)나 능굴 나무이므로 辛金인 칼과 낫으로 어린 乙木을 잘라 버리는 형국이다.

그러므로 乙木은 항상 전전긍긍하며, 불안과 초조한 부부생활을 하게 되므로 신경쇠약증이나 심하면 우울증에 걸리게 된다.

丙火와 丁火

丙火는 태양이요, 丁火는 사람이 만든 인조화(人造火)로서 촛불에 해당된다.

丁火가 丙火를 만나면, 자기 존재이유가 없으므로 丙火를 원망하게 되고, 결국에는 자기를 반기는 어둠을 찾게 된다. 그래서 남녀불문하고 밤거리를 헤매게 되고, 주색을 탐한다.

丙火와 癸水

전술한바와 같이 丙火는 태양이요, 癸水는 구름과 이슬비에 해당한다. 태양의 입장에서는 자기의 햇빛을 뽐내려고 할 때, 구름이 火氣를 차단하거나, 비가 내리면 태양으로서는 불만이 많게 된다. 남녀가 이렇게 만나면 서로 원망하고, 미워하게 되어 결국 이별하는 경우이다.

己土와 壬水

己土는 농토(農土)로서 전답(田畓)과 분토(盆土)와 같으니 유약한 흙이다. 그러나 壬水는 큰 바다의 물로서 항상 거침없이 도도(滔滔)하게 흐르는 강물과 같다.

그러므로 己土는 壬水의 강물을 두려워하게 된다. 언제 강물이 범람하여 홍수가 되어 떠내려갈지 모르기 때문이다. 이러한 현상을 기토탁임(己土濁壬)이라 표현한다.

丁火와 辛金

丁火는 등잔불이나, 화로불이고, 辛金은 쇠(鐵)를 녹여 그릇을 만들어 놓은 성기상태(成器狀態)이다.

辛金은 예쁜 반지나 귀고리, 목걸이, 녹 그릇 등이다. 이미 만들어 놓은 그릇이 다시 불을 만나면, 쇳덩이로 되돌아가므로 辛金은 丁火를 매우 싫어하고 겁을 낸다. 생명의 위협을 느끼기 때문이다.

3. 男命의 結婚時期

(1) 身强, 身弱 불문하고 日支와 합이 되는 해(年)와 달(月)에 결혼한다. 즉 日支와 三合이 되거나, 半合 또는 六合이 되는 해에 결혼하게 된다.

(2) 男命은 財星이 들어오는 해와 달에 결혼하게 된다. 男命에 正財, 偏財는 처성(妻星)이기 때문이다.

(3) 身弱하여 印綬가 喜神이 되면 印綬가 들어오는 해와 달에 결혼하게 된다.

(4) 命中에 財星이 많으면 財多, 身弱四柱인데, 比肩, 劫財가 되는 해와 달에 결혼하게 된다.

(5) 종격(從格)의 사주는 喜神의 해와 달에 결혼한다. 그러나 반드시 大運이 喜神地로 진행하고 있어야 한다.

4. 女命의 結婚時期

(1) 身强, 身弱 불문하고, 日支와 三合이나, 半合, 또는 六合이 되는 해와 달에 결혼하게 된다.

(2) 女命은 官星이 들어오는 해와 달에 결혼하게 된다. 女命에 正官, 偏官은 남편의 별이기 때문이다.

(3) 女命에 食神, 傷官이 命中에 있는데 食神, 傷官과 합이 들어오는 해와 달에 결혼하게 된다. 이유는 食神, 傷官은 자녀에 해당하므로 자녀를 갖고 싶다는 충동을 느끼기 때문이다.

(4) 身弱四柱인 경우, 比劫年이나, 印星年에 결혼을 하게 되는데 특히 日干과 日支를 歲運에서 干合, 六合, 三合 또는 半合을 할 때, 더욱 확실하다.

(5) 身旺四柱인 경우, 官星이 들어오는 해와 달에 결혼하며, 특히 官星이 喜神이면 더욱 확실하다.

제2장. 직업선택법

제2장
직업선택법

제2장. 職業選擇法

직업은 산업현대화 과정을 거치면서 수많은 직종(職種)이 생겨났으므로 단순하게 직업을 선정하는 것은 대단히 어려운 과제이다.

직업의 선택은 사주 내의 陰陽五行의 생극제화(生剋制化)의 작용과 十神의 상호작용에 의해서 결정된다.

예를 들어 命中에 陰이 많으면 물질적인 재물을 상징하고, 반대로 陽이 많은 사주는 지능과 능력에 따라 명예와 지위가 결정되는 것이다.

직업을 선택하는 원칙은 財星과 官星을 위주로 판단한다. 財星이 희신이면 물질적이고 경제적인 직업이 적성이요 천직인데 반해서, 官星이 희신이면 정신적이고 권위적인 직업이 천직이다.

食神과 傷官은 財星을 생조하므로 식상생재(食傷生財)라고 하여 부명(富命)이 되므로 재벌 중에는 食傷生財格인 사주가 많다. 이러한 사주는 기업이나 사업가로 진출하는 것이 좋다.

특히 고, 이병철 삼성그룹 회장의 명조(命造)가 그 대표적인 食神生財格의 사주이다. (第四編 四柱看命編, 제4장 12란 참조)

또한 官星은 印星을 생조하므로 관인상생격(官印相生格)이 되어 官運이 많아 吉命이 된다. 이러한 사주는 관도(官途)로 나아가는 것이 좋다.

身强四柱에 食傷生財하면 富를 이룩하고 경제적인 수완이 비범하다. 또한 官星이 왕하고 印綬가 있으면 정신적인 활동을 의미하므로 공무원으로 진출하게 된다.

그러나 身弱四柱가 印綬에 의지하고 있으면, 재물 복과 관운이 없으므로 종교나 철학과 학문연구에 매진하는 것이 상책이다.

따라서 직업을 선택함에 있어서 가장 중요한 것은 사주 구성을 면밀하게 분석해야 한다.

우선 四柱가 身强하냐, 身弱하냐를 먼저 알아야하고, 어느 十神이 喜神인지를 판단하여야 한다.

왜냐하면 身强해야만 사회에 진출할 수 있는 능력자가 되기 때문이다. 신강하면 능력자이므로 사회활동을 할 수 있는 자격이 있으나, 身弱者는 어린 아이나 환자에 비유되므로 사회활동에는 적합하지 않기 때문이다.

예를 들어 身弱사주는 財星을 감당할 능력이 못 되므로 일시적으로 富를 얻는다 해도 오래가지 못한다.

그러므로 적성에 맞는 직업을 선택해야 하는데 본인의 사주에 喜神에 해당하는 직업을 선택해야 한다.

예를 들어 水 五行이 喜神이면 水 五行에 관계되는 직업을 선택해야 하고, 火 五行이 喜神이면 火 五行에 관련되는 직업을 선택해야 한다.

그렇지 않으면 평생 후회하게 되고, 시간 낭비만 하게 되며 성공하지 못한다.

時干의 十神이 正이 붙으면 직업이 소원대로 잘 이루어

지나, 時干에 偏이 붙으면 직업이 부실하거나 직업 얻기가 어렵고 지탱하기도 어렵다. 다음에 正과 偏으로 나누어 설명한다.

1. 時干으로 보는 직업선택법

고전파 명리학자들은 한결같이 時干으로 직업을 선택하였는데, 이는 時柱를 담장 밖의 사회와 활동무대로 보았기 때문이다.

時干은 직업을 관찰하는 초점이 되지만, 그것이 전부일수는 없고 또한 맞지도 않는 경우가 허다하다. 참고할 뿐 실익은 없다.

(1) 比肩
내근, 외근, 비서직, 단체조직, 기업가, 스포츠 등에 적합하다.

(2) 食神
내근, 기업가, 요리업, 자영업, 봉사사업, 투자업 등에 적합하다.

(3) 正財
내근, 경리, 재정, 기업, 경영직, 금융업, 생산업, 투자업 등에 적합하다.

(4) 正官
문관, 경영자, 정치인, 내근자 등에 해당한다.

(5) 正印
내근, 교육자, 종교인, 철학자, 발명가, 작가, 과학자, 행정가, 도서관직, 건축, 부동산중개업 등에 적합하다.

(6) 劫財
외근, 사법기관, 도박, 세무계통, 경찰, 형사, 고리대금업, 경마, 증권, 복권 등에 적합하다.

(7) 傷官
외근, 기술자, 의술, 철학자, 법조계, 비평가, 발명가, 예술가, 예능, 창작, 서예, 작가 등에 적합하다.

(8) 偏財
외근, 투기, 금융업, 상업, 기업가, 무역, 경리, 회사경영, 시장개척, 증권, 관광, 운수업 등에 적합하다.

(9) 偏官
외근, 무관, 언론인, 수사관, 경찰, 헌병, 정치인, 특수직 등에 적합하다.

(10) 偏印

외근, 인기직, 종교인, 철학자, 의술, 예능계, 연예계, 작가, 사상가 등에 적합하다.

2. 喜神으로 보는 직업선택법

身强, 身弱四柱를 불문하고 喜神과 관계되는 업종(業種)을 선택하는 것이 좋다.

그러나 아무리 喜神에 관계되는 직업을 선택하였더라도 行運에서 喜神運이 되어야 성공할 수 있다.

그러므로 大運이 喜神地로 진행하고 있는지 여부를 먼저 판단해야 한다. 大運이 희신지라 할지라도 歲運의 吉凶도 참고하여야 한다.

大運이 忌神地로 향하면 사업실패와 부도위기로 사업을 청산하게 된다. 또한 大運과 歲運에서 刑/沖이 되면 어음 부도(不渡)로 인한 관재구설이 따른다.

(1) 木이 喜神인 경우

농림업, 축산, 농장, 과수원, 약초재배, 의류, 섬유, 지물포, 가구점, 목재업, 꽃집, 조경사업(造景事業), 통신사업, 방송국, 가수, 한의원, 교사, 교수, 학자 등이 적합하다.

(2) 火가 喜神인 경우

전기, 전자, 컴퓨터, 가전제품, 안경점, 화장품, 문방구, 미용실, 이발관, 서점, 학원, 독서실, 보험업, 출판업, 인쇄소,

예술성사업, 잡화점, 광고업, 의사, 교사, 교수, 학자 등이 적합하다.

身强하고 火가 喜神이면 불에 관한 직업이 적합하고, 또 사주 내에 역마살이 있으면 항공직, 운수업이 적당하다.

또한 月支와 日支에 偏印이 있으면 역술계통이나 문예방면으로 진출하는 것도 좋다.

(3) 土가 喜神인 경우

토목업, 부동산중개업, 토지감정사, 토기(土器), 도자기, 공예, 골동품, 종교가 등이 적합하다.

특히 사주에 역마살이 있으면 부동산중개업, 소개소, 유통업 등이 좋다.

(4) 金이 喜神인 경우

귀금속, 보석상, 철물점, 기계공업, 건축업, 건축설계사, 악기점, 금융업, 치과의사 등이 적합하다.

命中에 역마살이 있으면 차량정비업이 적당하다.

(5) 水가 喜神인 경우

목욕탕, 수족관, 주유소, 어장(漁場), 해수욕장, 해운업, 당구장, 식당, 여관, 운수업, 관광업, 위락시설, 서비스업, 유통업, 양조장, 서예, 표구사, 병원, 외교관, 철학자 등이 적합하다.

사주 내에 역마살이 있으면 예술가, 문학자, 유통업 등이 좋다.

제3장. 부귀빈천(富貴貧賤)의 命

제3장
부귀빈천의
명

제3장. 부귀빈천의 명

1. 부귀명(富貴命)

(1) 身旺하고 財旺하면 부명(富命)이다.

身旺四柱에 財星이 旺하면 부명(富命)인데, 다시 命中에 官星이 있으면 귀명(貴命)도 되므로 금상첨화격으로 부귀쌍전(富貴雙全)한다.

財星은 富를 상징하고, 官星은 貴와 명예를 상징하므로 신왕하고 財官이 공존하면 官星이 재물을 보호하는 호재자(護財者)의 역할을 하게 되므로 도둑맞을 염려가 없다.

(2) 身旺하고 食傷生財하면 富命이다.

身旺四柱에 食神, 傷官이 財星을 生財하면 생생불식(生生不息)하여 계속해서 財星을 생산하므로 부자사주가 된다.

재벌사주는 예외 없이 食傷生財 사주이다. 食神生財는 자연발생적으로 순탄하게 축재하는데 반해서, 傷官生財는 조상(祖上)의 유산을 받지 못해 자기의 노력으로 축재하므로 식신생재보다 힘이 든다.

(3) 命中에 財星이 없고, 암재(暗財)가 있으면 富命이다.

사주 내에는 財星이 투출(透出)하지 않아도, 지장간(地藏干)에 財星이 암장(暗藏)되어 있으면 부자의 사주이다.

四干, 四支에 나타난 재물은 겁탈 당할 위험이 있으나, 지장간에 숨어 있는 재물은 남이 탈취할 수 없기 때문에 가장 안전한 자기재물이다.

(4) 從財格은 富命이다.
종재격(從財格)은 日干이 旺한 財星으로 따라가기 때문에 오히려 財運이나 食傷運을 만나면 대발한다.

(5) 身旺한데 正官이 약하고, 財星이 旺하면 貴命이다.
身旺四柱에 正官이 약하면 재성이 약한 정관을 財生官하므로 귀명(貴命)이 되어 官運이 좋아 국가의 녹(祿)을 받는다.

(6) 身旺한데 財星과 食傷이 天干에 있으면 富命이다.
四柱가 身强하고, 喜神인 財星이 天干에 투간(透干)하며, 食傷 역시 天干에 투간하면 부자사주이다.

富者四柱의 예:

```
                70 60 50 40 30 20 10  (大運)
  甲 戊 己 戊    丙 乙 甲 癸 壬 辛 庚
  子 辰 未 申    寅 丑 子 亥 戌 酉 申
```

(1) 戊日干이 未月에 생하여 得令하고, 命中에 土多하므로 신왕사주가 분명하다.

(2) 土多하여 身旺하므로 木으로 소토(疎土)함이 상책이다. 고로 木이 喜神이 되고, 水는 喜神인 木을 生助하므로

역시 吉神이다.

(3) 地支에 申子辰 水局을 이루어 偏財가 단합하여 旺한 데다 申金, 食神이 쉴 새 없이 財星을 생하므로 食神生財格이 성립되어 부자사주이다.

(4) 다행히 大運도 40세, 癸亥大運부터 60세, 乙丑大運 말까지 30년간 北方, 水大運을 만나 대발하였다.

2. 빈천명(貧賤命)

(1) 身弱四柱에 財星이 중중(重重)하면 반드시 가난한 명이다. 이것을 財多身弱四柱라고 한다.

가장 불행한 사주 중의 하나이다. 重重하다는 것은 사주 내에 재성이 3개 이상 있는 것을 말한다.

(2) 身弱四柱에 財星이 弱하고, 官星이 중중하면 빈천(貧賤)한 사주이다.

(3) 身弱한데 印星이 弱하며, 食傷이 중중하면 빈천한 사주이다.

(4) 身弱하고 財星이 旺한데, 官星이 比肩, 劫財를 극제하면 빈천한 사주이다.

(5) 身弱四柱라 印星이 喜神인데, 재성이 인성을 財剋印 하면 빈천한 사주이다.

(6) 身弱四柱에 比劫도 약한데, 재성이 왕 하면 빈천한 사주이다.

(7) 喜神인 재성이 合이 되어 다른 五行으로 변하면 빈천한 사주이다.

(8) 比劫이 旺 한데, 인성은 많고, 관성이 없으면 편고사주(偏枯四柱)라 빈천한 사주이다.

貧賤四柱의 예:

```
            62 52 42 32 22 12 2  (大運)
壬 癸 壬 壬   己 戊 丁 丙 乙 甲 癸
戌 卯 寅 午   酉 申 未 午 巳 辰 卯
```

1) 癸日干이 寅月에 생하여 失令하고, 地支에 寅午戌 火局이 되며, 日支에 卯가 있어 身弱四柱가 분명하다.

2) 天干에 壬癸, 水氣 一色이나, 地支에 일점(一點)의 水氣가 없어 癸日干이 약하다.

3) 身弱하면 比劫과 印星으로 日干을 생조해야 하므로 金, 水가 喜神이 된다.

4) 地支에 寅午戌, 財局을 이루므로 財多身弱 사주가 되어 빈천한 사주이다. 財多身弱 四柱는 재물 복이 없고, 처첩(妻妾)이 많음을 의미한다.

제4장. 수명의 장단

제4장
수명의 장단

제4장. 壽命의 長短

1. 장수사주(長壽四柱)

1) 四柱 내에 木火土金水의 五行이 주류(周流)하면 장수(長壽)하는 사주이다.

즉 五行이 모두 갖추어져 있어 생생불식(生生不息), 쉬지 않고 돌아가므로 장수(長壽)하는 사주이다. 이것을 청사주(淸四柱)라 하여 吉命으로 본다.

2) 四柱 내에 相冲하거나 형살(刑殺)이 없어야 한다. 그러나 相冲을 하여도 해충(解冲)이 되면 무사하다.

3) 末年의 大運이 喜神地로 진행하면 장수사주이고, 자식 운도 길하며, 재물 운도 좋다.

4) 身弱四柱라도 印星이 있고, 末年 大運이 比肩, 劫財運으로 향하면 장수한다.

5) 身旺한데 官星이 약하나, 財星이 官星을 생하고, 말년 대운이 喜神地로 향하면 장수사주이다.

6) 身旺하고, 財星이 약한데, 食傷이 財星을 생하고, 大運이 食傷運이나, 財星運으로 향하면 장수한다.

7) 身强, 身弱을 불문하고 末年 大運이 喜神地로 향하면 장수한다.

長壽四柱의 예: (男命)

```
                97 87 77 67 57 47  37 27 17 7
丙 丙 己 癸      己 庚 辛 壬 癸 甲 乙 丙 丁 戊
申 申 未 酉      酉 戌 亥 子 丑 寅 卯 辰 巳 午
```

1) 丙日干이 未月에 생하여 失令하고, 地支에 申酉金이 많으며 年, 月天干에 癸水와 己土가 투출하여 身弱四柱이다.

2) 身强, 身弱 불문하고, 未月 염하절(炎夏節)에 생하여 조후법상 癸水가 喜神이고, 水氣를 생하는 金氣가 吉神이 된다.

3) 한 가지 아쉬운 점은 木氣가 月支 未중에 乙木이 암장된 점이다. 사주내에 五行이 모두 있어야 좋고, 五行이 주류(周流)하여야 生生不息하므로 좋은 사주가 된다. 그러나 지장간에라도 있는 것이 다행이다.

4) 初年大運은 火大運, 木大運으로 진행하여 신고(辛苦)가 많았으며, 하는 일마다 중도에서 좌절하였으나 辰大運의 약 5년간은 습토(濕土)로서 吉運이었다.

5) 57세, 癸丑大運부터 亥子丑 水大運으로 진행하므로 喜

神地를 만나 발전하였고, 87세, 庚戌大運부터 申酉戌 金大運으로 향하므로 역시 吉運이라 장수사주(長壽四柱)라 하겠다.

6) 그러나 92세, 戌大運은 丙日干이 入墓運이라 불리하고, 또한 月支 未土와 戌未刑殺이 되어 불리할 듯 하나, 다행히 命中에 申酉가 있어 申酉戌 方局을 이루므로 양생(養生)만 잘 하면 무사하겠다.

7) 성격은 未月의 염화절(炎夏節)에 생하여 성급하고 자존심이 강하며, 다재다능하다. 직업은 印星이 암장(暗藏)하므로 학문과 철학에 인연이 있다.

2. 단명사주(短命四柱)

1) 身弱四柱에 比劫은 없고, 印星만 사주 내에 많으면 단명사주이다. 왜냐하면 身弱四柱인데 印星이 많으면, 모왕멸자(母旺滅子)라 하여 어머니 때문에 자식을 잃는다는 말이다.

2) 身弱四柱에 比劫과 印星이 약하고, 食傷과 財官이 많으면 단명하다. 食傷과 財官은 신약한 日干을 극설(剋泄)하기 때문이다.

3) 身弱四柱에 忌神이 합을 하여 方局이나 三合, 六合 등이 되어 日干을 극하면 단명사주이다.

4) 身弱四柱에 食神과 傷官이 중중하여 日干을 심하게 설기하면 단명한 사주이다.

5) 木日干이 사주 내에 水多하거나, 地支에 申子辰, 亥子丑 水局을 이루면 木日干이 부목(浮木)이 되어 표류(漂流)하여 떠내려가므로 단명사주이다.

6) 사주 내에 火氣가 많으면 단명사주이다. 예를 들면 염상격(炎上格)이 이에 해당한다.

7) 종격(從格)이 아닌데, 日干이 太弱하면 단명사주이다.

8) 喜神이 합이 되어 忌神으로 변하는데, 이 忌神을 刑冲하여 제거하지 못하면 단명사주이다.

9) 月支와 時支, 年支와 日支가 서로 相冲이 되거나, 三刑이 되면 단명사주이다.

10) 身弱四柱에 印星이 喜神인데, 命中의 財星이 旺하여 印星을 제극(制剋)하면 단명사주이다.

11) 火日 炎上格은 水運에 사망하고, 木日 曲直格은 金運에 사망한다.

短命四柱의 예: (男命)

```
                    55 45 35 25 15  5
丁 乙 甲 己    戊 己 庚 辛 壬 癸
丑 卯 戌 酉    辰 巳 午 未 申 酉
      (墓)
```

1) 日干 乙木이 戌月에 생하여 失令하고, 丑時에 생하여 土旺, 木衰하니 身弱四柱이다.

2) 土多면 목절(木折)이 되고, 더욱이 丁火가 旺土를 생하니 日干 乙木이 太弱하다.

3) 土多하면 木으로서 소토(疎土)함이 시급한데, 日支에 있는 卯가 당연히 喜神이 되나, 月支의 戌과 卯戌六合이 되어 무용지물이 되었다.

4) 時支에 있는 丑土는 습토(濕土)라 吉神이지만, 年支의 酉와 酉丑會合을 이루므로 日干에게 도움이 안 된다.

5) 다행히 月干에 있는 甲木이 日支 卯에 통근(通根)이 되어 喜神이 되고, 丑중의 癸水가 吉神이 된다. 그러므로 水木運에 발달한다.

6) 그러나 불행하게도 大運이 忌神運으로 치달리고 있으므로 初, 中年이 불행하여 신고(辛苦)가 많았다.

7) 45세, 己巳大運에 巳酉丑 金運이 되어 忌神運이고, 더욱이 巳大運은 十二運星上 日干의 病地가 되므로 53세, 己亥年에 사망하였다.

8) 身弱四柱는 十二運星上 病, 死가 들어오는 歲運에 거의 사망하게 된다.

9) 또한 사주원국에 月支와 時支가 丑戌三刑이 되면 단명 사주이다.

3. 사망시기(死亡時期)

사망의 시기는 주로 세운(歲運)을 기준하여 판단한다. 大運은 10년간의 운세를 판단하고, 歲運은 1년간의 운세를 직접적으로 관장하고 있기 때문이다.

사망시기는 先天運인 四柱와 後天運인 大運과 歲運의 喜神이 얼마나 심하게 극제(剋制) 당하느냐에 따라 결정된다.

喜神은 주인공을 대신하는 관리인이요, 충신(忠臣)이기 때문에 喜神이 충극이 되면 그 때 주인공도 사망하는 것이다.

1) 身弱四柱에 比劫이 喜神인데, 官星運이 들어오면 생명

이 위험하다.

2) 身弱四柱에 印星이 喜神인데, 財星運이 들어오면 생명이 위험하다.

3) 四柱 내에 比劫이 중중한데, 食神, 傷官이 없거나, 쇠약하면 財星이 들어오는 대운과 세운에 십중구사(十中九死)한다.
이유는 比劫이 많으면 食傷이 있어야 財星運을 만나도 무사한데, 食傷이 비겁을 설기하고, 재성을 生財하므로 무사하게 된다.

4) 身旺四柱는 財星을 喜神으로 선택하는데, 命中에 있는 재성이 약하면 比劫運에 생명이 위험하다.

5) 身太旺 四柱는 印星大運이나, 印星歲運에 생명이 위험하다.

6) 四柱 내에 있는 喜神이나, 六親星이 十二運星상 墓地에 앉아 있는데, 다시 大運이나, 歲運에서 墓地에 해당하면 주인공이나, 육친에 해당하는 자는 죽게 되거나, 혹은 극도의 대흉을 맞게 된다.

7) 身弱四柱는 日干에서 인종(引從)하여 大運地支가 病

地나, 死地가 되고, 歲運地支가 다시 病地나 死地가 되면 사망하거나 중병으로 고생한다. 간혹 大運地支가 墓地나 絶地에 해당되어도 사망하는 경우가 있다.

8) 身强四柱는 日干에서 인종하여 大運地支가 墓地나, 絶地에 해당하고 歲運地支가 다시 墓地나 絶地가 되면 대개 사망하거나 중병으로 고생한다. 간혹 大運地支가 病地나 死地에서도 사망하는 경우가 있다.
　이유는 신강하기 때문에 다소 설기되는 病이나 死를 만나도 사망률이 적지만, 墓는 무덤을 뜻하기 때문에 신강사주라 해도 피할 수 없다.

死亡時期 판단 （男命）

```
                    47 37 27 17  7   (大運)
  戊 丙 癸 丁    戊 己 庚 辛 壬
  戌 午 卯 亥    戌 亥 子 丑 寅
  (墓)
```

이 四柱는 丙日干이 卯月에 생하고, 日支 午와 時支 戌과 合이 되어 身强四柱이다.
　日干 丙火가 時支 戌에 입묘(入墓)하였는데, 47세 戊戌大運에 다시 墓地가 되어 1994년, 甲戌年에 사망하였다.

제5장 당면문제 판단법

제5장. 당면문제 판단법

1. 매매운(賣買運)

　부동산(不動産)은 동산(動産)을 제외한 주택이나, 토지 등을 말한다. 부동산 매매는 印星運에 성사(成事)가 잘 된다. 印星은 문서(文書)와 계약(契約), 매매(賣買)와 관계가 있다. 특히 집은 인성에 속한다.
　印星이 喜神이면 집과 인연이 있고, 쉽게 매매가 성사되는데 반해서 인성이 忌神이면 계약이 어렵고, 성사된다고 해도 결과가 좋지 못하다.
　계약이 성립되는 시기는 喜神인 印星이 나타나는 月運에 성사된다. 그러나 印星의 특성상 喜神이 아니더라도 매매가 성사되는 경우가 있다.
　이사를 자주하는 사람의 사주는 사주 내에 印星을 극하는 財星이 많기 때문이다.
　사주 내에 財星이 많으면 印星이 만신창이가 되어 한 곳에 오래 살수 없는 동시에 항상 집 때문에 고민이 많다.

2. 시험 합격운(試驗 合格運)

　1) 身强, 身弱을 불문하고 食傷運이나 官星運, 印星運에 합격한다. 그러나 比肩, 劫財運이나 財星運에는 합격하는 예가 극히 드물다.

2) 身强사주에 木火土金水가 모두 있어 五行이 주류(周流)하고, 官星이 喜神이며, 財星이 官星을 생하는 운에 합격한다.

3) 身弱사주인데 五行이 주류하고, 印星이 喜神이며, 官星이 印星을 生할 때 합격한다.

4) 身旺四柱에 財星과 官星이 있고, 寅巳申이나 丑戌未 三刑을 이루고 있으며, 五行이 모두 있어 생생불식(生生不息)하고 주류무체(周流無滯)하면 시험에 합격한다.

3. 취직시험 합격운(就職試驗 合格運)

1) 身强, 身弱을 불문하고 比劫年에 합격한다. 비겁이 기신인 해는 합격하기 힘이 든다.

2) 또한 官星이나 印星이 喜神運인 해는 합격이 무난한데 반하여, 忌神인 해는 취직시험에 합격하기 힘 든다. 그러나 印星運은 특별한 忌神이 아니면 합격할 수 있다.

3) 歲運地支가 四柱地支를 刑/冲하면 취직시험에 불리하다.

4. 승진운(昇進運)

1) 官星이 喜神인 해는 승진 운이다.

2) 財星이 喜神인 해도 승진 운이다. 왜냐하면 財星은 官星을 생조(生助)하기 때문이다.

3) 身强, 身弱 불문하고 喜神인 해는 승진 운이다.

5. 관재구설운(官災口舌運)

1) 身弱四柱에 官殺運이 들어오는 해(年)는 관재구설이 따른다.

2) 日干을 剋하고, 日支가 冲되는 해에 관재구설로 인한 소송이 따른다.

3) 比劫年이나 傷官運에 관재구설과 소송이 따른다.

4) 身强, 身弱을 불문하고 喜神이 다른 五行과 刑/冲이 되는데, 다시 大運이나 歲運에서 刑/冲이 되면 관재구설이 따른다.

5) 身强, 身弱을 불문하고 명중(命中)에 傷官이 正官을 剋하고 있는데, 다시 歲運이나 大運에서 正官이나 傷官을 만

나면 반드시 관재구설이 따른다.

6) 身弱하고 官殺이 혼잡하고 있는데, 다시 歲運이나 大運에서 正官이나 偏官을 만날 때 관재구설이 따른다.

7) 日支가 三刑이나, 刑殺을 만나는 해는 관재구설이 따른다. 특히 사주에 刑殺이 있으면 더욱 확실하다.

6. 이사운(移徙運)

1) 身强, 身弱 불문하고 歲運이 사주 내의 年支와 月支, 日支를 刑/冲하면 이사나 이동 운이 된다.

2) 사주의 年支, 月支, 日支를 歲運이 三合이나 六合을 이루면 이사나 이동수가 있다. 그러나 합된 五行이 喜神이면 이사해도 吉하고, 忌神이 되면 이사해서 불리하다.

3) 身弱四柱에 印星이 喜神인데, 歲運에서 印綬運을 만나면 이사, 이동 수가 있다.

4) 日支를 歲運에서 冲하면 부부이별로 인한 이사, 이동 운이 있다.

7. 해외 나가는 운

1) 官星이 역마살(驛馬殺)이 드는 해에 남편이 해외로 나간다.

2) 역마살이나, 지살(地殺)이 日支와 合이 되거나, 月支가 沖이 되는 해에 해외로 나간다.

3) 먼저 해외로 나가는 해의 太歲를 알고, 그 해의 歲支와 沖되는 달이나, 合이 되는 달에 해외로 나간다.

제6장
행운간명법

제6장. 行運看命法

　行運이란 大運과 歲運, 月運, 日運 등을 총칭(總稱)한 것이다.
　四柱는 선천적(先天的)으로 타고 난 陰陽五行이요, 行運은 이동하면서 후천적(後天的)으로 나타나는 陰陽五行이다.
　大運이란 30年 만에 한번 씩 바뀌는 계절(季節)의 변화를 말한다. 즉 大運은 자기가 태어난 生月의 연장이므로 그 生月에 해당하는 계절의 연장이라 중요한 것이다.
　一年은 사계절(四季節)이고, 한 계절은 3個月씩이다. 그러나 大運은 봄의 계절이 30년간이요, 여름의 계절이 30년간이며, 가을의 계절이 30년간이요, 겨울의 계절이 30년간이다.
　봄이면 꽃이 피고, 여름에는 열매를 맺으며, 가을에는 거두어들이고, 겨울이면 갈무리하여 수장(收藏)한다.
　이러한 계절의 변화는 우주변화(宇宙變化)의 원리이며, 또한 陰陽五行의 운동법칙(運動法則)이다.
　四柱를 구성하고 있는 陰陽五行中에 가장 비중이 큰 것은 月支五行이다. 月支는 주기(主氣)로서 四柱의 주체(主体)요, 군왕(君王)의 자리로서 단연 압도적이고 가장 왕성한 五行이다.
　그 이유는 月支가 바로 계절을 나타내므로, 계절의 변화를 무시할 수 없기 때문이다.
　가령 甲, 乙木 日干이 봄에 태어났느냐, 여름에 태어났느냐, 아니면 가을 생이냐, 겨울 생이냐에 따라 日干의 왕쇠강약(旺衰强弱)이 달라진다.

甲, 乙木日生이 봄에 태어나면 가장 좋은 계절로서, 싹이 돋아나고, 잎이 무성하며, 가지(枝)가 벋어나가는 계절이지만, 여름에 태어난 木은 수분(水分)이 대량으로 필요하고, 가을에는 단풍(丹楓)이 들고, 겨울에는 잎(葉)이 다 떨어지는 앙상한 계절이라 甲, 乙木은 당연히 봄철이 가장 좋은 계절이다.

우주 내에 생존하는 만물은 계절의 변화에 따라 변화하듯이 사람도 역시 계절의 변화에 따라 길흉화복(吉凶禍福)이 좌우되기 때문이다.

타고 난 四柱는 그 사람의 先天運인 숙명(宿命)이 어떠한가를 알 수 있는 큰 그림이요, 기준이 되는데 반해서, 行運은 그 사람의 四柱에서 약속된 運命이 언제 찾아오는가를 알 수 있는 기준으로서 後天運인 것이다.

四柱를 선박(船舶)에 비유하자면, 大運은 선박이 항해(航海)하는 바다요, 항로(航路)이다.

바다가 맑고 잠잠하면 항해는 순조로울 것이나, 만약 비바람이 몰아치고, 파도가 높으면 항해가 어려울 것이다.

비록 배가 좀 부실(不實)하더라도 항로가 순탄하고, 순풍이 불면 항해는 순조로울 것이다.

이와 마찬가지로 大運이 길운(吉運)이면 편안하고 순탄할 것이나, 만약 大運이 흉운(凶運)이면 고난과 불행 속에서 살아가게 된다.

따라서 사주구성이 비록 좋지 않아도 大運이 좋으면 순탄하고 행복한 생활을 영위할 수 있으나, 四柱가 아무리 좋아도 大運이 凶運이면 욕심은 있으나 運이 따라주지 않으니 고생을 하게 된다.

그래서 사주불여대운(四柱不如大運)이라 하여 四柱보다 大運이 좋아야 한다는 뜻이다.

大運은 춘하추동(春夏秋冬)의 계절에 따라 변화한다. 시기가 도래(到來)하면 적극적으로 전진(前進)하고, 때가 아니면 성심을 다하여 자중(自重)해야 한다.

1. 대운(大運) 看法

大運은 地支가 중요하고, 天干도 무시할 수 없다. 大運은 역시 地支가 天干보다 약 3배의 세력을 가지고 있으므로 大運의 길흉(吉凶)은 大運地支로 판단하여야 한다.

天干은 쉬지 않고 움직이지만, 地支는 정적(靜的)이라 움직이지 않으나, 冲을 하면 발동하고, 또 三合하여도 발동한다. 動하면 길흉화복(吉凶禍福)이 발동한다. 그러므로 行運도 四柱와 같이 合, 冲, 刑 등을 적용해야 한다.

만약 四柱에 財星이 喜神이면 行運에서 財運을 만나면 발복한다. 타십신(他十神)도 모두 이와 같이 적용하여야 한다.

1) 大運이 四柱內의 喜神을 刑/冲하면 흉운(凶運)이 되고, 생조(生助)하면 길운(吉運)이 된다.

2) 身弱四柱일 때는 日干을 생조(生助)하는 運이 좋고, 身旺四柱일 때는 억제(抑制)해야 四柱와 大運이 조화가 되어 좋은 運이 된다.
즉 日干이 身弱하면 比肩, 劫財와 印星이 생부(生扶)해야 좋고, 日干이 身强하면 食傷과 財/官이 있어야 길하다.

3) 身旺四柱인데, 다시 大運에서 身旺運을 만나거나, 身弱四柱인데 다시 身弱大運을 만나면, 매우 좋지 않는 흉운(凶運)이 된다.

4) 大運은 天干보다 地支가 중하고, 天干도 역시 무시해서는 안 된다. 干支의 上下가 相剋하면 기세가 弱해지고, 相生하면 기세가 강해진다.
이러한 이치에 따라 喜忌의 强弱을 판단해야 한다. 喜神은 그 세력을 强하게 하면 吉하고, 忌神은 弱하게 하는 것이 좋다.

5) 四柱에 木火가 많으면 西北, 金水運이 좋고, 金水가 많으면 東南運이 좋다. 이것은 조후법상 기후를 조절하는 원리이다.

6) 四柱는 타고 난 숙명(宿命)이고, 行運은 계절에 따라 변화하는 운명(運命)이다.
수목(樹木)에 비유하면 춘절(春節)에는 새 싹이 돋아나고, 하절(夏)에는 꽃이 무성하며, 추절(秋節)에는 단풍이 떨어지고, 동절(冬節)에는 나무 잎이 떨어지고 앙상한 가지만 남게 된다.

따라서 行運은 수목(樹木)의 개화성쇠(開花盛衰)의 시기를 아는 것이다. 이 이법(理法)을 잘 숙지(熟知)하면 行運의 변천을 간파할 수 있다.

四柱가 아무리 좋아도 때를 만나지 못하면 발전할 수 없다. 그래서 四柱 자랑하지 말고, 運 자랑을 하라고 하였다. 古人들도 사주불여대운(四柱不如大運)이라 하였다.

8) 四柱와 行運은 마치 차량(車輛)의 두 바퀴와 같다. 四柱의 喜神運을 大運에서 만나면 吉運이 된다.

9) 四柱에 喜神이 있어도, 喜神을 제극(制剋)하는 忌神大運이 오면 喜神作用을 못하므로 凶運이 된다.
이에 反하여 忌神을 除去하는 大運이 오면 喜神作用을 하여 凶이 化하여 吉運이 된다.

10) 大運이 四柱의 喜神을 생조(生助)하면 吉運이 되나, 喜神이 命中의 타오행(他五行)과 합을 하여 忌神으로 변하면 凶運이 된다. 하지만 합을 하여 喜神이 되면 더욱 더 발달하게 된다.

11) 大運干支가 同一五行이면, 干支上下가 동기(同氣)가

되어 그 세력이 강하게 나타나므로 吉凶이 모두 크게 나타난다.

12) 大運이 忌神運인데, 사주 내의 喜神을 刑/冲하면 대흉(大凶)하다. 그러나 이 경우 사주상의 喜神을 보호하는 한신(閑神)이 있으면 능히 그 흉을 막아주므로 대흉을 면할 수 있다.

13) 日干이 太弱하면, 日干을 생부(生扶)하는 行運을 만나면 좋고, 이와 반대로 日干이 太强하면 弱運의 行運을 만나면 길조(吉兆)가 된다.

14) 日干이 旺勢일 때, 다시 旺運을 만나면 凶하고, 이에 반하여 身弱한데 다시 衰運을 만나면 모든 일이 막힌다.

15) 사주 내에 同一五行으로 이루어 진 旺神을 刑/冲하면 쇠자왕신익발(衰者旺神益發)이라 하여 대흉(大凶)하고, 십중구사(十中九死)의 운명을 맞이하게 된다. 旺神이란 月支 五行이나, 혹은 三合, 六合이나 方局 등을 말한다.

16) 日干이 身旺하고, 天干에 比肩, 劫財가 전부 나타나 있는데, 食傷이 命中에 없거나 약하면, 大運에서 財星運을 만나면 군비쟁재(群比爭財)가 되어 십중팔구(十中八九) 사망하게 된다.

17) 身弱四柱에 官殺이 혼잡한데, 다시 大運에서 正官이나, 偏官을 만나게 되면 大凶하다. 특히 偏官運에 더욱 심하게 나타난다.

18) 四柱에 正官이 喜神인데, 大運에서 다시 官星運을 만나면 名利가 向上하고, 財星이 喜神이고, 大運에서 다시 財星運을 만나면 재물 복이 있다.

19) 身强四柱에 正印과 偏印이 중중하면, 大運에서 다시 正印과 偏印運을 만나면 재화(災禍)가 발생하게 되며, 특히 偏印運이 더욱 흉하다.

20) 大運의 天干, 地支가 각각 5년씩 분담하여 10년의 운세를 지배한다고 하나, 大運天干은 大運地支가 간접적으로 지배하고 있으며, 또한 대운지지는 대운천간의 영향을 받게 된다.
 이것이 개두법(蓋頭法)과 절각법(截脚法)의 원리로서 干支上下의 相生, 相剋의 변화로 인한 强弱을 고려해야 한다.
 개두(蓋頭)란 天干을 말하며, 사람의 머리에 해당하고, 地支는 手足과 같고, 地藏干은 오장육부(五臟六腑)에 해당한다.
 가령 丙申이면 丙은 개두(蓋頭)요, 申은 절각(截脚)이다. 申中의 地藏干에 있는 戊壬庚은 오장육부(五臟六腑)에 해당한다.
 만일 申酉가 四柱의 喜神일 때, 天干에 丙丁이 蓋頭하면

忌神이 되고, 庚辛이 蓋頭하면 喜神이 되는 이치이다.
이와 반대로 乙酉大運에 乙木이 喜神이고, 酉金이 忌神일 때, 酉金이 乙木을 下剋上하면 乙木의 作用이 감복(減福)된다. 이런 경우를 절각(截脚)이라 한다.

21) 男命에 十二運星上 官星이 입묘(入墓)하면 자녀에게 불행한 일이 발생하고, 正財가 入墓하면 처에게 불리하며, 偏財가 入墓하면 아버지에게 큰 재화(災禍)가 발생한다.

22) 行運에서 墓運을 만나면 吉凶이 바뀌는데 특히 유년시(幼年時)에는 墓運이 좋지 않다. 또 正官, 印綬, 偏官, 傷官格은 墓運이 좋지 않다.

23) 女命에 食神이 大運地支에 인종(引從)하여 墓地가 되면 子女에게 큰 재앙이 발생한다. 또 印綬가 入墓하면 친정어머니에게 불길하고, 官星이 入墓하면 남편에게 대단히 불리하다.

24) 身弱四柱인데 食神, 傷官이 日干을 泄氣하면, 大運에서 印星運을 만나야 吉하다. 그러나 食神이 偏印運을 만나면 모든 일이 성공하지 못한다.

25) 男女 불문하고, 大運地支가 日支를 刑/冲하면 부부불화로 인하여 결국 이별하거나 별거(別居)하게 된다.

26) 月支에 傷官이 있고, 命中에 正官이 있는데, 다시 正官運을 만나면 "傷官見官으로 위화백단(爲禍百端)"이라 하여 재화(災禍가 백출(百出)하고, 관재구설수가 따른다.

27) 男女 불문하고 大運에서 四柱의 月支를 刑/冲하면 月支에 해당하는 六親에게 재화(災禍)가 발생하며, 月支가 아니더라도 타주(他柱)에 있는 六親이 大運에서 刑/冲하면 그 해당하는 六親에게 재앙이 발생한다.

28) 命中에 財星이 전혀 없는데 大運이나 歲運에서 財運을 만난다 해도 재복(財福)은 적다. 왜냐하면 사주 내에 재물을 받을 그릇이 없기 때문에 큰 재물을 기대할 수 없다.
반대로 사주 내에 財星이 많고, 日干이 身弱할 때 大運에서 官殺運이나 財旺運을 만나면 재화(災禍)가 크게 발생한다.

2. 세운(歲運) 看法

大運은 10년간의 運을 관리하지만, 歲運은 1년간의 運을 관리한다. 大運은 地支의 五行이 기본인데 반해서, 歲運은 天干의 五行이 기본이다.

運命은 大運에 의해 좌우되지만, 歲運 역시 1년간을 관리하는 장관(長官)이므로 그 힘을 무시할 수가 없다.

大運과 歲運은 마치 수레의 두 바퀴와 같고, 大運과 歲運의 생극제화(生剋制化)에 의해서 길흉(吉凶)을 판단할 수 있다.

　大運도 吉하고. 歲運도 吉하면. 大吉하나, 하나가 吉하고, 하나가 凶하면 小吉로 본다. 그리고 大運이 흉하더라도 歲運이 吉運이면 아주 흉한 운이 아니며 小吉로 본다.

　大運과 歲運이 相剋하면, 전극(戰剋)의 법칙(法則)이라 하여 不吉하고, 大運과 歲運이 合을 하여 喜神이 되면, 화합(和合)의 법칙이라 하여 大吉하며, 大運과 歲運이 하나의 同一性으로 힘을 보태면 운호(運好)의 법칙이라 하여 길하다.

　따라서 大運을 무시하고, 歲運만 보고 간명한다는 것은 큰 잘못이다. 그러므로 歲運을 볼 때는 반드시 大運의 吉凶을 먼저 판단해야 한다.

　이와 같이 때를 안다는 것은 즉 大運, 歲運을 안다는 것이므로, 사주이상으로 중요한 것이다.

　인간이 살아가는데 있어서 전진(前進)과 후퇴(後退)의 때를 알고, 처세한다는 것은 중요한 과제이듯이, 吉運이 도래하면 적극적으로 일을 추진하고, 凶運이 오면 자제할 줄 알아야 한다.

　이것을 아는 것은 오직 陰陽五行의 법칙 즉 四柱學 이외는 없다하여도 과언이 아니다.

　대개 歲運을 볼 때, 歲運天干을 위주로 판단하고, 地支는 刑/冲만을 대조해서 본다.

　그러나 古書에도 歲運을 天干五行, 地支五行이라고 하여 天干, 地支를 모두 五行위주로 간명한다.

　　그러므로 大運干支나 歲運干支 심지어 月運干支도 天

干과 地支五行으로 간명하는 것이 정답이다.

1) 歲運을 간명할 때는 반드시 四柱의 喜神을 찾은 후, 喜神과의 相生, 相剋과 日干과의 刑/冲을 대조하여 길흉(吉凶)을 판단하여야 한다.
그러나 歲運을 간명하기에 앞서, 반드시 大運을 위주로 吉凶을 먼저 판단하여야 한다.
왜냐하면 四柱의 喜神이 歲運에 들어오면 吉運이 되지만, 大運에서 喜神을 충극(冲剋)하면 吉이 감소하게 되므로 小凶이 된다.

2) 大運의 흐름이 喜神地로 향하고 있으면, 歲運이 비록 忌神運이라도 小凶 아니면 平吉로 본다.

3) 四柱 내의 喜神이 歲運과 大運에 같이 들어오면 가장 大吉運이다.

4) 四柱 내에 있는 喜神이, 歲運에도 같은 喜神運이 들어왔는데, 大運이 歲運의 喜神을 파극(破剋)하면 吉凶이 相半된다.

5) 大運이 忌神運이 되어 사주 내의 喜神을 파극하고 있을 때, 歲運에서 忌神을 합을 하여 喜神運으로 변화시키면 吉運으로 변한다.

6) 歲運이 忌神이 되어 四柱 내의 喜神을 刑/沖할 때, 大運에서 歲運의 忌神을 干合, 六合, 三合을 하면 凶을 면할 수 있다.

7) 大運의 天干과 地支가 같은 주(柱)에서 서로 相剋하고 있으면 개두(蓋頭)의 법칙이 적용되는데, 이 때 歲運에서 大運의 天干이든, 地支이든 간에 하나를 合을 할 때는 개두의 법칙이 적용되지 않는다.
물론 그 合된 五行이 다시 忌神이 되면, 더욱 더 大運天干과 地支 간에 심하게 相剋하게 되므로 剋을 당한 五行의 세력이 약해진다.

8) 天干과 地支가 同一五行은 吉凶이 크게 작용한다. 즉 喜神이면 더욱 吉하고, 忌神이면 그 피해가 크다.

9) 從格인 경우, 종격의 喜神을 大運이나, 歲運에서 刑/沖하게 되면, 십중팔구 사망하게 된다.
이 경우는 마치 旺神을 衰者가 충극(沖剋)하는 예와 같다. (衰者沖旺神益發)

10) 大運이 喜神이고, 歲運도 喜神이면 大吉하며, 반대로 大運도 忌神이고 歲運도 忌神이면 대흉(大凶)하다.

11) 歲運이 喜神이고, 大運이 歲運을 충극하면 小吉이다.

이런 경우 歲運의 영향력이 감소되기 때문이다.

따라서 大運이 吉하면 歲運이 凶하여도 小凶은 있으나, 大運이 凶하면 災禍가 크다.

12) 日干이 歲運을 冲/剋하면 파재(破財), 부도(不渡), 실패(失敗), 상사(喪事) 등의 불행이 일어난다.

그러나 四柱內에서 이를 구제하면 재해(災害)가 소멸하나 심하면 사망할 수도 있다.

13) 歲運의 地支가 四柱의 日支를 刑/冲하면 부부이별, 관재구설, 교통사고를 당하기 쉽고, 또한 그 에 해당하는 六親도 불리하다.

본인은 이사, 이동, 직장변동 등의 吉凶事가 발생하게 된다.

14) 天干과 地支가 각 각 相冲이 되면, 天地冲이라 하여 반드시 재해(災害)가 발생하게 된다.

3. 월운(月運) 看法

月運은 한 달을 지배하는 관리자이고, 1년을 관리하는 歲運의 지배를 받는다. 또한 月運이나 歲運은 모두 大運의 지배 하에 소속되어 있으며, 사실상 大運의 영향력을 받고 있는 것이다.

따라서 四柱를 간명할 때는 大運과 歲運, 月運을 종합적으로 판단하여야 한다. 특히 歲運과 月運은 동질성이 같은 불가분의 성질이 있다.

왜냐하면 月運은 1년을 지배하는 歲運의 직집적인 영향을 받기 때문이다.

대개의 역학자들이 月運을 간명할 때, 月運天干의 五行을 위주로 간명하고, 月運地支는 四柱地支와의 刑, 冲, 破, 害만을 대조하여 판단하고 있으나 이는 잘못된 이론이다.

다시 말하면 月運地支 역시 五行으로 보아야 한다는 말이다. 즉 歲運과 마찬가지로 月運天干은 四柱天干과 대조하여 喜神運인지, 忌神運인지를 판단하고, 月運地支 역시 四柱地支와 대조하여 喜神運인지, 忌神運인지 판단해야 한다.

天干은 항상 움직이고 있지만, 地支는 고정되어 변하지 않고, 어느 해를 막론하고 음력 1월은 寅月, 2월은 卯月, 3월은 辰月로 항상 불변이나, 月運天干은 수시로 歲運에 따라 변하므로 月運도 天干과 地支를 五行으로 보고 사주상의 喜神, 忌神으로 판단하여야 타당할 것이다.

大運이 喜神인 경우, 月運이 비록 大凶하더라도 平運으로 본다. 이유는 歲運과 月運은 大運의 영향력이 대단히 크게 작용하기 때문이다.

四柱 내의 喜神을 月運이 相剋하더라도, 歲運이 月運을 相剋하면 사주 내의 喜神을 구하게 되므로 月運이 크게 불리하지 않다.

月運은 大運, 歲運과 함께 종합적으로 판단하여야 하는데, 月運으로 어느 달에 吉凶이 발생하는가의 시기(時期)를 알 수 있기 때문에 절대 月運을 무시할 수 없다.

月運의 길흉변화(吉凶變化)의 판단은 四柱와 月運이 刑/冲 또는 합에 따라 변화하고, 吉凶의 强弱은 天干과 地支에 의하여 왕쇠(旺衰)를 판단한 후, 다음과 같이 측정한다.

1) 月運과 歲運이 같이 吉하면 大吉하다.

2) 月運이 吉한데, 歲運이 凶하면 小凶이다.

3) 月運과 歲運이 모두 凶하면 大凶하다.

4) 月運이 凶하고, 歲運이 吉하면 小吉하다.

5) 月運이 凶하여도, 歲運에서 구하면 凶이 감소된다.

6) 每月의 길흉화복(吉凶禍福)은 四柱와 大運 및 歲運과의 작용에 따라 변화한다.

7) 日干이 月運天干을 剋하는 것은 凶이 안 되나, 月運天干에서 日干을 剋하는 것은 凶하다.

8) 月運이 사주 내의 日柱와 天地同, 天地冲, 天地合이 되는 경우에는 치명적인 시련과 수난(受難)이 불가피하므로, 매사에 신중하게 처신해야 한다.

4. 소운(小運) 看法

小運은 大運이 시작되기 이전의 운세를 보는 방법이다. 小運을 정하는 방법은 四柱의 時柱를 1세로 하고, 이것을 大運의 입성시(立成時)까지만 본다.

예를 들면 大運數가 7세 運으로 시작하면, 1세에서 6세까지의 運을 小運이라 한다.

小運의 구성방법은 大運의 순역법(順逆法)과 동일하다. 즉 陽男陰女는 순행(順行)하고, 陰男陽女는 역행(逆行)한다.

그러나 少運期는 부모의 운세에 따르므로 크게 영향이 없고, 다만 참고로 볼 뿐이다.

제7장. 운명의 격동기

제7장
운명의
격동기

제7장. 運命의 激動期

　四柱는 태양에서 발생하는 에너지 즉 천지운기(天地運氣)의 유기적(有機的)인 집합체요, 건축물로서 처음부터 쉴 새 없이 움직이고 변화한다.

　天干合은 서로 사랑에 빠진 상태를 말하고,
　天干冲은 서로 미워하고 시비와 경쟁을 일삼는 것을 말하고,
　地支合은 남 몰래 포옹하는 다정한 관계를 말하고,
　地支冲은 서로 시비하고, 투쟁하는 관계를 말한다.

　예를 들면 四柱의 年干에 있는 五行과 月干五行이 서로 天干合을 하면 아버지가 사랑에 빠져 한 눈을 팔고, 아버지 노릇을 못함을 암시한다. 年干을 조상궁으로 보며. 혹은 아버지궁으로 보기 때문이다.
　또 日支가 冲이 되면 배우자의 덕이 없고, 이별을 암시한다. 이와 같이 合과 冲은 운동정지 상태로서 생산과 공급이 중단된 상태를 말한다.
　大運이나 歲運이 사주의 日柱와 합이나 冲이 되면 만사가 침체되고 부진함은 물론이고, 뜻하지 않은 사태와 재난이 발생하게 된다.
　그 합과 冲 등 이변현상에서 가장 중대하고 치명적인 변고는 天地同, 天地冲, 天地合이다. 인생은 누구나 일생동안

세 번의 격동기(激動期)를 겪게 되어 있다.

1. 天地同

日柱干支와 똑 같은 干支를 大運이나 歲運, 月運에서 만나면 天地同이라 한다.

예를 들면 甲子日生이 甲子大運, 甲子年運, 甲子月運, 또는 乙丑日生이 乙丑運, 丙子日生이 丙子運을 만나면 天地同이 된다.

大運이나 歲運 또는 月運이나 日運에서 만나는 경우, 지나가는 나그네가 주인행세를 하는 격이니, 문제가 심각하다.

직장인은 새로 나타난 후임자(後任者)에게 자기 자리를 내어주고, 밀려날 수밖에 없다.

그래서 좌천(左遷)이나, 퇴직(退職)하는 경우도 생긴다. 시비(是非)와 관재구설수(官災口舌數)가 있고, 중상모략(中傷謀略)이나, 손재수(損財數)가 있으며, 부부간에 이변(異變)이 생긴다.

天地同이 되면 유혹과 사기를 조심해야 하고, 특히 동업은 금물이다. 또한 이사나 전업을 하게 된다.

2. 天地冲

四柱의 日干과 타 天干끼리 相冲하고, 日支와 타 地支끼리 서로 相冲하면 天地冲이 성립된다.

예를 들면 日柱가 甲子日이면, 大運이나 歲運 또는 月運에서 庚午運을 만나거나, 乙丑日生이 辛未運을, 丙寅日生이 壬申運을, 丁卯日生이 癸酉運을 만나면 天地冲이 된다.

天地冲은 마치 男女가 정면으로 충돌(衝突)하는 경우이다. 天地冲이 되면 운명상 치명적인 타격(打擊)을 입는 형국으로서, 기업인은 기업을 청산하고, 직장인은 직장에서 퇴직당하거나 전직하게 된다.

기혼자(旣婚者)는 생사이별을 하게 되고, 노상횡액(路上橫厄)과 교통사고 등 상해(傷害)를 입기 쉽고, 노약자(老弱者)는 세상을 떠나는 수도 있다.

이런 경우에는 가급적 모든 대인관계를 피하고, 신규사업이나 사업확장 등을 피하는 것이 좋으며, 현상을 유지하는 것이 그나마 다행으로 생각해야 한다.

사업자는 기업을 청산하고, 파산(破産), 부도(不渡) 등으로 인하여 고향을 떠나게 된다.

3. 天地合

日柱가 甲子日이라면 大運이나 歲運, 月運에서 己丑運을 만나면 天地合이 되고, 乙丑日生이 庚子運을, 丙寅日生이 辛亥運을, 丁卯日生이 壬戌運을 만나면 天地合이 된다.

하늘(天)은 陽이요, 男性이며, 땅(地)은 陰이요, 女性이다. 天地가 合하는 것은 마치 陰과 陽이 만나고, 男子와 女子가 만나는 것과 같다.

天地合은 일종의 유혹(誘惑)이요, 함정(陷穽)으로서, 돈과 색정(色情)을 조심해야 하며. 부부간에 이변이 생기거나, 부모와의 불화를 암시한다.

또 신규사업이나 사업확장 등은 금물(禁物)이고, 현상유지에만 노력해야 한다.

이상에서 기술한 天地同, 天地冲, 天地合 등은 일생을 살면서 누구나 꼭 한번 씩 겪게 된다.

이것을 피하는 방법은 때를 알고 미리 대비하는 수밖에 없다. 비가 올 때, 비를 멈추게 할 수는 없지만 우산을 쓰고 피해 갈수는 있다. 즉 비가 올 때를 위해서 우산을 미리 준비하여야 한다.

오직 陰陽의 大道에 순응하면서 욕심을 버리고, 자중자애(自重自愛)해야 한다.

제四편. 四柱看命編

제4편
사주간명

1. 四柱看命 순서(順序)
2. 一年身數 간명법(看命法)
3. 간명실례(看命實例)

四柱를 분석(分析)하고, 간명(看命)한다는 것은 그렇게 쉬운 일이 아니다.
　陰陽五行이 中和되면 만사형통하는데 반해서, 陰陽이 편고(偏枯)하거나, 불화(不和)하면 만사불성인 것이다.
　陰陽五行의 기상(氣象)을 구체적으로 나타내는 것은 陰陽五行으로 구성된 日干과 三干, 四支뿐이다.
　즉 四柱에 나타난 十天干과 十二地支를 잘 관찰하면, 陰陽五行의 기상(氣象)을 정확하게 관찰할 수 있다.
　그러므로 陰陽五行을 중심으로 구성된 四柱를 陰陽五行이 아닌 신살(神殺)위주로 간명한다는 것은 어불성설이다.
　陰陽은 주체(主体)요, 五行은 운동작용(運動作用)이다. 生命은 주체만으로 창조될 수 없고, 五行이 있음으로서 사지오체(四肢五體)와 오장육부(五臟六腑)등 형체와 기능이 형성되고 작용한다.
　周易은 처음부터 人生의 길흉화복(吉凶禍福)을 점치는 점법(占法)이 아니라, 앞날을 예시(豫示)하는 괘상(卦象)을 분석하고 관찰한 다음, 마음을 가다듬고, 잘못이 있으면 뉘우치고, 회개(悔改)하며, 근신(謹愼)하는 수신제가(修身齊家)의 도덕격(道德經)인 것이다.
　우리들 인간은 우주 속에 살고 있는 생물체로서, 대자연의 법칙에 순응하면서 살아가야 한다.
　그것은 인간이 생태계(生態界)에서 살아가는 하나의 법칙이요, 대진리(大眞理)인 것이다.

四柱를 감정할 때에는 먼저 기후(氣候)의 변화현상과 생태계(生態)의 생멸소장(生滅消長)의 이치를 파악하여야 하고, 신상(神殺)에만 치우쳐, 사람을 공포속으로 몰아서는 안 된다.

인간은 小宇宙라는 진리(眞理)에서 출발하여, 인간에게도 이를 적용시켜 四柱를 논하여야 한다.

제1장 간명 순서

제1장. 看命 順序

　四柱, 命理學은 타고난 陰陽五行의 성분(性分)과 왕쇠강약(旺衰强弱)을 위주로 관찰하는 학문이다.
　그러나 고전(古典) 명리학자들은 陰陽五行과는 거리가 먼 기문둔갑(奇門遁甲)이니, 자미두수(紫薇斗數), 육임(六壬), 하락이수(河洛理數), 육효(六爻), 관상(觀相), 수상(手相), 신살(神殺) 등을 겸해서 백화점식으로 간명하고 있다.
　命理學은 단지 陰陽五行의 변화원리로서, 오직 기상(氣象)의 변화를 통해서 이해되는 고차원적인 형이상학(形而上學)이요, 자연과학(自然科學)이며, 기철학(氣哲學)인 것이다.
　본래 주역(周易)은 陰陽이 전부이지만, 命理學은 陰陽과 五行이 기본이다. 陰陽은 주체요, 五行은 운동 작용이다.
　우주공간에 존재하는 모든 생물체들은 주체만으로 형성된 것이 아니라, 五行의 작용으로 인하여 변화하고 발전하는 것이다.
　여기에서 강조하고 싶은 말은 四柱는 하나인데, 역술인마다 공부 량이 다르므로 각자 해석이 다르다는 점이다.
　이유는 역도(易道)의 깊은 진리를 깨닫지 못하고 역술(易術)에만 취중하기 때문이다.
　지금까지 각 분야별로 설명하였으나 모든 것은 순서(順序)와 절차(節次)가 있는 법이어서 절차를 무시하고 임의대로 행한다면 혼선이 오기 쉽고 두서가 없기 때문에 간명에 어려움을 겪게 된다.

그러므로 먼저 生年月日時가 정확해야 하고, 사주구성(四柱構成)이 또한 정확해야 한다. 그리고 잡다한 신살(神殺)에는 신경을 쓰지 않아도 된다.

(1) 먼저 四柱構成이 정확해야 한다.

태어 난 生年月日時가 정확하지 않으면 남의 四柱를 보는 것과 같이 큰 실수를 범하게 된다.

옛날에는 시계가 없어 생시(生時)가 정확하지 못해 사주구성에 어려움이 많았다.

그래서 선인(先人)들이 고육책(苦肉策)으로 추정한 것이 머리의 가리마가 왼쪽이냐, 오른 쪽이냐, 혹은 잠자는 버릇을 보고 추정하기도 하였다.

또한 父先亡하는 경우에는 陽時로 보고, 母先亡하는 경우 陰時로 추정하는 등 여러 가지 설이 있으나 이것도 生時가 오전(午前)이냐, 오후(午後)냐를 알아야 되므로 역시 정확하다고 할 수 없다.

生時가 애매할 때는 午前인가, 午後인가를 물어보고, 子女의 수와, 부부관계를 물어본 후 시주(時柱)로 정하는 것이 좋겠다.

生時는 子女 宮으로 보고, 또한 末年 運도 보며, 日支와 時支가 서로 刑/冲하면 부부이별 등을 판단하는 기준이 되기 때문에 生時가 중요하다. 만약 生時에 착오가 생기면 사주간명에 큰 오류를 범하게 된다.

(2) 身强四柱인지, 身弱四柱인지 먼저 판단한다.

日干을 중심으로 五行의 相生, 相剋을 대조하여 强弱을 측정하고, 강하면 덜고, 약하면 생조(生助)하여야 한다.

生한다는 것은 日干을 生하는 印星을 말하고, 助한다는 것은 比肩과 劫財를 말한다.

특히 日干과 月支와의 관계를 중요시한다. 月支는 월령(月令)이라고도 하는데 제강(提綱)이라고도 표현한다.

月支는 운명의 중추신경과도 같다. 또한 한 국가의 군왕(君王)의 자리로서, 법률을 정하고, 萬人을 통제하는 사령탑이라 할 수 있다.

또한 月支는 춘하추동(春夏秋冬), 사계절(四季節)을 표현한다. 月支가 四季節 중에 어느 계절에 속하느냐에 따라 운명이 좌우된다.

예를 들어 木日干이 봄에 태어나면 木氣를 받아 활기차게 벋어 나가며, 득령(得令)을 하지만, 여름에는 水分이 없으면 고사(枯死)하고, 가을에는 단풍이 들어 시들게 되며, 겨울에는 나무 잎이 떨어지므로 불리하다.

우주공간에 존재하는 모든 생태계(生態界)는 계절의 변화를 무시할 수 없듯이, 사람도 태어날 때의 계절에 따라 운명(運命)과 성격(性格) 및 체질(体質)이 결정된다.

그러므로 사주구조가 身强한지, 身弱한지를 결정할 때는 반드시 月支를 중심으로 판단하여야 한다.

(3) 喜神과 忌神을 판단해야 한다.

喜神이란 사주 내에 있는 五行 중에서 日干에게 가장 필요한 五行을 말한다. 喜神은 日干의 충신(忠臣)이요, 대리인(代理人)이라 할 수 있다.

身弱四柱는 마치 어린 아이나, 환자(患者)와 같은 사주이므로 日干을 도와주는 형제나 어머니가 필요하다. 즉 兄弟星인 比肩, 劫財와 어머니별인 印星이 필요하다.

그러나 身弱四柱는 日干의 기운을 설기(泄氣)하는 食神, 傷官과, 日干을 剋하는 財星과 官星은 忌神이 된다.

身强四柱는 위와 반대로 건강한 장정(壯丁)의 사주이므로, 남의 도움이 필요 없고, 혼자 능히 자립(自立)할 수 있는 능력자이므로 比肩, 劫財나 印星의 도움이 오히려 부담이 되고 忌神이 된다.

그러나 身强四柱는 자립(自立)할 수 있는 능력자이므로, 오히려 食神, 傷官과 財星, 官星이 喜神이 된다.

물론 四柱 내에 財星이 많으면 比劫으로 억제하고, 官星이 많으면 먼저 印星으로 설기시키는 것이 좋고, 아니면 食傷으로 극제(剋制)하는 것이 좋다.

또한 사주를 간명(看命)할 때는 억부법(抑扶法)을 쓸 것인지, 조후법(調候法)을 쓸 것인지를 먼저 결정해야 한다.

따라서 身强, 身弱을 결정할 때는 당연히 억부법(抑扶法)으로 판단하지만, 억부법 보다 우선되는 것이 조후법(調候法)이다.

조후(調候)란 계절의 조화(調和)를 말하는 것으로 四柱를 간명함에 있어서 가장 중요한 요소이다.

즉 계절의 변화에 따라 한난조습(寒暖燥濕) 등의 기후를 조화시키는 것이다.

여름 태생은 水氣로서 열기(熱氣)를 완화시켜야 하고, 겨울 태생은 따뜻한 火氣로서 보온(保溫)해야 한다.

다시 말하면 水氣와 火氣로서 한난조습을 조절하는 것이다. 그러나 봄 태생과 가을 태생은 계절의 영향을 적게 받으므로, 억부법(抑扶法)으로 喜神과 忌神을 판단하여야 한다.

태양의 위성(衛星)인 지구는 태양의 영향을 절대적으로 받는다. 春夏秋冬의 사계절의 변화가 곧 그것이다.

3개월마다 나타나는 기후의 변화만 보더라도 지구와 태양과의 관계가 얼마나 밀접한가를 알 수 있다.

日干의 身强, 身弱을 불문하고, 조후(調候)가 우선되어야 한다. 이유는 지구상에 존재하는 모든 生物은 조후의 원리에 순응하며 생존하고 있기 때문이다.

(4) 合, 冲, 刑을 살핀다.

합이란 方局이 되거나 三合, 半合, 六合 등을 말한다. 正五行이 합이 되면 化五行으로 바뀐다.

예를 들면 正五行인 巳火와 申金이 六合이 되면, 水 五行으로 바뀌므로 이를 변화된 五行이라 하여 化五行이라 한다.

따라서 사주 내에 있는 五行끼리 합이 되어 변하는 化五行을 면밀히 살펴서 身强, 身弱을 판단해야 한다.

또한 사주 내에 있는 喜神을 刑/冲하면 喜神의 기운이 손상(損傷)되므로 刑/冲을 경계해야 한다.

(5) 喜神은 强할수록 좋다.

喜神을 정한 뒤, 喜神의 뿌리가 地支에 통근(通根)이 되었는지 살핀다. 만약 喜神의 뿌리가 地支에 없으면 대단히 불리하다. 왜냐하면 喜神은 日干의 충신이요, 대리인이기 때문에 그 세력이 강할수록 좋다.

또한 喜神은 되도록 日干과 근접(近接)하여 있는 것이 좋다. 즉 月柱에 있거나, 혹은 時柱에 있는 것이 유정(有情)하여 좋고, 멀리 年柱에 떨어져 있는 것은 거리가 멀어, 원격(遠隔)의 법칙상 무력(無力)하고, 무정(無情)하다.

그리고 喜神이 刑/冲이 되거나, 五行중에 하나라도 빠진 것이 있으면 탁사주(濁四柱)라 하여 매우 불리하다.

즉 四柱 내에 木, 火, 土, 金, 水의 五行이 모두 있고, 생생불식(生生不息)하며, 五行이 쉬지 않고 주류(周流)하면 청사주(淸四柱)라 하고, 사주 내의 五行중 하나라도 빠진 것이 있으면 탁사주(濁四柱)라 한다.

또 喜神을 정할 때 사주구성(四柱構成)이 外格의 從格 즉 從旺格, 從强格, 從兒格, 從財格, 從殺格인지, 아닌지를 면밀하게 살펴야 한다.

從格은 기신종강격(棄身從强格)으로서 나를 버리고, 强者에게 의존하고 따라가야 하므로 喜神을 정할 때는 일반원칙과는 다르게 판단하여야 한다.

(6) 行運을 四柱와 대조(對照)한다.

行運이란 大運과, 歲運 그리고 月運을 총칭해서 말한다. 가장 중요한 것은 大運과 歲運, 그리고 月運의 진행방향이 喜神의 운로(運路)인지, 忌神의 운로인지를 잘 살펴 길흉화복(吉凶禍福)을 예측하여야 한다.

四柱는 타고난 숙명(宿命)으로서 선천운(先天運)이라 하고, 行運은 운명(運命)으로서 후천운(後天運)이라고 한다.

四柱는 숙명이기 때문에 평생 동안 전혀 바뀌지 않지만, 운명인 大運과 歲運 및 月運은 수시로 바뀐다.

그러므로 四柱가 아무리 좋은 구조라 하더라도 行運이 좋지 않으면 되는 일이 없고, 실패하고 좌절하게 된다.

그래서 古書에 "사주불여대운(四柱不如大運)"이라 하여 사주 자랑하지 말고, 運 자랑을 하라고 한 것이다.

大運과 歲運, 月運의 干支와 四柱干支와의 合과 冲을 대조하여야 한다. 이 때 합이 되어 변한 五行이 喜神인지, 忌神인지 살펴야 한다.

四柱에서 본인 및 가족의 운명을 간명하고, 大運과 歲運에서 어느 六親을 相剋하는지 살핀다.

만약 사주 내의 六親을 刑/冲하면, 그에 해당하는 六親이 대단히 불리하고 심한 경우 십중구사(十中九死)의 운명이 된다.

月運 역시 喜神運인지, 忌神運인지를 잘 살피고, 만약 月運이 불리해도 大運과 歲運이 喜神運으로 진행하면 平吉하다.

大運은 天干보다 地支가 약 3배정도 强하므로 地支를 위주로 간명하여야 하는데, 四柱는 타고 난 숙명이므로 평생 변화가 없지만, 大運은 계절의 변화이므로 春夏秋冬으로 변화한다.

大運의 天干 역시 大運地支에 간접적으로 영향을 미친다. 예를 들면 大運天干이 丙, 丁火일 때, 大運地支가 申酉金이면 火剋金으로 相剋이 되어 개두법(蓋頭法)에 준하여 申酉金이 喜神일 때, 吉함이 감소된다.

그러나 전술한 바와 같이 天干은 地支보다 약하므로 완벽하게 相剋하지 못하고, 大吉이 다소 감소될 뿐이다.

身旺四柱는 大運에서 財, 官運을 만나면 吉하나, 四柱에 財官이 없으면 食傷大運에서도 발달하다.

사주가 身弱하고, 관살혼잡(官殺混雜)한데, 다시 大運에서 正官이나, 偏官이 나타나면 大凶하다. 특히 偏官運에는 더욱 심하게 나타난다.

사주에 印綬와 偏印이 많아서 身强인데, 다시 大運에서 印綬나 偏印運을 만나게 되면, 큰 화액(禍厄)을 입게 되는데, 특히 偏印運이 더욱 위험하다.

男命에 官星이 입묘(入墓)하면 자식에게 불미한 일이 발생하고. 正財가 入墓하면 처가 불리하다.

四柱에 있는 六親이 入墓하였는데, 다시 大運에서 入墓運을 만나고, 白虎大殺이나 괴강살(魁罡殺), 혹은 刑沖을 만나면, 해당 六親은 십중팔구 비명횡사(非命橫死)하게 된다.

四柱에 六合, 三合, 方局을 이루고 있는데, 그 합을 깨는 相沖이나, 三刑이 行運에서 들어오면, 몇 배, 더 강력하게 해당 六親과 본인에게 불리해 진다.

　日支는 본인 자신은 물론이고, 日支에 나타난 六親도 해당되므로 吉凶판단의 기준으로 삼아야 한다.

　女命의 사주에 食神이 大運地支에서 入墓하면 자녀에게 재화(災禍)가 생기고, 印綬가 入墓하는 大運에는 모친에게 불길한 일이 생기며, 官星이 入墓하는 大運에는 남편에게 대단히 불길하다.

　男女 불문하고 日支의 배우자궁(配偶者宮)을 月支나 時支가 刑/冲하고 있는데, 大運에서 다시 日支를 刑冲하면 반드시 이별하거나 사별하게 되므로 배우자에게 大凶하다.

　또한 男女 불문하고 大運에서 사주 月支를 刑/冲하면 月支에 해당하는 六親에게 재해(災害)가 발생하고, 본인의 건강에도 불리하다. 月支는 약 30%의 강력한 힘을 가지고 있으므로 그 피해는 대단히 크다.

제2장 일년 신수 간명법

제2장. 一年 身數 看命法

1. 일년 신수(一年身數) 판단법

四柱는 一年身數와 平生四柱가 기본이다. 옛날에는 육십사괘(六十四卦)를 위주로 토정비결(土亭秘訣)을 보아 왔지만, 맞는 것 보다 맞지 않는 것이 더 많았다.

일년 신수는 먼저 四柱의 喜神과 忌神을 판단한 후, 종합적으로 감정해야 한다. 여기에서 종합적이란 四柱와 大運, 歲運, 月運을 대조하고 합리적으로 결론을 내려야 한다는 뜻이다.

一年 身數를 볼 때 유의(留意)할 점

(1) 四柱는 불여대운(不如大運)이고, 大運은 불여세운(不如歲運)이며, 歲運은 불여월운(不如月運)이라는 원칙을 먼저 이해해야 한다.

다시 말하면 四柱보다 大運이 중요하고, 大運보다 歲運이 중요하며, 歲運보다 月運이 더 중요하다는 뜻이다.

물론 타고 난 四柱는 숙명(宿命)이므로 중요하고, 大運은 10년간의 운세(運勢)를 총괄하며, 歲運은 해마다 大運의 관리자(管理者) 역할을 하고, 月運은 歲運의 집행자(執行者) 역할을 담당하게 된다. 그러므로 무엇보다 大運의 흐름이 가장 중요하다.

(2) 大運은 天干보다 地支위주로 간명한다. 이유는 大運

이 四柱 月柱의 연장이므로 계절의 변화에 따라 吉凶을 판단하기 때문이다.

(3) 歲運과 月運은 大運과는 반대로 天干을 위주로 판단한다. 이유는 歲運地支와 月運地支는 寅卯辰, 巳午未, 申酉戌, 亥子丑 순으로 변함이 없지만, 天干은 해마다, 달마다 항상 변하므로 天干을 위주로 판단하는 것이다.

특히 月運은 地支가 불변으로서, 항상 正月은 寅月, 二月은 卯月, 三月은 辰月, 四月은 巳月 등으로 고정되어 있다.

그러나 月運 天干은 해마다 바뀌므로 天干과 地支를 같이 대조하여 四柱의 喜神, 忌神을 판단하는 것이 타당하다.

(4) 일년 신수(身數)는 天干을 위주로 보는데, 두 달 동안은 같은 五行이므로 두 달을 하나로 묶어서 일괄 판단한다.

예를 들면 甲/己年의 正月은 丙寅月, 二月은 丁卯月로서, 丙과 丁이 같은 火 五行이므로 하나로 묶고, 또 三月은 戊辰月, 四月은 己巳月이므로 역시 天干이 같은 土 五行이므로 하나로 묶어서 일년 신수를 보는 것이다.

(5) 일년 신수(身數)는 月運이 기본이므로 그 달의 天干 五行을 위주로 보되, 地支 역시 五行으로 판단하여야 한다.

그러나 일부 역학자(易學者)들은 天干은 五行으로 판단하면서, 地支는 단지 刑/冲만을 보고 간명하고 있는 데, 이것은 잘 못된 판단이다.

왜냐하면 地支는 방향(方向)을 제시하는 것으로 天干보다 그 세력이 강하기 때문에 天干五行만으로 간명한다는 것은 부당하기 때문이다.

따라서 月運을 판단할 때, 月運天干으로 四柱天干과 대조하고, 月運地支는 四柱地支의 五行과 대조하여 吉凶을 판단하여야 한다.

물론 地支의 刑/冲도 살펴서 그 피해정도와 吉凶의 발생시기(發生時期)를 알아내야 한다.

(6) 歲運과 月運은 大運을 무시하고 판단할 수 없다. 모두 大運의 지배와 영향 하에 있기 때문이다.

따라서 비록 歲運과 月運이 不吉하더라도, 大運이 吉運이면 平吉하며 大凶은 없다.

(7) 四柱상의 喜神을 月運이 相剋하면 불리하며, 歲運에서 月運을 相剋하면 歲運이 月運을 통제하므로 역시 불리하다.

(8) 一年身數는 月運이 기본이므로 그 달의 天干十神으로 喜神, 忌神을 판단한다. 단, 地支의 刑/冲과 합을 면밀히 살펴서 판단하여야 한다.

2. 十神別 一年 身數

(1) 比劫이 喜神인 경우

만인(萬人)이 유정(有情)하고, 화합(和合)하며 상부상조(相扶相助)함으로서 대인관계가 원만하고 순탄하며, 신규사업(新規事業)도 가능하고, 형제나 친구의 도움이 있으므로 동업(同業)을 해도 좋다.

또한 이사(移徙)나 직장변동이 있으며, 분가(分家)하거나 사업상 독립해도 좋다.

(2) 比劫이 忌神인 경우

만인이 무정(無情)하고 불화(不和)가 생기며, 대립(對立)과 반목(反目)으로 대인관계가 좋지 않고, 시비와 갈등이 심하다.

중상(中傷)과 모략(謀略)으로 인한 불화가 생기며, 유혹으로 인한 손재가 따른다. 부부간에도 시비가 일어나고, 친구나 형제간에도 불화와 분쟁이 일어나며 이사나 직장 이동을 하면 불리하게 된다.

(3) 食傷이 喜神인 경우

막혔던 일이 풀리고 고대했던 기회가 열리며, 활동무대가 활짝 열리므로 실업자(失業者)는 직장을 얻게 되고, 직장인은 좋은 기회가 주어진다.

기업가는 자금융통이 소원대로 해결되고, 환자는 병이 회복되며, 계획했던 일들이 풀리게 된다.

(4) 食傷이 忌神인 경우

꽃은 만발한데 열매가 열리지 않고, 애는 무척 쓰나 수확이 적으니 헛수고 일 뿐이다. 그래서 불평과 불만이 많다.

좌우(左右)에서 유혹하고 현혹하며, 사방에 함정이 도사리고 있으니 위기일발의 아슬아슬한 곡예의 연속이다.

또한 어리석은 고집으로 실패하게 되며, 특히 유혹과 감언이설(甘言利說)로 인한 신규사업이나 사업 확장으로 실패한다.

(5) 財星이 喜神인 경우

수완과 역량을 마음껏 발휘해서 생산과 소득이 늘어나고 흑자를 내거나 부(富)를 얻는다.

신규사업과 사업확장 등으로 재능을 최대한 발휘한다. 아내의 도움과 종업원들의 합심협력으로 만사형통한다.

혼기(婚期)에 찬 남자는 현모양처를 얻어 훌륭한 내조자를 맞이한다.

(6) 財星이 忌神인 경우

허욕과 과욕으로 무모하고 무리한 경영을 고집하다가 실패하게 되고, 부도와 파산을 초래한다.

무엇을 해도 되는 일이 없고, 했다하면 적자요, 부채로 인한 관재구설이 겹친다.

또한 무리한 투자나 욕심 때문에 사기를 당하여 크게 실패하며, 문서와 계약으로 인한 관재(官災)가 일어나고, 금전과 여자문제로 고민이 많다.

(7) 官星이 喜神인 경우

법과 만인이 유정하고 나를 보호하기 때문에 뜻을 세울 기회가 나타나니 의욕적으로 분발해서 출세하고 이름을 얻는다.

승진하거나 취직을 하게 되며, 시험에 합격되고 각종 선거에 출마하면 당선되는 영광을 얻는다.

또한 소송이나 재판을 하면 승소(勝訴)하게 되는 좋은 운이다. 여자인 경우 좋은 남자를 만나 결혼하는 때이다.

(8) 官星이 忌神인 경우

법과 만인이 무정하고 박해(迫害)가 심하니 손재(損財)와 손명(損名)을 하게 된다. 사방이 절벽강산이고 백호(白虎)가 난무하니 사면초가이고 의지할 데가 없다.

관재구설(官災口舌)과 상해(傷害)를 당하기 쉽고, 윗사람이나, 자식 때문에 고민과 고통이 심하다.

특히 남자는 자녀의 질병이나 진학문제로 고민이 많고, 여자는 다른 남자를 만나 통정하거나 외도(外道)로 인하여 부부간에 불화가 심하다.

(9) 印星이 喜神인 경우

의식주(衣食住)가 안정되고 풍요하며 생기가 넘친다. 귀인이 나타나 도움을 주고, 문서상이나 계약상 유리하고, 매매도 잘 성사된다.

  진학자는 합격이 무난하고, 직장인은 윗사람의 배려로 승진하거나, 요직을 맡게 된다.

  또한 사업자는 년장자(年長者)의 도움으로 사업이 번창하게 된다.

(10) 印星이 忌神인 경우

  사방이 막히고 만사가 불통이라 마음이 어지럽고 답답하며 괴롭다. 무엇을 해도 장애가 생기게 되고 진퇴양난이다.

  의식주가 부족하고 문서상의 문제로 재난이 생기며, 인장(印章)으로 인한 재해가 발생한다.

  또한 직장에서 좌천(左遷)을 당하거나, 퇴직하게 된다. 특히 진학시험이나 승진시험에 합격이 안 된다. 특히 부동산의 매매운도 불리하다.

    一年身數 看命 예: (男命)

```
                  61 51 41 31 21 11 1   (大運)
   癸  己  壬  甲    己 戊 丁 丙 乙 甲 癸
   酉  卯  申  戌    卯 寅 丑 子 亥 戌 酉
```

        (1995년, 乙亥年 身數)

```
   12 11 10 9 8 7 6 5 4 3 2 1       (月運)
   己 戊 丁 丙 乙 甲 癸 壬 辛 庚 己 戊
   丑 子 亥 戌 酉 申 未 午 巳 辰 卯 寅
```

(1) 己日干이 申月에 생하여 失令하고, 地支에 申酉戌 金局을 이루어 身弱四柱가 분명하다.

(2) 본래 身弱四柱는 比肩, 劫財와 印星이 喜神이 되고, 食傷과 財官이 忌神이 된다.
즉 己土 日干이 命中에 金氣가 旺하여 身弱하므로 먼저 火氣로서 旺金을 극제(剋制)하여야 하고, 身弱四柱이므로 土氣 역시 吉神이 된다.

戊寅月, 己卯月

戊寅月은 比劫이 日干을 도우므로 吉運이라 신규사업도 가능하고 동업을 해도 좋은 운이다.
그러나 己卯月은 天地同이 되므로 시비와 구설수가 있겠고, 중상모략이나 손재수가 있겠다. 혹은 부부간에도 불화가 일어난다.

庚辰月, 辛巳月

庚, 辛은 食傷運이므로 식신생재(食神生財)하고 다시 財生官하므로 忌神인 財官이 더욱 기성을 부려서 身弱한 己土日干이 만신창이가 되어 대흉하다.
그러므로 애는 쓰나 공이 적고, 사방에서 유혹하므로 함정에 빠지게 된다.
또한 고집 때문에 사업을 실패하게 된다.

壬午月, 癸未月

土日干이 壬, 癸를 만나면 財星이 되는데, 財星이 사주 내에 2개가 있고, 官星이 2개가 되므로 財生官하여 身弱한 日干이 설 자리가 없다.

그런데 다시 壬, 癸月을 만나게 되므로, 손재와 관재구설수가 따르고 질병에도 조심해야 한다.

甲申月, 乙酉月

土日干이 甲과 乙을 만나면 官星인데, 사주 내에 財官이 많은데 다시 月運에서 官星을 만나면, 財官이 작당해서 난동을 하고 극성을 부리니, 마치 절벽상산에서 백호(白虎)를 만난 격이다.

따라서 만인이 외면하므로 의지할 데가 없고, 관재구설수가 따르며, 남자는 자녀의 질병이 걱정된다. 또한 교통사고를 조심해야 한다.

丙戌月, 丁亥月

喜神인 丙과 丁, 印星이 나타나서 官印相生하므로 귀인이 나를 도와준다.

따라서 의식주가 안정되고 문서운, 계약운이 순조롭게 성사된다.

또한 년상자(年上者)의 도움으로 사업이 번창하고 합격운도 있다.

戊子月, 己丑月

喜神인 比劫運이 나타나므로 비로소 재물 복이 있고, 이사나 직업변동을 해도 좋으며, 분가하거나, 동업자는 따로 독립해도 좋은 운이다.

제3장. 간명실례

제3장
간명 실례

제3장. 看命實例

1. 이승만(李承晩) 初代 大統領 명조(命造)
(1876年 3月 26日 子時生)

```
    庚   丁   己   乙
    子   亥   卯   亥
   正財      食神  偏印
   偏官  正官 偏印  正官
   絶   胎   病   胎
```

```
86  76  66  56  46  36  26  16   6
庚  辛  壬  癸  甲  乙  丙  丁   戊
午  未  申  酉  戌  亥  子  丑   寅
```

(1) 丁日干이 卯月에 生하고, 地支에 亥卯와 亥卯가 月支를 中心으로 木局半合을 이루었으며, 또한 年干에 乙木이 月支에 得令하여 木氣가 왕성하므로 身强四柱가 분명하다.

(2) 따라서 旺木을 제극(制剋)하는 時干의 庚金이 最高의 喜神이고, 金을 생조(生助)하는 土 역시 吉神이 된다. 그러나 水, 木, 火運에는 忌神運이 되므로 不吉하다.

(3) 大運을 살펴보면, 初年大運의 亥子丑 水大運에는 忌神運이라 不利하여 고국(故國)인 東方木을 떠나, 西方金인

美國으로 亡命하여, 고난 속에서 조국(祖國)의 광복과 독립을 위해 헌신(獻身)하였다.

(4) 56歲 이전에는 극설(剋泄)이 심하여 뜻을 얻지 못하였으나, 56歲, 癸酉大運부터 喜神地인 金旺運으로 향하기 때문에 吉運으로 본다.
그러나 酉大運이 月支 卯 旺神을 冲剋하여 크게 발신(發伸)하지 못했다.

(5) 66歲, 申大運에는 喜神인 庚金의 建祿地가 되고, 74歲, 戊子年에는 戊土가 喜神인 庚金을 生扶하여 일약 一國의 大統領에 당선되었다.
主人公은 해방 후의 어지러운 정국(政局)을 수습(收拾)하고, 독립국가의 면모를 세우는데 절대적인 영도력(領導力)을 발휘하였으나, 집권 12년 만에 하야(下野)하게 된다.

(6) 1960年, 庚子年은 主人公이 滿 85歲 되는 해이다.
大運은 未大運으로 亥卯未 三合 木局이 되어, 다시 木强金弱하여 喜神인 庚金이 설 자리가 없어 결국 하야(下野)하고, 새벽에 국민도 모르게 하와이로 출국하였다.
또한 十二運星上 子年은 喜神인 庚金의 死地가 된다. 喜神이 死地에 들면 모든 것이 허사가 된다.

(7) 86歲, 庚午大運은 年干의 乙木과 乙庚干合이 되고, 大

運地支, 午運은 庚金의 목욕, 패지(沐浴, 敗地)가 되며, 91歲 때인 乙巳年의 乙과 庚金喜神이 합거(合去)하여 세상을 떠났다. 노약자(老弱者)는 대개 자기의 喜神이 干合하는 歲運에서 대부분 사망한다.

(8) 喜神을 子女宮인 時支에 인종(引從)하여 十二運星上 死地가 되면, 자식과의 인연이 없고, 후사(後嗣)가 없음을 암시한다.

그래서 자식이 없다가 80歲가 넘어서 양자(養子)를 얻었으나, 庚子年에 양자와 가족 전부가 자살하였기 때문에 결국 종친회에서 다시 입양시켜 후사(後嗣)를 잇게 하였다.

2. 이기붕(李起鵬) 前, 國會議長 命造
(1896年 12月 20日 辰時生)

庚	庚	辛	丙
辰	辰	丑	申
比肩		劫財	偏官
偏印	偏印	正印	比肩
養	養	墓	建祿

65	55	45	35	25	15	5
戊	丁	丙	乙	甲	癸	壬
申	未	午	巳	辰	卯	寅

(1) 庚日干이 丑月에 生하고, 庚辛金이 투간(透干)하며, 地支五行 모두 日干을 生助하는 申, 丑, 辰, 辰의 습토(濕土)가 연좌(連坐)하여 있으므로 身太强四柱이다.

혹자는 이 四柱를 종격(從格)으로 보기 쉬우나, 地支에 申辰合水가 成立되어 왕성한 金氣를 자연스럽게 설기(泄氣)하고 있으므로, 결코 從格이 성립되지 않는다.

(2) 그러나 丑月, 한냉절(寒冷節)에 태어나, 만물이 꽁꽁 얼어붙어 있고, 辰,丑 濕土가 대부분을 차지하고 있어, 身强, 身弱을 불문하고, 시급하게 火氣를 喜神으로 취용(取用)해야 한다.

이 지구상에 존재하는 모든 생물들은 한열(寒熱)의 조절(調節)이 되지 않으면 생존할 수 없다.

(3) 마침, 年干에 丙火가 있어 吉하나, 丙火가 地支에 무근(無根)하고, 또한 丙辛干合하여 水氣로 변하니, 조후(調候)를 충족할 수 없다.

(4) 그러므로 火氣를 喜神으로 삼고, 火氣를 生하는 木氣 역시 吉神이 된다. 多幸히 大運이 木火運으로 진행되고 있으니 大吉한 운로(運路)이다.

(5) 日柱가 庚辰日라 괴강살(魁罡殺)이 되는데, 사주 내에 괴강살이 있으면 고집이 대단하고 영웅호걸의 命이라

하는데, 반드시 신강사주이어야 하고, 만약 신약사주에 괴강살이 있으면 오히려 천민(賤民)이라 하여 불행하다.

(6) 44歲, 丙午大運은 丙火가 月干 辛金과 丙辛合水가 되어 忌神으로 化하나, 四柱天干에 있는 庚金이 丙庚沖으로 丙辛合을 방해하고 있으므로 合과 沖이 成立되지 않아 丙大運은 喜神運이 된다.
　大運天干이 四柱天干과 干合을 하려고 하는데, 他柱天干이 冲하여 干合을 방해하면 干合이 성립되지 않는다는 것을 명심해야 한다.

(7) 午大運에는 年干丙火가 午에 帝旺地가 되어 喜神인 丙火가 뿌리를 내리므로 太陽과 같은 火氣를 발산(發散)하게 되므로, 완전히 조후(調候)를 충족하게 된다.
　이 때 主人公은 대단한 출세가도를 달리게 되어 국방부장관을 역임(歷任)하게 된다.

(8) 54歲, 丁大運 역시 喜神運으로 大吉運이나, 月干에 있는 辛金과 丁辛相剋이 되어·약간의 직위변동이 있었다.
　未大運은 未土가 조토(燥土)로서 조후(調候)를 충족하므로 吉하나, 月支에 있는 丑과 丑未冲이 되어 건강에 이상이 있었다.
　그러나 大運이 巳午未 火局으로 진행하므로 큰 영향은 없었으며, 이 때 국회의장(國會議長)에 선임되었다.

(9) 64歲, 戊申大運 중에 主人公이 비명회사(非命橫死)하게 되는데, 戊申大運은 身太强한 庚日干을 다시 부조(扶助)하고, 또한 忌神運이므로 대단히 不吉하다.

1960年, 庚子年에 전 가족이 자살(自殺)하게 되는데, 이유는 申子辰 三合水局이 되고, 年支에 있는 申金은 水氣로 化하여 직상(直上)으로 丙火喜神을 제극(制剋)하니 살아날 길이 없다.

喜神은 日干의 충신(忠臣)이요, 대리인(代理人)으로서 喜神이 타오행(他五行)에 의해 공격을 받거나, 소멸하게 되면, 主人公도 따라 죽을 수밖에 도리가 없다. 人命은 在天이라 했다.

(10) 戊申大運은 南方火運에서 西方金運으로 바뀌는 교운기(交運期)가 된다.

大運에서 계절이 바뀌는 것을 접목운(接木運), 또는 교운기(交運期)라고 하는데, 사람은 대부분 교운기(交運期)에서 사망(死亡)한다.

(11) 初年大運이 喜神運인 東方 木運으로 진행하고, 中年 大運인 35세부터 계속하여 南方 火運으로 진행되어 승승장구(乘勝長驅)하였으나, 65세 戊申大運에는 忌神運에다 夏節에서 秋節로 옮겨가는 교운기(交運期)라 불가항력으로 일생을 마감하게 되었다.

3. 박정희(朴正熙) 前, 大統領 命造

(1917年 9月 30日 寅時生)

戊	庚	辛	丁
寅	申	亥	巳
偏印		劫財	正官
偏財	比肩	食神	偏官
絶	祿	病	生

62	52	42	32	22	12	2
甲	乙	丙	丁	戊	己	庚
辰	巳	午	未	申	酉	戌

　(1) 이 四柱는 庚日干이 亥月에 生하여 失令하고, 年柱에 丁巳가 있어 身弱四柱로 보기 쉬우나, 月干에 辛金이 투출(透出)하고, 日支, 申金이 자강(自强)으로 建祿地에 좌(坐)하고 있다.

　또한 時干의 戊土는 寅의 長生地에 좌(坐)하여 강하고, 다시 戊土는 근접하여 日干을 生하며, 年支, 巳는 十二運星 상 長生이 되므로, 身弱이 身强으로 化하니 身强四柱로 보아야 한다.

　(2) 그러나 亥月은 한냉(寒冷)한 계절이므로 身强, 身弱 불문하고, 조후법상(調候法上) 火氣를 喜神으로 삼고, 木氣를 보조 희신으로 취용해야 한다.

다행히 年柱에 있는 丁巳喜神이 身强한 日干을 제극(制剋)하고, 조후를 충족시켜 주므로 大吉하다. 이렇게 억부법(抑扶法)과 조후법(調候法)에 일치하는 喜神인 경우, 복록(福祿)이 대단히 많다고 할 것이다.

(3) 年柱에 正官과 偏官이 同柱하여 관살혼잡(官殺混雜)이 되고 있으나, 年支의 偏官이 日支 申金과 巳申合으로 합살유관(合殺留官)하여 大貴格 四柱이다. 또한 官殺이 同柱한 것은 同氣一色이므로 혼잡으로 보지 않는다.

(4) 특히 이 四柱는 地支에 寅巳申亥가 모두 구비되어 있으므로 사맹격(四孟格), 또는 사생격(四生格)이라 한다.

사맹(四孟)이란 각 계절의 초기(初期)를 맹(孟)이라 하는데, 寅은 봄철의 初期, 즉 立春이 되고, 巳는 여름철의 初期 즉 立夏가 되며, 申은 가을철의 初期 즉 立秋가 되고, 亥는 겨울철의 初期 즉 立冬이 된다.

또 四生이라 함은 巳亥相冲, 寅申相冲하는 것을 寅亥合으로, 冲을 해충(解冲)시킨다는 뜻에서 유래된다.

이 四孟格이 있는 사람은 보통사람이 아니고, 비범한 인물이다.

자평서(子平書)에도 "四孟格이 있는 사람은 삼공(三公)의 위치에 오른다고 하였고, 그 中에서도 庚日干이 寅申巳亥를 구비하면 國家의 큰 인물로서 萬民이 따르리라"고 기술하고 있다.

(5) 四柱內에 寅巳申 三刑이 있을 때, 身弱四柱는 대단히 재화(災禍)가 크지만, 身强四柱일 때에는 오히려 大貴命 四柱이다.

四柱가 身强하고 寅巳申 三刑이 있으면 판사, 검사, 의사, 군인 또는 정치가로 명성을 떨친다.

(6) 大運을 살펴보면, 32歲, 丁未大運 이전에는 申酉戌, 金運이라 약 30년간 능력을 발휘하지 못했으나, 丁未大運 이후 약 30년간은 巳午未, 火氣 喜神運으로 진행하므로 승승장구(乘勝長驅)하였다.

(7) 42歲, 丙午大運에는 한곡회춘(寒谷回春)하여 45歲, 辛丑年에 5. 16 軍事혁명을 일으키고, 마침내 大權을 장악(掌握)하게 된다.

(8) 1974年, 甲寅年 8月 15日 光復節에 夫人 陸英修女史가 흉탄(兇彈)으로 死亡한 것은, 乙巳大運이 天地合이되고, 寅申相沖으로 日支申의 妻宮을 沖剋한 연고이다. 원래 日柱가 간여지동(干與支同)하면 妻宮이 산란(散亂)한 법이다.

(9) 主人公은 1979年 10月 26日(음력 9月 6日)에 불의의 저격(狙擊)으로 사망하였다. 그 때가 己未年, 甲戌月, 丙寅日이 된다.

丙寅日은 庚申日柱와 天地冲이 되는 날인데, 소위 日辰이 좋지 않은 날이다. 天地冲이 되면, 불의의 사고와 이변이 생기고, 치명적인 사태가 발생하게 된다.

(10) 사망 당시 나이가 62歲이었는데, 62歲, 甲辰大運은 火運에서 木運으로 이행(移行)하는 교운기(交運期)로서 계절이 바뀌는 大運이 가장 위험한 순간이다.

교운기(交運期)를 접목운(椄木運)이라고도 하는데, 마치 나무를 이식(移植)하고 나서, 아직 뿌리가 내리기 전의 상태라서, 나무가 고사(枯死)하게 되는 경우와 같다.

교운기(交運期)를 만나면, 强한 運일수록 피해는 더 크고, 弱한 運일수록 그 피해는 적은 법이다.

4. 최규하(崔圭夏) 前, 大統領 命造
(1919年 6月 19日 午時生)

```
庚   己   辛   己
午   巳   未   未
傷官      食神  比肩
偏印 正印 比肩  比肩
旺   祿   冠    冠
```

```
63  53  43  33  23  13   3
甲  乙  丙  丁  戊  己  庚
子  丑  寅  卯  辰  巳  午
```

　(1) 己日干이 未月, 염하절(炎夏節)에 生하고, 地支에 巳午未 方局을 이루어 종강격(從強格)이 되었다.

　종강격(從強格)은 자신을 버리고, 强者에게 따라가는 것을 말한다. 從格은 귀격(貴格) 중의 하나이지만, 五行이 一方으로 집중(集中)하여 있기 때문에 편고사주(偏枯四柱)이다.

　偏枯四柱는 기세가 너무 强하여 반드시 피해자가 있게 마련이다.

　(2) 이 사주는 從格中, 從強格에 속하는데, 從強格의 要件은 日干이 得令하고, 比劫이 적으며, 印星이 많은 것을 말한다.

　이 四柱內에 土氣가 많으나, 地支에서 巳午未 火局을 이루어 印星이 强하다.

또한 일점(一点)이라도 强者를 剋하는 것이 있으면 從格이 성립되지 않으며 만약 이 사주에 일점이라도 水氣가 있었다면, 金氣가 발동하여 從格이 성립되지 않는다.

(3) 天干에 庚, 辛金이 투출(透出)하였으나, 地支에 뿌리가 없어 의지할 데가 없다. 그러므로 從强格이 성립된다.

(4) 從强格은 强者에게 순종하므로, 比劫運과 印星運이 喜神이고, 食傷, 財, 官運은 忌神이다.

(5) 大運은 初年運이 火運, 木運으로 진행하여 吉하였으나 23세, 戊辰大運은 辰土가 濕土로서 水氣가 되므로 신고(辛苦)가 많았을 것이다.

(6) 53歲, 乙丑大運에 외무부장관(外務部長官)에서 국무총리(國務總理)까지 승진하게 되는데, 1979年, 己未年에 朴正熙大統領의 유고(有故)로 인하여 大統領 職을 승계(承繼)하게 된다.

그 때가 61歲 때인데, 大運이 亥子丑 水運으로 진행하고, 丑未相冲하니, 丁火가 소멸되어 위기였으나, 다행히 巳午未 合으로 火氣 喜神으로 化하여 위기가 호기(好機)로 반전(反轉)하게 되었다.

5. 장 면(張 勉) 前, 副統領 命造
(1899年 8月 26日 巳時生)

```
癸  辛  癸  己
巳  丑  酉  亥

食神      食神  偏印

正官 偏印 比肩 傷官
 死   養   祿   沐
```

```
67  57  47  37  27  17   7
丙  丁  戊  己  庚  辛  壬
寅  卯  辰  巳  午  未  申
```

(1) 辛日干이 酉月에 生하여 得令하고, 地支에 巳酉丑 金局을 이루므로 身太强 四柱이다.

혹자는 이 사주를 종왕격(從旺格)으로 보기 쉬우나, 天干에 癸水가 2개나 있고, 年支에 亥水가 있어 설기(泄氣)가 심하므로 從旺格이 아니다.

(2) 從旺格이 성립되려면, 일점이라도 극설(剋泄)이 있으면 성격(成格)이 안 된다.

이 사주는 설기(泄氣)하는 食神과 傷官이 있고, 有根하여 종왕격(從旺格)이 안된다.

(3) 從格이 안 되면 억부법(抑扶法)이나 조후법(調候法)

을 적용하여야 하는데, 命中에 金氣가 많으므로, 火氣가 喜神이고, 木氣는 火氣를 생조하므로 吉神이 된다.

(4) 본래 身强四柱는 食/傷星, 財星, 官星 중에서 하나를 택일(擇一)하여야 하는데 이 사주는 金旺하므로 火氣, 官星을 喜神으로 삼는다.

(5) 57歲, 丁卯大運 중, 58歲 때인 丙申年에 副統領에 出馬하여 당선되었다. 卯大運은 月支, 酉金과 卯酉冲하여 旺神를 冲剋하나, 다행히 年支의 亥와 亥卯半合이 되어 해충(解冲)하므로 무사했다.

(6) 1960年에는 처음으로 실시된 내각책임제(內閣責任制)하의 국무총리(國務總理)가 되었으나, 1961年, 辛丑年에 5.16 軍事혁명이 일어나 권좌(權座)에서 물러나게 되었다.

(7) 또한 辛丑年은 日柱와 天地同이 되어, 신상(身上)의 변동을 암시한다.
天地同이 되면, 누구나 시비가 일어나고, 중상모략이 있게 되고, 좌천(左遷) 등으로 직장변동이 생기는 불운을 겪게 된다.

(8) 68歲, 丙午年은 正官運인데, 年支의 傷官이 正官運을 만나면 재화(災禍)가 생긴다.

또한 辛日干이 丙火와 干合하여 丙辛合이 되어 水氣로 化하므로 喜神合去하여 거세(去世)했다.
  대개 사람은 喜神이 合去하면 의지할 데가 없어 세상을 떠나게 된다.

  (9) 主人公은 6. 25 동란이 일어났을 때 주미대사(駐美大使)로서, UN軍이 참전하는데 큰 기여를 하였으며, 부통령과 국무총리를 역임한 분이었으나, 운명을 거역하지 못하고, 실각(失脚)하게 된 것이다.

6. 김영삼(金泳三) 前, 大統領 命造

(1928年 12月 4日 戌時生)

```
甲    己    乙    戊
戌    未    丑    辰
正官        偏官  劫財
劫財  比肩  比肩  劫財
養    冠    墓    衰
```

```
77  67  57  47  37  27  17   7
癸   壬   辛   庚   己   戊   丁   丙
酉   申   未   午   巳   辰   卯   寅
```

(1) 己日干이 丑月에 生하여 得令하고, 月支 丑土를 中心으로 四柱地支 모두가 辰戌丑未로 구성되어, 己土日干을 生助하고 있으므로 從格中의 가색격(稼穡格)이 되었다.

(2) 일부 易學者들은 天干에 甲, 乙이 透出하였으므로 從格이 성립되지 않는다고 주장하나, 甲은 日干과 甲己合하여 土氣로 변하였고, 月干 乙은 四柱地支에 뿌리가 없어 쇠약하다.

(3) 물론 日支 未中에 乙木이 지장간(地藏干) 中氣에 숨어 있고, 辰中에도 乙木이 있다.
그러나 四柱地支에 있는 丑戌未가 三刑이 되었고, 辰戌

역시 相沖이 되어, 月干 乙木이 사실상 뿌리가 없다.

(4) 그러므로 乙木은 通根하지 못해, 抑扶法이나 調候法을 선택할 수 없고, 오직 從格中 가색격(稼穡格)으로 보아야 한다.

(5) 稼穡格은 오히려 旺神을 生助하는 火氣와 土氣를 喜하고, 旺한 土氣를 泄氣하는 金氣가 喜神이 된다.
旺土를 沖剋하는 水와 木은 忌神이 된다. 특히 土氣를 制剋하는 木氣가 최고의 忌神이 된다.

(6) 그리고 月支에 있는 丑土가 空亡이 되므로 형제 아니면 부모 중에 일찍 사별을 암시하고 있는데, 月支가 墓地에 坐하고 있으므로 더욱 확실하다.
실제로 모친께서 공산당원(共産黨員)에게 총격을 당하여 일찍 사별하게 되었다.

(7) 7歲, 丙寅大運
丙大運은 旺神인 土氣를 生助하는고로 吉運이 되고, 寅大運은 旺神 土氣를 木剋土하는 忌神이 된다.
그러나 다행히 時支에 있는 戌과 寅戌合이 되어 火氣로 변하여 역시 吉運이므로 부모덕으로 행복한 생활을 하였다.
初年大運은 부모의 성쇠(盛衰)로 판단하기 때문에 본인과는 무관하다.

(8) 17歲, 丁卯大運

丁大運은 喜神運이라 발전하고, 卯大運 역시 卯戌合이 되어, 旺神 土氣를 부조(扶助)하므로 정상적으로 학업을 성취할 수 있었다.

(9) 27歲, 戊辰大運

戊辰大運은 대단한 발전이 예상되는데, 이것은 戊土가 日干 己土의 劫財運으로서 旺神의 土氣를 따르고 있으며, 더욱이 大運地支, 辰土 역시 劫財運으로 대단한 吉運이라고 판단한다.

실제로 主人公은 戊辰大運에서 약관(弱冠)인 26歲에 국회의원(國會議員)으로 당선되어 승승장구(乘勝長驅)하였으며, 국회 내의 원내총무(院內總務)까지 지냈다.

(10) 37歲, 己巳大運

己大運은 比肩運으로서 대단한 吉運이고, 巳大運은 印綬運으로 역시 吉하며, 더욱이 四柱原局의 月支, 丑土와 巳丑 合하여 金氣로 변하므로 忌神인 乙木을 金剋木하여 제거하므로 승승장구(乘勝長驅)하는 吉運이다.

(11) 47歲, 庚午大運 ~ 57歲, 辛未大運

大運天干 庚, 辛은 旺土를 설기(泄氣)하므로 吉하고, 또한 大運地支가 巳午未 火運으로 진행하여 旺土를 生助하니 대

발전하는 운세이다.

(12) 67歲, 壬申大運

壬大運은 旺土를 대표하는 年干 戊土를 土剋水하므로 凶運이고, 더욱이 申大運은 申辰合하여 水局으로 변하니 차남(次男)에게 흉재(凶災)가 나타났다.

7. 김대중(金大中) 前, 大統領 命造
(1925年 12月 3日 酉時生)

乙	乙	己	乙
酉	巳	丑	丑
比肩		偏財	比肩
偏官	傷官	偏財	偏財
絶	沐	衰	衰

83	73	63	53	43	33	23	13	3
庚	辛	壬	癸	甲	乙	丙	丁	戊
辰	巳	午	未	申	酉	戌	亥	子

(1) 乙日干이 丑月에 生하여 失令하고, 乙木이 地支에 뿌리가 없어 身弱四柱이다.

(2) 四柱地支에 巳酉丑, 三合이 되어 金局으로 化(化)하고, 乙木이 陰日干이라 從殺格으로 본다.

陰日干은 旺한 세력에 따라가지만, 陽日干일 경우 從格으로 따라가지 않는다. 이것을 "양간부종세(陽干不從勢)"라고 표현한다.

巳酉丑 三合이 되어, 金氣로 변하여 乙木이 무용지물이 되었다.

(3) 종살격(從殺格)이 되면 身强, 身弱을 불문하며, 또한

丑月生이라 조후(調候)가 시급하나, 調候喜神과는 관계없이, 强者에게 순종하여야 한다.

從殺格이 성립하려면 사주 중에 하나라도 相剋이나 泄氣가 없어야 한다. 또한 乙日干이 地支에 通根이 되면 從殺格이 안 된다.

(4) 이 사주는 從殺格이므로 金氣가 喜神이고, 土氣 역시 生金하므로 喜神이 되며, 金氣를 泄氣하는 水氣 역시 吉神이 된다. 그러나 木火運은 忌神이된다.

(5) 從殺格은 투쟁적이어서 평화시대에는 불 적합하나, 변란시대(變亂時代)에 적합하다. 개혁적인 인물이라 수난(受難)이 많이 따르는 명조(命造)이다.

(6) 43歲, 甲申大運

1973年, 癸丑年 49歲 때에 8日間 실종(失踪)된 것은, 甲申大運이 金運이라 吉運이었으나, 巳申合으로 水氣로 化하여 忌神運이 되므로 사경(死境)을 헤매게 되었다.

(7) 다행히 大運이 西方, 金運으로 진행되어 극흉(極凶)은 면하였다.

甲申大運 중 甲木은 忌神이 되나, 다행히 月干 己土와 甲己干合하여 土氣로 化하여 忌神인 甲木은 소실(消失)되고, 土氣 喜神運이 되므로, 13日만에 무사히 귀가할 수 있었다

고 본다.

(8) 日支에 있는 傷官은 사흉신(四凶神)으로 처궁(妻宮)이 불리하고, 또한 時支 酉金이 官星이라 傷官이 官星을 보면 "상관견관(傷官見官)하면 위화백단(爲禍百端)"이라 하여 관재(官災)와 흉재(凶災)가 많이 발생한다. 그래서 평생 관재구설수가 따라 다녔다.

(9) 73歲, 辛巳大運
대권(大權)에 출마하여 드디어 大統領에 당선되었다. 특히 巳大運은 巳酉丑 金局이 되어 일생일대 호운(好運)이 도래한 연고이다.

(10) 83歲, 庚辰大運
庚은 月支 丑에 입묘운(入墓運)이 되므로 生命이 위태롭다. 從格은 대개 왕신(旺神)의 입묘운(入墓運)에 90% 사망한다.

(11) 2009年, 己丑年에 死亡하게 되는데, 83歲, 庚辰大運은 南方, 火運에서 東方, 木運으로 移行하는 교운기(交運期)가 되므로 더욱 확실하다.

8. 전두환(全斗煥) 前, 大統領 命造
(1932年 12月 23日 戌時生)

```
   甲    甲    癸    壬
   戌    申    丑    申
   比肩       正印   偏印
   偏財  偏官  正財  偏官
   養    絶    冠    絶
```

```
77  66  56  46  36  26  16   6
辛  庚  己  戊  丁  丙  乙  甲
酉  申  未  午  巳  辰  卯  寅
```

 (1) 甲日干이 丑月生이라 大林木이 추운 겨울에 태어나, 잎이 다 떨어지고 꽁꽁 얼어붙어 있는 형상이므로, 따뜻하게 보온(保溫)해주는 火氣가 시급하다.

 (2) 丑月은 身强, 身弱 불문하고, 조후법상(調候法上) 무조건 火氣가 시급하다.
 從格인 경우에는 예외로서 조후법을 쓰지 않고, 强者에게 순종하고 따라가야 한다.
 그러나 이 四柱는 종격(從格)이 아니므로 火氣가 喜神이 되고, 木氣가 吉神이 된다.

 (3) 이 사주가 묘한 것은, 地支의 丑과 戌 중에 正官인 辛

金이 암장(暗藏)되어 있고, 偏官만 투출하여 있는 점이다. 그러므로 관살혼잡(官殺混雜)이 안 된다.

만일 官殺混雜이 되면, 官殺中 어느 하나를 제거하는 거관유살(去官留殺) 또는 거살유관(去殺留官)해야 좋다.

(4) 26歲, 丙辰大運

大運이 東方木運과 南方火運으로 진행되어 吉運이나, 丙運이 年干 壬水와 丙壬干沖이 되어, 신고(辛苦)가 많았다.

(5) 46歲, 戊午大運

戊大運은 戊癸干合하여 火運으로 변하고, 午大運은 午戌合이 되어 火氣가 충천(沖天)하니 52歲 때, 大統領에 당선되었다.

戊午大運, 1983年, 癸亥年에 全斗煥大統領이 미얀마(버마) 순방(巡訪)길에 올라, 정부요인들을 대동하고 아웅산 국립묘지를 참배(參拜)하게 되었는데, 폭탄사고로 정부요인 수십 명이 폭사(爆死)를 당하는 불행한 일이 발생하였으나, 全大統領 자신은 늦게 도착하여 위기를 모면하였다.

(6) 癸亥年은 水氣라 忌神運이 되나, 戊午大運은 戊癸干合이 되어 火運으로 변화하였고, 또 亥水는 亥中 壬水와 午中 丁火가 지장간에서 암합(暗合)이 되어 喜神인 木運이 되니, 위기의 순간을 모면하게 된 것이다.

(7) 56歲, 己未大運

南方火運이라 吉할 것 같으나, 甲己合이 되어 土氣로 化하고, 未大運은 丑未冲이 되어 喜神인 火氣를 충거(冲去)시키므로 不吉하다.

(8) 己未大運, 1995年, 乙亥年(63歲)에는 구속 수감되는 불운을 겪게 되었다. 66歲, 庚申大運 역시 忌神運이라 조용히 살며, 양명(養命)함이 좋겠다.

(9) 66歲, 庚申大運 ~ 76歲, 辛酉大運

庚申大運과 辛酉大運은 忌神運이므로 大凶運이다. 人命은 在天이라 했는데, 인간은 대자연의 섭리(攝理)를 벗어날 수 없다.

왜냐하면 인간은 대우주의 공간에서 생존하기 때문에 생태계(生態界)의 진리에 순응하며 살아가야 한다. 아무리 왕후장상이라 할지라도, 天命을 거슬릴 수 없으므로 오직 대자연의 진리에 순종해야 한다.

9. 노태우(盧泰愚) 前, 大統領 命造
(1932年 7月 16日 酉時生)

```
  乙   庚   戊   壬
  酉   戌   申   申
 正財      偏印  食神
 劫財 偏印 比肩 比肩
  旺   衰   祿   祿
      (刃)
```

```
77 67 57 47 37 27 17  7
丙  乙 甲 癸 壬 辛 庚 己
寅  卯 寅 丑 子 亥 戌 酉
```

(1) 庚日干이 申月에 生하여 得令하고, 地支에 申酉戌 方局을 이루고 있으며, 月干에도 戊土가 투출(透出)하여 身太旺 四柱이다.

이 사주는 身太旺하므로 從格으로 보기 쉬우나, 一点이라도 극설(剋泄)이 있으면 從格이 안 된다.

年干의 壬水가 透出하고 申中에 壬水가 암장(暗藏)하므로 설기(泄氣)가 심하여 從格이 아니다.

從格이 안 되면 일반원리로 억부법(抑扶法)이나, 조후(調候法)으로 판단해야 한다.

(2) 이 사주를 보면 金氣가 많아 태강(太强)하므로, 火氣

로서 金氣를 제압(制壓)하는 것은 무리가 된다.

이럴 때는 차라리 旺한 金氣를 水氣로 자연스럽게 설기(泄氣)시키는 것이 순리이다.

(3) 다행히 강한 金氣 중에 壬水가 申중에 암장(暗藏)되어 있고, 年干에 壬水가 투간(透干)하고 있으니 喜神이 된다.

(4) 地支 중에 암장(暗藏)된 天干은 地下에 숨어 있으므로, 天干에 같은 五行이 나타날 때 까지 대기상태에 있게 된다. 따라서 天干에 나타나기 전까지는 아무런 역할을 할 수 없으므로 무의미하고, 무력한 상태이다.

만일 女命에 官星이 지장간(地藏干)에 은복(隱伏)해 있으면, 무력(無力)한 남편으로서 처가 남편대신 생활전선에 나가게 되고, 가권(家權)을 잡게 된다.

(5) 初年大運
사주 내에 많은 比肩, 劫財가 財星을 剋하므로, 부친(父親)이 일찍 사별하게 되는데, 사실 주인공이 8歲 되던 해에 작고하여 편모슬하(偏母膝下)에서 자라나서 신고(辛苦)가 많았다.

(6) 27歲, 辛亥大運부터 47歲, 癸丑大運까지
喜神運인 水大運으로 향하므로 大吉하였다. 따라서 癸丑大運, 丁卯年(55歲), 음력 11月(壬子月)에 민선(民選) 大統

領에 당선되는 영광을 얻는다.

(7) 57歲, 甲寅大運부터 67歲, 乙卯大運
　東方木運이 되어 忌神運이라, 은인자중(隱忍自重)하고 양명(養命)에 힘 쓰고, 건강을 조심해야 할 것이다.

(8) 또한 申月生이라 금체(金体)가 되므로 木氣가 허약하다. 木氣는 오장육부상 간(肝), 담(膽), 신경계통이 허약하므로 조심해야 하고, 또한 金氣가 왕한 것도 병이 되므로 기관지, 호흡기, 대장 계통도 부실할 것이다.

(9) 대개 겨울 태생은 지모(智謀)가 출중하여 권력자가 많은데, 예를 들면 大院君, 朴正熙, 丁一權, 金泳三, 金大中, 全斗煥, 닉슨 美國大統領, 낫세르 이집트大統領, 네루 印度首相 등이 모두 겨울 태생이다.

10. 노무현(盧武鉉) 前, 大統領 命造
(1946年 8月 6日 辰時生)

丙	戊	丙	丙
辰	寅	申	戌
偏印		偏印	偏印
比肩	偏官	食神	比肩
冠	生	病	墓

62	52	42	32	22	12	2
癸	壬	辛	庚	己	戊	丁
卯	寅	丑	子	亥	戌	酉

　　(1) 戊日干이 申月에 출생하여 失令하고, 時支 辰土는 比肩이라 도움이 되겠으나, 月支 申金을 生하므로 기세가 허약하다.

　　(2) 또한 時上에 있는 丙火가 時支 辰土에게 泄氣를 당하니, 역시 弱하고, 日支 寅은 戊土의 長生地이기는 하나, 月支의 申金과 충파(冲破)되므로 不吉하다.
　　그러나 申辰會局하여 해충(解冲)하고, 生木하니 불행 중 다행이다.

　　(3) 이 사주는 戊日干이 秋節生이라 보온(保溫)이 필요하므로 火氣가 喜神이 되고, 土가 喜神이다.

(4) 22歲, 己亥大運부터 42歲, 辛丑大運까지

亥子丑 水局은 忌神運으로 신고가 많았고, 가정형편으로 대학에 진학할 수 없었다. 그러나 독학으로 사법고시(司法考試)에 합격하여 인권변호사로 활동하였다.

(5) 52歲, 壬寅大運

61歲, 壬午年에 大統領에 출마하여 당선되었다. 이유는 寅午戌 火局을 만나 喜神運이 되고, 身弱한 戊土日干을 生扶하였기 때문이다.

(6) 그런데 2009年 己丑年, 양력 5월에 고향인 金海市 進永邑 本山里, 봉하 마을, 부엉이 바위에서 투신자살하게 된다. 일국의 大統領까지 역임한 분이 비극의 主人公이 되리라고는 도저히 상상할 수 없는 일이 일어난 것이다.

(7) 서민적이고 인간적인 감수성을 지닌 분이, 왜 이런 최후의 결단을 할 수 밖에 없었는지 역학을 연구하는 사람으로서 궁금하지 않을 수 없다.

첫째, 四柱八字에 寅申 相冲이 되었는데, 大運에서 다시 寅申 相冲運을 만나게 되면, 심경의 변화가 생기게 되고 우울해지며, 죽고 싶다는 생각이 많이 든다. 사람들은 이런 때 자살하게 된다.

(8) 2009年, 己丑年은 年支의 戌과 丑戌刑殺이 되고, 戌 日干이 戌에 入墓하게 된 것이다. 또한 丑土는 습토(濕土) 로서 忌神運이 된다.

(9) 음력 4月(己巳月)은 역시 忌神運이다. 巳와 申이 支合 이 되어 水氣로 변한 것도 불리하다.

또한 그날 日辰이 戊辰日인데 申辰合이 되어 水氣가 되 며, 투신(投身)한 시각(時刻)은 卯時였으나, 병원을 전전하 면서 애쓴 보람도 없이 辰時(午前 7時 30分에서 9時 30分사 이)에 운명(殞命)한 것도 辰戌冲하여 相冲이 된 탓이다.

11. 이명박(李明博) 前, 大統領 命造
(1941年 11月 2日 寅時生)

```
庚   辛   庚   辛
寅   丑   子   巳
劫財      劫財  比肩
正財 偏印 食神 正官
胎   養   生   死
```

```
74 64 54 44 34 24 14 4
壬 癸 甲 乙 丙 丁 戊 己
辰 巳 午 未 申 酉 戌 亥
```

(1) 辛日干이 子月, 한냉절(寒冷節)에 출생하여 火氣가 시급하다.

亥子丑 동절(冬節)에 生하면 身强, 身弱을 불문하고 조후법상(調候法上) 火氣를 喜神으로 취용하고, 木氣를 吉神으로 삼는다.

(2) 4歲, 己亥大運부터 34歲, 丙申大運까지

金水運이라 신고(辛苦)가 많았고, 가정이 어려워 대학진학도 포기하려고 까지 생각했으나, 다행히 高大, 경영학과(經營學科)를 졸업하게 된다.

34歲, 丙申大運 이전에는 大運이 申酉戌 金運으로 진행하여 忌神運이라 不運했다.

(3) 44歲, 乙未大運, 54歲, 甲午大運, 64歲 癸巳大運까지
30年間 巳午未 火局으로 치달리고 있어 喜神運이라 대 발전하게 된다.

(4) 64歲, 癸巳大運
2007年 丁亥年, 12月, 壬子月에 大統領에 당선되었다.
丁亥年은 丁火는 喜神이고, 地支는 亥子丑 水局이라 不利할 듯 하나, 다행히 寅亥合이 되어 일국의 大統領에 당선된 것이다.

12. 이병철(李秉喆) 三星그룹 창업자
(1910年 1月 3日 戌時生)

壬	戊	戊	庚
戌	申	寅	戌
偏財		比肩	食神
比肩 食神	偏官	比肩
墓	病	生	墓

78	68	58	48	38	28	18	8
丙	乙	甲	癸	壬	辛	庚	己
戌	酉	申	未	午	巳	辰	卯

(1) 戊日干이 寅月生이라 失令하였으나, 月支 寅에 長生이요, 地支에 寅戌 이 火局이 되어 身强四柱가 되었다.

地支에 寅申冲이 되나, 다행히 寅戌合이 되어 해충(解冲)이 되어 무사(無事)하다.

(2) 그러나 寅月, 입춘절(立春節)에는 여한(餘寒)이 아직 남아 있으니, 조후법상(調候法上) 火氣가 시급하다.

寅月은 春節이나, "춘래불사춘(春來不似春)"으로 丑月과 마찬가지로 火氣가 긴요(緊要)하다.

(3) 마침 寅戌合이 되어 火氣가 있으니 喜神이 되고, 火氣를 生하는 木氣 역시 吉神이 된다.

(4) 時上에 偏財가 있어 "時上偏財格"이 되고, 偏財는 日支 申이 長生이 되므로 기화협력(氣和協力)하여 대부(大富)의 四柱이다.

(5) 天干은 土生金, 金生水하여 모든 五行이 水氣로 돌아가므로 水氣는 偏財로서 쉴 새 없이 재화(財貨)를 창출하고 있는 형상이다.

(6) 年干에 있는 食神은 부조(父祖)로부터 상속을 받는다는 뜻이다. 그러므로 一名, 색신생재격(食神生財格)이라 부호(富豪)의 命造임이 확실하다.

(7) <u>富者四柱의 要件</u>
  첫째, 身强四柱이어야 하고, 身弱하면 行運에서 身旺運을 만나면 된다.
  둘째, 食神生財格이나, 혹은 傷官生財格이어야 하며,
  셋째, 재물을 보호하는 관리자격인 官殺이 있어야 한다.

이 사주의 좋은 점은 月支에 偏官이 칼을 차고 財物을 도둑으로부터 관리하고 있으니 금상첨화(錦上添花)격이라 하겠다.

(8) 初運大運

제4장. 간명 실례 521

木火運으로 향하고 있으므로 의식주(衣食住)가 풍부하고 무엇이던 소원성취(所願成就)할 수 있는 운세이다.

(9) 申酉大運
忌神인 金氣 大運이므로 내환(內患)이 심했음을 알 수 있다(사카린 사건).

(10) 乙酉大運
77歲, 丙寅年에 중병(重病)을 얻어 미국에서 대장수술까지 하였으나 78歲에 거세(去世)하였다.
寅卯辰月生은 木体로서, 체질상 金氣가 허약하다. 金氣는 오장육부(五臟六腑)상으로 폐(肺)와 대장(大腸)으로서 평생 이 병으로 신고하였다.

<u>參考로 五臟六腑에 해당되는 部位는 다음과 같다.</u>
      甲…膽(쓸개),   乙…肝(心性),
      丙…小腸(창자),   丁…心臟(心情),
      戊…胃(밥통),   己…脾(지라),
      庚…大腸(骨),   辛…肺(허파),
      壬…膀胱(오줌통), 癸…腎臟(콩팥)

사람은 누구나 태어나는 순간, 각자가 타고난 체질(體質)이 형성된다.
다음은 體質에 따른 허실(虛實)을 참고하기 바란다.

<u>체질(體質)을 알면, 병인(病因)을 알 수 있다,</u>
寅卯辰月生 (木體質)…기관지, 폐, 대장이 허약하다.
巳午未月生 (火體質)…신장, 방광이 허약하다.
申酉戌月生 (金體質)…간, 담, 신경계통이 허약하다.
亥子丑月生 (水體質)…심장, 소장이 허약하다.

13. 정주영(鄭周永) 現代그룹 창업자
(1915年 10月 19日 丑時生)

```
丁   庚   丁   乙
丑   申   亥   卯
正官      正官  正財
正印 比肩 食神 正財
墓   祿   病   胎
```

```
77  67  57  47  37  27  17  7
己   庚   辛   壬   癸   甲   乙   丙
卯   辰   巳   午   未   申   酉   戌
```

(1) 庚日干이 亥月에 生하여 失令하였고, 天干에 丁火가 2개나 투출(透出)하고, 年柱에 乙卯가 있어 身弱四柱이다.

(2) 그러나 庚日干이 좌하(坐下)에 있는 申金이 建祿地가 되어 自强하고, 時支의 丑土는 天乙貴人이요, 丑土는 습토(濕土)로서 生金하므로 日干을 生助하며, 年干의 乙木이 日干, 庚金과 干合이 되어 金氣로 화하여 身强四柱로 변하였다.

(3) 庚日干이 亥月에 생하면 동절(冬節)이므로 身强, 身弱 불문하고 조후법(調候法)상 火氣가 喜神이 되고, 木氣는 火氣를 생하므로 吉神이다.

(4) 時上의 丁火를 時上正官格이라 하고, 時支에 있는 丑土를 시묘격(時墓格)이라 하여 귀격(貴格)으로 본다.

(5) 身强, 身弱으로 판단하는 억부법(抑扶法)으로 보거나, 조후법(調候法)으로 보아도 火氣가 喜神이 된다. 이렇게 억부법과 조후법상으로 喜神이 동일하면 대단히 좋은 사주로 판단한다.
왜냐하면 身强四柱는 財星과 官星 또는 食神, 傷官 중에서 喜神을 선택하는데, 食神인 亥水는 亥卯合이 되어 취용할 수 없고, 財星인 乙木은 丁火에게 설기(泄氣)당하므로 무력(無力)하며, 丁火 官星은 庚日干이 火氣를 좋아하므로 喜神이 된다.

(6) 이 四柱가 좋은 점은 亥卯半合이 되어 식신생재격(食神生財格)이 된 점이다.
전술한 바와 같이 富者四柱의 요건은 반드시 身强四柱이어야 하고, 食神生財格이 되어야 한다.
또한 正官이 天干에 투출하고 있으므로 관리자의 역할을 하고 있는 사주라 기묘(奇妙)한 구조다.

(7) 7세, 丙戌大運에서 27세, 甲申大運까지
불우한 가정에서 태어나 初年에는 신고(辛苦)가 많았다.

(8) 37歲, 癸未大運

37세, 癸未大運으로부터 火, 木 喜神運으로 진행하므로 일취월장(日就月將)으로 성공하고, 거부(巨富)가 되었다.

　특히 癸未大運에는 時支의 丑土와 丑未冲이 되어, 묘고(墓庫)를 충개(冲開)하므로 거금(巨金)을 획득하게 된다.

14. 조중훈(趙重勳) 韓進그룹 창업자
(1920年 2月 11日 未時生)

```
丁   丁   己   庚
未   亥   卯   申
比肩      食神  正財
食神 正官 偏印  正財
冠   胎   病   沐
```

```
73  63  53  43  33  23  13  3
丁  丙  乙  甲  癸  壬  辛  庚
亥  戌  酉  申  未  午  巳  辰
```

　(1) 丁日干이 卯月에 生하고, 地支에 亥卯未 三合 木局을 이루어 木氣가 旺하므로 身强四柱가 분명하다.

　(2) 木氣가 太强하면 金氣로 木을 전제(剪除)해야 하므로, 金이 喜神이 되고, 金氣를 生하는 土氣가 吉神이 된다.

　(3) 年柱에 있는 庚申金이 喜神이 되므로, 가문(家門)은 훌륭했다고 본다.
　사주 내에 官星이 있으면 法과 질서가 정연(整然)하고, 가풍(家風)이 있는 집안에서 태어났으며, 法과 질서를 지키는 사람이다.

(4) 이 사주는 亥卯未 三合이 되어 木氣가 되므로 印星이 된다. 印星은 학문(學問)과 관계되는 六神인데, 印星이 많으면 오히려 학문과는 거리가 멀다. 그래서 初年에 면학(勉學)할 기회가 적었다고 본다.

(5) 丁火日干이 身强하고, 月干 己土가 生金하고 있으므로 食神生財格이다. 또한 官星이 있어 호재자(護財者)가 있으므로 재벌사주이다.

(6) 初年大運
火運이라 忌神運이므로, 13세, 辛巳大運에서 33세, 癸未大運까지 약 30년간은 신고(辛苦)가 많았다.

43歲, 甲申大運
甲申大運에서 계속 申酉戌 金運으로 향하므로 대발전하는 운세로서, 한진(韓進)그룹을 창업하게 되고, 나아가 大韓航空도 인수하여 재벌의 반열에 올랐다.

(7) 73歲, 丁亥大運
73세 丁亥大運은 교운기(交運期)가 되고 접목운(接木運)이라 身上에 해(害)가 있겠고, 亥子丑 忌神運으로 향하므로 자중(自重)하고, 양생(養生)에 힘 써야 할 것이다.
특히 亥大運에는 사주 내에 亥卯未, 三合 木局이 있는데, 다시 大運에서 亥가 들어와 亥卯未 木局을 이루어 忌神運이 되므로 심각한 피해가 예상되며, 생명이 위태롭다.

15. 신격호(辛格浩) 롯데그룹 창업자
(1922年 10月 4日 寅時生)

```
丙   甲   辛   壬
寅   午   亥   戌
食神      正官  偏印
比肩 傷官 偏印 偏財
祿   死   生   養
```

```
86  76  66  56  46  36  26  16  6
庚  己  戊  丁  丙  乙  甲  癸  壬
申  未  午  巳  辰  卯  寅  丑  子
```

(1) 甲日干이 亥月에 生하고, 亥中의 壬水가 年干에 투철(透出)하여 建祿地에 있으며, 時支에 寅木이 있어, 甲日干이 建祿地에 임하므로 身强四柱이다.

(2) 그러나 甲日干이 亥月, 한냉절(寒冷節)에 태어나 火氣가 필요하다. 더욱이 甲木은 조후(調候)에 민감하므로 火氣로서 水氣를 증발(蒸發)시켜야 생존할 수 있다. 그러므로 火氣가 喜神이 되고, 木氣는 吉神이다.

(3) 時上에 丙火가 투출(透出)하고, 地支에 寅午戌 火局을 이루므로 大貴한 四柱이다. 喜神은 日干의 대리자이므로 强한 것을 좋아한다.

또한 사주 내에 적당히 水火가 공존(共存)하므로 日干 甲木에게 좋으며, 이것을 수하기제(水火旣濟)라 하여 주역(周易)에서도 최고의 명조로 본다.

(4) 6세, 壬子大運에서 16세, 癸丑大運
初年大運이 水運으로 진행하여 신고가 많았고, 어린 나이에 일본에 가서 고생이 많았다.

(5) 26歲, 甲寅大運에서 36세, 乙卯大運까지
약 20여 년간 木運으로 진행하여 승승장구(乘勝長驅)하는 운세이다.
이 기간동안에 롯데 그룹의 창업기반을 이루게 된다.

(6) 46歲, 丙辰大運
時干의 丙火가 喜神인데 月干 辛金과 干合이 되어 水氣로 化하여 불리하고, 辰土는 濕土로서 辰戌冲하여 喜神인 戌中 火氣를 소실(消失)시키므로 신고(辛苦)가 많은 운세이다. 그러나 다행한 것은 운로(運路)가 東方 木運이라 큰 탈은 없을 것이다.

(7) 56세, 丁巳大運에서 76세, 己未大運까지
약 30년간 喜神인 火大運으로 치달리고 있으므로 일생일대의 가장 좋은 大吉運이다.

(8) 86세, 庚申大運

庚申大運은 교운기(交運期)가 되고, 접목운(接木運)이므로 양생(養生)에 힘 써야 하고 기업 활동에는 불리하니 사업 일선에서 물러나고 후계자에게 넘기는 것이 좋겠다.

그리고 申大運은 時支의 寅과 寅申冲이 되므로 자녀문제로 고민하게 되는 운이다.

16. 김성곤(金成坤) 双龍그룹 창업자
(1913年 7月 14日 酉時生)

```
辛   戊   庚   癸
酉   辰   申   丑
傷官      食神  正財
傷官 比肩 食神 劫財
死   冠   病   養
```

```
62  52  42  32  22  12  2
癸  甲  乙  丙  丁  戊  己
丑  寅  卯  辰  巳  午  未
```

　　(1) 戊日干이 申月에 生하여 失令하고, 天干에 庚이 透出하며, 時柱에 辛酉가 있으니 戊日干이 설기(泄氣)가 심하여 身太弱 四柱이다.

　　(2) 사주 내에 金氣가 旺하므로 旺金을 제극(制剋)하고, 身弱한 戊日干을 生助할 수 있는 火氣를 喜神으로 취용하여야 한다. 火氣를 生하는 木氣는 喜神이 된다.

　　(3) 혹자는 이 사주를 종아격(從兒格)으로 보기 쉬우나, 戊日干이 日支에 辰土와 年支에 丑土가 있어 통근(通根)이 되므로 從格이 안 된다.

(4) 이 사주는 食傷이 많고, 年干에 財星이 있으므로 食神生財格이 되므로 재벌사주이다.

재벌사주는 食神生財格이나, 傷官生財格이 되어야 한다.

전술한 바와 같이 富者四柱는 첫째, 身强四柱이어야 하고, 둘째, 食傷生財格이며, 또한 官星이 있어 재화(財貨)를 관리해야 한다.

그러나 身弱四柱일지라도 행운(行運)이 喜神地로 향하면 大富大貴할 수 있다. 우리나라만 해도 재벌 중에 身弱四柱가 많다.

(5) 命中에 食神, 傷官인 金氣는 많은데, 喜神인 火氣가 四柱干支에 전혀 보이지 않는다. 오직 喜神인 木氣가 日支 辰中에 암장(暗藏)해 있을 뿐이다.

그러나 아쉬운 것은 辰, 丑 습토(濕土)보다 戌未 조토(燥土)가 오히려 吉하다. 그 이유는 火氣가 있어야 旺强한 金氣를 제압(制壓)할 수 있기 때문이다.

(6) 다행한 것은 大運이 南東向으로 흘러가고 있으니 大吉運이다.

주인공은 국회의원을 네 번씩이나 지냈으며, 여당인 공화당의 재정위원장(財政委員長)까지 담당하였다.

(7) 男命으로서 食神, 傷官이 중중하면, 대개 자식 얻기가 힘들며, 만약 자식이 있어도 자식이 무능하거나, 혹은 기르

기가 힘 든다.

(8) 初年大運
2세, 己未大運에서 22세, 丁巳大運까지는 火運으로 喜神運이라 부모의 음덕으로 잘 지냈으며, 高大, 경영학과를 졸업했다.

(9) 32세, 丙辰大運
丙大運은 時干의 辛金과 丙辛干合하여 水氣로 변하므로 忌神運이라 不運하고, 辰大運 역시 申辰合이 되어 水局이 변하니 불리하다.

(10) 42세, 乙卯大運에서 52세, 甲寅大運까지
약 20년간 주인공은 공화당 국회위원으로 활발하게 정치활동을 하였으며, 기업도 일취월장(日就月將)하던 시기이다. 木運은 喜神運이기 때문이다.

(11) 62歲, 癸丑大運
소위 접목운(接木運)이요, 교운기(交運期)가 되어 1975年, 乙卯年에 타계하였다. 사람은 대부분 교운기(交運期)에 타계(他界)하게 된다.

(12) 사주 내에 食神과 傷官이 중중(重重)하면 남녀 불문하고 질병으로 고생하며, 혹은 단명한 사주이다.

17. 김우중(金宇中) 大宇그룹 창업자
(1936年 12月 19日 亥時生)

```
 癸    戊    辛    丙
 亥    午    丑    子
正財         傷官  偏印
偏財 正印 劫財 正財
 絶    旺    養    胎
```

```
71  61  51  41  31  21  11  1
己  戊  丁  丙  乙  甲  癸  壬
酉  申  未  午  巳  辰  卯  寅
```

(1) 戊日干이 엄동설한(嚴冬雪寒)의 계절인 丑月에 태어났으므로, 무조건 火氣가 시급하다. 따라서 身强, 身弱을 불문하고, 火氣를 喜神으로 삼고, 木氣는 당연히 喜神이 된다.

(2) 이 사주 역시 傷官生財格이 되므로 재벌사주의 요건을 갖추었다.
그리고 時干에 있는 癸水, 財星이 日干 戊土와 戊癸干合이 되어, 火氣로 化한것도 吉하다.

(3) 그러나 喜神인 年干의 丙火가 月干 辛金과 干合하여 水氣로 化한 것은 불리하다. 또한 丙火가 子水 위에 앉아 있으므로 희신이 태약(太弱)하다.

그래서 어릴 적에는 신고(辛苦)가 많았다.

(4) 大運을 보니 初年大運이 木火運으로 진행하여 크게 발달하여 대기업(大企業)의 창업자로서 이름을 사해(四海)에 떨친다.

(5) 41세, 丙午大運과 51세 丁未大運의 약 20 년간은 喜神運인 火大運으로서 일생일대에 가장 화려한 성공을 하게 된다.

(5) 61歲, 戊申大運부터 忌神運인 金運으로 향하므로 과욕(過慾)으로 인한 신규사업은 불리하다.

18. 김인득(金仁得) 碧山(벽산)그룹 창업자
(1915年 8月 17日 酉時生)

```
癸  己  乙  乙
酉  未  酉  卯
偏財     偏官 偏官
食神 比肩 食神 偏官
生  冠  生  病
```

```
75  65  55  45  35  25  15  5
丁  戊  己  庚  辛  壬  癸  甲
丑  寅  卯  辰  巳  午  未  申
```

(1) 己日干이 酉月에 生하여 失令하고, 天干에 乙木이 透出하여 日干을 剋하고 있으며, 地支에는 酉金이 2개 있어 日干을 설기하므로 身弱四柱가 분명하다.

(2) 그러므로 金氣를 火氣로서 제압(制壓)하고, 弱한 己日干을 生助하여야 한다. 土氣는 夏節인 음력 4月, 5月, 6月에 生하여야 生氣를 발산하여 만물을 생육(生育)시킬 수 있는 것이다.

(3) 따라서 火氣가 喜神이 되고, 木氣는 吉神이 되며, 水氣는 최악으로서 忌神이 된다. 이유는 水氣는 계절상 冬節에 속하므로 日干, 土氣에게는 치명적이다.

(4) 이 사주 역시 食神生財格이라 재벌사주(財閥四柱)이다. 사주 내에 偏官이 많고, 卯中에 甲木이 은복(隱伏)해 있으므로 관살혼잡(官殺混雜)이 안 된다.

(5) 財星인 癸水는 地支에 無根한 것 같으나, 酉金이 直上으로 부조(扶助)하고 있으므로 有根한 것으로 보아야 한다.

(6) 15세, 癸未大運에서 35세, 辛巳大運
初年運인 약 30년간은 巳午未 火大運으로 진행되어 吉運이다.

(7) 45세, 庚辰大運에서 65세 戊寅大運
寅卯辰 木大運이라 발달하였고 건설업으로 출발하여 벽산 그룹의 창업자가 되었다.

(8) 75세, 丁丑大運
丁丑大運은 접목운(接木運)인 교운기(交運期)로서 사업상 부진(不振)한 시기이다.
특히 丁大運은 時干의 癸水와 丁癸相冲이 되어 喜神인 丁火가 소멸되었고, 丑大運은 日支의 未와 丑未相冲이 되어 부부 운이 불리하고, 자신도 건강을 조심하여야 한다.

19. 장학엽(張學燁) 眞露(진로)소주 창업자
(1903年 閏5月 23日 丑時生)

```
己   丙   己   癸
丑   午   未   卯
傷官      傷官 正官
傷官 劫財 傷官 正印
養   旺   衰   沐
```

```
73  63  53  43  33  23  13  3
辛  壬  癸  甲  乙  丙  丁  戊
亥  子  丑  寅  卯  辰  巳  午
```

(1) 丙日干이 염하절(炎夏節)인 未月에 生하여 조갈(燥渴)한 四柱이다. 또한 日支에 午火가 있으므로 身强四柱로 볼 수 있겠으나, 月柱에 己未, 時柱에 己丑 土氣가 많아 설기(泄氣)가 심하므로 오히려 身弱四柱가 되었다.

(2) 身强, 身弱 불문하고 未月에 생하여 조후법(調候法)상 水氣가 급하므로 水氣가 희신이고, 金氣는 水氣를 생조하므로 吉神이 된다.

또한 사주 내에 土氣가 왕성하므로 木으로서 소토(疎土)하고, 日干 丙火를 生助하는 木氣가 필요하므로 木氣 역시 吉神작용을 한다.

(3) 이 사주 내에 있는 土氣는 傷官인데, 傷官은 太强하나 財星이 透出하지 않고, 丑中에 辛金이 복(伏)해 있으므로 傷官生財格이 成立되지 않는다고 하겠으나, 오히려 지장간(地藏干)에 은복(隱伏)해 있는 것이 더욱 더 안전한 재화(財貨)라는 것을 명심하기 바란다.

이유는 地下에 있는 금고(金庫)에 재물이 은복(隱伏)해 있으므로 누구도 자기의 財貨를 훔쳐가지 못하기 때문이다.

(4) 만일 財星, 金氣가 干支에 투출(透出)하였더라면 旺土가 매금(埋金)하여 흔적 없이 사라지므로 차라리 은복(隱伏)해 있는 것이 다행이라 하겠다.

(5) 그리고 丑土는 습토(濕土)이므로 生金하지만, 조토(燥土)인 戌未는 生金하지 못한다. 이것을 조토불생금(燥土不生金)이라 한다.

(6) 易學을 오랫동안 정진한 분들도 辰, 戌, 丑, 未의 土氣에 대한 연구가 부족하다는 것을 필자는 많이 보아 왔다.

만일 辰戌丑未의 작용을 정확하게 구별할 수 있다면, 가히 최고의 고수(高手)라 할 만하다.

辰戌丑未는 五行上으로는 모두 土氣로 분류되나, 사실상 그 성질은 난조(暖燥)와 한습(寒濕)으로 구별된다.

戌未는 火氣의 성질이 있고, 辰丑은 水氣의 성질로 이해해야 한다.

즉 戌未의 지장간(地藏干)에는 丁火가 암장(暗藏)되어 있고, 辰丑의 地藏干에는 癸水가 암장(暗藏)되어 있다.

(7) 辰戌丑未가 年支나 時支에 있을 때는 그 세력이 미미(微微)하지만, 만약 사주의 月支나 日支에 있을 때는 대단히 큰 비중을 차지하고 있음으로 그 성질을 명확하게 하여야 조후(調候)에 대한 喜神을 완벽하게 선택할 수 있다.

(8) 특히 주의해야 할 것은 庚, 辛日干이 戌月生이면 易學의 大家라 하는 분들도 土生金한다고 주장하고 있는데, 이것은 큰 착오이다.
왜냐하면 전술한 바와 같이 戌土는 燥土로서 生金할 수 없다. 戌土는 火氣로서 오히려 庚, 辛日干을 충극(冲剋)하므로 忌神이 된다.

(9) 이 사주는 傷官生財格으로 재벌사주이다. 비록 身弱四柱이지만 3歲, 戊午大運, 13歲, 丁巳大運은 南方, 火運이라 학업에도 인연이 없고, 신고가 많았으나, 23歲, 丙辰大運부터 木水, 東北運으로 向하므로 일취월장하여 거금(巨金)을 모을 수 있었다.

(10) 이 四柱는 火土가 만반(滿盤)이라 四柱가 건조(乾燥)하므로 水氣가 간요(肝要)하다. 그래서 東方, 木大運보다, 北方, 水大運에 더욱 대발하게 된다.

20. 구인회(具仁會) LG그룹 창업자
(1907年 8月 27日 申時生)

丙	丙	己	丁
申	戌	酉	未
比肩		傷官	劫財
偏財	食神	正財	傷官
病	墓	死	衰

68	58	48	38	28	18	8
壬	癸	甲	乙	丙	丁	戊
寅	卯	辰	巳	午	未	申

(1) 丙日干이 酉月生이라 失令하고, 地支에 申酉戌 金局을 이루어 身弱四柱이다.

(2) 四柱內에 金氣가 많으면 火氣로 제압(制壓)해야 한다. 그러므로 火氣가 喜神이고, 木氣가 吉神이 된다.

(3) 이 四柱 역시 傷官生財格이 되므로 재벌사주에 속한다. 그러나 木氣의 喜神이 지장간(地藏干)에 은복(隱伏)해 있어 木氣가 弱한 점이 아쉽다.

(4) 天干에 相剋이 없는 것이 좋고, 地支 역시 생생불식(生生不息)하므로 고귀한 四柱八字이다.

(5) 大運 역시 南東방향으로 진행되고 있어 喜神地로 달려가니 大富大貴의 四柱이다.

(6) 재벌사주는 食神生財格이 되거나, 혹은 傷官生財格이 되어야 하는데 그 차이를 설명하면, 食神生財格은 자연발생적으로 느긋하게 生財하는데 반하여, 傷官生財格은 자기의 노력에 의존해야 하므로 두뇌회전(頭腦回轉)이 빨라야 하고, 주도치밀(周到緻密)해야 하므로 힘들게 生財하게 된다.

21. 1958年 11月 12日 辰時生 (男命)

```
  丙   癸   甲   戊
  辰   酉   子   戌
  正財      傷官  正官
  正官 偏印 比肩 正官
  養   病   祿   衰
```

```
65  55  45  35  25  15  5
辛  庚  己  戊  丁  丙  乙
未  午  巳  辰  卯  寅  丑
```

(1) 癸日干이 子月에 生하며 得令하였고, 地支에 辰酉金이 六合하여 金氣로 化하여 癸水日干을 生助하므로 身强四柱이다.

(2) 그러나 子月, 한냉절(寒冷節)에 生하여 火氣가 시급하다. 身强, 身弱 불문하고 만물이 꽁꽁 얼어 있어 火氣로서 보온(保溫)하여야 한다.

(3) 그러므로 조후법상(調候法上) 火氣를 喜神으로 삼고, 火氣를 生助하는 木氣가 吉神이 된다.
 또한 地支에 子辰水局이 되어 旺水를 극제(剋制)하는 土氣 역시 吉神으로 본다.

(4) 그런데 喜神인 丙火가 時干에 투출(透出)하고 있으나, 地支에 무근(無根)하고 멀리 年支, 戌中에 丁火가 암장(暗藏)하고 있으니 그나마 다행이라 하겠다.
喜神과 吉神은 日干에 근접(近接)하여 있는 것이 좋고, 年柱에 멀리 떨어져 있는 것은 무정하고, 그 세력이 약하다.

(5) 四柱天干에 甲戊가 相冲하고 있는데, 다행히 일간 癸水가 戊癸合으로 싸움을 말리고 있으니 해충(解冲)이 되어 무사하다.

(6) 喜神과 吉神은 天干에 있는 것 보다 地支에 있는 것이 좋다. 이유는 地支는 天干보다 그 세력이 3배 이상 강하기 때문이다.
만약 喜神이 天干에 있을 때, 行運에서 相剋하는 五行이 들어오면, 쟁탈(爭奪)당하기 쉽다.
이 때 行運에서 天干을 相剋하는 한신(閑神)이 있으면 해충(解冲)이 되어 무사하다.

(7) 性 格
타고 난 성격은 月支를 위주로 보고, 日干을 보조로 보는데, 이유는 月支가 타고 난 태성(胎性)이요, 본성(本性)이기 때문이다.
이 사주의 月支는 比肩인데, 四柱가 身强하고, 月支에 比肩이 있으면 자존심이 강하고, 고집이 대단하며, 생가(生家)

를 떠나 타향에서 살게 되고, 형제 덕이 없고, 친구와도 의견충돌이 많다. 또한 자수성가(自手成家)할 팔자이다.

(8) 妻 宮

日支에 사흉성(四凶星) 즉 劫財, 傷官, 偏官, 偏印 등이 있으면 男女 불문하고 이별수가 있고, 재혼(再婚)하게 되거나 혹은 사별(死別)하게 된다.

이 사주의 日支에 偏印이 있으므로 재혼을 암시하고 있다. 실제로 주인공은 丁卯大運, 25歲, 丁卯年에 본처와 이혼하고 재혼했다.

(9) 兄弟 數

比肩, 劫財를 형제로 보는데, 日干이 癸水이므로, 水氣인 壬癸, 亥子가 형제가 된다.

四柱內, 子水에 형제가 하나, 辰中, 癸에 하나, 時干의 丙과 酉의 지장간에 있는 辛이 丙辛干合하여 水氣가 되어 하나, 또 子辰合이 되어 水氣가 되므로 하나, 모두 4형제가 된다.

그 중에 친형제가 2명이요, 合이 되어 들어오는 이복형제가 2명이 된다.

(10) 子女 數

男命은 正官, 偏官을 子女로 보는데, 특히 正官은 딸이요, 偏官을 아들로 본다.

이 사주 내에 있는 戌戌辰은 正官이 되므로 딸만 셋을 두었다. 그러나 戊癸合, 辰酉合이 되어 변질되므로 딸 셋 중에서 둘은 유산하고, 오직 戌만 남게 되는데 이 딸만 생존해 있다.

時柱는 子女宮으로 時干에 丙火喜神이 있으므로 딸은 유능하고 똑똑하겠다.

(11) 子女德 有無
子女宮인 時柱에 喜神이나 吉神이 있으면 子女 德이 있고, 만약 忌神이 있으면 子息 德이 없다.

또한 時柱가 刑/冲이 되면 자식중에 난폭하고, 불효한 자식이 있다.

그리고 男命의 子女星인 官殺과 女命의 食傷이 刑/冲이 되어도 마찬가지로 불리하다.

子女德 有無를 볼 때, 時干은 喜神인데, 時支가 忌神이거나, 혹은 時干은 忌神인데, 時支가 喜神일 때에도 子女 德이 있다고 본다.

그러나 아무리 時柱에 喜神, 吉神이 있다고 해도, 時柱가 刑/冲이 되거나, 또는 末年大運이 忌神地로 향하면 子女 德이 없다.

(12) 大運의 판단
本命은 癸水日干이 子月에 태어나, 만물이 꽁꽁 얼어 있으므로 火氣가 시급하므로 火氣로서 喜神으로 삼고, 木氣는

吉神이 된다.

　춘하절(春夏節)인 木火運에 대발하고, 추동절(秋冬節)인 金水運에는 신고(辛苦)하겠다.

　35세, 戊辰大運, 특히 辰大運은 子辰水局이 되고, 辰酉合이 되어 忌神運이므로 喜神인 丙火가 소멸하므로 이 때 생명이 위태롭다.

22. 1937年 5月 19日 午時生 (男命)

壬	乙	丙	丁
午	酉	午	丑
	正印	傷官	食神
食神	偏官	食神	偏財
生	絶	生	衰

67	57	47	37	27	17	7
己	庚	辛	壬	癸	甲	乙
亥	子	丑	寅	卯	辰	巳

(1) 乙日干이 5월, 염하절(炎夏節)에 태어나 失令하고, 命中에 食神, 傷官 의 火氣가 중중하여 설기가 심하므로 身弱四柱이다.

그러나 身强, 身弱을 불문하고 5월의 乙木은 水氣가 시급한데, 이유는 조후(調候)를 소중하게 여기는 연고이다.

(2) 다행히 時干에 壬水가 투출하여 수화기제(水火旣濟)의 공이 있으나, 수원(水源)이 부족하니, 日支에 있는 酉金이 金生水하여 官印相生하므로 귀중한 구신(救神)이 된다.

구신(救神)인 壬水가 午火 공망(空亡)에 좌(坐)하여 불리하나, 다행히 丁壬干合하여 空亡이 해제되었고, 丁壬木氣는 日干 乙을 생조하여 좋다.

(3) 乙日干은 日支酉의 절지(絶地)에 坐하여 기세가 약한데, 다행히 時干에 있는 印綬를 만나 절처봉생(絶處逢生)하여 다행이다.

(4) 사주 내에 食神, 傷官이 많아 설기가 심하면 포병객(抱病客)으로서 건강하지 못하다.
특히 신장(腎臟)과 방광(膀胱)이 허약하고, 혈압(血壓), 당뇨(糖尿)계통에 주의해야 한다.

(5) 大運은 조후법상 金水運이 吉한데, 初, 中年運은 부진하였으나, 47歲, 辛丑大運부터 30年間 亥子丑, 水運으로 진행하여 대발하였다.

23. 1962年 10月 20日 巳時生 (男命)

丁	戊	辛	壬
巳	午	亥	寅
正印		傷官	偏財
偏印	正印	偏財	偏官
祿	旺	絶	生

77	67	57	47	37	27	17	7
己	戊	丁	丙	乙	甲	癸	壬
未	午	巳	辰	卯	寅	丑	子

(1) 日干 戊土가 亥月, 冬節에 生하여 月令을 얻지 못하고 失令하였다. 그러나 日干이 午의 제왕(帝旺)에 坐하여 自强하고, 時支 巳의 建祿을 만나 득세(得勢)하므로 身强四柱가 되었다.

(2) 男命은 사회에 진출하여 활동하여야 하므로 身弱四柱보다 身强四柱를 원한다.

(3) 本命은 偏財格으로서 年干에 偏財가 투출하여 있으므로 지장투간(地藏透干)이라 하여 偏財가 강하다. 더욱이 傷官이 生財하여 수원(水源)이 마르지 않는 형국이다. 이 사주는 身强, 財旺하므로 재벌사주이다.

(4) 戊日干이 亥月, 冬節生은 身强, 身弱을 불문하고, 火氣로서 調候喜神으로 삼고, 木氣를 吉神으로 삼는다.

(5) 月支 亥가 時支 巳를 冲하나 다행히 寅과 寅亥合되어 해충(解冲)하므로 좋다.
또 寅은 巳를 刑하나 역시 寅亥合이 되어 三刑이 成立되지 않는다.

(6) 性 格
偏財는 他人財이므로 재물을 경시하고, 의리를 중하게 여기며. 남을 도와주는 성격이다. 또한 사교성이 많다.
성질은 담백하고 명랑하다. 그러나 돈에 대한 집착이 강하고, 인색한 면이 있다.

(7) 妻 子
身旺하고 財旺하면 현모양처(賢母良妻)를 얻고, 내조(內助)의 공이 크다. 만일 大運에서 子運을 만나면 반드시 이혼하게 된다.

(8) 事 業
月干의 傷官은 日干의 정기를 설기(泄氣)하는 十神이다.
傷官이 財를 生하여 財旺하므로 나의 정기와 능력을 활용하는 기술방면에 소질이 있다.
또한 命中에 印綬가 有根하여 旺하므로 산업과 생산활동

에도 적당하다.

(9) 大運

27歲 以前은 忌神運이라 고생이 많았으나, 27歲, 甲寅大運으로부터 77歲, 己未大運까지 東南方, 즉 木火運으로 진행하여 吉運이다. 활동운이므로 사업 등에 大吉한 운세이다.

다만 命中에 印星이 많은데 다시 印星運으로 향하므로 印星이 태과(太過)하여 지나친 욕망으로 맹진(猛進)하게 되고, 자신을 과신하여 사업확장 등을 하게 되므로 자제함이 좋다.

(10) 이 사주가 좋은 점은 天干에서 地支로 土生金, 金生水, 水生木, 木生火로 五行이 쉬지 않고 주류(周流)하고 있는 점이다.

사주에 五行이 生生不息하고 주류(周流)하면, 淸四柱라 하여 貴格이라 한다.

五行이 周流하면 우선 건강이 좋고, 凶運이 닥쳐와도 큰 탈 없이 지나간다.

24. 1962年 5月 29日 午時生 (男命)

庚	己	丙	壬
午	亥	午	寅
傷官		正印	正財
偏印	正財	偏印	正官
祿	胎	祿	死

72	62	52	42	32	22	12	2
甲	癸	壬	辛	庚	己	戊	丁
寅	丑	子	亥	戌	酉	申	未

(1) 本命은 己土日干이 午月生이라 得令하고, 時支에 午火가 있으며, 地支에 寅午火局이 되고, 月干에 丙火가 투출하여 身强四柱가 분명하다.

(2) 그러나 身强, 身弱을 불문하고 염하절(炎夏節)에 생하여 己土가 갈증을 느끼므로 水氣가 시급하다. 특히 土氣는 水火가 공존(共存)해야 生土가 되므로 조후에 민감하다.

(3) 年干의 壬水가 喜神이 되고, 時干의 庚金은 吉神이 된다. 다행히 五行이 주류(周流)하여 생생불식(生生不息)하므로 청사주(淸四柱)이다.
또한 傷官生財格이라 金水運에서 발신(發伸)할 것이다. 아무리 四柱가 吉命이라도 大運이 忌神運으로 진행하면 成

事되는 일이 없다.

(4) 性 格

성격은 전술한 바와 같이 月支와 日干을 기준하여 본다. 月支에 있는 偏印은 현명하고 지략은 있으나, 성급(性急)하고 신경질적이며 눈치가 빠르다.

(5) 父 母

年柱에 正財과 正官이 同柱하고 있으므로 귀문(貴門)의 자손이다.

(6) 兄 弟

사주 내에 형제성인 比肩, 劫財가 없다. 그러나 午의 지장간(地藏干)에 己土 比肩이 암장하여 있으므로 형제가 있다.

(7) 妻 子

日支에 正財가 있으므로 현모양처를 만나게 되고, 日支에 喜神인 亥水가 있으며, 年干에 壬水가 투출하였으므로 처덕은 있다.

子女 덕의 有無는 時柱로 보는데, 時干에 있는 庚金이 喜神이므로 자녀 덕이 있다. 時干이던, 時支이던 간에 喜神이 있으면 자녀 덕이 있다.

(8) 職 業

사주 내에 正印, 偏印이 교집(交集)하므로 반드시 본업(本業)외에 부업(副業)을 갖게 된다.
직업 중에 위락사업이나 서비스업 등 自由業이 좋고, 직장생활은 적성에 맞지 않는다. 또한 身强四柱이므로 동업(同業)은 평생 하지 않는 것이 좋다.

(9) 大 運

四柱는 선천운(先天運)이고, 大運은 후천운(後天運)이다. 사주 내에서 喜神, 忌神을 판단하여 喜神運이면 吉運이고, 忌神運이면 凶運이다.
初年大運부터 32세, 庚戌大運까지는 반길반흉(半吉半凶)하여 신고(辛苦)가 많았으나, 42세, 辛亥大運부터 62세, 癸丑大運까지 약 30년간 亥子丑 水大運으로 진행하므로 발전할 것이며, 특히 62세, 癸丑大運 약 10년간에는 大成할 것이다.
그러나 72세, 甲寅大運부터 寅卯辰 木局으로 진행하므로 신규사업(新規事業)은 불리하고 은인자중(隱忍自重)하며, 양생(養生)에 힘써야 한다.

25. 1967年 9月 16日 午時生 (男命)

```
甲   丙   庚   丁
午   辰   戌   未
偏印      偏財 劫財
劫財 食神 食神 傷官
旺   冠   墓   衰
```

```
73  63  53  43  33  23  13  3
壬  癸  甲  乙  丙  丁  戊  己
寅  卯  辰  巳  午  未  申  酉
```

　1. 丙日干이 戌月에 생하여 失令하였으나, 時支에 午 양인(羊刃)이 있고, 地支에 午戌이 半合火局이 되며, 年干의 丁火가 時支 午에 通根이 되고, 甲 印星이 생조(生助)하므로 木火가 相生하여 日干이 身强四柱로 변하였다.

　2. 木火가 왕성한데 年柱에도 丁未가 있어, 국세(局勢)가 자연히 건조(乾燥)하므로 水氣가 해열(解熱)하는 喜神이 되고, 또한 金氣가 生水하므로 吉神이 된다.

　3. 日支에 辰 습토(濕土)가 喜神이 되나, 命中에 土多하므로 水로서 時干에 있는 甲木을 生助하면 자연히 윤국(潤局)이 되어 좋다. 運은 水局인 亥子丑 北方運이 吉하다.

제4장. 간명 실례 557

4. 日支, 처궁(妻宮)에 辰, 습토(濕土)가 辰戌冲이 되어 일견 불리할 듯하나, 다행히 午戌合이 되어 해충(解冲)하였으므로 부부 궁은 무사하다.

5. 그러나 地支에 辰戌未의 食神, 傷官이 많으므로 건강을 조심해야 한다. 특히 戌月生은 金体로서 木氣가 허약하므로 간(肝), 담(膽), 신경통, 관절염, 폐(肺), 대장(大腸), 그리고 피부병에 걸리기 쉬우니 조심해야 한다.

6. 大運은 58세 辰運과 63세 癸運의 약 10년간 발복(發福)할 것이다.

26. 1930年 2月 18日 卯時生 [男命]

辛	丙	己	庚
卯	寅	卯	午
正財		傷官	偏財
正印	偏印	正印	劫財
沐	生	沐	旺
			(刃)

66	56	46	36	26	16	6
丙	乙	甲	癸	壬	辛	庚
戌	酉	申	未	午	巳	辰

 (1) 丙日干이 卯月에 生하고, 地支에 木火가 많으므로 身强四柱이다. 특히 男命은 身强四柱를 喜하는데 이유는 남자는 사회에 나아가 활동하는 운명이기 때문이다.

 (2) 身强四柱는 食傷星, 財星, 官星이 喜神運이고, 比劫運과 印星運은 忌神運이다. 즉 土金水運은 吉運이고, 木火運은 凶神運이 된다.

 (3) 이 사주 내에 木氣와 火氣가 많아 조열(燥熱)하므로 水氣가 필요한데, 아쉽게도 命中에 水氣가 하나도 없으므로 부득이 大運에서 水運을 만나야 吉運이 된다.

(4) 性 格
月支, 印星이라 근면, 성실하고, 총명하다. 月干에 있는 傷官은 財星을 生하여 財旺하다.
사주가 身强하고 財旺하므로 富格이나, 水氣 官星이 없어 통제가 안 되므로 다소 오만한 성격이다.

(5) 妻 子
男命은 財星이 배우자이고, 官殺이 자녀성이다. 本命은 年干에 偏財가 있고, 時干에 正財가 있다.
그러나 地支에 財星의 뿌리가 없어 無根하나, 다행이 己土, 傷官이 生財하므로 財星이 강하다.
身旺하고, 財旺하면 良妻를 얻고, 현명한 妻이다. 地支에 刑/冲이 있으면 가정이 원만하지 못하고, 刑/冲이 없으면 가정생활이 원만하다.
四柱에 子女星인 官殺이 없으나 財星이 强旺하면 官殺을 도와 반드시 子女가 있다고 본다.

(6) 結婚時期
日支가 戌이면, 歲運에서 寅/午가 나타나면 戌을 기다리므로 합방(合房)하게 되며 결혼 운이다. 또는 男命 丙日干이 干合하는 辛年이 결혼 운이 된다. 이유는 辛은 丙日干의 財星이기 때문이다.

(7) 職 業

직업선택은 주로 月支를 위주로 정하고, 喜神을 참고한다. 이 사주의 月支가 印綬이므로 학자, 교육, 종교방면의 직업이 제일 좋고, 傷官生財하므로 기술방면, 제조, 판매 등이 그 다음으로 좋다.

또한 財星이 뿌리가 없으나 傷官이 生財하므로 금융계통이나, 경제방면도 좋다.

이 四柱는 身旺, 財旺하므로 자기사업을 수행할 수 있는 능력자이다.

(8) 大 運

16歲에서 46歲까지는 凶神運이라 심신(心身)이 불안정하다.

46歲에서 66歲까지는 財運이라 성재(成財)하고 大吉하였다.

27. 1919年 11月 30日 丑時生 (男命)

```
辛   丁   丁   己
丑   丑   丑   未
偏財      比肩  食神
食神 食神 食神 食神
墓   墓   墓   冠
```

```
75  65  55  45  35  25  15  5
己  庚  辛  壬  癸  甲  乙  丙
巳  午  未  申  酉  戌  亥  子
```

　(1) 丁日干이 동절(冬節), 丑月에 生하여 失令하고, 食神의 설기가 태과(太過)하므로 자신을 버리고 食神에게 따라가는 종아격(從兒格)이 되었다.

　(2) 食神이 旺하고, 時干의 偏財를 生하므로 부유(富裕)한 사주이다.

　(3) 從兒格이 성격(成格)되려면 比劫과 印星이 命中에 없고, 食傷이 만반(滿盤)이며, 일점(一點)의 剋이 없어야 한다.

　(4) 강한 자에게 따라가야 하므로 食傷運이 최고의 喜神이고, 그 다음이 財星運이다. 그러나 比劫運과 印星運 그리고 官星運은 凶運이다.

따라서 從格은 한쪽으로 몰려 편고사주(偏枯四柱)이기는 하나 결코 불리한 것이 아니라 후천적(後天的)인 노력에 따라 크게 발전하게 된다.

(6) 性 格
食神이 喜神이면 온순하고, 다재다능하며, 심신이 안정되며 신체 또한 건강하다.

(7) 妻 子
命中 食神이 중중하나 從兒格이므로 부부간에 우애가 있고, 서로 협력하는 형상이다. 그러나 大運이 忌神運이면 妻子와 불화가 생기고, 가정 내에 다소 파동이 있게 된다.

(8) 職 業
食神星은 음식과 관계가 있고, 봉급생활과도 관계가 있다. 또한 從兒格은 관공직에 종사하면 현달하게 된다.
그러나 本命은 木이 凶神이므로 木에 관한 직업은 부적하다. 예를 들면 가구점, 의류, 지물포, 농장, 목축업, 과수원, 임업, 조경업, 서점 등은 적합하지 않다.

(9) 本命은 從兒格이므로 土氣가 제일 喜神이고, 다음은 土氣를 生助하는 火氣가 좋고, 그 다음은 旺土를 泄氣하는 金氣가 길신작용을 한다.
그러나 旺土를 相剋하는 木氣는 忌神이 되고, 水氣 역시

木氣를 生하므로 凶神이다.

(10) 大 運
5歲에서 25歲까지는 水運이므로 凶運이다.
25歲에서 55歲까지는 金運이라 吉運이나, 天干에 壬癸水가 透出한 것은 불리하므로 반길반흉(半吉半凶)하다.
55歲에서 75歲까지는 天干地支가 모두 火土金運, 喜神地로 향하므로 吉運이다.

28. 1912年 11月 14日 寅時生 (男命)

```
    壬    壬    壬    壬
    寅    申    子    子
    比肩        比肩  比肩
    食神  偏印  劫財  劫財
    病    生    旺    旺
```

```
65  55  45  35  25  15  5
己  戊  丁  丙  乙  甲  癸
未  午  巳  辰  卯  寅  丑
```

　(1) 本命은 특이하게도 年, 月, 日, 時의 天干이 모두 壬水가 투간(透干)하고 있다. 天干을 天元이라고도 하므로 이런 경우 比肩으로 보지 않고, 소위 천원일기격(天元一氣格)이라고 한다.

　(2) 地支에도 子水와 申金이 있어 申子水局이 되었다. 이렇게 水氣가 만반(滿盤)이면 종왕격(從旺格)이 된다.

　從旺格은 命中에 水氣를 극(剋)하는 火와 土가 없어야 성격(成格)이 된다. 時支에 있는 寅木은 왕수(旺水)를 설기하므로 喜神이 되며, 水氣一色이므로 水氣를 生하는 金氣 역시 喜神이 된다.

　食神, 傷官은 旺神을 설기하므로 吉神이 된다. 또한 從旺格은 比肩 劫財 印綬를 喜한다. 食神이 생하는 財運은 길하나, 官殺運이 오면 旺神을 극하므로 흉해(凶害)가 발생한다.

(3) 性 格

本命은 旺한 水氣를 설기하는 食神이 있으므로 성격이 온후독실(溫厚篤實)하고, 水氣는 지혜(智慧)의 神이므로 水氣가 旺하면 지능이 뛰어나다.

命中에 比肩, 劫財가 많으나 水一氣格은 比劫으로 論하지 않는다. 그러므로 命中에 財星이 있어도 군비쟁재(群比爭財)로 보지 않는다.

(5) 妻 子

命中에 比肩, 劫財가 많으나 群比爭財로 보지 않기 때문에 妻를 剋傷하지 않고, 오히려 원만한 부부생활을 한다.

자식은 아주 많거나 아니면 무자팔자이다. 그 이유는 사주가 한쪽으로 너무 편고하기 때문이다. 그러나 시주에 食神이 있으므로 中, 末年에 효자를 얻는다.

(6) 職 業

本命은 日干 壬水로 집중되는 從旺格이므로 土氣를 제일 싫어한다. 土氣에 관계되는 직업 즉 부동산중개업, 토건업, 도공예(陶工藝) 등의 業은 부적하고, 金은 生水하므로 吉하고, 木은 旺神을 설기하므로 역시 吉하다.

金에 관한 직업은 철물점, 칼, 악기점, 금융업, 치과의사, 건축업, 귀금속, 기계공업 등이 있다. 水에 관한 직업은 식당, 여관, 목욕탕, 해운업, 당구장(撞球場), 운수업, 서비스업, 관광업, 유통업 등이 있다.

(7) 大 運

5歲, 癸丑大運에서 35歲, 丙辰大運까지는 木運이라 喜神運이므로 안정되었다. 특히 辰大運은 申子辰 水局을 이루어 발복하였다.

45歲, 丁巳大運부터 65歲, 己未大運까지는 火運이라 不運할 것 같으나 壬日干이 子月의 한냉지(寒冷地)라 火運 역시 吉運으로 본다.

원래 從旺格은 기후의 조화를 논하지 않으나, 동절은 한냉(寒冷)하므로 부득히 火氣가 필요하다.

29. 윤보선(尹潽善) 前, 大統領 命造
(1897年 7月 15日 卯時生)

```
    癸   壬   戊   丁
    卯   寅   申   酉
    劫財      偏官  正財
    傷官 食神 偏印  正印
    死   病   生   沐
```

```
72  62  52  42  32  22  12  2
庚  辛  壬  癸  甲  乙  丙  丁
子  丑  寅  卯  辰  巳  午  未
```

(1) 壬日干이 申月, 맹추(孟秋)에 生하여 壬水가 得令하고, 또한 時干에 癸水가 투간(透干)하며, 年支에 酉金이 있으므로 身强四柱이다.

(2) 사주가 身强하면 財, 官, 食 中에서 喜神을 택일(擇一)해야 하는데, 金旺하므로 火氣가 喜神이요, 木氣는 吉神이 된다.

(3) 특히 土生金, 金生水하여 殺印相生하여 日干을 生하고 있다. 그러므로 木火, 東南運에 발전한다.

(4) 初年大運

巳午未 火運으로 진행하고, 32歲, 甲辰大運에서 52歲, 壬寅大運까지 木運, 喜神運이므로 승승장구(乘勝長驅)하게 된다.

(5) 52歲, 壬寅大運

내각책임제(內閣責任制)하의 大統領에 당선되었다. 그러나 62歲, 辛丑大運부터 金水, 忌神運이 도래하여 타의(他意)에 의해서 하야(下野)하게 된다. 즉 5. 16 군사혁명으로 임기를 채우지 못하고 정계를 떠나게 된 것이다.

30. 신익희(申翼熙) 前, 국회의장 命造

(1894年 6月 9日 亥時生)

```
乙   甲   辛   甲
亥   寅   未   午
劫財      正官  比肩
偏印 比肩 正財  傷官
生   祿   墓   死
```

```
69  59  49  39  29  19  9
戊  丁  丙  乙  甲  癸  壬
寅  丑  子  亥  戌  酉  申
```

(1) 甲木日干이 未月, 염하절(炎夏節)에 생하여 조후법(調候法)상 亥水가 염화(炎火)를 해열(解熱)하므로, 水氣가 喜神이요, 金氣는 吉神이 된다.

(2) 四柱地支에 寅亥合木이요, 亥未會木이 되어 木氣가 왕성하므로 喜神의 세력이 약하다.

喜神은 日干의 忠臣이므로, 喜神의 세력이 강할수록 좋다. 그런데 喜神인 亥水가 寅亥合하여 木氣로 化한 것이 불리하다. 그러나 단일희신(單一喜神)인 경우에는 合이 되어도 喜神으로 취용할 수 있다.

(3) 9歲, 壬申大運과 19歲, 癸酉大運은 喜神運이므로 조

상덕으로 다복하였으나 29歲, 甲戌大運은 忌神運으로 신고(辛苦)가 많았다. 특히 寅午戌, 三合火局이 되어 힘든 시기라 하겠다. 주인공은 이 시기에 日本 조도전대학(早稻田大學)을 졸업한 뒤, 귀국하지 못하고, 상해임시정부의 요원으로 독립운동에 헌신(獻身)하였다.

(6) 1945年, 乙酉年, 51歲 때, 해방과 동시에 귀국하여 子大運에 국회의장에 당선되었다.

56歲, 丁丑大運, 丙申年에 大統領에 출마하였으나 호남열차 내에서 급서(急逝)하였다. 이유는 丑未冲하고, 丙辛合去한 탓이다.

31. 김일성(金日成) 北韓 지배자 命造

(1913年 4月 15日 酉時生)

```
丁   辛   丁   癸
酉   丑   巳   丑
偏官      偏官 食神
比肩 偏印 正官 偏印
祿   養   死   養
```

```
75  65  55  45  35  25  15  5
己  庚  辛  壬  癸  甲  乙  丙
酉  戌  亥  子  丑  寅  卯  辰
```

(1) 辛日干이 巳月, 하절(夏節)에 生하여 失令하였으나, 四柱地支에 巳酉丑三合 金局을 이루어 身强四柱가 되었다.

(2) 身强四柱는 印, 比劫이 忌神이 되고, 食傷, 財, 官이 喜神이다. 그러나 身强, 身弱을 불문하고, 巳月은 하절(夏節)이므로 조후(調候)가 시급하다.

(3) 喜神은 水氣가 당연하고, 金氣 역시 吉神이 된다.

(4) 이 사주의 특징은 四柱干支가 모두 음습(陰濕)으로 구성되어 있어 성격이 냉정하고 음흉하며, 권모술수에 능하다.

(5) 初年大運
寅卯辰 木局으로 흘러, 약 30年間 타국에서 신고(辛苦)하였다.

(6) 35歲, 癸丑大運에서 55歲, 辛亥大運까지
大運이 喜神運으로 진행되어 北韓의 지배자로 군림하였다.

(7) 丑大運은 丑中에 癸水가 암장(暗藏)되고, 巳酉丑 金局이라 과대망상으로 6. 25사변을 일으켜 새벽에 남침(南侵)하게 된다. 그 때가 1950年, 庚寅年이었고, 38歲 때이다.

(8) 45歲, 壬子大運
丁壬合木하여 불리하고, 또한 子丑合土가 되어 흉운(凶運)이다. 그러나 亥子丑 水局이라 큰 피해는 없었을 것이다.

(9) 65세, 庚戌大運
庚戌大運부터 申酉戌 西方運으로 진행되어 喜神運이라 무사하였다.

(10) 75세, 己酉大運
酉大運은 巳酉丑 金局이 되고, 1994년 81세에 사망했는데, 그 해가 甲戌年이고, 辛未月, 乙未日이다.
乙未日이 天地冲이 되고, 또한 丑戌未 三刑이라 사망한 것이다.

32. 유창순(劉彰順) 前, 국무총리 命造
(1918년 8월 6일 술시생)

丙	庚	辛	戊
戌	申	酉	午
偏官		劫財	偏印
偏印	比肩	劫財	正官
衰	祿	旺	沐

70	60	50	40	30	20	10
戊	丁	丙	乙	甲	癸	壬
辰	卯	寅	丑	子	亥	戌

(1) 庚日干이 酉月에 生하여 양인(羊刃)을 만나 得令하였고, 또한 地支에 申酉戌 方局을 이루어 身太旺四柱이다.

혹자는 이 四柱가 身太旺하므로 종왕격(從旺格)으로 보기 쉬우나, 時干에 있는 丙火가 年支에 通根이 되어 뿌리가 든든하고, 午戌合이 되어 강력한 뿌리가 있으므로 결코 從하지 않는다.

(2) 從格이 안되면 一般 命式에 준하여 억부법(抑扶法)을 적용해야 한다. 따라서 金旺四柱이므로 旺金을 통제할 수 있는 火氣가 喜神이요, 木氣가 吉神이 된다.

(3) 時干에 偏官一位가 있으면 時上偏官格이라하여 大貴

人格이다.

대개 정치인, 사법관, 군인으로 출세하는 사람이 많다.

(4) 사주에 양인(羊刃)이 있으면 반드시 偏官이 있어야 吉하고, 무사하다.

이유는 살벌(殺伐)한 羊刃의 기질이 偏官을 보면, 얌전하고 순한 양이 된다. 만일 羊刃이 있는데, 偏官이 사주에 없으면 본인도 不吉하고, 妻와 財物도 보전하기 힘 든다.

(5) 大運은 50歲, 丙寅大運부터 60歲, 丁卯大運까지 계속 발전하는 운세이다.

33. 문선명(文鮮明) 통일교 교주 命造

(1920年 1月 6日 寅時生)

甲	癸	戊	庚
寅	丑	寅	申
傷官		正官	正印
傷官	偏官	傷官	正印
沐	冠	沐	死

73	63	53	43	33	23	13	3
丙	乙	甲	癸	壬	辛	庚	己
戌	酉	申	未	午	巳	辰	卯

(1) 癸日干이 寅月生이라 失令하고, 時柱에 甲寅이 있어 木多하므로 설기가 심하여 身弱四柱이다.

(2) 身弱四柱는 比劫과 印星이 喜神이나, 寅月은 한춘(寒春)이므로, 춘래불사춘(春來不似春)이라 아직도 추운 계절이다. 따라서 寅月은 봄철이기는 하나, 봄 같지 않고, 12月, 冬節의 연장으로 보아야 한다.

(3) 그러므로 身强, 身弱 불문하고 火氣가 喜神이고, 木氣가 吉神이 된다.

四柱干支에 火氣가 불투(不透)하였으나, 月支와 時支의 寅中에 丙火가 암장(暗藏)하여 있으므로 喜神이 된다.

물론 喜神은 지장간(地藏干)에 암장된 것 보다는 干支에 투출(透出)한 것이 좋다. 이유는 喜神이 강할수록 좋기 때문이다.

(4) 年月地支에 寅申沖하게 되면, 일찍 조기(祖基)를 떠나 객지생활을 하게 된다.

(5) 天干에 戊癸干合하여 火氣로 化하였으므로, 자식인 官星(戊)이 일찍 죽거나, 혹은 이별하게 된다.
또한 男子사주에 食神, 傷官이 중중하면 불행한 자식이 있거나, 혹은 사별하게 된다.

(6) 寅中에 丙火財星이 은복(隱伏)한 것을 복재(伏財)라고 하는데, 창고 내에 재물을 숨겨놓은 형상으로 傷官生財하여 재벌사주이다.

(7) 初年大運
23세, 辛巳大運에서 43세, 癸未大運까지 火運으로 진행하여 喜神運이므로 이름을 사해(四海)에 떨친다.

(8) 53세, 甲申大運에서 63세, 乙酉大運까지
申, 酉大運은 金運이라 忌神運으로 진행되어 不運이고, 자식의 죽음으로 인한 고통이 심한 시기이다.

34. 박태준(朴泰俊) 포항제철 회장 命造
(1927年 9月 29日 戌時生)

```
戊   辛   庚   丁
戌   卯   戌   卯
正印      劫財 偏官
正印 偏財 正印 偏財
冠   絶   冠   絶
```

75 65 55 45 35 25 15 5
壬 癸 甲 乙 丙 丁 戊 己
寅 卯 辰 巳 午 未 申 酉

(1) 辛日干이 戌月生에다 土多하며, 天干에 戊土와 庚金이 있으므로 身强四柱로 보기 쉬우나, 자세히 살펴보면, 地支에서 卯戌合, 卯戌合하여 火氣로 변화하고, 또 年干에 丁火가 투출(透出)하여 火氣一色이다.

(2) 대부분의 命理學者들은 예외 없이 身强四柱로 보는데, 그 이유는 戌月이 土氣로서 生金한다고 보기 때문이다.

(3) 그러나 필자는 이 사주를 종살격(從殺格)으로 본다. 그 이유는 戌月은 土氣로서 生金한다고 하나, 戌土는 조토(燥土)로서, "조토불생금(燥土不生金)의 원칙"에 준하여 生

金할 수 없으며, 특히 卯戌合, 卯戌合이 되어 완전히 火氣로 변하였기 때문이다.

(4) 또한 日干의 辛金과 月干의 庚金은 地支에 일점의 뿌리가 없어졌으므로 의지할 데가 없고 허약하므로, 부득이 旺한 官殺에 따라갈 수밖에 없기 때문에 從殺格이 성립된다.

(5) 從殺格은 旺한 殺에 종(從)하므로, 木火運이 吉하고, 土는 설기하는 곳으로 吉神이 된다.

(6) 主人公은 日本, 구주(九州) 제국대학(帝國大學) 공학부를 졸업한 뒤, 해방 후 陸士를 졸업하고, 軍에서 복무하면서 승진(昇進)을 거듭하였고, 5.16군사혁명 후에 포항제철(浦項製鐵)을 건설하여 국가산업 현대화에 크게 기여하였다.

(7) 初年大運
5세, 己酉大運에서 15세 戊申大運까지는 학업에 정진하고 평범하였다.

(8) 25세, 丁未大運에서 45세, 乙巳大運까지
巳午未 火局, 喜神地로 치달리고 있으므로 일약 출세의 가도를 달렸고, 丙運은 正官運이라 年干의 偏官과 관살혼잡(官殺混雜)이 되어 불길하다.

그러나 다행히 天干에 庚辛金이 투출하여 거관유살(去官留殺)이 되어 무사하였다. 만일 命中에 庚金이 없었다면 丙運에 불리하였을 것이다.

(9) 55세, 甲辰大運
辰大運은 命中에 있는 戌과 辰戌冲으로 火 喜神이 소실(消失)되어 불리하겠으나, 다행히 甲木은 무사하므로 본인은 재해(災害)가 없었다.

(10) 75세, 壬寅大運
壬大運은 喜神인 丁火를 합거(合去)하므로 불리하다. 喜神이 合去하면 본인의 의지처가 사라지므로 생명이 위태롭다.

35. 육영수(陸英修) 女史
(1925年 11月 29日 申時生)

```
戊    壬    己    乙
申    寅    丑    丑
偏官        正官  傷官
偏印  食神  正官  正官
生    病    衰    衰
```

```
57  47  37  27  17  7
乙  甲  癸  壬  辛  庚
未  午  巳  辰  卯  寅
```

(1) 壬日干이 冬節, 丑月生이라 身强, 身弱을 불문하고, 무조건 火氣가 시급하다. 火氣를 生하는 木氣 역시 喜神이다.

(2) 命中에 火氣가 불투(不透)하였으나, 日支 寅中에 丙火가 암장(暗藏)하여 있으므로 喜神으로 삼는다.

(3) 日支는 男便宮인데 寅木 喜神이 있으므로 남편 덕이 있음을 암시하고 있다. 丑月의 동토(凍土)를 따뜻한 火氣로서 녹여주므로, 만물이 한곡회춘(寒谷回春)하는 기상이다. 따라서 夫君을 내조하는 四柱八字라 할 수 있다.

(4) 男女 불문하고 배우자궁에 喜神이 앉아 있으면 인격과 권위가 있는 배우자를 만나게 된다.

(5) 그러나 이 사주의 단점은 日支, 時支에 寅申相沖이 된 것이 불리하다.

남녀불문하고 배우자궁을 근접(近接)해서 沖하면 기혼자는 이혼하거나, 별거하게 된다.

그러나 미혼자(未婚者)일 경우, 반대로 결혼(結婚)하는 경우가 많다. 合婚하더라도 오래 살지는 못하고 헤어지게 된다.

(6) 이 四柱에는 官殺이 혼잡한데, 이런 경우 재취(再娶)가 아니면 일부종사(一夫從事)하기가 어렵다.

(7) 陸英修 女史는 忠北 옥천군에서 출생하여 서울 배화여고를 졸업하고, 6. 25사변 중에 朴正熙 前大統領과 결혼하였다.

(8) 그런데 1974年, 8月 15日 광복절 기념식장에서 在日, 한국인 교포인 문세광(文世光)이 쏜 총탄에 저격당하여 운명을 달리한 것이다.

온 국민의 마음을 아프게 하고, 분노케 한 사건이다.

(9) 性 格
성격은 원래 月支 十神으로 보는데, 正官星이라 정직하고 총명(聰明)하며, 치밀(緻密)하고, 섬세(纖細)하다.

(9) 大 運
7歲, 庚寅大運에서 27歲, 壬辰大運
東方, 木運이라 喜神地가 되므로 유소시(幼少時)에는 부모덕으로 유복하게 살았다.
37歲, 癸巳大運에서 47歲, 甲午大運
南方, 火運이라 복록(福祿)이 많다. 그러나 1974年, 甲寅年 50歲 때, 사망하게 된 것은 甲己干合되어 본인의 喜神인 甲木이 己土와 干合하여 土氣로 변질하였으므로, 甲木은 소실(消失)되고, 己土(夫君)만 남게 된 것이다.
또한 寅運은 時支의 申金과 다시 相冲이 되니, 寅중의 喜神인 木火가 소멸되므로 의지할 데가 없어 사망하게 된 것이다.

36. 박순천(朴順天) 前, 신민당 당수 (女命)
(1898年 9月 10日 酉時生)

乙	庚	壬	戊
酉	申	戌	戌
正財		食神	偏印
劫財	比肩	偏印	偏印
旺	祿	衰	衰

85	75	65	55	45	35	25	15	5
癸	甲	乙	丙	丁	戊	己	庚	辛
丑	寅	卯	辰	巳	午	未	申	酉

(1) 庚日干이 戌月生이고, 地支에 申酉戌, 金局을 이루어, 身太强四柱이다. 命中에 比劫이 태왕(太旺)하면 당연히 官殺로 억제함이 좋다.

(2) 따라서 火氣가 喜神이고, 木氣가 吉神이 된다.

(3) 女命이 太强하면 八字가 기박(奇薄)하고 독불장군이라 하여, 과부팔자라 하지만, 이제는 下元甲子時代라 女性도 사회에 진출하여 공명(功名)을 떨칠 수 있는 시대가 온 것이다.

(4) 女命이 陽日干이면 남성적인 기질을 타고 났으며, 적극적이고, 활동적인 女性이다.
그래서 이 四柱의 主人公은 일본 식민지하에서 애국운동을 하였으며, 三一독립만세 사건 때, 적극적으로 독립운동에 참가하였다.

(5) 命中에 比劫星이 太强하면 그 피해자는 父親으로서 本人의 25歲 이전에 조실부(早失父)하였다.

(6) 남편인 夫星은 官星으로서 戌中, 丁火가 암장하여 있으나, 喜神이므로 남편 덕은 있다.
그러나 암장(暗藏)된 官星은 은복(隱伏)하였으므로 사회활동에는 소극적인 남편이다. 그러므로 妻가 사회일선에 나가 활동하게 된다.

(7) 性 格
四柱 日干이 庚金, 陽日干이라 기질이 남성적이고 적극적인 성격이다. 不義는 용납하지 못하고, 냉정하며 처음 사귀기는 어려우나, 한번 믿으면 끝까지 믿는 성격이다. 그리고 의리는 있다.
평소 근면성실하고 총명하며, 재주와 학문에도 능통하다.
그래서 釜山 동래여고를 졸업하고 여교사로 재직 중에 三一萬歲 運動에 가담(加擔)하였다.

(8) 大運

5歲, 辛酉大運에서 15歲, 庚申大運까지는 凶運이라 辛苦가 많았으나

25歲, 己未大運에서 45歲, 丁巳大運까지 喜神運이라 발달하였고,

55歲, 丙辰大運에서 75歲, 甲寅大運까지는 木氣, 喜神運이라 日就月將하여 국회의원을 연임하고, 거대야당의 당수(黨首)까지 지내게 되었다.

(9) 死亡時期

癸丑大運, 1983年, 癸亥年, 86歲 때 타계(他界)하였다. 癸丑大運은 교운기(交運期)로서 대개 접목운(接木運)에 사망한다.

37. 박 마리아 女史 (이기붕 처)
(1906년 3월 26일 未時生)

```
    己   癸   壬   丙
    未   巳   辰   午
         偏官     劫財  正財
    偏官 正財 正官 偏財
    墓   胎   養   絶

    54  44  34  24  14  4
    丙  丁  戊  己  庚  辛
    戌  亥  子  丑  寅  卯
```

(1) 癸日干이 辰月, 청명절(淸明節)에 생하여 失令하고, 地支 중에 巳午未와 年干에 丙火가 투출하여 火氣가 많아 財多身弱 사주이다.

(2) 命中에 火氣가 많으면 당연히 水氣로서 旺火를 극재(尅制)해야 하므로 水가 喜神이고. 金은 水를 生助하므로 吉神으로 삼는다.

(3) 女命의 사주에 官殺이 혼잡하면 다부지상(多夫之象)으로 남편이 많다는 것을 의미한다.

(4) 또한 여자사주에 食神, 傷官을 子息星으로 보는데, 干支에는 食神, 傷官이 일점도 없으나, 辰중에 乙木이 암장하여 있으므로, 자식은 있으나 기르기가 힘 든다.

(5) 54세 丙戌大運 중, 1960년 庚子年에 가족 모두가 자살하게 된다. 그 이유는 丙戌大運이 交運期요, 接木運이다. 庚子年은 子午相冲이 되어 年支 午를 冲하므로 본인의 喜神인 火가 소멸하게 되고, 戌大運이 辰戌冲 되어 辰중의 乙木, 食傷(子息)이 소멸한다.

38. 김활란(金活蘭) 전, 이화여대 총장 (女命)

```
丙   丙   丙   己
申   寅   寅   亥
比肩      比肩 傷官
偏財 偏印 偏印 偏官
病   生   生   絶
```

```
62  52  42  32  22  12   2
癸   壬   辛   庚   己   戊   丁
酉   申   未   午   巳   辰   卯
```

(1) 丙日干이 寅月에 생하여 得令하고 日支가 長生이 되며, 天干에 丙火가 투출(透出)하여 있으니 身强四柱이다.

(2) 그러나 寅月은 아직 해동(解冬)이 되지 않아 丑月과 마찬가지로 火氣가 시급하다. 身强, 身弱을 불문하고, 조후법상 火가 喜神이 되고, 木이 吉神이 된다.

(3) 年支 亥水가 남편이 되는데, 寅亥合으로 亥水가 木氣로 변하므로 남편이 사라진 형상이라 결혼에 뜻이 없고, 결혼한다고 해도 남편은 떠나게 되어 있다.

(4) 또한 日時相冲하면 부부해로가 어렵다. 따라서 배우자궁을 冲하고, 官星인 亥와 寅亥合이 성립되므로 독신팔자

(獨身八字)이다.

(5) 다행히 初年大運이 木運이고, 中年大運이 火運이라 喜神地로 진행되므로 발복하겠다.

(6) 그러나 52세, 壬申大運과 62세, 癸酉大運은 忌神地라 不運할 것이다.

39. 김 모(金 某) 전, 이화여대 총장 (女命)
(1921년 3월 10일 申時生)

甲	庚	壬	辛
申	戌	辰	酉
偏財		食神	劫財
比肩	偏印	偏印	劫財
祿	衰	養	旺

66	56	46	36	26	16	6
己	戊	丁	丙	乙	甲	癸
亥	戌	酉	申	未	午	巳

(1) 庚日干이 辰月生이라 日干을 생부(生扶)하고, 地支에 申酉戌 方局을 이루며. 年干에 辛金이 투출하고 있으므로 종왕격(從旺格)이 성립된다.

(2) 時干에 甲木이 있으나 申金의 절지(絶地)에 앉아 있고, 地支에 뿌리가 없으므로 취용할 수 없다.
 또한 戌중에 丁火가 은복(隱伏)하여 있으나 申酉戌 金으로 변하여 소실(消失)되어 취용할 수 없다.

(3) 從格은 기신(己身)을 버리고 强者에게 따라가므로 土金이 喜神이고, 水는 강한 金을 설기하므로 吉神이 된다.

(4) 女命에 남편성인 官星이 투출해야 하는데, 관성이 戌 중에 은복해 있으므로 남편 덕이 없고, 남편이 있어도 유명무실(有名無實)하다.

(5) 36세, 丙申大運부터 申酉戌 金運으로 진행되므로 결혼 운이 없어 독신으로 일관하였다. 결혼 운은 35세 이전의 火 大運, 즉 官星運에 성사되기 때문이다.

(6) 大運은 36세, 丙申大運부터 金水運으로 치달리므로 공명(功名)을 얻고 말년까지 명성을 얻는 팔자이다.

40. 장영신(張英信) 애경 회장 (女命)
(1936년 7월 22일 巳時生)

```
     乙   壬   丙   丙
     巳   辰   申   子
   傷官      偏財  偏財
   偏財  偏官  偏印  劫財
   絶   墓   生   旺

   70  60  50  40  30  20  10
   己  庚  辛  壬  癸  甲  乙
   丑  寅  卯  辰  巳  午  未
```

(1) 壬日干이 申月에 생하고, 地支에 申子辰 水局을 이루므로 身强四柱가 틀림없다.

(2) 사주가 身强하면 食神, 傷官, 財官 중에서 喜神을 택일(擇一)하여야 하는데, 傷官인 乙木은 地支에 뿌리가 없고, 또한 설기되어 약하며, 天干의 丙火가 時支에 建祿이 되므로 喜神이 된다.
　따라서 火가 喜神이 되고, 木은 火 喜神을 生助하므로 吉神이 된다.

(3) 이 사주는 女命으로서 身强四柱이므로 사회생활에 능력을 충분히 발휘할 수 있는 여장부(女丈夫)의 사주이다.

(4) 특히 旺水를 설기하는 乙木 傷官이 있으므로 두뇌가 명석하고 임기응변에 능하며, 자존심이 강하여 남에게 지는 것을 싫어한다.

(5) 大運은 初年大運부터 火運, 木運으로 진행하므로 기업가로서 승승장구하였고, 명성을 얻었다.
그러나 70세, 己丑大運에는 교운기(交運期)가 되므로 건강에 힘 써야 할 시기이다.

41. 金 모, 영화배우 [女命]

(1937년 1월 2일 子時生)

```
丙    庚    壬    丁
子    午    寅    丑
     偏官   食神   正官
傷官   正官   偏財   正印
死    沐    節    墓
```

```
67  57  47  37  27  17   7
己   戊   丁   丙   乙   甲   癸
酉   申   未   午   巳   辰   卯
```

(1) 庚日干이 寅月에 생하여 失令하였고, 地支에 寅午 半合 火局이 되며, 天干에 丙과 丁火가 투간(透干)하여 身弱 四柱이다.

(2) 本命은 사주 내에 火氣가 많아 身弱하므로 당연히 年支에 있는 丑중의 癸水를 喜神으로 삼고, 金氣는 水氣를 생조(生助)하며, 또한 庚日干을 부조(扶助)하므로 吉神이 된다.

(3) 이 사주는 女命으로서 火氣가 많은데, 火氣는 곧 官殺이므로 관살혼잡(官殺混雜)이 된 여명은 남편이 많다는 뜻이다.

(4) 더욱이 年干에 있는 丁火가 본남편인데, 月干의 壬水와 丁壬干合이 되어 일찍 이별한 것을 암시하고 있다.

　(5) 日支는 배우자궁(配偶者宮)인데 남녀 불문하고 日支를 冲하면 반드시 이별하거나 별거하게 된다. 따라서 일시상충(日時相冲)하거나, 일월상충(日月相冲)하면 부부해로가 어렵다.

　(6) 1991년, 辛未年에 재혼하게 된 것은, 日支 午와 未가 午未合이 되어 합방(合房)을 하게 된 연고이다.

42. 張 모, 女命

(1963년 1월 27일 未時生)

```
辛    甲    甲    癸
未    午    寅    卯
正官        比肩  正印
正財  傷官  比肩  劫財
墓    死    祿    旺
```

```
65  55  45  35  25  15  5
辛  庚  己  戊  丁  丙  乙
酉  申  未  午  巳  辰  卯
```

(1) 甲日干이 寅月에 생하여 得令하고, 年支에 卯木과 天干에 癸, 甲이 투간(透干)되어 身强四柱이다.

(2) 寅月은 丑月과 마찬가지로 한냉(寒冷)한 계절이라 火氣가 시급하다. 그러나 다행히 寅午合이 되어 火氣가 되고, 또 時支의 未와 午未合이 되므로 조후를 충족하였다고 본다.

(3) 身强四柱는 喜神을 食傷, 財官 중에서 택일(擇一)해야 하는데, 사주 내에 木氣가 많으므로 時干의 辛金, 官星을 喜神으로 삼고, 金을 생하는 土 역시 吉神이다.

(4) 時干의 辛金은 남편이 되는데, 時上에 있는 官星은 훌륭한 남편감이다. 이것을 시상정관일위격(時上正官一位格)이라 하여 남편이 고관(高官)이 된다고 하였다.

(5) 주인공인 張모 여인은 25세, 丁巳大運, 己巳年, 4월에 지금의 남편과 결혼하여 잘 살고 있다.

(6) 大運은 55세, 庚申大運이후 喜神運으로 진행되므로 末年 運이 大吉하다.

43. 金 모, 女命

(1964년 2월 28일 子時生)

```
甲   己   戊   甲
子   丑   辰   辰
正官      劫財  정관
偏財 比肩 劫財 劫財
絶   墓   衰   衰
```

62	52	42	32	22	12	2
辛	壬	癸	甲	乙	丙	丁
酉	戌	亥	子	丑	寅	卯

(1) 己日干이 辰月에 생하여 得令하고, 干支에 土多하므로 身旺四柱이다.

(2) 時支의 子水와 丑土가 子丑合이 되나, 子辰合도 성립되므로 투합(鬪合)이 되어 둘 다 합이 성립되지 않는다.
그러므로 이러한 경우에는 합으로 인정하지 않고, 正五行 그대로 인식하여야 한다.

(3) 이 사주 내에 土氣가 왕성하므로 木으로서 소토(疏土)하여야 한다. 그러므로 木을 喜神으로 삼고, 水氣를 吉神으로 삼는 것이 당연하지만, 이 사주 내에 辰丑 습토(濕土)가 많아 水氣가 되므로 취용할 수 없다.

그렇다고 火氣를 쓰면 旺土를 도와주므로 취용할 수 없고, 오직 木만이 喜神이 된다.

　(4) 本命은 女命으로서 사주 내에 比劫이 많으면 일부종사(一夫從事)가 어렵고 부부간에 불화하여 이별하는 사주이다.

　(5) 남녀 불문하고, 사주 내에 合이 많으면 정조관념이 희박하여 외도(外道)로 인하여 패가망신하게 된다.
　이 사주 역시 合이 많은데, 地支에 子丑合, 子辰合이 있고, 天干의 甲木, 正官이 甲己干合, 年干의 甲木도 甲己干合이 되어 合이 많은 사주이다.

441. 陳 모, 女命

(1969년 3월 24일 子時生)

丙	乙	己	己
子	酉	巳	酉
傷官		偏財	偏財
偏印	偏官	傷官	偏官
病	絶	沐	絶

69	59	49	39	29	19	9
丙	乙	甲	癸	壬	辛	庚
子	亥	戌	酉	申	未	午

(1) 乙日干이 巳月, 입하절(立夏節)에 생하여 失令하고, 地支에 巳酉, 巳酉合이 되어 金으로 변하고, 天干에도 丙火와 己土가 두 개씩 투간(透干)하고 있어 身弱四柱이다.

(2) 신강, 신약불문하고 夏節이라 조후법상 水氣가 喜神이고, 水氣를 생하는 金氣가 吉神이 된다.

(3) 19세, 辛未大運에 辛金인 官星이 나타나므로 여자에게는 남편이 나타나는 결혼운임을 알 수 있다.
또한 辛 大運은 時干의 丙火와 丙辛干合이 되어 喜神인 水氣로 변화한 것도 乙日干을 生助하므로 吉運이다.

(4) 丙辛干合된 水氣는 女命에게는 자식성인 食傷運이라 자식을 뜻하므로 결혼하고 싶은 생각을 하게 된다.

(5) 大運은 29세, 壬申大運부터 39세, 癸酉大運까지는 안락하였으나 49세, 甲戌大運에는 忌神運이라 신고(辛苦)가 많았고, 59세, 乙亥大運 이후는 水局, 喜神運이므로 말년까지 건강하고 장수하며 多子孫하겠다.

45. 재혼사주(再婚四柱) (女命)

(1963년 10월 25일 申時生)

```
戊   丁   甲   癸
申   亥   子   卯
傷官      正印  偏官
正財 正官 偏官 偏印
沐   胎   絶   病
```

```
69  59  49  39  29  19   9
辛  庚  己  戊  丁  丙  乙
未  午  巳  辰  卯  寅  丑
```

　(1) 丁日干이 子月에 생하여 失令하고, 日支에 亥水, 時支에 申金이 모두 水氣이며, 年干에 癸水가 透干하였으므로 丁火日干이 身太弱四柱이다.

　(2) 전술한바와 같이 身强, 身弱을 불문하고, 丁日干이 동절(冬節)에 생하여 꽁꽁 얼어 있어 조후가 시급하므로, 火氣가 喜神이 되고, 木氣 역시 旺水를 설기하는 공(功)이 있으며, 旺水가 범람하므로 土로서 제방(堤防)을 쌓아야 하므로 木과 土가 吉神이 된다.

　(3) 그러나 사주 내에 일점의 火氣가 없어 아쉽다. 부득이 行運에서 火氣를 기다려야 하는데, 命中에 火氣가 없으면,

행운에서 火氣가 들어와도, 받을 그릇이 없으니 크게 기대할 수 없으므로 탁사주(濁四柱)이다.

다행히 年支에 卯木이 있어 月干, 甲木의 제왕지(帝旺地)가 되어 吉神역할을 하고 있는 것이 좋다.

(4) 사주 내에 있는 水氣는 官星인데, 관살혼잡(官殺混雜)된 女命은 다부지상(多夫之象)이라 부부해로가 어렵고, 재혼을 암시하고 있다.

주인공인 박모 여인은 1986년, 丙寅年에 日支 亥와 寅亥 合이 되어 외간남자와 합방(合房)하다가, 간통죄로 구속된 뒤 이혼하였다.

46. 이혼사주(離婚四柱) (女命)

(1960년 5월 20일 戌時生)

庚	壬	壬	庚
戌	申	午	子
偏印		比肩	偏印
偏官	偏印	正財	劫財
冠	生	胎	旺

62	52	42	32	22	12	2
乙	丙	丁	戊	己	庚	辛
亥	子	丑	寅	卯	辰	巳

(1) 壬日干이 午月에 생하여 失令하였으나, 年干의 庚金은 日支 申에 건록이 되고, 月干의 壬水는 年支 子에 帝旺地가 되므로 身强四柱가 되었다.

(2) 사주 내에 金이 旺하여 壬日干을 생하고 있으므로 火氣로서 金氣를 제압해야 한다.
  그러므로 火를 喜神으로 삼고, 火를 생하는 木을 吉神으로 삼는다.

(3) 주인공인 鄭모 여인은 32세, 戊寅大運 중 戊寅年, 甲寅月에 이혼하게 된다.

이유는 戊寅大運의 戊土와 日干의 壬水가 상극이 되고, 寅大運, 寅年과 寅月은 모두 日支 申을 상충하므로 부부가 이별하는 운이기 때문이다.

(4) 女命은 약간 身强한것을 좋아하는데, 만약 너무 강하면 자존심과 고집으로 부부간에 불화가 심하여 해로(偕老)하기가 어렵다.

(5) 日支가 申인 사람은 남녀불문하고, 상대방의 日支가 子巳辰을 가진 사람이 인연이 좋고, 상대방의 日支가 寅이면 寅申相冲이 되어 좋은 인연이 아니다.

47. 자녀가출(子女家出) (女命)
(1958년 2월 4일 未時生)

```
辛  己  乙  戊
未  亥  卯  戌
食神     偏官 劫財
比肩 正財 偏官 劫財
冠  胎  病  養
```

```
66  56  46  36  26  16   6
戊  己  庚  辛  壬  癸  甲
申  酉  戌  亥  子  丑  寅
```

(1) 己日干이 卯月에 생하여 失令한데다, 地支에 亥卯未 三合하여 木局을 이루므로 身弱四柱이다.

(2) 사주가 身弱하면 억부법(抑扶法)상 比肩, 劫財나 印星중에서 喜神을 택일해야 한다.

(3) 本命은 命中에 木多하므로 土는 쓸 수 없고, 時干에 있는 辛金으로 木을 전제(剪除)해야 한다. 그러므로 辛金이 喜神이 되고, 金을 생하는 土가 吉神이 된다.

(4) 36세, 辛亥大運은 辛大運과 月干의 乙木이 乙辛相冲 되므로 辛金은 女命의 딸이 되니 딸이 가출하게 된다.

(5) 1997년, 丁丑年은 丁과 時干의 辛과 丁辛相剋이 되고, 또한 歲支의 丑과 時支에 있는 未가 丑戌未 三刑이 되어 그 해 6월(未月)에 딸이 가출하게 된 것이다.

(6) 大運은 初年大運이 忌神運이라 신고(辛苦)가 많았으나, 46세, 庚戌大運부터 土金喜神運으로 진행하므로 안락한 생활을 영위할 수 있겠다.

48. 金 모 (女命)

(1964년 1월 3일 戌時生)

甲	甲	丙	甲
戌	午	寅	辰
比肩		食神	比肩
偏財	傷官	比肩	偏財
養	死	祿	衰

63	53	43	33	23	13	3
己	庚	辛	壬	癸	甲	乙
未	申	酉	戌	亥	子	丑

(1) 甲日干이 寅月, 立春節에 생하여 得令하고, 天干에 있는 甲木 2개가 月支의 建祿地에 앉아 있으므로 身强四柱이다.

(2) 본래 寅月은 丑月과 마찬가지로 한냉절(寒冷節)이라 火氣가 시급(時急)하나, 다행히 地支에 寅午戌 火氣가 넘치므로 충분히 해동(解冬)이 되었다.

(3) 本命은 四柱가 너무 조갈(燥渴)하므로 年支에 있는 辰土가 습토(濕土)이므로 능히 喜神역할을 할 수 있다. 또한 金氣가 旺木을 전제(剪除)하고, 喜神을 生助하므로 吉神이 된다.

(4) 大運은 子運으로부터 壬運까지 약 20년간 吉運이며, 戌運은 命中의 喜神인 辰土를 相冲하므로 대흉(大凶)하다.
원래 喜神이 冲剋되면 생명이 위태하나, 다행히 壬大運이 戌위에 개두(蓋頭)한 때문에 생명은 유지될 수 있었다.

(5) 43세, 辛酉大運에서 53세, 庚申大運은 金旺生水하는 吉神運이므로 대발전한다.
그러나 63세, 己未大運에는 水氣가 고갈되므로 생명이 위태롭다.

49. 朴 모 [女命]

(1969년 10월 28일 子時生)

```
戊   丙   丙   己
子   辰   子   酉
食神      比肩  傷官
正官 食神 正官 正財
胎   冠   胎   死
```

```
70  60  50  40  30  20  10
癸  壬  辛  庚  己  戊  丁
未  午  巳  辰  卯  寅  丑
```

(1) 丙日干이 子月, 한냉절(寒冷節)에 생하고, 地支에 子, 辰, 酉가 있어 丙日干이 身弱하다.

(2) 身强, 身弱을 불문하고 조후(調候)가 급하므로 月干, 丙火가 喜神이 되고, 木氣는 火氣를 생하므로 吉神이 되며, 또한 命中에 水氣가 심하므로 時干의 戊土 역시 吉神역할을 한다.

(3) 大運은 寅卯辰 木運으로 진행되므로 출가(出嫁)한 후에 가정이 화목하고 재물 복도 있다.

(4) 45세, 辛巳大運은 辛運이 喜神인 丙火를 丙辛合이 되어 합거(合去)하므로 생명이 위태로우나 地支에 丙火의 뿌리인 巳火가 있어 무고하였다.

사람은 대개 희신합거(喜神合去)하거나, 교운기(交運期)인 접목운(接木運)에 사망하게 된다.

(5) 大運은 10년간의 길흉(吉凶)을 판단하는데, 天干 5년, 地支 5년씩 보나, 大運은 地支가 약 3배의 세력이 있으므로 地支위주로 판단하여야 한다.

그러나 개두법(蓋頭法)도 있으니 天干과 地支를 함께 살피고, 歲運도 참고하여 吉凶을 판단하는 것이 원칙이다.

50. 沈 모 [女命]

(1965년 8월 25일 丑時生)

```
辛   丁   乙   乙
丑   丑   酉   巳
偏財      偏印  偏印
食神  食神  偏財  劫財
墓   墓   生   旺
```

```
66  56  46  36  26  16   6
壬   辛   庚   己   戊   丁   丙
辰   卯   寅   丑   子   亥   戌
```

(1) 丁日干이 酉月에 생하여 失令고, 地支에 巳酉丑 金局을 이루며, 時干에 辛金이 투출하여 金이 만반(滿盤)하므로 身太弱四柱이다.

(2) 사주가 身弱하면 比肩, 劫財나 印星이 喜神이 되나, 丁日干을 생하는 乙木은 地支에 뿌리가 없고, 金色一色이므로 종재격(從財格)이 성립된다.
   더욱이 丁日干은 陰干이므로 旺神에 종(從)하게 된다.

(3) 亥, 子大運은 旺한 金氣를 설기하는 공이 있으므로 吉運이나, 丑大運은 旺神의 입묘운(入墓運)이므로 남편이 세상을 떠났다.

旺神이 입묘(入墓)하면 해당하는 육친에게 대흉(大凶)하고, 흉재(凶災)가 발생한다.

(4) 庚辛運은 吉運이나, 寅大運은 庚金의 절지(絶地)가 되므로 재산을 파재(破財)하고, 卯運에는 乙木, 忌神이 建祿地가 되므로 大凶하다.

(5) 從格은 자신(自身)을 버리고, 旺神에게 따라가므로 旺金을 생조하는 土氣와 旺金을 설기하는 水氣 역시 吉神이다.
그러나 旺金을 剋하는 火運이 大凶하고, 木運 역시 흉운(凶運)이다.

51. 裵 모 [女命]

(1969년 1월 10일 子時生)

```
庚   壬   丙   己
子   申   寅   酉
劫財      偏財 正官
劫財 偏印 食神 正印
旺   生   病   沐
```

```
63  53  43  33  23  13  3
癸  壬  辛  庚  己  戊  丁
酉  申  未  午  巳  辰  卯
```

(1) 壬日干이 寅月, 立春節에 생하여 失令하였으나, 日支에 申이 있으며, 庚子時를 만나니 身强四柱이다.

(2) 그러나 寅月은 만물이 꽁꽁 얼어붙은 한냉기(寒冷期)이므로 身强, 身弱 불문하고 무엇보다 시급한 것이 따뜻한 火氣이다.

(3) 다행히 月干에 丙火가 투출하여 寅에 長生이 되니, 조후법상 喜神이 된다. 또한 火氣를 생하는 木氣는 吉神이 된다.

(4) 日支의 배우자궁에 있는 申金이 寅申相冲하여 부부궁을 冲하여 不吉하겠으나 다행히 時支의 子와 申子 半合이 되어 해충(解冲)이 되었다.

따라서 부부 궁에는 이상이 없겠고 해로하겠다.

(5) 23세, 己巳大運부터 巳午未 火運으로 진행하여 가정이 화목하며, 庚午大運은 발전하겠다.

(6) 그러나 辛大運은 喜神인 丙火와 辛金이 丙辛干合이 되어 합거(合去)하므로 부모상을 당하겠고, 申大運에는 月支의 寅을 冲하여 딸을 잃게 되겠다.

또한 酉大運에는 丙火喜神이 死地에 임(臨)하므로 자신의 생명이 위태롭다.

52. 李 모 (女命)

(1935년 7월 5일 未時生)

```
  甲    辛    癸    乙
  午    亥    未    亥
 正財        食神   偏財
 偏官  傷官  偏印   傷官
  病    沐    衰    沐
```

```
 62  52  42  32  22  12   2
 庚   己   戊   丁   丙   乙   甲
 寅   丑   子   亥   戌   酉   申
```

(1) 辛日干이 未月, 염하절(炎夏節)에 生하여 身强, 身弱 불문하고, 조후(調候)가 시급하므로 日支의 亥水로서 해갈(解渴)시켜야 한다.

그러므로 水가 喜神이 되고, 金은 生水하므로 吉神이 된다. 즉 木火土運은 不吉하고, 金水運에 발달한다.

(2) 日支의 傷官은 남편 궁이므로 不利하지만, 傷官이 喜神이 되면 오히려 남편 궁이 좋다고 판단하여야 한다.

따라서 傷官을 무조건 凶神으로 단정하면 안 되고, 신중하게 판단하지 않으면 큰 오류를 범하게 되므로 주의해야 한다.

(3) 大運은 辛酉大運에 부모슬하에서 행복하게 지냈으나, 丙戌大運은 忌神運이라 신고(辛苦)가 많았다.

(4) 그러나 亥大運부터 亥子丑 水運으로 진행하여 사업에 성공하고 가정이 화평하였다.

(5) 남녀 불문하고 末年大運이 吉運이면 발복(發福)하고, 자식 덕도 있으며, 자신은 장수(長壽)하는 팔자이다.
　그러므로 初年, 中年 運이 다소 不利하더라도, 末年 運이 좋아야 한다.

53. 朴 모 [女命]

(1950년 9월 4일 子時生)

庚	壬	丙	庚
子	午	戌	寅
偏印		偏財	偏印
劫財	正財	偏官	食神
旺	胎	冠	病

72	62	52	42	32	22	12	2
戊	己	庚	辛	壬	癸	甲	乙
寅	卯	辰	巳	午	未	申	酉

(1) 壬日干이 戌月에 생하여 失令하고, 地支에 寅午戌 火局을 이루며, 月干에 丙火가 투출(透出)하고 있어 身弱四柱이다.

(2) 화왕토조(火旺土燥)하므로 水가 喜神이요, 金은 生水하므로 吉神이다. 그러나 木, 火, 土運은 불리하다.

(3) 日支 午火와 時支의 子水가 子午相冲하였으나, 午戌 合이 되어 해충(解冲)이 되어 무사하다.

원래 日時相冲하면 부부해로가 어려우나, 다행히 해충 (解冲)이 되어 큰 재화는 없겠다. 그러나 부부 불화(不和)와 반목(反目)은 심하겠다.

(4) 大運은 癸壬辛庚運은 喜神이라 발전하였으나, 巳午未 火運과 寅卯辰 木運은 忌神運이라 不吉하겠다.

(5) 47세, 巳大運부터 비승비속(非僧非俗)으로 신앙생활에 심취하겠으며, 57세, 辰大運에는 旺한 月支, 戌을 冲剋하므로 말년에 고난이 심하겠다.

(6) 82세, 丁丑 大運에는 喜神運으로 진행되어 장수(長壽)할 命이다.

54. 崔丁化 [女命]

(1943년 9월 1일 申時生)

```
  甲    庚    辛    癸
  申    寅    酉    未
 偏財         劫財   傷官
 比肩  偏財   劫財   正印
  祿    絶    旺    冠
```

```
73  63  53  43  33  23  13   3
己  戊  丁  丙  乙  甲  癸   壬
巳  辰  卯  寅  丑  子  亥   戌
```

(1) 庚日干이 酉月, 양인월(羊刃月)에 생하고, 時支에 申金이 있으며, 月干에 辛金이 투출하여 있으므로 身旺四柱이다.

(2) 本命은 干支에 金氣가 旺하므로 火氣로서 제극(制剋)해야 하는데, 命中에 火氣가 없으므로 부득이 寅中의 丙火로 喜神으로 삼는다.

木은 火를 생조(生助)하므로 吉神이 된다.

(3) 女命은 남편성인 官星이 중요한데, 官殺이 지장간에 은복(隱伏)해 있어 無力한 남편이므로 아내가 남편대신 생활전선에 나아가야 한다.

(4) 日支 寅과 時支 申이 寅申相冲이 되니 부부해로가 어렵고, 실제로 46세 戊辰年에 남편과 사별하여 1남 2녀를 남편대신 양육하느라 고생이 많았다.
　또한 命中에 군겁쟁재(群劫爭財)로 재물 복이 없어 신고(辛苦)가 많겠다.

　(5) 43세, 丙寅大運에서 53세, 丁卯大運까지 약 20년간은 喜神運이므로 다복(多福)한 생활을 하였으나, 63세, 戊辰大運은 旺한 庚日干을 다시 생부(生扶)하므로 건강을 조심해야 한다.

　(6) 73세, 己巳大運부터 巳午未 火局으로 진행하므로 말년 운은 吉運이다.

55. 손 카타리나 (女命)
(1965년 11월 15일 자시생)

丙	乙	戊	乙
子	未	子	巳
傷官		正財	比肩
偏印	偏財	偏印	傷官
病	養	病	沐

80	70	60	50	40	30	20	10
丙	乙	甲	癸	壬	辛	庚	己
申	未	午	巳	辰	卯	寅	丑

(1) 乙日干이 子月에 生하여 한냉(寒冷)하므로 身强, 身弱을 불문하고 火氣로서 보온(保溫)함이 시급하다.

(2) 그러므로 火氣가 喜神이고, 火를 生助하는 木氣 역시 吉神이 된다.
그러나 土金水는 忌神이라 불리하다.

(3) 마침 時干에 있는 丙火가 喜神이 되는데, 年支에 뿌리가 있으므로 喜神으로서 손색이 없다. 그리고 喜神은 日干과 근접(近接)해 있는 것이 좋다.

(4) 사주 내에 남편성인 일점의 官星이 없으므로 고독한 팔자로서 결혼에는 관심이 없는 사주이다.

(5) 日支 未에서 年支 巳에 인종(引從하면) 역마살이 되는데 傷官이 역마(驛馬)를 타고 있으면 해외에서 봉사활동을 하는 사주이다. 실제로 천주교 평신도 선교사로서 활동하고 있다.

(6) 大運은 初年大運이 木運이고, 中年大運이 火運으로서 喜神運으로 진행하므로 85세까지 활발하게 발전하는 운세이다.

[부록]

時干支 早見表

時刻＼日干	甲己	乙庚	丙辛	丁壬	戊癸
밤 11:30 ~ 01:29	甲子	丙子	戊子	庚子	壬子
01:30 ~ 03:29	乙丑	丁丑	己丑	辛丑	癸丑
03:30 ~ 05:29	丙寅	戊寅	庚寅	壬寅	甲寅
05:30 ~ 07:29	丁卯	己卯	辛卯	癸卯	乙卯
07:30 ~ 09:29	戊辰	庚辰	壬辰	甲辰	丙辰
09:30 ~ 11:29	己巳	辛巳	癸巳	乙巳	丁巳
낮 11:30 ~ 1:29	庚午	壬午	甲午	丙午	戊午
1:30 ~ 3:29	辛未	癸未	乙未	丁未	己未
3:30 ~ 5:29	壬申	甲申	丙申	戊申	庚申
5:30 ~ 7:29	癸酉	乙酉	丁酉	己酉	辛酉
7:30 ~ 9:29	甲戌	丙戌	戊戌	庚戌	壬戌
9:30 ~ 11:29	乙亥	丁亥	己亥	辛亥	癸亥

六神 早見表

日干＼六神	甲	乙	丙	丁	戊	己	庚	辛	壬	癸
比肩	甲	乙	丙	丁	戊	己	庚	辛	壬	癸
劫財	乙	甲	丁	丙	己	戊	辛	庚	癸	壬
食神	丙	丁	戊	己	庚	辛	壬	癸	甲	乙
傷官	丁	丙	己	戊	辛	庚	癸	壬	乙	甲
偏財	戊	戊	辛	庚	癸	壬	乙	甲	丁	丙
正財	己	己	庚	辛	壬	癸	甲	乙	丙	丁
偏官	庚	庚	癸	壬	乙	甲	丁	丙	己	戊
正官	辛	辛	壬	癸	甲	乙	丙	丁	戊	己
偏印	壬	壬	乙	甲	丁	丙	己	戊	辛	庚
正印	癸	癸	甲	乙	丙	丁	戊	己	庚	辛

空亡表

旬日	甲子	甲戌	甲申	甲午	甲辰	甲寅
日柱	甲子	甲戌	甲申	甲午	甲辰	甲寅
	乙丑	乙亥	乙酉	乙未	乙巳	乙卯
	丙寅	丙子	丙戌	丙申	丙午	丙辰
	丁卯	丁丑	丁亥	丁酉	丁未	丁巳
	戊辰	戊寅	戊子	戊戌	戊申	戊午
	己巳	己卯	己丑	己亥	己酉	己未
	庚午	庚辰	庚寅	庚子	庚戌	庚申
	辛未	辛巳	辛卯	辛丑	辛亥	辛酉
	壬申	壬午	壬辰	壬寅	壬子	壬戌
	癸酉	癸未	癸巳	癸卯	癸丑	癸亥
空亡	戌亥	申酉	午未	辰巳	寅卯	子丑

十二運星表

日干 六神	甲	乙	丙	丁	戊	己	庚	辛	壬	癸
長生	亥	午	寅	酉	寅	酉	巳	子	申	卯
沐浴	子	巳	卯	申	卯	申	午	亥	酉	寅
冠帶	丑	辰	辰	未	辰	未	未	戌	戌	丑
建祿	寅	卯	巳	午	巳	午	申	酉	亥	子
帝旺	卯	寅	午	巳	午	巳	酉	申	子	亥
衰	辰	丑	未	辰	未	辰	戌	未	丑	戌
病	巳	子	申	卯	申	卯	亥	午	寅	酉
死	午	亥	酉	寅	酉	寅	子	巳	卯	申
墓	未	戌	戌	丑	戌	丑	丑	辰	辰	未
絶	申	酉	亥	子	亥	子	寅	卯	巳	午
胎	酉	申	子	亥	子	亥	卯	寅	午	巳
養	戌	未	丑	戌	丑	戌	辰	丑	未	辰

支藏干 一覽表

支 氣	寅	卯	辰	巳	午	未	申	酉	戌	亥	子	丑
餘氣	戊	甲	乙	戊	丙	丁	戊	庚	辛	戊	壬	癸
中氣	丙		癸	庚	己	乙	壬		丁	甲		辛
正氣	甲	乙	戊	丙	丁	己	庚	辛	戊	壬	癸	己

神殺表(1)

殺＼年日支	將星	驛馬	華蓋	地殺	桃花	孤辰	寡宿	元辰	囚獄	短命	亡身	鬼門
子	子	寅	辰	申	酉	寅	戌	未	午	巳	亥	酉
丑	酉	亥	丑	巳	午	寅	戌	午	卯	寅	申	午
寅	午	申	戌	寅	卯	巳	丑	酉	子	辰	巳	未
卯	卯	巳	未	亥	子	巳	丑	申	酉	未	寅	申
辰	子	寅	辰	申	酉	巳	丑	亥	午	巳	亥	亥
巳	酉	亥	丑	巳	午	申	辰	戌	卯	寅	申	戌
午	午	申	戌	寅	卯	申	辰	丑	子	辰	巳	丑
未	卯	巳	未	亥	子	申	辰	子	酉	未	寅	寅
申	子	寅	辰	申	酉	亥	未	卯	午	巳	亥	卯
酉	酉	亥	丑	巳	午	亥	未	寅	卯	寅	申	子
戌	午	申	戌	寅	卯	亥	未	巳	子	辰	巳	巳
亥	卯	巳	未	亥	子	寅	戌	辰	酉	未	寅	辰

神殺表(2)

殺 年日支	落井關	急脚關	羊刃	紅艷	白虎	魁罡	曲脚
甲	巳	申酉	卯	申午	甲辰		己
乙	子	申酉	辰	申午	乙未		乙
丙	申	亥子	午	寅	丙戌		巳
丁	戌	亥子	未	未	丁丑		丑
戊	卯	寅卯	午	辰	戊辰	戊辰	
己	巳	寅卯	未	辰		戊戌	
庚	子	巳午	酉	申戌		庚辰	
辛	申	巳午	戌	酉		庚辰	
壬	戌	申辰 未戌	子	子	壬戌	壬辰	
癸	卯	丑辰 未戌	丑	申	癸丑	壬戌	

干 合	干 沖	支 合	刑
甲己 土	甲庚	子丑 土	子卯
乙庚 金	乙辛	寅亥 木	丑未
丙辛 水	丙壬	卯戌 火	寅巳
丁壬 木	丁癸	辰酉 金	戌未
戊癸 火	戊甲	巳申 水	巳甲
	己乙		丑戌
	庚丙		寅甲
	辛丁		亥亥
			午午
			酉酉
			辰辰

支沖	三 合 局	方 局
子午	亥卯未 木局	亥子丑 水局
丑未	寅午戌 火局	寅卯辰 木局
寅申	巳酉丑 金局	巳午未 火局
卯酉	申子辰 水局	申酉戌 金局
辰戌		
巳亥		

三災(人災,損災,風災)

亥子丑年-巳酉丑生

巳午未年-亥卯未生

寅卯辰年-申子辰生

申酉戌年-寅午戌生

相生（化）　　　　　相剋（爭）

木生火　　　　　　　木剋土

火生土　　　　　　　土剋水

土生金　　　　　　　水剋火

金生水　　　　　　　火剋金

水生木　　　　　　　金剋木

參考文獻

宇宙變化의 原理　　韓東錫 著
增補滴天隨 闡薇　　任鐵樵 著
淵海子平　　　　　　徐公升 著
命理正宗　　　　　　張　楠 著
三命通會　　　　　　萬有吾 著
四柱捷徑　　　　　　李錫暎 著
四柱鑑定秘訣　　　　申六泉 著
命理學과 疾病論　　　李正根 著
萬里天命　　　　　　邊萬里 著
萬里醫學　　　　　　邊萬里 著

사주통변술

초판 발행일 / 2021년 4월 19일
지은이 / 손중산
발행처 / 뱅크북
출판등록 / 제2017-000055호
주소 / 서울시 금천구 가산동 시흥대로 123 다길
전화 / 02-866-9410
팩스 / 02-855-9411
전자우편 / san2315@naver.com

ISBN 979-11-90046-12-1 (03180)

이 책의 판권은 뱅크북에 있습니다.
뱅크북의 허락 없이는 어떠한 형태로도
이 책의 전부, 또는 일부를 이용할 수 없습니다.
잘못된 책은 바꾸어 드립니다.